Minerva Shobo Librairie

〈わざ〉を生きる身体

人形遣いと稽古の臨床教育学

奥井 遼［著］

ミネルヴァ書房

はじめに

面を掛けた人形たちの舞を見たのがはじまりであった。その舞は「三番叟」と呼ばれている。淡路島、南あわじ市の市三條にある大御堂（おみどう）において、神社としてはそれほど大きくない敷地に鎮座している小さな祠の隣、無人の社でその神事は執り行なわれた。二四畳ほどある四角い社の中に座布団が敷き詰められ、地元の人が二〇名ほど、黒い襦袢を着た人が一〇名ほど、所狭しと座っている。祭壇——といっても単に少しばかり奥まった窓にすぎないが——に近いところには、人形が三体並んで伏している。平成二二年の一月二日の早朝のことである。

時間になると、黒い襦袢姿の男に支えられて、人形たちが祭壇に向かって立ち上がった。後ろで座っていた別の黒い男が横笛を吹き、さらに一人が鼓を打つ。続いて、後ろに並んで座っていた男たちがいっせいに囃子をあげる。直後に、立って人形を持っていた男が詞章を唱え始めた。詞章は「とうとうたらり」と聞こえる。

謡ともせりふともつかない詞章をしばらく唱えた後、最初に謡い出した人形たちは下がり、替わりにもう一体の人形が詞章を唱えながら前に出た。二体の人形は一人で操作していたのに、この三番目の人形だけは二人で遣っていて、上半身を動かす人と、足を動かす人に分かれている。その人形は、鼓が次々に打たれるのに合わせるように、袖をたくし上げたり首を左右に振ったりしながら練り歩き始めた。ぐるりと一周した後、人形は一旦下がって、能における黒色尉のような黒い面を掛ける。再び立ち上がり、別の人形と掛け合いのような詞章を唱え合った後、黒い面を掛けたまま歩き始める。鈴を振ったり袖をたくし上げたりしながらひとしきり歩くと、人形は元の位置に直り、再びまじないのような詞章を唱えた。唱え終わると、人形は床に伏せられて、静かに舞は終わった。舞を終えた人形は、床に行儀よく畳まれた一体の動かぬ人形に戻っていた。

ものの一五分の舞であったが、躍動する人形の姿は奇妙な余韻を残している。その動きは決して生き物のようではないにしても、必然的な動作を人形が自ら作り出しているようでもある。親しみを感じさせるようでもあり、不気味な迫力があるようでもある。動きの全てに関与している黒い襦袢の男たちの身体は、嵩張っているようでもあり、収まっているようでもある。私たちは人形を遣った神事に立ち会っているようでもあり、人形が気分よく舞うことを囃し立てるために集まっているかのようでもある。

いったい、人間ではなくて人形が舞うということは、しかもその人形がさも人間であるかのように面を掛けて舞うとはいかなる事態なのか。黒い姿で平然と人形を操っている人たちは、いったいどのような人たちなのか。こうした素朴な問いに駆り立てられて、私は淡路人形座に足を運ぶようになった。以来五年の間、淡路人形座の人形遣いを対象としてフィールド調査を重ねて来た。彼らの話を聞き、舞台を観、また稽古の場面に居合わせる中で、いかなる工夫によって人形の舞がいのちを帯びるのか、いかなる努力が人形座の存続を支えているのかについて、その魅力は深まるばかりであった。

詩人クライストによれば、マリオネット（marionette）は無垢である。糸に吊るされ、重力と張力との拮抗にすべてを委ねる姿は、顔や手足をどれほどせわしなく振り回していても、統一的で調和のとれた軌跡に沿った、まさに純粋なものとして詩人の眼に映る。純粋というのは、しぐさや振る舞いが、一切の作為を欠いているということを指す。まさに重力と張力のみを頼りにしながら踊る姿には、物の世界を貫く自然法則がそのまま写し出されるのである。「人形は決して自分を飾ろうとしない」[1]。作為によって肉体を動かし、反省によって動きを自覚することを覚えてしまった私たち人間にとって、マリオネットの純粋さは羨望の対象である。人形は、自然のままに生きることから逸脱し、そのことに苦悩する人間よりも、はるかに神に近いところに位置しているのかもしれない[2]。

では、人形浄瑠璃の場合はどうか。人形浄瑠璃では、三人の人形遣いが一緒に人形を持ち上げ、人形の後ろでひしめき合って頭や肩、手や足を動かす。情感たっぷりに浄瑠璃と息を合わせ、独特の型に則りながら要所の「決め」で観客を魅了するとき、マリオネットのような無垢さとは対極で、そこには人為的に「わざ」を仕掛ける人形遣いがいる。その姿は、実在の人間とも違った、実在の人間の演技よりも迫ってくるような、「実と虚との皮膜のあいだ」[3]に宿るいのちである。人為の果てに人形がいのちを宿すとき、そのわざは透明化され、人形遣いたちは背景に沈み、観客は身を乗り出して舞台に引き込まれる。それらが雑多に絡まり合う時間は、誰がどうやって開始したのか知られることのない、それでいて誰もが加担しているような、暗黙のうちに働く豊穣な時間であり、人為を超えた世界として開かれてくる。

そうした世界を可能にしているわざとは、いったいいかなるものなのであろうか。ある公演の後、芝居を終えて休憩している彼らを訪ねたところ、せっかくだからといって人形を持たせてくれた。力には覚えがあったのでそれらしく遣ってみたいと意気込んだが、私の手にずしっと乗っているのは単なる物体であった。豪華であるがごわごわした衣装を、木でできた棒に重ね合わせたものを片手で持ち上げているような重みである。私の視界には、小さな顔めいたものの後ろ姿だけが見えるだけで、演技をする気配はおよそ感じられない。物としての人形と、役者としての人形との間にはなんと遠い距離があるものか。人形が一つの芝居を演じるに至る、わざの習得の長い道のりを思い知った。

本書は、淡路人形座における人形浄瑠璃のわざの実践について教育学の立場から研究するものである。第一に、三人で一体の人形を操るというユニークなわざを稽古する場面は、教えることや学ぶことを考える上で示唆に富んでいる。第二に、わざを伝承することの裏にある、わざそのものの変化、組織の改革と一部の伝統との決別、あるいは伝統の復活といった出来事は、身を投じて教えることや学ぶことの根底にある問題を掘り下げてくれる。

今日の教育において、身体の持つ意味は極めて制限されている。例えば学校でも体育や音楽などにおいて身体の可能性を引き出す試みはなされているが、学校という機構を支える根本的な構造からして、あるいは近代社会の仕組みからの要請のもと、「学校での身体の管理は、多様な子どもの身体を均一化し、標準化した身体へと閉じ込めている」(4)状況にある。つまり身体は、「身体発達、身体技法、そして身体活動を通しての社会性、知性の発達」といった教育目標に向けた道具として位置づけられている。しかしそうした状況であっても、「身体として生きているということは、同時に、その身体によって開かれた世界のうちにいる」ことであるから、身体が生きて働く層に目を向けることによって、「より根本的であるところの身体経験を十分にするための〈開かれた身体性〉をめざすこと」(5)はできる。「日常的な生を越え出て、新たな根源的生、超越に触れる」ような突破口が身体には備わっているのであるから。

そうした可能性を開くために、本書では、フィールドに出ることによってわざの実践をつぶさに観察するという道を選んだ。もっともその道は、学校における身体の教育を相対化して、それとは異なる教育のあり方を提示する方向へと、すなわち学校教育の解体、脱構築の方へと向かうものではない。かといって、学校教育が模範とすべき理想的な教育像を描き出すものでもない。

フィールドに出ることによって教えられるのは、わざの実践の現場の生き生きとしたところに触れることで、私たちにとってあまりなじみのない現場が身近なものに思えてきて、それが私たちのまわりにある教育の風景を少し揺るがせる、という作用である。わざの実践の現場は、私たちにとってそれほどかけ離れた現場ではない。もちろん誰にでも門戸を開くわけではないが、いかなる達人であったとしても、彼らにとってそこは日常である。私たちがそれぞれの世界に住み込んでいるのと同じで、彼らはその特殊なわざの世界になじんでいる。時代や状況が違えば私たちも彼らの仲間になっていたかもしれないという点において、彼らの活動は私たちの日常に少しだけ波風を立たせることになるだろう。わざの実践の現場において出会うものは、ほかならぬ私たち自身が日々格闘している身近な教育の現場である。彼らの実践がかくも豊かであることを知るということは、ほかならぬ私たち自身において日常的に埋没している経験がかくも豊かでありうることの可能性を知ることでもある。そうした風景の変化に出会うことを期待して、本書は探求を続けている。

註

（1）クライスト・ハインリヒ『クライスト全集1――小説・逸話・評論その他』（佐藤恵三訳）沖積舎、一九九四年、四七七頁。

（2）「意識というものが、人間の生まれつきの優雅さにどのような混濁をひき起こすものか、私だってよく知っているつもりです」。クライストの言葉からは、「魂」が運動の重心に決して一致しえない人間の性への嘆きが込められている。

（3）穂積以貫「『難波みやげ』発端抄」守随憲治・大久保忠国校注『近松浄瑠璃集』岩波書店、一九五八年、三五八頁。

（4）矢野智司「身体と体育」和田修二・山崎高哉編『人間の生涯と教育の課題――新自由主義の教育学試論』昭和堂、一九八八年、三三九頁。

（5）同上、三四〇頁。

〈わざ〉を生きる身体——人形遣いと稽古の臨床教育学

目次

終章 〈わざ〉の臨床教育学に向けて……299

凡　例

一　引用については、章末にその詳細を記した。文献一覧については巻末の通りである。

二　邦文以外の文献からの引用について、邦訳のあるものについてはこれを参照させていただき、引用中の文脈によっては拙訳を行なった。

三　引用文中の点線（…）は、引用者による省略を示している。

四　メルロ＝ポンティの一部著作からの引用については、下記の版を用いた。初出年については（　）の通りである。本文では、引用箇所を［略号：原著ページ数／翻訳書ページ数］（翻訳書が同書2巻である場合にのみ、［略号：原著ページ数／Ⅱ　翻訳書ページ数］）と表記する。略号については以下の通りである。

[SC]：*La structure du comportement*, Presses universitaires de France, 2009（＝1942）.（木田元・滝浦静雄訳『行動の構造』みすず書房、一九六四年。）

[PP]：*Phénoménologie de la perception*, Gallimard, 1945.（竹内芳郎ほか訳『知覚の現象学』1－2、みすず書房、一九六七～一九七四年。）

[SNS]：*Sens et non-sens*, Éditions Nagel, 1948.（滝浦静雄ほか訳『意味と無意味』みすず書房、一九八三年。）

[S]：*Signes*, Gallimard, 1960.（竹内芳郎ほか訳『シーニュ』1－2、みすず書房、一九六九～一九七〇年。）

[OE]：*L'œil et l'esprit*, Gallimard, 1964.（木田元・滝浦静雄訳『眼と精神』みすず書房、一九六六年。）

[RC]：*Résumés de cours : Collège de France 1952-1960*, Gallimard, 1968.（木田元・滝浦静雄訳『言語と自然――コレージュ・ドゥ・フランス講義要録１９５２‐６０』みすず書房、一九七九年。）

[C]：*Causeries : 1948*, Seuil, 2002.（菅野盾樹訳『知覚の哲学――ラジオ講演１９４８年』筑摩書房、二〇一一年。）

序章　〈わざ〉の経験を記述する

本書の目的は、淡路人形座において人形遣いというわざを生業としている人たちが、稽古し、興行する現場をいかなるものとして経験しているのかを記述し、その経験のありようを起点に、身を投じた学びの可能性を示すことである。

「わざ」という言葉は多義的である。(1)「技」と書けば、「一般に、何かことを行なううでまえ」を意味する。「業」と書けば、「仕事や職務また学問や芸術などのわざ。なりわい」、あるいは「ありさま。おもむき」、さらには「仏事。法要」「たたり。害」まで含む。「俳（わざおぎ）」と書けば、「たわむれる、おどけ」ないし、「うたう、うそぶく」と定義される。仮名で「わざと」、「わざとらしい」と書くならば、「意図的になされるはからい」となるし、「わざわざ」と重ねれば、「何かのついでではなく、特にそのためだけにするさま」という意味になる。「しわざ」といえば、主によくないことについての「おこない」を指す。

いずれの場合も、「わざ」という言葉の意味は、何もしなければ起こりえなかったであろうところに、特定の出来事を引き起こすような働きかけ、という意味を出発点としていると考えてよさそうである。

その上で、「働きかけ」という点に関しては留意しなければならない。例えば、スポーツ選手がとっさの機転で試合展開を優位に持ち込んだとき、または落語家が瞬時の応答で会場の笑いを誘ったとき、「今のは大したわざだ」と言うことがあっても、それがはたして選手や落語家による働きかけであったかどうかは明らかではない。つまり、わざを仕掛けた当人にしてみれば、うまくいきそうな好機の方が巡ってきたと感じられるかもしれず、その人は場の全体的な巡り合わせによって働きかけられたのだということもできる。とすれば、わざとは、働きかける行為、行為が引き起こす効果、そもそも行為を促すもの、といういくつもの契機が、分ち難く絡まり合う中で実現される出来事であるといえる。その意味で、わざは必ずしも個人の意図や能力に限定されて生じるのではなく、人と人との駆け引きの中で、あるいは人と物との働きかけ合いの中で生じる出来事である。そうした広がりを併せ持つ言葉として、本書では「わざ」とひらがなで表記する。

わざを遂行することに関する研究は、領域を問わず多くの研究者たちが探求しているところであるが、探求の難所であり分水嶺ともいえるのが、わざの生々しさへの肉薄である。わざを遂行している中で動いている何ものかは、その場で巻き込まれながら立ち会っている人や物において、極めて生き生きと現われているに違いない。しかしながら研究という仕事——これもまたわざにほかならないが——を進めるならば、分析したり説明したりといった思考の手続きを踏まざるを得ず、その場の会話を文字に起こすときであれ、彼らの動作を画像上で分析するときであれ、その場で起きていることの流れをいったん差し止めることになる。わざを遂行する上での臨場的な何ものかに肉薄しようとするならば、必然的な時間の流れを差し止めることなく、かつ、その空間に帯びている色合いを透明なものに変えてしまうことなく思考する可能性をたえず追求しなければならない。

本書では、そうした追求を支えるための思想的な拠り所をメルロ＝ポンティの現象学に求めている。現象学とは、二〇世紀初頭の数学、哲学、心理学に刺激を受けつつフッサールがまとめあげた哲学の一領域である。意識の外にあるはずの事物に意識がいかにして到達するのかという近代哲学の難問に対して、フッサールは、意識において事物が立ち現れるその仕方——意識による「構成」の問題——を論点として解決することを試みた。つまり意識とは、常に何かに向かって「志向」するものであって、私たちにとってあるがままに与えられたこの経験の世界は、意識の志向作用の上に成り立っている。(2) 私たちに見えているこの世界が妥当であるかどうかは疑わしいとしても、私たちにとってすでにこの世界が今あるように現われていることは疑いえないのであるから、意識の外にあるとされてきた事物の客観的妥当性について論じる前に、私たちにとって事物が事物として現われている、そのこと自体の仕組みについて考究する必要があるということになる。そのための手続きとして、フッサールは、意識の外にあると前提されている事物や世界の実在をいったん括弧に入れ（エポケー）、事物や世界の実在を素朴に捉える態度（自然的態度）を疑いにかけて、事物や世界の存在を現われへと還元する（現象学的還元）という現象学の方法を、粘り強い思索のなかで探り当てる。(3)

メルロ＝ポンティにとって、そうしたフッサールの現象学は、「一つの〈厳密学〉としての哲学たろうとする野心」[PP : I/1] であり、他方では、「〈生きられた〉空間や時間や世界についての一つの報告書」[ibid.] であるように映った。世界とは、「それについて私のなし得る一切の分析に先立ってすでにそこに在る」のであるから、世界について考えるということは、「世界から身を退いて世界の基礎としての意識の統一性に赴くこと」ではなく、「われわれを世界に結びつけている志向的な糸」を「緩める」ことによって可能になる [PP : IV/6]。

とくに、身体を動かすということに関する思索は、世界から身を退くような思考の方法によって進められるものではない。メルロ＝ポンティが論じるに、私たちが身体において動く限り、世界は「表情」[PP : 153/223] をもって私たちに働きかけている。身体を動かすということは、「われわれがいつも馴染んでいる対象」[PP : 161/233] に向かうことであり、「身体に働きかけてくる諸物の促しに対して、身体をして応答させること」[ibid.] である。世界と身体とがすでに関係を取り結んでおり、その結びつきが私たちの思惟の前提として「自明なものになって」いるのであるから、「このことに気づく唯一の方法」は、「世界と関係する運動……に参与しないでそれを眺める」ことにほかならない [PP : X/12]。

その際、メルロ＝ポンティは、フッサールの助手であったオイゲン・フィンクによる、現象学的還元は、「世界をまえにしての〈驚異〉である、という注釈に目をつける［ibid.］。「世界とのなれなれしさを断ち切って」しまうことによって「志向的な糸」が緩むとき、私たちは、「さまざまな超越が湧出する（jaillir）」［ibid.］様子に立ち会うことができる。そのとき私たちは、反省的意識に立ち返って世界を「構築したり構成したり」するのではなく、驚くという仕方で世界を知る。

メルロ＝ポンティが捉えた「湧出」こそ、わざの意味が立ち現れる、その仕方を解き明かすことを可能にしてくれる思想的根拠である。わざを実践する当人において、個々の身体的動作は、全体的なまとまりのもとで把捉されているであろうし、また彼が身を置く時間や空間は、彼の身体に対してある表情を見せている。その人の個別の動作を注意深く見ていくことで、その人が世界と取り結んでいる「志向的な糸」に出くわすかもしれないし、わざについて論じ合っている当人たちの言葉を読み解く中で、彼らの世界の表情を垣間見ることができるかもしれない。そうした見通しのもとで、わざを遂行している人たちについての「〈生きられた〉空間や時間や世界」の「報告書」を記すことが本書の使命である。

ただし、そこでの手続きに関しては留保が要請される。本書の考察の大部分は、フィールド調査で得た事例を元にしているが、観察者である私が、「彼らの生きられた世界」を報告することは、はたして可能な企てなのであろうか。研究遂行上、彼らの実践から距離を保って観察しようという態度は欠かせないのに対して、そうした態度はややもするとメルロ＝ポンティの禁じた「世界経験の二次的な表現」［PP : III/4］へと陥ってしまう。それゆえに、わざ研究において現象学的記述を持ち込むことが妥当であるのかについては、あらかじめ検証する必要がある。

そこで以下では、わざ研究の蓄積に目を向けて、その諸方法と成果を確認しながら、本書が、あえて現象学的記述を導入する必然性を論じていく。その際、わざの実践を起点とした教育学研究を遂行する上で、フィールドに出ることを不可欠な道筋として選択した論拠についても明らかにする。

1　〈わざ〉研究の可能性と臨界——現場の豊かなやり取りを記述するために

わざ研究は多数の分野にまたがって報告されており、研究方法によってわざの実践は違った諸相を見せている。ここではその成果を大きく三つに分けて捉えよう。一つ目に、教育哲学における生田久美子の議論である。生田は、「知ること」に関する原理的考察を踏まえ、学習という営みが陥りがちな根本的な問題点を指摘している。その問題を解く鍵として伝統芸能の教授の仕方に着目するが、その生田の仕事は、教育学の枠組みを越えて隣接領域から注目されることになる。

二つ目に、認知科学の領域で注目されている「状況論」である。それは、学び手が身を置いている環境の全体を捉えることによって、その中で人や物と相互的に関わり合いながら——彼らの言葉でいえば「埋め込まれながら」——進められる学習のあり方を描き出している。

三つ目に、一部の人類学者や社会学者、あるいは認知科学者が積み重ねて来た、フィールドでのミクロな行為に着目する議論である。学習に限らず、人と人とが対面的に行為を形づくる、そのやり取りに着目し、緻密な記録を重ねながら彼らの関係構造を解き明かしている。それは、わざの遂行の場面を生き生きと描き出しうる道筋であり、わざ研究の可能性を開くことになると考えられる。

わざ言語と世界への潜入

教育学において、わざや勘、あるいは感性といった「身体で学ぶ知」に向けられる関心は高い。学校教育に対して「知識偏重」の批判が長く突きつけられてきたことに鑑みるならば、暗記や計算を重ねることで獲得されるような「情報」としての知識に対して、「身体で学ぶ知」に関する伝承・習熟の原理の究明は今日的状況から脱却するための有効な手がかりとなると考えられる。

だが、その追求は未だ、今日の学習観を根本的に下支えしている「表象モデル」からの脱却を遂げる段階には至っていない。「表象モデル」とは、学ぶべき知識――たとえそれが「身体知」と呼ばれうるような一見創造性に富む知であったとしても――を、あらかじめ情報化・記号化して、個人から個人へと一方向的に伝えるかのように捉える学習観である。生田は、学習指導要領の中の「言葉で伝え合う力」(文部省一九九九)という記述の背後にある「情報観」が、「情報とは言語記号化されたもの、あるいはされ得るもの」という「情報観」――「実体的情報観」――であることを指摘した上で、その問題点を以下のように提起している。

本来「知識」とは、世界(状況)の中に人間の活動と分ちがたく「埋め込まれている」存在であり、言語記号化される「情報」とは、単にそこから意図的に切り取られた部分的な知識にすぎない。したがって、真の意味で「正確な情報」を伝達するためには、言語記号化される情報の伝達を超えて、それが一部分であるところの「知識」が埋め込まれている「状況」それ自体をまずもって理解することから始めなければならない。(4)

知識を言語記号化された情報と見なす知識観は、必ずしも教育の現場での学びを的確に捉えるものではない。こうした見方においては、教え手は一方的に伝える人、学び手は同じく受け取る人、という静態的な捉え方から逃れることができず、関係そのものの変化や、彼らの主体的な工夫が見えにくくなる。「身体による学び」を原理的に解明する研究は、「頭で覚える」か「身体で覚える」かという二元的区別を指摘するだけではなく、「表象モデル」的な学習観を根本的に脱却する方向へと向かうべきである。

こうした問題意識のもと、伝統芸能における学びの解明や、「わざ言語」の発見による指導言語の解明などの卓越した成果が上げられてきた。(5)

生田は、ホワードの声楽教授プロセスにおける分析概念を援用しながら、わざの習得プロセスにおける「特殊な、記述言語、科学言語とは異なる比喩的な表現」に着目し、その表現を「わざ言語」と名づけた。(6) 例えば、日本舞踊の稽古で腕を使った所作が問題になった際、「腕の角度を云々」というよりも、「天から舞い降りる雪を受けるように」などの比喩的表現に頼った方が効果的である。(7) 教師の比喩的言語が学習者の「当惑」を触発し、教師の身体感覚への詮索を開始することによって、学習者は「その比喩で示されている感覚を自ら産み出すこと」ができるというのである。(8)「わざ言語」が効果的に働けば、教え手の言葉による働きかけが、学び手の行為を引き出すような、まさにわざの伝承が促される。生田におけるアプローチは、わざを伝える／学ぶという営みを、「表象の受け渡し」という素朴なコミュニケーション観から解き放ち、行為そのものを導くような言葉の可能性を開いたのであった。

また、生田によれば、芸能における学びの特筆すべき点は、個々の技術の習得そのものにあるのではない。芸能にしばしば見られる内弟子制度では、「師匠の家に住み込み二四時間師匠と生活を共にする」なかで、「稽古もその分他の学習者より多くつけてもらえる」わけではなく、「正式の稽古の時間はほとんどとってもらえない」という「実情」がある。(9) そこでは、「稽古」ではない時間が、芸の上達のために極めて重要な下地を形成している。つまり、洗濯、掃除、食事の支度といった身の回りの世話をする中で、また通い弟子への稽古を立ち聞きする中で、「『わざ』の世界全体を流れる空気を自らの肌で感じ、師匠の生活のリズム（呼吸のリズム）を、そしてさらには当の『わざ』に固有の『間』を自分の呼吸のリズムとしていくこと」ができるようになってくる。(10) その中で、「『形』と『形』との関係、さらには『形』とそれ以外の事柄との間の意味連関を身体全体で整合的に作り上げ、そうした状況全体の意味連関の中で自らの動きの意味を実感として捉えていくことができる」のである。(11) そうした学習のプロセスを、生田は「世界への潜入」と名づけた。伝統芸能における学びとは、目に見える「形」の稽古のようなものではなく、「間」や「呼吸」といった目に見えないものを体得し、「学習者の身体全体を通しての認識の質的変化を促すこと」にある。それは、個々の動きとしての「形」を超えた、「型」の習得を促す装置にほかならない。(12)

生田は近年、「わざ言語」の役割を、「『わざ』の伝承に『役立つ』ツール」として捉えるだけでなく、卓越者が「演じている状態におけるある種の感覚」を、学習者に「自分自身で気づかせる」ものとして捉え直した。つまり、卓越者が自身で感じ取っているある種の状態——例えば、歌舞伎役者が、「役になりきっている」と感じる状態——を指し示すような言葉である。(13) それは、個々の行為（「課題活動 Task」）の改善を促すだけではなく、卓越者が到達している状態（「達成状態 Achievement」）を指し示し、「卓越者の Achievement についての感覚を学習者自らが探っていくように促す、というよりも『誘う』」効果がある。(14) その意味での「わざ言語」は、「直接的にはその方法を伝えられない Achievement」を、「同時にそれでもあきらめきれずに投げかけ、突きつけないではいられない」からこそ発せられるのである。

そのとき注意すべきなのは、生田自身も指摘するように、「わざ言語」が「発話される文脈」と強く関わってくることである。生田は「達成状態 Achievement」を指し示す「わざ言語」として、歌舞伎の事例を引き合いに出して、「役になりきる」、「(つまらないから)面白く」といった例を紹介しているが、字面のみを眺めれば、「役になりきる」という助言や、「面白く」というアドバイスは、「天から舞い降りる雪を受けるように」といった詩的表現と比べると、極めて平易である。平易な表現であっても効力を発揮するということは、教え手が、師匠ないし指導者、すなわち卓越者であるという、発話以前の関係性がその効力を肩代わりしているということである。身近に考えてみても、わざの稽古場面に足を運べば、わざを伝えるために飛び交っている言葉は極めて簡素で平易であることが多い。優れた教え手、あるいは優れた遂行者のほとんどは、言語的に定式化されないままにわざを伝えたり遂行したりするのである。

とすれば、「わざ言語」は多分に文脈依存的であるのではないか。つまり問題は、彼らが発した言語的な表現にあると同時に、当人たち同士の関わり方の質にもある。学び手の何かを変容させるという効力の前では、指導のための言葉が修辞的か平易かは問題にならない。伝えられないことを伝えるという「わざ言語」は、言葉によって表出される「意味」が、言語的な指示機能を越えていくからこそ効力を発揮するのである。そこでは、言葉と意味との一対一対応の関係が瓦解して、発話を含んだ働きかけ全体から意味が滲み出していくといえる。「わざ言語」の機能が多分に文脈依存的であるという問題意識は、研究者の関心をフィールドに向かわせるものである。「わざ言語」の機能を成り立たせている、教え手と学び手とが関わるあらゆる契機に興味が湧くからである。

ここで生田が展望しているのは「生の言葉」である。「生の言葉」とは、個別具体的な事例の中でしか出会わないような、「論理的に異なる位相が交叉している」ことを含む実践者たちの言葉——あるいは言葉なき言葉——である。「知ること」に関する教育哲学の議論を進めた生田の議論は、具体的な実践に対する問いかけへと接続されるのである。

その問いかけはフィールドでの調査を志した本書の動機と重なっているが、それについては後に触れる。ここではその着想を広げる前に、「状況論」に関する議論を見ていこう。生田のわざ言語論は、学習研究者たちを学校教育の外に連れ出すことになるが、時期をほぼ同じくして、学習における「状況論」が注目されるようになる。それは、「教えない」ことによって学ぶという、既存の学習観を根本的に問い直す試みである。

状況に埋め込まれた学習

レイヴとウェンガーは著作『状況に埋め込まれた学習』において、「徒弟制の民族誌的研究」を糸口として、ユカタン半島の産婆や、西アフリカでの仕立屋などの実践共同体における徒弟制に着目し、学習という営みに対する見方を転換させた[15]。それによると、ある実践共同体に参入してきた新参者は、最初、難易度も重要度も高くない仕事を任されるが、その中で、先輩たちの姿勢や腕前を目の当たりにしながら、徐々に仕事に対する知見を広げていく。やがて自分の仕事ぶりが上達するにつれて、高度で重要な仕事を担うようになっていき、熟達した一人前へと育つ。そうした共同体において、学習という営みそのものについてはあまり注目されない。新参者は活動に参加する中で自然と学ぶのであって、やがて一人前になっていくであろう正統性と、周辺的でありながら共同体の活動に参加しているという前提こそが、彼らの学習を保証している(16)。むしろ学習とは、「十全的参加者になること、成員になること、なにがしかの一人前になること」に包含されている。

この理論の主眼は、「産婆」や「仕立屋」、あるいは「肉屋」として一人前になっていくことを「学習」と見なし、学習が共同体の生産活動と不可分であるとした点にある。すなわち、学習が現場から切り離された記号の受け渡しではなく、まさに彼らが生きる世界に埋め込まれるものとして捉えられるのである。その観点からすると、「新しい作業や機能を遂行できるようになる」というのは、「学習のほんの一部――多くの場合、偶然的なもの――にすぎない」とされる(17)。

人類学者の福島は「認知というものをもっと広い文脈の中に置くことによって」、「認知という意味を霧散霧消させる」可能性を見せた点において正統的周辺参加論を評価している(18)。すなわち、知識や能力を、学習者個人の認知の問題と見なすのではなく、それを埋め込んでいるシステム全体の中で捉え直すことによって、共同体の特性や、その維持や変容の問題として考察することが可能となる。

「正統的周辺参加」に端を発する理論は、状況に埋め込まれている知識に光を当てたという点で、表象モデルのような学習観を乗り越えるのに十分な力があるようにも見える。「状況論」はその後、注目の高さに比例して、建設的な批判が寄せられ、実りある議論が継続している。

例えば福島は、「きわめて伝統的な儀礼的システム」、「村落を中心とした民俗芸能の形態」、「能の組織のように、ある種の身体技法的洗練度が極めて高まった閉鎖的な組織」、あるいは「大衆演劇のように、より広い観客市場に開かれたような組織」といったように、「複雑なバリエーションが形成する、わざ伝授と学習の様々な変異体」に着目している(19)。そこでは、レイヴとウェンガーによる徒弟制の議論の枠には収まりきらない問題が提起される(20)。例えば、共同体を支える権威の構造は、仕立屋や産婆の場合、技術的な熟達度に担保されているのに対して、芸能などの場合、技術的な熟達度のみに担保されない。つまり、そこに観客からの人気という関数が加わることによって、「単なる技能の習得とは異なる権威の構造を持たざるを得なく」なり、「観客の支持、不支持が共同体内の権威構造に大きな影響を与える」ことになる。(21)また、共同体によっては、権威を維持するための「戦略」として、「中心的な技能をわざと教えない」という、「積極的な隠匿」が機能する場合もある。(22)

いずれにせよ、「状況論」が示した糸口の先に、「共同体内の資源の配置や、十全的参加と周辺的なそれとの複雑な諸関係、共同体間の相互作用や、共同体の隙間に生じる偏跛的な実践の問題、更に共同体の性質の長期的な変動の問題等」を取り上げるという研究方法が開けてくるのである。(23)「状況論」が提示するような、職業的な活動と学習とが一体となっている実践は、その人の生活を豊かにしうる生きた学習の可能性を提示している。

本書にとって、「状況論」がもたらした重要な示唆は、学習という営みが、単なる技術の習得に限らないということである。技能を身につけるというプロセスは、技能を駆使すべき局面についての判断の広がり、共同体を導くような視野の広さ、あるいは人格の変容など、多角的な諸相とともに現れる。

こうした見方を大きく展開させるならば、「状況論」が射程とする学習は、状況に埋め込まれつつも状況を脱出していくという契機へと広がっていく。例えば人類学者の松田は、ナイロビの石工職人における自己のアイデンティティの構築を論じる際に、「自律し創造性あふれる西欧近代型の個人」、および「共同体に埋没し拘束される『未開』伝統型の成員」という二分法そのものを問題視した。その上で、両者をいわば使い分けながら日々を生き抜く人たちに光を当て、その結節点に「生活世界を成立させるための操りの力」を見いだした。(24)その際、石工職人として一人前になる過程で、優れた職人と出会って技能を教わる場面が論じられているが、その出会いや上達の過程もまた、必ずしも単一の共同体の活動に還元されえない。(25)

だとするならば、レイヴとウェンガーが論じたような、一人前になっていくというプロセスを、単に共同体の中で周辺から中心へと遷移するプロセスであるとするのは、その学習の豊かさに比べて、いささかラフな描き方であるといえる。一人前になっていくプロセスには、熟練した教え手から正統的に学ぶことを許される場合もあれば、共同体の外部の他者との出会いによって偶発的に学ぶ場合もある。また、早くに一人前になる人もいれば、なかなか一人前になることのできない人もいるであろう。つまり、人が育っていくという出来事には、共同体の中に居場所を得ることや、周辺から中心に向かって一人前になっていくことだけではなく、複数の共同体に同時に参加したり、ときには共同体を逸脱するという事態も含まれているのである。一つの共同体だけで生涯を過ごすことが少ない今日、かりそめの共同体において、親方と見習いがいかなる関わり合いを結び、いかなる変容を経験していくのか、また、そもそも一人前であること、半人前であること——より積極的にいえば「大人」であること、「子ども」であること——はいかなることか、などについて問い直すことは、「学習理論」を越えた、こういってよければ、「人間形成論」としての状況論の可能性を開くことになるのである。

そうした観点に目を向けたときに、先ほどの「生の言葉」が再び重要性を帯びてくる。師匠が弟子に対して投げかける指導言語としての「わざ言語」は、その機能を十分に果たす際には、「発話される文脈」が効果的に構築されている。それは、師匠と弟子との関わり方の全体に及ぶ問題であり、芸能者として生きることを導く働きかけの問題でもある。つまり「わざ言語」として現われた言葉がけは、教え手が学び手に対してわざを伝えようとする働きかけにほかならないが、その働きかけは、学び手が芸能の世界において成熟していくことを促す企てに包含されているのである。

学び手が成熟していくことを促す企て——そこには教え手自身もまた成熟していくことも含まれる——のことを、本書では「学び」と呼ぶ。それは、教え手と学び手が必ずしも固定的ではない仕方で関わり続けるダイナミックな現場であり、その現場において交わされる言葉こそ「生の言葉」である。人は身体において語るし、言葉によって相手に触れる。「生の言葉」は、「学び」の現場に散りばめられており、必ずしも「言葉」の形を取らずに、教え手と学び手との働きかけ合いを駆動している。

フィールドの中の「話しことば」

「生の言葉」を集めることで大きな成果を上げてきたのが、人類学・社会学の領域である。そもそも「わざ」という観点は、「身体技法（techniques du corps）」の概念によって、人類学や社会学の領域において探求されてきた。(26)「身体技法」とは、「人間がそれぞれの社会で伝統的な様態でその身体を用いる仕方」としてモースに定義された。(27)それは「泳法」や「坐り方」、「歩き方」など、人間の行為にとって極めて身近なものの総体である。モースは、「すべての社会における身体技法を記録・収集し、目録化するという壮大な研究プログラム」を構想した。

社会学者の倉島によれば、そこで重要なのは、これらの概念が、当事者たちにとって「有効かつ伝承的」であるということ、すなわち、その社会の中で機能的な振る舞いとして広く受け継がれていることである。その「有効性」とは、「何らかの自然科学的な基準に照らして超越的に特定される有効性とは区別されねばならない」のであって、生理学的な分析などによって差異化されるものであってはならず、当人に感じられ、その目的で追求されるという、「心理的」かつ「社会的」な差異を踏まえることによって初めて定義される概念である。(28)倉島が「超越的な観察者」の立場を鋭く批判するのは、「身体技法」とは、「超越的な観察者によって発見ないし構築された実践の客観的な姿」、すなわち「行為者による技法の習得はこのような不変の客観性に依拠して表象可能である」とするような態度によっては把握できないと考えるからである。(29)逆にいえば、「有効」であることを定義の要件に加味している「身体技法」なる概念は、技法を身につけていく中でそれについての認識が変容してくるような「技法の経験的リアリティ」(30)を含んでいるのである。そうした認識の変化は、超越的な客観的立場によるものではなく、「私の技法と先生の技法の間によこたわる差異」を「足場」として描き出される。(31)

一方、稽古場面に立ち会って、そこでの出来事を丁寧に観察するという手法によって、当事者たちの身体に生起するやり取りを浮き彫りにした研究がある。菅原らは、アフリカのブッシュマンに関する長年の調査手法を土台として、静岡県水窪町の西浦田楽において、次世代への継承を行なう場としての練習に注目し、そのやり取りの特質を分析した。[32]「『伝統の継承』といった文句で漠然と美化されるような民衆の営みが、実際には、どのような身体的やりとりによって支えられているのかを知りたいという素朴な興味」から調査を始め、五年越しの調査を経て、さらに理論的な課題、「複数の人間がいちどきに注意を集中してやり遂げる協同作業の仕組みを緻密に解明すること」を目指すものであった。先駆的といえるのは、「初心者が年長者の『わざ』を覚える過程」における「独特な形に組織された『やりとり』(interaction)」に着目し、「身体の動きと発話とが、驚くべき整合性を持って協応し、有無をいわせぬ効果を発揮する」様を浮き彫りにするために、「話しことば」への注目という「分析の戦術」を採用したことであった。「ことばと表裏一体になっている所作・身ぶり・動作の詳細をテキスト化すること」に果敢に挑む「分析の戦術」は、倉島が述べる「経験的リアリティ」の一部をえぐり取るための効果的な手法であるといえよう。[33]

こうした人類学・社会学の方法は、稽古場面に立ち会って、そこで働く「生の言葉」を模索しようとする教育学の研究手法にも可能性を開くものである。

また、これらの領域に近接しつつ、実践に関する新たな手法を模索しているのが、人類学、霊長類学、認知科学などの領域を母体とする「インタラクション(相互作用)」研究の領域である。「インタラクション」とは、「運動する個体が複数あり」、「その間には何らかの作用があり」、「個体たちは互いにその作用を及ぼし合っている」現象である。[34]とりわけ、「action A は action B に依存して変わり、action B はまた action A に依存して変わる」といったようなダイナミックな作用に注目したとき、「それぞれの個体の動きに還元できないような、複雑な(さらにいえば「面白い」)現象」が起きる。こうした現象への着目は、「還元主義的、実体主義的なものの見方に対する行き詰まり感」に風穴をあけるという学的期待が寄せられるとともに、人間——および霊長類をはじめとする動物——の生活の豊かさを掘り起こす手がかりを与えてくれる。

日常的な会話場面に着目し、発話とジェスチャーが絡まり合う中で、ジェスチャーが伝える意味の広がりを描き出した研究も示唆的である。[35]例えば細馬は、ジェスチャーを伴った会話の中での「言い淀み」とそれに伴う「修復」

が、単に発話だけの問題に留まるのではなく、ジェスチャーの「やり直し」でもありうることを明らかにした[36]。その際、会話の中で、「Pさんのうしろに電話がある」といった空間的な位置関係を伝え合うやり方を、イラストを用いながら検証し、空間を表現するときの「参照枠」が発話とジェスチャーの間で一貫したり矛盾したりする事例に着目し、ジェスチャーが単に発話の道具となるだけではなく発話と分かち難く会話全体を駆動していることを描き出した。こうした研究の中で、細馬は、研究者が会話の豊かさを発見するプロセスを以下のように記す。すなわち、「記述している最中に、生の動画データを見ただけでは気づかなかった相互作用に気づくということを、ジェスチャー分析や会話分析を行なっている研究者はしばしば体験する[37]」。

人類学者・社会学者たちのフィールドでの根気強い観察、インタラクション研究における現象への詳細で柔軟な分析は、わざの実践の豊かさを掬い取るための有力な道筋となる。生田の研究によって、わざを教えたり学んだりすることについて、「言葉」という切り口から解き明かす探求が開始されたとはいえ、それはわざの実践の全体のごく一部を解明したにすぎない。実践の中では、言葉にならないような身ぶりや、意味のほとんどを身体が担保しているような会話などが豊かに飛び交っているのであって、その臨場的な現場こそ、身を投じた学びを再考する手がかりが潜在しているのである。人は日常的なコミュニケーション場面において、相方向的で、未だ明確な意図を持たない、それでいて関係構造に大きく寄与する身体的な行為の相互作用に身を晒している。教育の場面においても、教え手と学び手との間に、自覚する以前の相互行為が働くのであれば、そうした行為の網目こそ、教育的事象を成立させるための土壌と見なせるのではないであろうか。

そうした着想を広げるためには、身を投じたわざの実践を行なっているフィールドに赴き、わざを遂行するためのやり取りに関する観察を試みる必要がある。本書においては、淡路人形座にて調査を重ねるうちに、彼らが稽古場面や公演の舞台において濃密に交わしている身体的やり取りが、舞台の成就のみならず、わざの習熟を左右する場として、さらに芸能者として生きていくことを方向づける場として機能していることを推測するようになった。そうした微細なやり取りこそ、「わざ」という明示的論点の陰に隠れていた、身体の暗黙的な働きであり、教育と身体について再考するための根本原理になるように思われた。

その原理を捉えるための方法が、現象学的記述である。本書があえて現象学に依拠しているのは、フィールドで出会った事例を純粋客観的に分析し、何かの法則や理論を帰納的に導くような方向とは異なる道筋を歩むためである。伝統芸能における稽古場面の観察というテーマは、既存の研究の多くがそうであったように、学校教育批判の文脈において論じられることが多い(38)。すなわち、学校における学習に対して知識伝達の貧しさという論点をつきつけ、それとは異なる学習論を展開させることが期待されている。

しかしながら、わざの実践というテーマが語りかけるものは、必ずしも学校教育の対極にあるわけではない。師匠が弟子に対してわざを教えようとして、また弟子がわざを学ぼうとして格闘する場面は、教えたり学んだりすることについて考える、私たち自身の経験を喚起するのである。彼らの学びの意味を十全に受け取るということは、理論を構築することとは異なる仕方で、私たち自身の学びの経験に問いを突きつけ、経験を更新するという仕方において可能になる。

したがって、本書が目指すところは、わざの実践現場に立脚することで学校教育を相対化することでもなく、反対に、学校教育における様々な問題を解決するために、今日的な学びのありようを見直すために稽古場面を見ることでもない。本書が遂行する作業は、わざに身を投じる人たち自身にとって、個々の活動をそれとして現れさせている「志向的な糸」を浮き上がらせることである。それは、実践の現場において、学ぶこと、教えること、一人前になること、などの出来事が、そこに身を置く人たちにおいて、いかに経験されているのかを問いかける作業である。そうした問いかけに対する答えを、教育思想の古典を読み解くことに類するような思索の作業として、実践現場で身体化されている「意味」から掬い取ろうと試みるのである。

そうした考察を可能にするために、彼らの実践を観察する私が、彼らを第三者的に観察する立場に立つのではなく、ある部分までは彼らの一部として踏みとどまるという態度にかけた。フィールドを記述することは、私の身体がいくばくか変容するということであり、それに伴う景色の変容に注意し続けるということである。また同時に、実践の中での彼らの経験や、彼らが抱えている問題が、私たち自身における経験でありうると知ることであり、私たち自身に問いが突きつけられているという、その臨場感を出発点に据えるということである。その作業は、教育に対する私たち自身の眼差しを見直すことにつながっていく。

2　現象学的記述が開く「生きられた経験」

本書に思想的枠組みを与えているのは、現象学的記述である。わざを遂行する場面に立ち会い、そこに参与している人たちに生じている出来事を記述するのは困難である。彼らの活動は、極めて円滑に進められるために、漠然と居合わせているだけではそこに生じている出来事を描き出すことができない。そこで、会話を文字に起こしたり、彼らの行為を概念化したりする必要が生じるが、そのためには、観察者の側のある種の恣意的な枠組みの中で、彼らのやり取りを解釈することになる。そのことに自覚的であろうとするときに、あるいは、その枠組み自体を疑いの眼差しによって捉えるときに、メルロ＝ポンティの示す現象学的記述に大きな可能性が見えてくる。メルロ＝ポンティが著書『知覚の現象学』（*Phénoménologie de la perception*）の序文に残した一文――「哲学とは己れ自身の端緒のつねに更新されていく経験である」[PP: IX/13]――は、自分の手で自分の手を書く、あるいは自分の言葉で自分の言葉を語るときの、語ったそばから新たな語り直しを必要とするような難しさを思い出させてくれる。身体を自律的に動く機械のように捉えるのではなく、また同時に、個人の意思や思惟という操縦士によって動く乗り物として捉えるのでもない、そのどちらの思考も差し止めたところにメルロ＝ポンティは立脚している。身体の生きて働く姿を描き出そうとする試みは、決して完了することのないようなたえざる運動を要求しているのである。

メルロ＝ポンティからの問いかけ

メルロ＝ポンティは、身体のことをよく見ていた哲学者であるように思われる。『知覚の現象学』における疾患患者の症例に関する記述においても、『眼と精神』におけるレンブラントの「夜警」に関しても、あるいは『意味と無意味』における絵を描くセザンヌに関しても、「身体」が生きて働くあり方が、コギトを省察の出発点とする近代哲学が構築してきた生を、するりと抜け出しながら私たちの生を形作っている様を説得するのに十分な執拗さが、彼の言葉には備わっている。身体のことをよく見ていたとはいっても、バレエのような身体芸術に足繁く通ったり、スポーツ観戦に熱をあげたり、自身で運動に励んだりしたか否かは定かではない。(39) 彼が試みたのは、「記述」するという作業そのものによって、世界と自己との根源的な結びつきに立ち戻り、自己をたえざる「更新」の渦へと巻き込むことであった。それは、あくまでテキストを読み、テキストを書くという仕事を通して、経験されざる「生きた身体（corps vivant）」［PP：90/137］を経験しようとする、一つの身体的実践であるといえる。

本書は、メルロ＝ポンティが考察に用いたいくつかの概念を手がかりとして、わざを遂行する人形遣いたちの身体の経験を描き出すものである。描き出すというのは、例えば人と人との間に目に見えない糸のようなものがある、ということを客観的な事実のように解明してみせたり、意識の中に生じる主観的な現象をあるがままに書き写そうとしたりすることとは異なる。メルロ＝ポンティに言わせれば「記述する（décrire）ことが問題であって、説明したり（expliquer）分析したり（analyser）することは問題ではない」［PP：II/3］。メルロ＝ポンティが「知覚的経験（l'expérience de la perception）」に対して行なった哲学的反省は、身体の経験に光を当てる企てであったが、それは機械の内部に懐中電灯を照らすように観察することでも、主観的な認識によって身体の感覚を統覚することでもない。いずれの立場も回避しながら、身体と世界との絡まり合いを「生きる」ことによって初めて到達しうる洞察である。それは、彼の「記述」を読む人に対して、自分の経験を客観化するような知識を与えるものではなく、むしろ「経験の更新」を喚起させるものである。(40) メルロ＝ポンティは、こうした立場に立つための道筋を、「記述する（décrire）」という言葉に込めた。

そのための言語、すなわち「生きた身体」――および世界との絡まり合い――の働きを記述する哲学言語は、近代哲学のそれとは異なるものでなければならなかった。彼の言語論で一貫して強調されたのは、近代哲学の言語観からの決別であったが、それは初期の『知覚の現象学』においてもすでに明示されている(41)。デカルト主義的発想による言語観のもとでは、表現を与えるより先に純粋な思惟が存在し、それは適切に表現されれば完全に伝達されうると考えられてきた。この言語観の背後には、「思惟が表現以前にそれ自体で存在するかのように信じ込ませる、……われわれに内面的生活といったものが存在するかのような幻想」［PP : 213/300-301］が控えている。

反対に、メルロ＝ポンティは、翻訳されるべき意味内容があらかじめ存在し、それが言葉に乗って運ばれているといった素朴な言語観を、否定こそしないものの、言葉の二次的な使用にすぎないと考えた。もしも言葉が思惟をあらかじめ想定するものであるならば、「どうして最もなじみ深い対象でさえも、それの名前が憶い出せないうちはどうも落ち着きの悪いものに思えるのか」という疑問や、なぜ作家が「自分の書こうとしていることを正確には知らぬうちに本を書き始め」ることができるのかといった疑問を解き明かすことができないからである［PP : 206/291］。メルロ＝ポンティにとって言葉の一次的な働きとは、「すでにでき上がっている思想を翻訳するものではなく、それを完成する」［PP : 207/293］ところにある。

わざの遂行という出来事を、経験の「記述」として読み解こうとするならば、記述することによってそこに新たな出来事が生まれるような事態に立ち会うことになるだろう。メルロ＝ポンティの省察は、言葉が思想を「完成」するのと同じく、記述する以前には何もなかったところに、記述すること自体によって新たな生の諸相が開かれてくるような、遂行的な作業である。「哲学とは己れ自身の端緒のつねに更新されていく経験である」というのは、まさにこうした事態を言い当てている。

メルロ＝ポンティが残した考察は、「実践」を描き出すための方法論として定式化されるような「理論」ではない。

それは、私たちの身体的経験を客観的に観察しようとすることで、そこから離れてしまったたくさんの「説明」や「分析」を一旦脇に置き、私たちの身体的経験がかくも豊かであったかと気づかせてくれるような道しるべである。

生きられた経験の記述――臨床教育学の外縁へ

現象学に依拠して実践を考察する研究は、様々な領域で広がりを見せている[42]。日本でも現象学的教育学、現象学的心理学などへの関心はたえず蓄積されており、近年では現象学的看護学の領域が活発である[43]。これらの動きが緊密に連携しているわけではないが、「事象そのものへ」迫り、臨床現場における意味の断片を拾い集める方法を模索する運動として、緩やかに連動している。ここでは、一九四〇年代後半に興隆してきた、現象学を教育人間学や心理学の方法論に据えたオランダの「ユトレヒト学派」の流れを汲み、実践現場の出来事を記述する方法としての現象学を発展させてきたカナダの教育哲学者マーネン（Max van Manen）における探求を取り上げて、本書の方向を定める手がかりとしよう。

「ユトレヒト学派（Utrecht School）」とは、一九四〇年代から一九六〇年代ごろに興隆した、オランダのユトレヒト大学の研究者たちを中心として形成されていた学際的グループを指す。古くはボイテンディクらに遡ることができ、その後、教育人間学におけるランゲフェルト、現象学的心理学におけるヴァン・レネップ、ヴァン・デン・ベルクなどを中心として、哲学のみならず、教育学、心理学、社会学などの人間科学諸領域に広く根を下ろし、日常的な生活の中に埋没している「意味」の探求に力を注いだ。その探求は、台頭する実証的心理学に押され、やがてオランダでは下火になったが、実践の現場における出来事の意味を丁寧に捉え直すことのセンスは、多くの研究者を触発し、その一部は「臨床教育学」として引き継がれることになる[44]。臨床教育学とは、「授業の技術や生活指導上の方法や技能の開発、さらには、子どもを理解するための心理学的な知見の伝達や応用を目標とするのではなく」、むしろ「それらの技法や知見が有効に機能するための前提である教育観や子ども観、つまり、教育の現状を〝それ〟として意味付けている全体的で共示的な意味の連関（『教育の意味地平』）」に焦点を置く学問である[45]。それは、個別具体的な場においてのみ生起してくるような出来事のダイナミズムを「意味」として読み取る思索であり、学習の「効果」によって教育の「価値」を論じるような今日の教育的言説を、突破していくような契機として期待される。

臨床教育学という学問の輪郭は未だ定まっておらず、その可能性は汲み尽くされていない。だが、その初発の歩みないし枠組み、すなわち、「意味」を汲み取る眼差しを持って臨床に入り込み、臨床の出来事について語る作業そのものが新たな出来事を創出するという強靭な思索は、本書の探求を力強く後押ししてくれる。本書はこれまでの臨床教育学が語ってきた臨床のフィールドを少し広げることによって、生きた身体を記述するという方途を歩むものである。マーネンの現象学理解は、そのための具体的な方向を示している。

マーネンは、メルロ＝ポンティにおける現象学が、教育に関する事象を探求する上で大きな助けになると述べる。マーネンによれば、現象学は「我々の日常の経験の本質や意味をより深く理解することを目的とする」ものであり、「もっと直接的に世界と触れ合えるところへと我々を連れて行ってくれるような、なるほどと思わせる洞察（plausible insights）が可能であることを示してくれる」学問である[46]。

そこで強調されるのは、ある現象に向かうということが、「生における特定の関心、位置、固定点」を、暗黙のうちに指し示しているということである。マーネン自身は、「親として、教師として、生に対しての身構えをもっている（orient to）」のであり、「〈教育的〉関心は、私の人間科学的関心から切り離すことはできない」という前提に立っている。

例えば、彼は論文や著作を記す中で、「私は親や教師としての生活世界における自分の〈教育的〉関心を『例』として用い、それによって現象学及び解釈学の人間科学的方法について議論していくことにする」という方向を貫いている。マーネンは、自身が親あるいは教育者として、「教師の職業的かつ個人的な生活の中心にある問い」を以下のように述べる。

父親であり、かつ教師である人にとって、父親であること、そして教師であることの意味への問いは日常的に提示される。この問いは、私自身の子どもから実存的な仕方において提示される。彼らは毎日のように、私に父親としての振る舞いの本性とその適切さを反省させるきっかけを与えてくれる。そして、この問いは私の学生達（彼ら自身も教師であるが）から、より明示的で知的な仕方で提示される。彼らは、〈教育〉における専門家としての説明と、理論的な説明との間に、また、この理論立てが実証されることと、生きられた生の中で真実になる仕方との間に起こり得る矛盾についての鋭い観察者である。親であることと教えることの意味への問いは、こういった学問的領域と生きられた領域とのあらゆる緊張のうちにその姿を現す。(47)

マーネンは、現象学的記述の出発点を、自らがすでに親あるいは教育者として生きているという身構えとして据えているが、そのことは、「学問的領域」と「生きられた領域」との間の「緊張」あるいは「矛盾」にたえず晒されることを意味する。彼にとって現象学的に研究するということは、私や誰かが経験したであろう特定の現象に関して、単に思い出すというだけは十分ではない。そうではなく、「私は経験を、その経験の本質的局面や意味構造を、それが生きられたような、それが呼び起こすような、それがそうであったようなやり方で、想起」するということである。私たちは、「この記述をありうる経験（possible experience）として、つまりその経験のありうる解釈として認識する、そういう仕方で想起しなければならない」のである。

現象学的記述とは、ある特定の実践――マーネンの場合は教育の実践――に対する「関心」抜きに進められるものではなく、たえず関心に駆り立てられて進められる。すなわち、「真に現象学的に問うことは、（自身が）選択した人間の経験の特質に自分の関心を定位する（indentify）ことによって初めて可能になる」のである。換言すれば、「優れた現象学的記述は、生きられた経験によって収集され、生きられた経験を想起させるもの――それは生きられた経験によってその正当性を立証され、それが生きられた経験の正当性を立証する」のである。(48)

マーネンによれば、「なるほどと思わせるような洞察」ないし「ありうる経験の解釈」をもたらす一つの端緒が、上述のメルロ＝ポンティにおける「驚異」の記述である。「驚き（wonder）は、最も親しみのあるところでまったく知らぬものに意図せず出会ったときに生じる。驚きは、喜んで立ち止まってそのことを語らしめたいと思うことであり、それ自身の言葉で世界のそれを表現せしめる能動的で受動的な感受である(49)」。それが強い驚きであればあるほど、既知の意味によって語り尽くすことができないために、私たちはそれ自身の言葉で表現しようとする。そうして方向づけられた私たちは、記述へと向かうのである。

こうしたマーネンの立場は、本書の問題意識と立ち位置を照らし出している。本書は淡路人形座の座員たちのわざの経験を探求するものであるが、それは、私たちにとってもありうる経験である。例えば、彼らの稽古場面において見られる、身ぶり手ぶりを伴うやり取りは、私たちが知識を学んだり技術を身につけたりするときの濃密さを思い出させてくれるかもしれない。また、観察者である私自身が身をもって彼らのやり取りに立ち会っていれば、彼らのやり取りに参与する中で、その濃密な意味世界に入ることがありうる。

身を投じた芸能に携わることの意味もまた、私たちに関わりのある問題である。人形による神事を見たとき、窓から差し込む正月の朝日に照らされた神社の空間が、目の前で躍動している人形の不思議な姿と相まって、祝福の色合いを帯びているようであった。少し不気味で、しかし厳かさを保っているそうした芸能の不思議さは、尽きぬ魅力を掻き立てるものであった。彼らは舞台に立つことで何になろうとしているのか。それを現代にあえてやることにどのような意味があるのか。彼らにとって学ぶことはどのような意味があるのか。彼らにとって伝統の継承とはどれほどの切実さがあるのか。また、その神事に惹きつけられる私自身は、いったい何に向かっているのか。

本書では、こうした関心を背景として、あまり眼差しが向けられてこなかった身体の働きに眼を配り、わざの実践を記述することを目指す。それはメルロ＝ポンティが身体の働きを記述しえたのと同じだけの執拗さによって初めて開示される。稽古や興行の場において働く身体は、哲学的なテキストを読み解く――あるいは聞き取る――作業に似ており、その記述は、メルロ＝ポンティが始めた、身体の働きを細やかに記述する現象学に連なっていると考えられる。

3　フィールドとしての淡路人形座

本書が対象とするのは、人形浄瑠璃の専業団体である淡路人形座である。淡路人形座とは、遅くとも一五〇〇年代中頃までに成立した人形浄瑠璃の座元を由来とし、二〇世紀に入ってからの存亡の危機に耐え、座の再編を経て、今日淡路島内で活動を続けている人形座である。平成二五年度現在、太夫・三味線が一〇人、人形遣い八人、事務員二人、支配人一人の計二一人を擁し、大阪の文楽以外では国内で唯一、人形浄瑠璃の公演を専業としている。地元の中学校・高校の部活動への指導や、全国の学校や施設への出張公演・体験事業などを恒常的に行ない、人形浄瑠璃に触れる機会を広く提供している。日常的には、専用の会館にて毎日公演を行なっており、日々わざの修練に励んでいる。

人形浄瑠璃の人形遣いたちは、三人の人形遣いが共同して一体の人形を操作するという、極めてユニークなわざを遂行している。自分一人の身体を動かすのではなく、人形という一つの身体の動きを共同的に作り上げるのであるから、そのわざは、個々の身体において完結するのではなく、複数の身体の連携の中で磨き上げられていく。その際、日常生活であればコミュニケーションの前提とされているささいな身ぶりが、人形を動かすための合図として注目されることもしばしばある。人形遣い同士が動きを制御し合うしぐさそのものが、人形の振りに組み込まれていたりもする。つまり、わざを遂行しながら、彼らの身体は、背景化したり焦点化したり、一つの場面の中で多様な働きを見せるのである。しかもそうしたやり取りは、第三者から丸見えである。身ぶりも言葉も駆使したやり取りが息づく中で、複数の身体による共同的なわざが進行しているという現場は、身を投じた学びに関する議論に新たな側面を切り開くことになるのではないだろうか(50)。

淡路島は、江戸時代、全国を行脚して人形浄瑠璃を興行する座の拠点となっていた。江戸時代の浄瑠璃といえば、とくに元禄の頃から上方では竹本座や豊竹座がしのぎを削り、町民たちの人気を集めていたが、淡路や阿波においても多くの座が結成されて活発に活動していた。上方の浄瑠璃が、常設館を構えて客を集めたのに対して、淡路の座は、常設館を持たず、四国、中国、九州、中部地方などに出向いて野掛け小屋を組み立て、現地で興行を打っていた。人気の一座ともなると、一年中ほとんど旅を続けていて、淡路に腰を下ろすのは正月だけであったという。座の活動は明治に入っても盛んに続いていたが、大正、昭和と時代が下るにつれて、娯楽としての地位を追われることになる。下火になった活動は、熱心な支援者に支えられて保存運動へと向かい、市町村からの支援を集めるようになる。

そうした来歴を背負い、彼らは日々の興行に取り組んでいる。伝統に忠実であろうとする一方で、今の人たちにも親しんでもらいたいと願う、その別方向の価値を抱えながら舞台を構築している。彼らのわざの実践には、淡路島での歴史と、今日の商業性を踏まえた日々の興行が前提となっており、それらの「地」の上に、身を投じた稽古という「図」が浮かび上がっている。

身を投じて学ぶということを考察するためには、稽古における身体の働きをミクロに眼差すとともに、その活動に意味を与えている興行を透かし見る必要がある。そのために、本書では、「稽古」と「興行」という二つの課題を据える。以下では、それぞれの着眼点の狙いを見ていこう。

なお、本書の考察を支える調査回数は平成二二年一月から平成二六年二月までの間の七〇回である。(51) 通常公演の時期は日帰りで、特別な公演の前には集中的に泊まり込んで調査を行なった。

稽古のミクロなやり取り

人形遣いたちの稽古場面は豊かである。伝統芸能の稽古といえば、稽古以前の師匠と弟子との関係づくりや、教えるのではなく模倣させるという学び方を特徴とする。しかし実際の稽古場面を見てみるならば、必ずしも定式化された言葉によって進められてはいないものの、師匠や弟子による積極的で濃密なわざの構築の努力に出くわすのである。その濃密さに寄与しているのは、自らの動きを変えていく動作主であると同時に、雄弁にコミュニケーションを遂行する語り手・聞き手としての、彼らの身体である。

教育学のわざ研究において大きな成果をもたらした生田久美子は、「わざ言語」の発見によって、稽古現場で効果的に働く指導言語を描いてみせた。だがその成果は同時に、稽古現場において飛び交う「言語」以外の何物かを描き出すことの難しさを明らかにしたともいえる。師匠が発する言葉を丁寧に検討することで彼らの稽古場面を描き出したとしても、言葉を使わない時間の濃密さを目の当たりにしたときに、それが稽古における人と人との関わりという氷山の一角であったことに気づくからである。わざを伝えるという営みを描き出すためには、師匠が発する比喩的な言葉だけではなく、言葉として意味をなさないような言葉や、言葉以前の意味不明瞭な身ぶりを含め、彼らのやり取りの総体を、丁寧に記述していく必要があるのではないであろうか。

そこで本書では、稽古場面のミクロなやり取りに着目することによって、言葉として意味をなさない発語や、言葉にならない身ぶりから形成されている稽古のプロセスを描き出すことを課題の一つとする。

人形遣いのわざにおいては、一つの動きを作り上げるまでの試行錯誤のプロセスが極めて長い。三人が一緒になって動くため、簡単な振り一つを完成させるまでに、迂遠で入念な確認作業が求められるからである。そうしたやり取りを描き出すための方法として、本書では、会話を文字に起こした上で、彼らの身ぶりをイラスト化して記述する(52)。彼らの暗黙でありながら雄弁な身体をイラスト化して描き出すことで、文字にすることの困難な会話のよどみや身ぶりに託された意味が、説得力を持って立ち現れてくる。身体が雄弁に語ってみせたり、背景化したり焦点化したり、やり取りの中から共同的に意味が生まれるという出来事は、身体による学びに関する議論に新たな側面を切り開くことになると同時に、私たちの身体の働きもまた、かくも豊かなものであったかと驚きをもたらせてくれることになるだろう。

興行における等身大の工夫

彼らがわざを発揮するのは興行の場面である。神事において舞うとき、公演において観客を沸かせるとき、人形遣いたちの身体は躍動する。わざを身につけるということは、わざを発揮する場面から独立しているわけではない。つまりそれは、すでにコード化された一連の動作を身体に覚え込ませるという作業に留まるわけではなく、コードそのものと対峙しながら使いこなし、ときには新たなコードを生み出すという作業を含んでいる。

そもそも、彼らが習得しようとしている、あるいは伝授しようとしているわざとは、一体何であるのか。一方では、一口に「わざ」といっても、リストアップされているとか記録されているとかいったものではなく、どちらかといえば形式化・体系化を免れるものである。名前のついた「型」であっても、公演の外題や舞台の位置づけ、人形を遣う人の組み合わせによってその都度発揮され直すものであり、また身体と身体とのやり取りによって伝えられてきたのであるから、常に変化に晒されてもいる。

しかしながら他方で、わざは、明らかに再現性を持ったひとまとまりの図式として形成されており、その都度その場で即興的に生成されるようなものでもない。それは、師匠からの伝授によって身体化されたものであり、長い歴史の中で構築されてきたものである。つまり、わざを身につけ、それを自分のものにするというプロセスは、彼らのわざに意味を与えている背景的な文脈――淡路人形座というものの成立過程、それぞれの舞台の意義、観光化、神事の休止と復活、型の来歴、人形の大きさ・重さや舞台の広さなど――に多分に規定されている。身体で学ぶという営みを根本的に再考するためには、わざが当人たちにおいて身体化されるまでの過程をミクロに見るだけではなく、わざを実践するという経験を背後から彩っている様々な文脈を踏まえながら、わざが生まれたり変容したり失われたりする場面へと視野を広げる必要がある。

こうした問題群は、稽古の取り組み、あるいは本書が関心を払う身を投じた学びの問題と、深く呼応し合うものである。稽古の場面は、それを取り巻く空間的・時間的文脈から大きく影響を受けている。それは、取り組んでいる演目が古いのか新しいのか、人形の振りは変えられるのか変えられないのか、という身近な演出上の問題から、そもそも現在継承しつつある人形座は、どこから来てどこへ向かうのか、今の組織の形にはいかなる必然性があるのかといった息の長い問題として、たえず彼らに問いかけている。身を投じた学びが、しばしば身体を制度や慣習の中に閉じ込め、管理し、道具化するという陥穽を見抜くためにも、稽古の場面を全体として彩っている文脈がいかなるものかを見極め、その中にいる人たちにとってどのような意味を与えているのかを明らかにしなければならない。

そのためには、稽古場面だけを特化して考察することはもちろん、「公演」や「実演」、あるいは「実践」という、舞台上での振る舞いだけに焦点化していては十分ではない。むしろ、公演そのものの位置づけ、あるいは公演準備を含めた、わざが構築されていく過程そのものを捉え、状況や文脈と駆け引きしているような、彼らの等身大の活動を照らし出す必要がある。そうした含みを込めて、「興行」という課題を設定する。

なお、淡路人形座における興行中の駆け引きについて紙面を割くべきだと着想したのは、必ずしも学術的関心だけによるものではなく、座員自身の問いに触発されたものでもある。私は当初、人形遣いたちのわざ、およびわざの稽古場面を記述するために淡路人形座に通い、稽古場面の観察を続けていた。彼らの複雑で円滑な動作を目の当たりにするたびに、私は身体を着眼点とするわざ研究の可能性に期待を膨らませていた。だが、こちら側の思惑とは無関係に、座員たちにとって最大の関心は、淡路人形座の活動をいかに発展させていくかという点にあり、したがって外部からの調査者に期待することは、淡路人形座のわざについて多くの人に伝えることであった。こちら側の研究目的を十分に理解し、合意の上で調査を進めていたのだが、「広報役」という期待を感じ取っているということは、調査者として私を少なからず困惑させるものであった。

だがその困惑は、あるときから、彼らの活動への理解に転じた。つまり、外部の研究者を「広報役」として積極的に活用しようとするある種のしたたかさこそ、現代の社会で生き抜くことを引き受けた興行者の健全な現れであって、その姿勢こそ、彼らのわざの実践にも活かされているのではないかと考えるようになった。とするならば、稽古場面だけに限定した調査を進め、稽古の中のやり取りだけを取り出して考察対象に据える態度こそ、彼らのわざの諸相をいたずらに高く（あるいは低く）見積もる態度ではないかと思い直すようになった。

本書が明らかにする第一の課題は彼らの稽古場面である。しかしながら、わざがいかなる場面で発揮され、またいかに継承されてきたのかについての、彼らの興行者としての緊張感と生存感覚を踏まえてこそ、彼らがわざを習得していることの豊かさが見えてくる。そうした背景から、本書では、稽古場面を考察対象と据えながらも、そこに厚みをもたらすものとして、興行の場面を考察対象とする。

4　本書の構成

上述の二つの課題と対応して、本書は大きく第Ⅰ部と第Ⅱ部に分けられる。構成は以下の通りである。

第七章　「巡業」、あるいは等身大の駆け引き
終章　〈わざ〉の臨床教育学に向けて

第Ⅰ部では稽古場面を取り上げる。第一章では、新人の足遣いの稽古場面を対象として、稽古を支えている円滑な相互行為を明らかにする。決まった「型」を習得しなければならない稽古であるため、その教え方は師匠から弟子へと一方向的な教示となる。しかしながら、その教示を支える意味の受け渡しは実に濃密であり、一方向的どころか、弟子からの働きかけなしでは成立しないほど、相方向的に形成されている。その相方向性を支えているのは、彼らの身体が織りなす、言葉として定式化されるよりも以前、言葉の定式化を支えるようなやり取りである。そうしたやり取りを記述することによって、稽古場面の暗黙的でダイナミックな身体の働きを記述していく。

第二章では、別の新人の足遣いが習得に手間取る場面を対象として、彼らの身体的なやり取りがおぼつかない歩みを辿っていることを明らかにする。ここでは、初心者の不慣れな動きに引きずり下ろされて上級者が混乱するという事態や、彼らのやり取りが身体を介しているからこそ噛み合わないといった事態が焦点となる。わざを教えることは、容易に成し遂げられないものであることが明らかになると同時に、わざは、任意に抽出したり切り取ったりできないような仕方で身についていることが明らかになるだろう。

第三章では、上級者たちの稽古場面を対象とする。人形の基本的な動作を習得している上級者にとって、問題になるのは身体の動かし方ではなく、人形の表現である。彼らが操作しているはずの身体は、演技に向かうための背景へ退いて、演技を裏側から支えることになる。しかしながら稽古において、操作上の不具合を見せるや否や、彼らは操作の世界へと帰着して、演技の世界は消失する。二つの世界を行き来する彼らの身体を、やり取りの変化に着目しながら記述していく。

第四章では、上級者の頭遣いが型の習得に手間取る場面を取り上げ、身ぶりと言葉がワンセットになった稽古のや

り取りを記述する。彼らの言葉の使い方をつぶさに観察するならば、それは身ぶりを伴う極めて曖昧なものである場合もあれば、動作の獲得を促すような分析的な明瞭さを発揮するものでもあることが分かる。ここでは、身体と言葉とが、必ずしも二元的ではない仕方で、稽古場面全体を駆動していることが明らかになるであろう。そのやり取りを丁寧に読み解くことによって、稽古における重層的な学びを記述していく。

第Ⅱ部では興行場面を取り上げる。第五章では、文献考証および聞き取りを中心として、淡路人形芝居の来歴と近年の取り組みを明らかにすることによって、わざを継承するという営みに彩りを与えている文脈を明らかにしていく。まず、戦後の保存運動に注目して、淡路人形座創設のいきさつを検討する。それらを踏まえ、今日の淡路人形座においてひときわ重要な意味を持つ「神事」、「戎舞」と「三番叟」の再演について考察し、最後に、今日の人形遣いたちにとっての亡き師匠との関わりについて焦点を当てる。これらは、淡路人形座にとって時代のなかでの生き残りと、伝統的な芸能の継承をかけた、矛盾を孕んだ取り組みであり、彼らが身を投じているわざに、厚みをもたらす背景となるであろう。

第六章では、淡路人形座が近年力を入れている「復活公演」に焦点を定め、稽古場面そのものを埋め込んでいる「文脈」との相克を、より具体的に記述していく。「復活公演」とは、伝承が途絶えた演目を、外部の専門家と共同的に、古い写真や床本、ときには映像を手がかりにして再演出、再上演しようという試みである。舞台の成立過程、部分稽古、総稽古までの道のりを記述することによって、彼らがいかにして「淡路らしさ」と対峙し、また創出しようとしているのかを明らかにする。「復活公演」の取り組みは、伝承の途絶えた「淡路らしさ」を辿りつつも、他の人形浄瑠璃座との差異化を図ったり、人形の大きさや人形遣いの身体といった固有なものに規定されたりしながら、当初の青写真とはいくぶん異なって実現される。その過程全体において、彼らのわざは揺り動かされていくのである。

第七章では、日本各地の小中学校に出向いて人形体験のワークショップを行なう「出張公演」の事例を対象とする。子どもたちに対する彼らの関わりは、定められた時間の枠組みの中での「授業」を求める学校に、異質な身体をもち込み、学校的な時間の秩序を創造的に破壊する試みであるようにも取れる。また、彼らは公演を「現代の巡業」として、現在の淡路人形座の重要な取り組みの一つと位置づけており、「体験授業」を期待する学校側の思惑とは異なるところで動いている。学校教育という枠の中で、「教育的活動」を求められている座員たちが、いかなる応答を見せるのかを、子どもたちに関わる彼らの振る舞いに着目して記述していきたい。

終章では総括として、本書が、身を投じた学びにいかなる展望を与えるのかを提示していく。身体が世界において意味を感受しながら生きるということに着目するならば、それは世界に住まい、根を下ろす方向と、新たな意味を発生していく方向の二つが見えて来る。教育場面におけるミクロな身体のありようを眺めることで、そこに立ち現れている意味の誕生に立ち会うことが可能となるだろう。それは臨床の現場に立ち会う「わざ」を喚起することになるだろう。

註

（1）『日本大辞典』によれば、「わざ」にあたる漢字は、「業・技（伎）・工・芸・術・幹」である。「業」（仕事や職務また学問や芸術などのわざ。なりわい。よすぎ。つとめ。）、「技」または「伎」（手を使って行なうわざ。手でする細工わざ。てわざ。特に、格技やスポーツ、また、演芸などでのわざ。うでまえ。一般に、何かことを行なううでまえ。仕事をすすめるわざ。手並み。）、「工」（道具を使ったり、工夫したりしてしっかりとしたいいものを作り出すわざ。精巧なものを作り上げるたくみな技術。たくみ。）、「芸」（草木を植え育てる。転じて、何か作ったりできたりするわざ。学問や絵画、音楽、演劇などの才能、わざ、能力、技術。）、「術」（物作りや技芸、学問などにおける細かな方法、やりかた、てだて、すべ。）、「幹」（物事を処理したり実行したりするときのわざ。任に耐えるはたらき。ことをつかさどる能力、うでまえ。）がある。

（2）私たちにとってあるがままに与えられたこの経験の世界のことを、後期のフッサールは「生活世界」と呼ぶ。それは、「学問以前の、……つねに問われるまでもない自明性のうちにあらかじめ与えられている感覚的経験の世界」である。エトムント・フッサール、細谷恒夫・木田元訳『ヨーロッパ諸学の危機と超越論的現象学』中央公論社、一九七四年、一〇六頁（原題 *Die Krisis der europäischen Wissenschaften und die transzendentale Phänomenologie*, 1936）。

（3）その議論は極めて粘り強い。例えば『イデーンⅠ』では、事物を構成する「純粋意識」を手にしても、次に諸々の「本質領圏」を括弧に入れる「二次的」な還元が示される。エトムント・フッサール、渡辺二郎訳『イデーンⅠ‐Ⅰ』みすず書房、一九七九年、一二五頁（原題 *Ideen zu einer reinen Phänomenologie und phänomenologischen Philosophie*, 1913）。

（4）生田久美子「『伝え合う力』とは何か――学校『言語』を超えて」『日本ファジィ学会誌』一二巻、四号、二〇〇〇年、四六頁。

（5）生田久美子『「わざ」から知る』東京大学出版会、一九八七年。

（6）生田、同上、三頁。

（7）生田、同上、九七頁。

（8）生田、同上、一〇〇頁。

（9）生田、同上、七三頁。

（10）「掃除や洗濯」がわざの向上という観点から見て有効に機能しているかについては、議論の余地がある。師匠の身の回りの世話をすることは、芸に対する弟子の姿勢を洞察するための糸口になるかもしれないが、芸における師匠の「間」や「呼吸」が、掃除や洗濯、食事にまで連続している確証はないからである。人類学者からの問いかけとして、「師匠の権威づけ」、「共同体の維持（あるいは破綻）」、「芸の革新」といった、その芸能の世界の構造全体を見る必要があるという疑問が投げかけられている（生田久美子ほか「『わざ』から知るその後　レクチャーと討論（1）」福島真人編『身体の構築学――社会的学習過程としての身体技法』一九九五年、四一五～四五六頁）。

（11）生田、前掲書、一九八七年、七六頁。

（12）生田は「形」と「型」を区別している。それによれば、「形」とは、「各界に固有の技術の体系が身体的動作に表されたもの」であり、それは「手続きの連続として記述することができる」（生田、同上、二三頁）。それに対して「型」とは、マルセル・モースの「ハビトゥス」概念を念頭に置きつつ、「学習者の社会的かつ理性的な働きを前提とした身体技法」としての、「現実感を持った人間として生存する基本」（同上）であると定義される。それは、「社会的・文化的状況」に影響されて形成されるとともに、学習者において、「『形』の意味を実感として捉えていくことができる」ような、また、「形」に対して、それを「善いもの」として認識することの根拠となるような働きをもつ。

（13）わざを知ることは、「行為」であると同時に「状態」でもある。「知る」という動詞は、そのような厚みをもって理解されなければならない（生田久美子・北村勝朗編著『わざ言語――感覚の共有を通しての「学び」へ』慶應義塾大学出版会、二〇一一年、iv頁）。

（14）同上、一七頁。

（15）Lave, Lave and Wenger, Etienne. *Situated learning : legitimate peripheral participation*, Cambridge University Press, 1991, pp. 52-53.（佐伯胖訳『状況に埋め込まれた学習――正統的周辺参加』産業図書、一九九五年、二九頁。）

（16）例えば彼女らは、人類学者ジョーダンによる民族誌、「ユカタンの産婆が何年もかけて産婆術について周辺的参加から十全的参加に向かう過程」を紹介している。それによれば、産婆たちの「徒弟制は、日常生活の一形態として、日常生活の流れの中で生じる。そこには教える努力といえるものはまったく見られないかもしれない」という。すなわち、家系によって産婆であることを保証されている少女は、母親や祖母と生活をするなかで、「産婆の生活がどういうものか（例えば、産婆は日中であろうと夜中であろうとあらゆる時間に出かけなければならなくなること）」、「産婆に相談にくる女や男がどんな類の話をするか」、「どんな種類の薬草や他の治療薬を集めてこなければならないか」を知る。成長するにつれて、「伝言を運んだり、使い走りをしたり、必要な備品を得るためにかけずりまわる」であろうし、母親と一緒に出た買い物のついでに「出産後検診に……同行するかもしれない」。やがて、自分の出産を経て、「彼女は出産に立ち会うかもしれない。……つまり、彼女は女性の分娩を助ける側になる」のである。彼女は「マッサージ」を覚え、祖母や母親の仕事の一部を代行するようになり、「ユカタンの文化的に最も有意義な、胎盤出産まで行き着く」（ibid., pp.67-69. 同上、四六～四七頁）。

（17）Ibid., p.53.（同上、二九頁。）

（18）福島真人編『身体の構築学――社会的学習過程としての身体技法』ひつじ書房、一九九五年、四三三頁。

（19）福島真人「序文――身体を社会的に構築する」福島編、同上、三五頁。

（20）例えば、共同体へ参加する動機などは、血縁関係を軸としない徒弟制を考える上では重要なファクターである。そのケースでは、学習の過程そのものが「動機づけ」と密接不可分であるといえる。保守的な芸能集団などを想定すれば、上級者からの「しごき」によって「それに耐えられる程充分な動機づけのあるものだけが、言わば『参加』の過程に編入されていく」プロセスは納得されよう（同上、三七頁）。

（21）同上、三九頁。

（22）「隠匿」の問題は、組織の再生産の問題と芸の革新の問題にも関わってくるという指摘は興味深い。つまり共同体によっては、「技能の最終到達点を意図的に隠蔽することによって、そのレベルでの完全な模倣を不可能に」している場合があり、そこに芸の革新が起きうる、「組織の漸進的革新のためのたくまれざる装置」があると見ることもできる（同上）。

(23) 同上、三二頁。

(24) 松田素二「石工職人の世界における技能とアンデンティティ――東アフリカ・マラゴリ職人の事例から」田辺繁治・松田素二編『日常的実践のエスノグラフィ――語り・コミュニティ・アイデンティティ』世界思想社、二〇〇二年、三〇九～三三六頁。

(25) こうした問題を鋭く追及したものとして、高木の研究が挙げられる。高木は、共同体間を移動する学習者に着目して、共同体と共同体との間での小さからぬ差異に引き裂かれるという問題に注意を喚起している。私たちは、今日の学習場面において、ある共同体（例えば学校）において身につけたものが、他の共同体（例えば会社）においても役に立つだろうという同一性・連続性を漠然と前提としているが、そこには陥穽が潜んでいる。高木は共同体間を移動することに伴う違和感こそ、学習することの根本に横たわっている問題であると指摘する。こうした指摘は、学習が、個々の当事者たちにおける差異を黙殺し、「白紙の学習者」という出発点を前提にしてきた問題を明るみに出すことになる。むしろ学習とは、すでにそれぞれの仕方で世界に根を下ろしている人たち同士が出会うことによる「振動」にほかならず、それらがいかにして共鳴し合うかを丁寧に見る必要がある。高木の指摘は、私たちが素朴に前提としてきた学習の光景を切り崩し、問いかけを突きつけるものである（高木光太郎「移動と学習」茂呂雄二編『実践のエスノグラフィ』金子書房、二〇〇一年、九六～一二八頁）。

(26) 「身体技法」に関する議論を日本で先駆的に取り上げた人類学者としては、山口昌男、川田順造、野村雅一などが挙げられる。とくに、野村は、「しぐさ」がコミュニケーションのなかで果たす面白さを生き生きと描き出した。「しぐさについては、たとえコードが共有されていても、おなじ場所、おなじ時に、同じ意味づけや推論がなされる保証はない」とする、「アナロジックにコード化された」身体という観点は、本書に示唆を与えている（野村雅一『しぐさの世界――身体表現の民族学』日本放送出版協会、一九八三年、五四頁）。

(27) Mauss, Marcel. *Sociologie et anthropologie*, Presses universitaires de France, 1968, p. 365.（有地亨・伊藤昌司・山口俊夫共訳『社会学と人類学』Ⅱ、弘文堂、一九七六年、一二一頁。）

(28) 倉島は、モースにおいて「身体技法の概念が提出されるに至った論理」を丁寧に読み解いて、モースにおける「三重の差異」が「身体技法」の必要十分条件であることを結論づけている（倉島哲「身体技法への視角――モース「身体技法論」の再読と武術教室の事例研究を通して」『文化人類学』七〇巻、二号、二〇〇五年、二二三頁)。

(29) 同上。

(30) 同上、二二二頁。

(31) 同上。

(32) 菅原らは、当論文の目的としてもう一つ、「世襲制の変容の解明」を掲げている(菅原和孝・藤田隆則・細馬宏通「民俗芸能の継承における身体資源の再配分——西浦田楽からの試論」『文化人類学』七〇巻、二号、二〇〇五年、一八二〜二〇五頁)。

(33) 菅原は、言語テキストに頼る「戦術」の限界を自覚しつつも、「われわれ分析者自身が、練習場面のビデオを見ながら、何度もゲラゲラ笑ったというような直接経験」に立ち返ることを考察の出発点に置く。その「直接経験」を「元手」にして、「みずからの身体から湧きでる勢いや軽やかさに乗りながら制度とかけひきを演じる、その豊かな可能性」を展望している(同上、二〇一頁)。

(34) 木村大治・中村美知夫・高梨克也編『インタラクションの境界と接続——サル・人・会話研究から』昭和堂、二〇一〇年、四〜五頁。

(35) この分野を先駆的に開拓している一人に、シカゴ大学の心理学者マクニールがいる(Mcneill, David. *Gesture and Thought*, University of Chicago Press, 2005.)。

(36) 細馬宏通「修復をとらえなおす——参照枠の修復における発話とジェスチャーの個体内・個体間相互作用」串田秀也・定延利之・伝康晴編『活動としての文と発話』ひつじ書房、二〇〇五年、一二三〜一五八頁。

(37) 細馬宏通「非言語コミュニケーション研究のための分析単位——ジェスチャー単位」『人工知能学会誌』二三巻、三号、二〇〇八年、三九五頁。

(38) 最も手厳しい批判者としては、Becker, Howard S. A School Is a Lousy Place To Learn Anything in. (*American Behavioral Scientist*, no. 16, 1972, pp. 85-105) などがある。

(39) 加賀野井によれば、メルロ=ポンティがリセ(高校)で哲学に出会った頃、彼は熱心な「サッカー少年」であった(加賀野井秀一『メルロ=ポンティ——触発する思考』白水社、二〇〇九年、三〇〜三四頁)。また一説によれば、メルロ=ポンティはテニスを愛好し、ときにはテニスウェアで大学構内を歩くこともあったらしい。とすれば彼は、運動を愛好する哲学者として、運動するだけでは届かない思索の領分を開拓したともいえる。

(40) メルロ＝ポンティは、発話それ自体によって意味が発生してくる場面に立ち会うためには、「沈黙の糸(les fils de silence)をむき出しにしてみなければならぬ」[S : 58/69] と述べる。言葉の意味は、発話に先立つ表象の顕在化ではなく、無数の「沈黙の糸」を背景にして、数々の言いよどみ、ためらい、逡巡において生み出されてくる。

(41) ここでは取り扱うことができないが、『知覚の現象学』における言語論においては、言活動(parole)を「所作(gesture)」として捉える発想が展開されている。例えばメルロ＝ポンティは、身体を通した発話行為が、言葉と言葉のやり取りの中で、「私自身の実存の同時的転調」を引き起こし、「私の存在の変革」を導くような作用であることを述べる。その表現作用を指して、『知覚の現象学』において、メルロ＝ポンティは「言葉は所作である」と論じた [PP : 229/321]。

(42) 「質的研究」とは、心理学、教育学、社会学、看護学などの領域において共有されている研究の方向である。アンケートや社会調査を背景とした統計学的方法とは異なって、個別事例に対象を絞って、具体的な事象を細やかに観察、記録することによって、個人や共同体における経験や事例の意味を深く掘り下げることを目指す研究である。教育学の分野でも、授業、生徒の経験、児童養護施設などの現場に対する現象学研究が蓄積されている。なお、メルロ＝ポンティの哲学の中から教育思想を見いだす研究もこれまで精力的に重ねられている。例えば藤田は、メルロ＝ポンティのソルボンヌ講義録を丹念に読み解いて、「多形性」や「貧困化」を鍵概念として、大人が子どもに対して向ける眼差しの根本的な転換を提案した(藤田雄飛「人間形成とメルロ＝ポンティの思想――『メルロ＝ポンティ・ソルボンヌ講義録』における『多形性』概念と社会化観の持つ射程」『教育哲学研究』八八号、二〇〇三年、八四～一〇〇頁)。教師と子どもたちとの関係に焦点を当て、彼らの関係が生成されてくる過程に光を当てた西岡の議論もメルロ＝ポンティに支えられている(西岡けいこ『教室の生成のために――メルロ＝ポンティとワロンに導かれて』勁草書房、二〇〇五年、西岡けいこ「脱自あるいは教育のオプティミスム――ソルボンヌ講義を起点とする肉の存在論の教育思想的意義」『現代思想』三六巻、一六号、二〇〇八年、三四七～三五七頁)。メルロ＝ポンティの身体論を主題に取り上げたものとして、O'Loughlin の身体化(Embodiment)の議論も示唆的である(O'Loughlin, Marjorie. *Embodiment and Education : Exploring Creatural Existence*, Springer, 2006)。

(43) この領域において、西村ユミ『語りかける身体――看護ケアの現象学』(ゆみる出版、二〇〇一年)、および村上靖彦『摘便とお花見――看護の語りの現象学』(医学書院、二〇一三年)は、先駆的業績である。

(44) 日本における臨床教育学の誕生は、ランゲフェルトの元に留学していた和田修二の貢献が大きい。ユトレヒト大学で長く教鞭を取ったレベリング（Bas Levering）によれば、日本の教育学は、ランゲフェルトの研究をオランダ国外でいち早く取り入れた一つである。日本では今なおランゲフェルトの著作が読み継がれている状況を見て、オランダ国内のランゲフェルト研究の乏しさを問題視している。

(45) 和田修二・皇紀夫編『臨床教育学』アカデミア出版会、一九九六年、四三頁。

(46) van Manen, Max. *Researching Lived Experience : Human Science for an Action Sensitive Pedagogy*, State University of New York Press, 1990, p. 9.（村井尚子訳『生きられた経験の探究——人間科学がひらく感受性豊かな「教育」の世界』ゆみる出版、二〇一一年、二九頁。）

(47) Ibid., p. 41.（同上、七五～七六頁。）

(48) Ibid., p. 27.（同上、五四頁。）

(49) van Manen, Max. *Phenomenology of Practice : Meaning-Giving Methods in Phenomenological Research and Writing*, Left Coast Press, 2014, p. 170.

(50) わざに関する研究は、職人、舞踊、音楽、武道などがテーマとなることが多く、そのほとんどは一人称からの視点で論じられている。わざの経験や実感や能力についても特定の個人に帰属するものとして捉えられてきた。しかしながら人形遣いの場合、わざは、複数の人間によって共同的に遂行される。すなわち、わざを個人に帰属させるのではなく、他者との関係の中で遂行されると見なすことができるのである。その観点は、暗黙的なわざに対して、他者との相互作用という側面から光を当て、また、わざの遂行における当事者たちの関係構造に光を当てる視点を提起するものであり、わざ研究に新たな局面をもたらすだろうと思われた。もちろん、数は少ないが、複数の身体によって遂行される「わざ」に関する論考もある。例えば、ドイツの社会学者 Hirschauer は、外科医における手術の身体性に関する論考を発表している（Hirschauer, Stefan. The Manufacture of Bodies in Surgery. *Social Studies of Science*, vol. 21, 1991, pp. 279-319）。

(51) 調査回数は以下の通りである。平成二一年度は三回、平成二二年度は五回、平成二三年度は一五回、平成二四年度は三三回、平成二五年度は一四回である。

(52) イラスト化にあたっては、タブレット型の端末の描画ソフトを使用した。これは、写真の上から輪郭をなぞって絵を描くソフトであり、当事者たちの匿名性を保ちつつ、写真を用いるよりも鮮明な記述を可能にする。

第Ⅰ部　稽古――〈わざ〉と向き合い、応じる身体

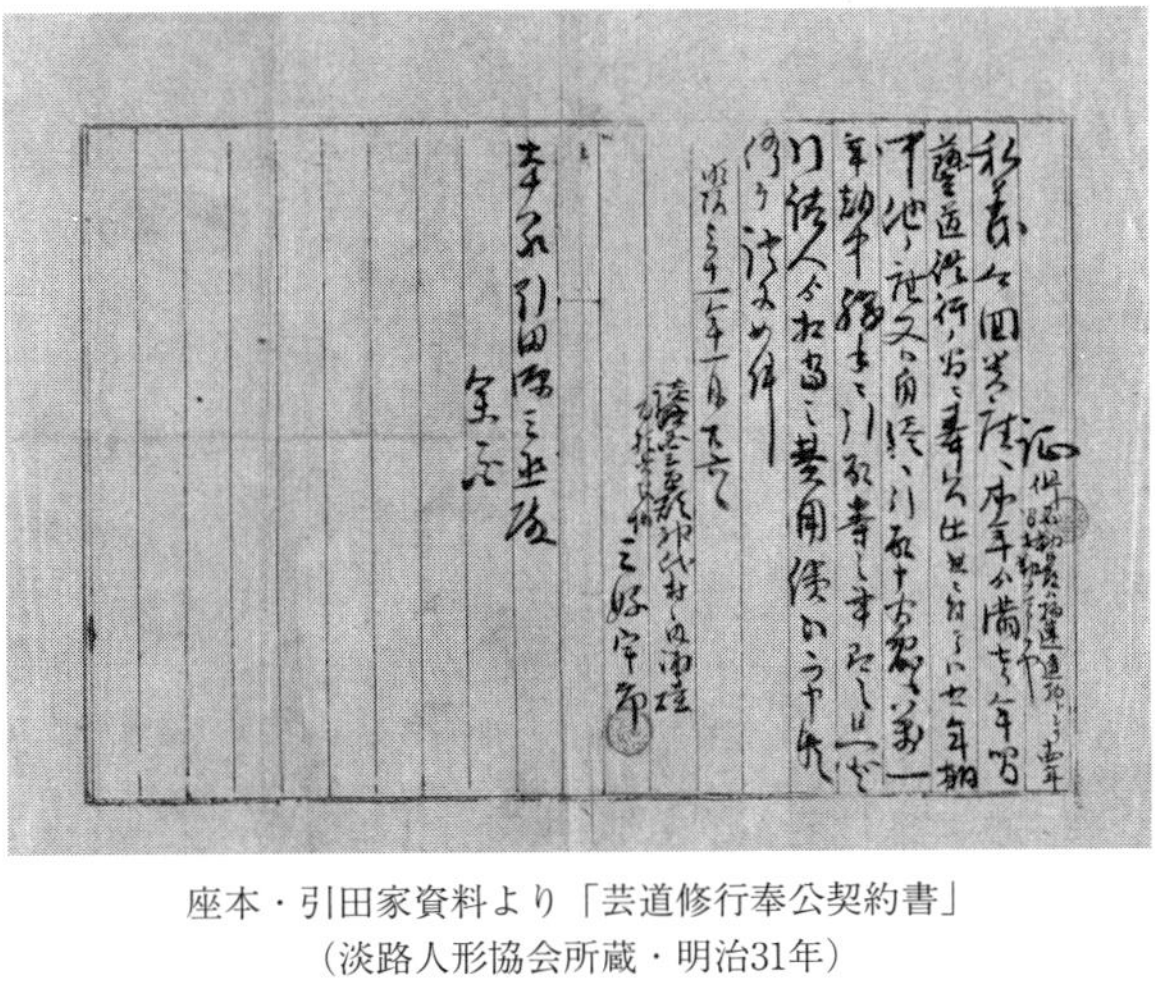

座本・引田家資料より「芸道修行奉公契約書」
（淡路人形協会所蔵・明治31年）

導　論　ミクロなやり取りの記述に向けて

「相対しての口伝」の続き

世阿弥が「伝書」の末尾にしばしば書き残した文言がある。例えば『風姿花伝』「第七別紙口伝」の一節の末尾「これ、筆には見え難し。相対しての口伝なり」(1)である。「これ」というのは、猛々しく舞う場面において、演者が「柔らかなる心」を忘れずにいなければならない、という心得を指す。ほかに、『至花道』の末尾に、「猶々、このほかは、問人の気量の分力によりて、相対しての秘伝なるべし」(2)とある。学ぶ者の「才能・力量の程度に応じて、直接の口授によって秘伝を伝えるであろう」(3)という旨である。世阿弥はそれ自体が優れた作品であるかのような数々の「伝書」の中で、「花」や「幽玄」など、能における普遍的な美のあり方を見いだし、一つの田舎芝居にすぎなかった中楽を貴人に愛される芸術へと洗練させていった。だがその世阿弥においてもなお、「わざ(業・態)」を伝えるという試みは、「筆」によって尽くされるものではなかった。例えば「柔らかなる心」といった舞い方は、言葉で論じるだけでは意味をなさないし、「問人の力量」を度外視した一般的言説によって「わざ」を伝えることは不可能である。世阿弥の要求する能を会得するためには、「筆」には見えない現場でのままならなさに根気よく付き添う必要がある。そこから先は「相対しての口伝(秘伝)」なのである。

では、「相対しての口伝」とはいったい何をする営みであるのか。容易に想定できるのは、師匠と弟子とが膝を突き合わせて、「セリフは口移し、仕草はひたすら模倣」(4)といったやり方で進められる場、すなわち「稽古」である。辻本によれば、「稽古」とは、師匠が身につけているものを「手本」として、それを弟子自身が「真似て」身につけることによって進められる学び(真似び)のあり方と定義される(5)。言葉によって説明するのではなく、師匠の「セリフ」や「仕草」を一挙手一投足にいたるまで真似ること。その中で、弟子自身が少しずつ自ら学びを深めていく。そてくる。

の学び（真似び）は、言葉による説明でもたらされる学習とは異なった、何か包括的・重層的な学びとして立ち現れてくる。

第Ⅰ部の課題は、淡路人形座の人形遣いたちの稽古場面を対象として、言葉による説明だけでは成り立っていないわざの習得場面に立ち会い、そこでの「学び」の過程の記述を試みることである(6)。すなわち、人形遣いたちの稽古場面における、言葉としては簡素な、しかし相互行為としては豊かな意味が飛び交っているようなやり取りに着目し、わざが伝承される過程を記述する。その作業は、世阿弥が「相対しての口伝」とだけ述べ、筆を置いたその続きを眼差す試みである。

もっとも、そのことは、世阿弥が言葉にできなかったものを言葉に換える、といったことを目指しているのではもちろんない。世阿弥が筆を置いたのは、言葉を尽くすのをやめたからではない。そうではなく、言葉を尽くすために筆を置いたのである。筆を置き、一人一人の弟子に向き合って、身体を通した直接的なやり取りを始めたのである。あえていうならば、稽古の現場というのは、言葉にできないのではなく、言葉にするにはあまりに豊かなやり取りが繰り広げられる場なのである(7)。

世阿弥が「口伝」に託したのは、書物という手段によっては伝えることのできない稽古の微妙さ、つまり弟子の癖、師匠との相性、謡曲の種類など、個別具体的なやり取りの中でしか伝えられない出来事に真摯に向き合っていたからである。それは伝書を書くという作業のすぐ近くにありながらも、概念化することとは異なる仕方で進められる作業である。日々の舞台の「陰陽」に尋常ならざる注意を払っていた世阿弥だからこそ、稽古の現場に対してもまた、日によって移ろう機微を感じ取っていたのではないであろうか(8)。

すでに豊かなやり取りに身を投じていた世阿弥があえて書き残そうとしなかった、個別具体的なやり取りは、弟子を育てる責任を負っていない観察者の立場からすれば、それ自体が実に魅力的である。稽古に身を投じるその人たちの中でしか生まれないやり取りにおいて、わざが少しずつ伝えられていくありようは、個別的であればあるほど、私たちに訴えかけてくるものがある。そこで肝心なのは、「言葉にできないやり取り」を言葉に変換する、ということではない。「言葉によっては伝えられないもの」を言葉で伝えられるようにする、ということでもない。そうではなくて、言葉にできないもの、言葉によっては伝わらないものが、言葉以前の仕方で共有されうるという確かな道筋を、言葉によって示すことである。そのために、言葉にするとあまりに冗長になるような、しかし言葉がなければ見過ごされてしまうような、豊かに生起しつつある稽古のダイナミズムを、言葉を尽くして記述するのである。

稽古はいつ始まるのか？

淡路人形座における稽古の当面の目的は、人形の「振り」を覚え込み、洗練させることにある。舞台における「振り」は、原則的にあらかじめ決められていて、舞台の上で即興的に変化させることは滅多にない。しかし、同じ「振り」の中でも、太夫・三味線との兼ね合いや、人形遣い同士の組み合わせによって、その都度動きを微細に調整しており、よく見ると、全く同じ「振り」が再現されることはほとんどない。したがって、人形遣い同士の連携を円滑に保っておくことも、稽古の重要な課題である。

「振り」とは、人形の動きの進行コードであるが、それは、人形浄瑠璃として継承されている「型」の動きが組み合わさってできている。例えば、〈六法〉という「型」であれば、「右足を後退気味に『とん』と踏んで、次に足を左、右と順番に大きく踏み出して、直る」という手順が決められているが、その動きが丸ごと挿入され、次にまた異なる「型」をはめ込まれることで「型」が連続して並べられ、「振り」が形成されていく(9)。「振り」の中には、「型」以外の動きがしばしば見られるが、名前のない動きであっても定式化していることがある。例えば、「泣く」という「振り」の場合、「手を顔の近くにそっと置いて、そこに向かって顔をよよと近づける」が、これはほとんど決まった手順に従っている。ただし、「泣く」ときの左手を、どの高さに置いておくのかは、その場に応じて変化がつけられる。これは定式化されていない動きである。それらは総じて「しぐさ」や「動き」と呼ばれているが、本書では、「型」以外の個別の動作を「しぐさ」として統一させたい。なお、「振り」、「型」、「しぐさ」の識別は、本書に限ったものであることを断っておく。興味深いことに、彼らの語彙において、「振り」、「型」、「しぐさ」、「動き」などの間に明確な使い分けはなく、すべてが似たような局面で使用される(10)。

淡路人形座における「型」には、「男五〇手、女二〇手」と呼ばれる種類があるとされるが、今日では、それらが明示的に体系化されてはいない。「型」は、アーカイブのようにまとまった知識として集積されているというよりは、実際の公演の「振り」とともに身体化されている。それゆえ、彼らが「型」の説明をするとき、〈六法〉とは、『絵本太功記』の光秀が勇み立つときの振り」などのように、つねに「引用」されるものとして記憶されている。

こうした事情であるから、稽古場面を調査するという本書の計画は、当初ことごとく失敗に終わっていた。舞台の準備があると聞いて、意気込んで稽古の時間を待っていたが、数日の間、人形の手入れや小道具作りだけに費やされ、いわゆる稽古場面に出くわさなかったときもあった。あるいは、稽古と聞いてビデオカメラを構えていても、舞台の上で位置取りや組み合わせの確認などに終始して、彼らが何をやっているのかが分からないままに、記録用の映像だけが膨大に膨れ上がっていくということも多かった。調査は当初、特定の型を徹底して学ぶという場を狙っていたのである。

それは二つの点において失敗であった。一つ目に、特定の型の習得だけを目的とするような稽古場面は、淡路人形座にはほとんど存在しなかったのである。彼らの稽古は、日々の興行から切り離されてはいない。稽古は、あらかじめ予定された時間に行なわれるものではなく、日々の公演の合間に、人形の動きを修正したり確認したりする必要が生じたときに、突発的に始まるのである。公演の合間や公演が終わった後に舞台裏で人形の手直しなどをしているところに立ち会っていると、ふいに人形を持った稽古が始まることがある。公演の外題が切り替わる月末や、その直後の月初め、また、大きな特別公演の前などには稽古が始まりやすい。また、一日の中でも、昼休みや公演後の夜などは稽古が行なわれやすい。こうした事情を理解するまでにしばらく時間を要した。

二つ目に、動きを洗練させることだけを目的とした場面は、稽古の中でもごく一部に過ぎなかった。彼らの稽古は、例えば「型」を習得するといったような、部分的な動きを形成することを目指すものとは少し違う。もちろん基本的な型ができない新人に対しては、手厚く習得の機会が用意されるのであるが、上級者同士の稽古になると、身体の動かし方を問題にするわけではなくなる。むしろ、舞台全体の流れや、個々の振りの選択といった、演出に関する調整へと話題が及んでいくようになる。その意味では、師匠と弟子とが向かい合って進めていくような、いかにも稽古といった場面ではないところに、彼らの稽古は伏在している。それは例えば、舞台が終わった後に互いの演技について言い合う講評の中に、人形浄瑠璃に詳しい外部の専門家と議論する中に、あるいは客層を思い浮かべながら舞台を構想している中に編み込まれているのである。

調査の際には、そうした場面にできるだけ多く立ち会えるよう舞台裏に居合わせて、稽古が始まった際には、その一部始終を観察するようにした。また、いわゆる稽古場面といったものでなくても、演技のことについて議論しているようなときには、場に居合わせるようにした。なお、その際には、彼らの許可の取れる範囲内で、全身が写る位置から稽古場面の一部始終をビデオに収録した。そうした好機については前もって予想ができないため、その場面を最初から撮影することができたときもあれば、始まりが突発的で、撮り逃したこともあった。また、舞台裏まで回る余裕がなく、観客席側からの撮影を余儀なくされたときもあった。しかし私にとって、稽古の始まりが予想できないということ自体が、彼らの稽古の生々しさの最初の手触りであったことも確かである。その手触りは、制度化された学習とは違った学びがここにはあるという確信を支えている。

調査の概要

淡路人形座は、兵庫県南あわじ市の福良に常設館を構える人形浄瑠璃の一座である。人形座のすぐそばには鳴門海峡を臨む福良港が控えており、観光船乗場や漁港、造船所などで活気づいている。

図1　淡路人形座の内部

会館の建物は、平成二四年（二〇一二）八月に完成したばかりである。それまでの二七年間、淡路人形座は大鳴門橋（鳴門海峡大橋）を一望できる山の上に建てられた「大鳴門橋記念館」の一角で興行を続けていたが、行政との連携の上、地域の防災拠点づくりの計画と合わせて、淡路人形座の新会館の建設および移転が実現された。

淡路人形座が発足したのは昭和三九年である。昭和三六年一〇月に、淡路の人形座の古参の一つ、「吉田傳次郎座」の人形の頭、道具一式を譲り受け、その活動を継承する形で、昭和三九年、三原町（当時）にて本格的に活動を開始した。当初は、旧「市村六之丞座」など、昔の淡路の人形遣い――「役者」と呼ばれていた――や、太夫・三味線弾きを集めて活動していた。淡路人形座の活動を支える座元は、南あわじ市の行政、経済団体、市民、教育関係者らから構成される淡路人形協会（昭和三一年設立の「淡路人形芸術協会」を引き継ぎ、昭和五一年に財団法人化）である。当初は、熱意ある町民や教員などの有志による小さな保存会であったものが、やがて地元の経済団体や行政を巻き込んで、後継者育成および座の財政基盤の構築に成功し、市町村単位で保存を支援するに至った。

会館内部には、人形浄瑠璃専用の舞台が構えてあり、舞台に向かって右手（上手《かみて》）側に「床」と呼ばれる座を設け、太夫と三味線が座って浄瑠璃を語る。舞台中央では人形たちが演技する（**図1**）。

淡路人形座では、主に観光客に向けて毎日五回の通常公演をしている。人形遣いの数が限られているため、通常公演として成立しうるのは、二番の人形――人形の数を数えるときは「番」の単位を使う――を遣った外題、およそ一〇種類である[11]。それらを振り分け、月ごとに外題を変えて公演する。一日のうちでは、午前中に二回、午後に三回の公演を行なう。出演する人形遣いは、個々人の力量を考慮しつつ、毎日異なる組み合わせとなっている。会館内部における通常公演以外にも、月に数回、トラックに人形や道具を詰め込んで、はるばる出張公演に出ている。学校や公民館などの公共施設に出向くことが多いが、学会や企業の懇親会などに出演することも少なくない。正月には、「淡路人形発祥の地」とされる「大御堂」などにおいて「三番叟」を奉納する。

なお本書では、第Ⅰ部、第Ⅱ部通して、登場してくる人形遣いたちの呼称を一貫させる。以下にその一覧を記載する[12]（**表1**）。

呼　称	年　齢	性　別	芸　歴
人形遣いB	50	男	34
人形遣いM	45	男	30
人形遣いS	42	男	27
人形遣いT	42	男	24
人形遣いH	42	男	24
人形遣いK	40	男	22
人形遣いZ	39	男	20
人形遣いW	20	男	2
人形遣いC	19	女	1

表1　人形遣いたちの呼称

人形遣いの基本的な動作

本論に入る前に、人形遣いの基本的な動作を確認しておこう。人形浄瑠璃では、三人の人形遣いが一体の人形を操る[13]。人形の身体を三つの部位に分け、三人で分担し、一つの動作を作り上げる。足遣いは人形の両足を、左遣いは人形の左手を、頭遣いは、人形の頭と右手をそれぞれ持つ。それぞれの役割を簡単に見ていこう。

足遣い

足遣いは昔から、人形遣いになるための入門とされている。すべての振りを、肉体的に負荷のかかる中腰の姿勢で行なうため、いかにも下積みの期間と位置づけられる。

基本的な約束事として、足遣いは自分の手で人形の足を持った上で、頭遣いの太ももに腕をぴたりと当て、頭遣いの足と人形の足とを同期して動かすことになっている。頭遣いが右足を出せば、それに合わせて足遣いは人形の右足を出す、という具合に（**図2**）。足の振りについてはあらかじめ決められているが、動きの速さや大きさ、および動き出しのタイミングに関しては、頭遣いからの指示を基準とする。

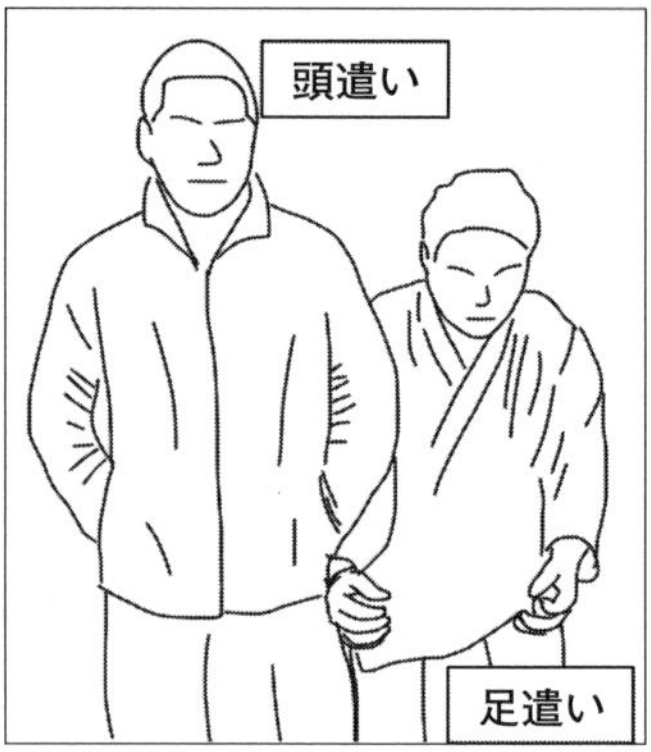

図2　頭遣いと足遣いの位置

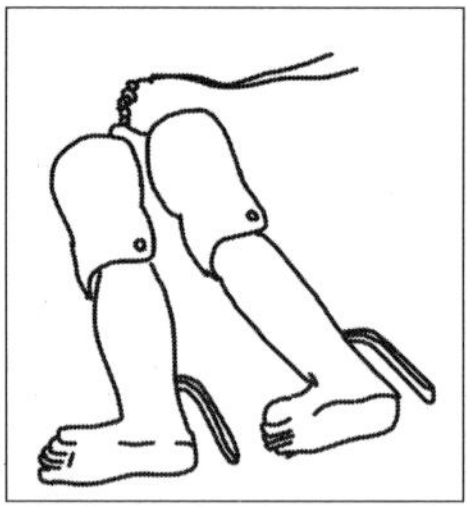

図3　足の構造

男役の人形であれば、ほとんどの足に金具がついているため、人形遣いは、その金具を握って人形の足を操作する（**図3**）。金具のない足の場合、それは子役や脇役の場合が多いが、足首の辺りを直接指で挟み込んで動かすことになっている。人形の役柄によって、足の長さや太さ、動かし方は異なる。主役級の男の人形であれば、重々しく大きく遣い、脇役であれば、ときには滑稽味を出すように軽快に動かす。また、女役の人形には足がない。着物の裾を両手の指ではさみ、交互に前に出すことであたかも歩いているかのように見せるのである。

人形が歩く場面を少し詳しく見てみよう。「猿辷り」という盗賊の手下――役柄としては脇役にあたるため、小さめのサイズの人形である――が歩く場面であるが、右足、左足の順番に踏み出している。「猿辷り」は、上半身を左右に揺すりながら大股に歩くが、その鷹揚さがいかにも滑稽である。**図4**から見て取れるように、足遣いは、頭遣いの足と同期させるようにして人形の足を動かす。頭遣いが右足を出せば人形の右足が前に出て、頭遣いが左足を出せば人形は左足を出している。その際、足遣いは、頭遣いの足の動きに合わせて、同じ速さで自分の両手を交互に動かすのである。

もちろん、人形は、歩く以外にも、跳ね上げたり地面を踏みつけたりといった派手なしぐさから、座ったりしゃがんだりといった静止のしぐさまで幅広くこなす。足遣いは、頭遣いの足の動きをたえず感じながら、そのすべての動きを作り上げていくのである。人形が動き出すよりも前に、頭遣いの身体の重心が移動するので、熟達した足遣いであれば、頭遣いが動き出す瞬間に、頭遣いの動きを予測することができる。ときには頭遣いですらも気づかない重心の移動を察知することもあるほど、彼らの動きは通じ合っているという。

ほかにも、足遣いが習得すべきわざは、人形の足の位置や形、踏み出し方、床を足で「とん」と踏んで音を出すことなど、多岐に渡る。ただ頭遣いに追従していくだけではなく、積極的に頭遣いからの合図を受け取り、動かす速さ、人形の位置、あるいは足を踏んで「とん」と音を出すタイミングや大きさを工夫する。そうして頭遣いと連携し、人形の基本的な動作を身につけていくことによって、人形遣いとしての礎を築くのである。

左遣い

左遣いは、自分の右手で人形の左手を操作する。左遣いは多くの場合、足遣いとは違って、舞台全体の流れや演出に気を配りながら、ときには頭遣いの演技を助ける役割が求められる。人形の左手を操作しながら、空いたもう片方の手で人形の胴体を支えたり、舞台に潜んでいる介錯役と小道具を受け渡ししたりと、観客の目に付かないところで暗躍している。それでいて、人形の左手の演技は、右手との連携を含めて観客の目に付くところであるため、足遣い以上に息の合った動きが求められる。左手を任されるということは、すでに足遣いとして十分な働きを終えたということ、つまり、人形の操作および頭遣いとの息の合った連携についておよそ習得したと見なされた、ということを示している。

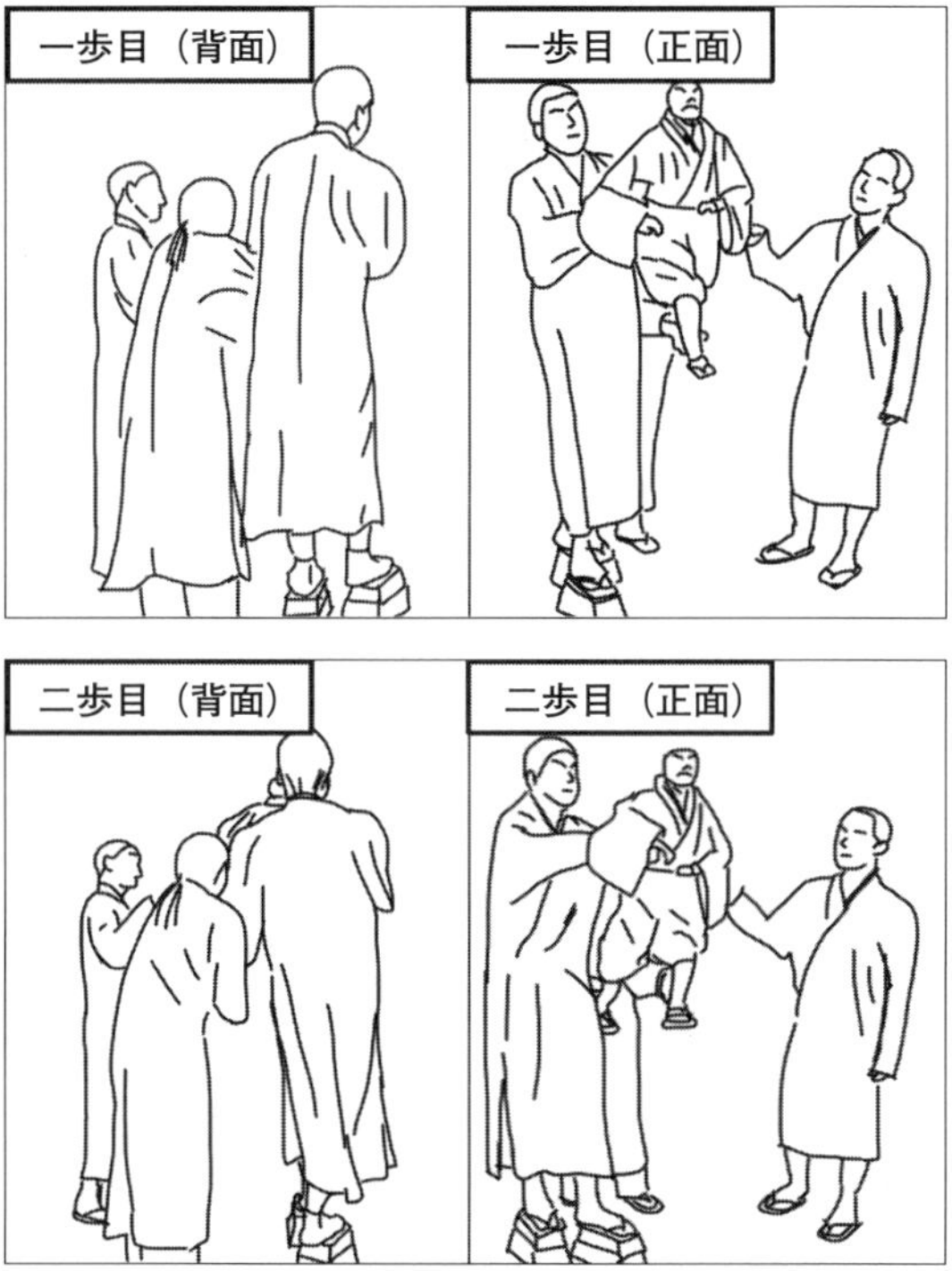

図 4　人形が二歩、歩く図

左遣いは人形から少し離れて立つ。人形

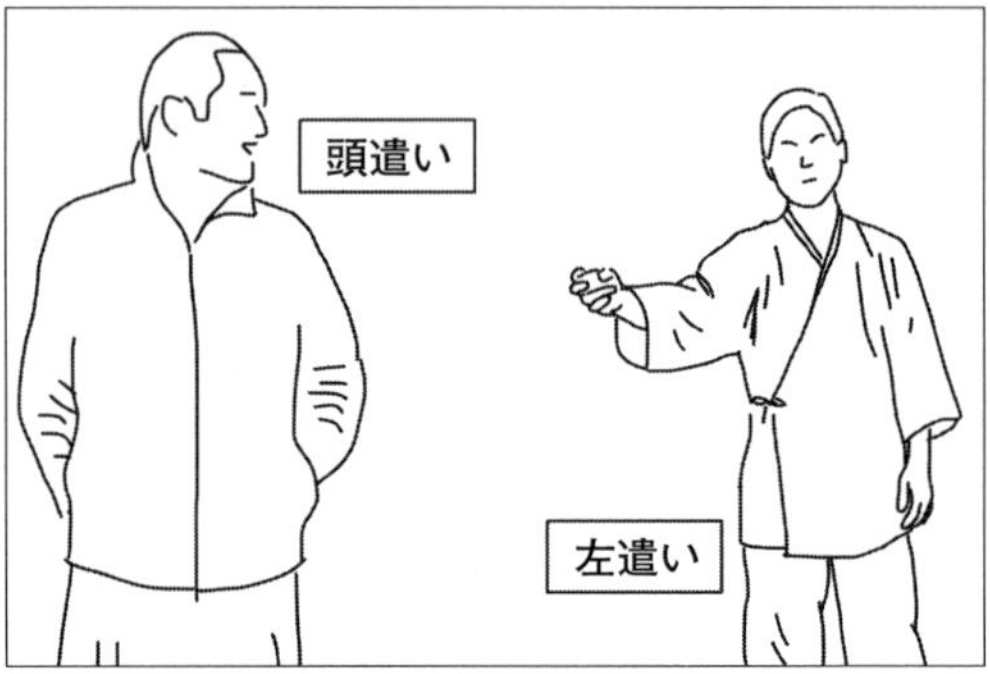

図5　頭遣いと左遣いの位置どり

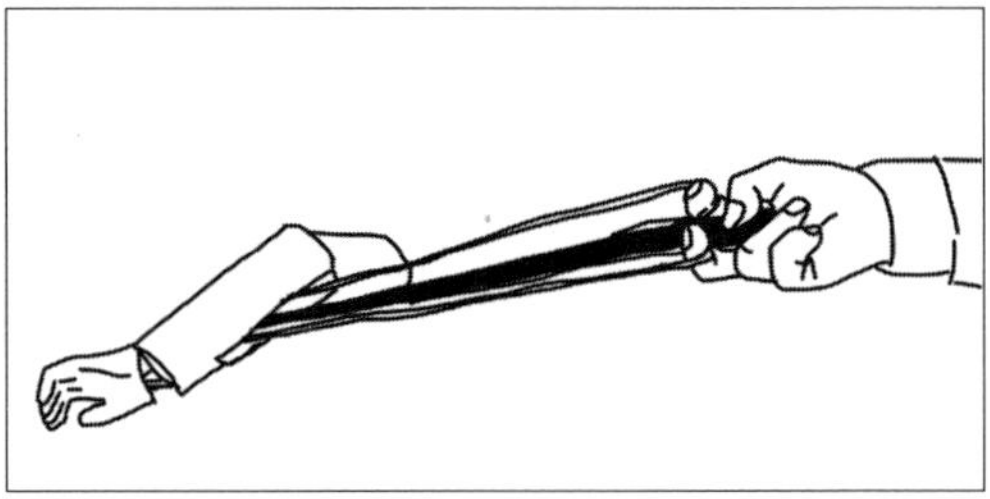

図6　人形の左手の構造

の左肩の斜め後ろに位置取り、人形の腕から伸びている「差し金」を操作することによって、人形の姿を自分の身体で隠してしまうことを防ぐ[14]（**図5**）。「差し金」に沿って糸が二本伝わっているが、それを指に引っ掛けて、交互に引っ張ることで人形の手首の関節を折ったり伸ばしたりすることができるようになっている（**図6**）。「差し金」の根元は人形の前腕内部を支点として、面方向に回転できるようになっている。その根元は、人形の肩にくくり付けられた紐によってぶら下がっている

　人形の左手を人間に似せて動かすためには、腕の軌跡に従って操作することが要求される。だが、人形の肩関節と肘関節は、いずれも紐か布でつながっているだけであるため、人形の左手の可動域は三六〇度、任意の方向に動いてしまう。しかも人形遣いは自分の右手を使う。頭遣いや足遣いであれば、自分の身体の動きと人形の動きが概ね対応しているが、左遣いの場合、左右を交換して操作せねばならないのである。左遣いには、こうした操作上の難しさがある。

　左遣いに課せられた仕事として、左手の操作以外に、頭遣いの負担を減らすために人形を支える仕事もある。人形は軽い女役でも二キログラムほど、大将クラスが武装した鎧人形ともなれば、一〇キログラムを越えてくる。頭遣いは自分の左手一本でその人形を支えるため、派手な振りが続く場面では、どんな屈強な人でも支えきれなくなる。大きな人形であれば、頭遣いの負担を見ながら、適宜、空いている左手でもって腰の部分を下から支えなければなら

ない[15]。ほかにも、左遣いには小道具を支える仕事がある。人形は役によって、太刀や槍といった武器や、手紙や巻物といった書簡類、あるいは双六遊びの賽子など、たくさんの小道具を使用する。太刀は身につけているだけではずり落ちてくるために、動きのある場面では常に支えていなければならないし、手紙や巻物を広げる場面では、右手に合わせてうまく紙の端を持たねばならない。

左遣いの仕事には、人形の操作以外の裏方的な役割が多く含まれる。左遣いに習熟することができれば、人形全体を見るだけの視野が広がったと見なされ、いよいよ頭遣いに近づくことになる。

頭遣い

頭《かしら》遣いは、「頭」の名の通り人形遣いを率いる立場である[16]。人形が生きた人間であるかのような、あるいは人間よりも優れた役者として舞台に立つか否かは、ひとえに頭遣いの腕にかかっているといっても過言ではない。人形の頭、表情、肩、右手の操作といった、個人の技量としても高い水準が求められるが、それと同時に、足遣いと左遣いをうまく動かして、舞台が効果的に運ぶように人形の振りを導くことも求められる。

頭遣いは、自分の左手で人形の頭を持ち、自分の右手で人形の右手を持つ（**図7**）。頭遣いの場合、自分の身体と人形の身体とは、動きの面でかなり対応している。とくに人形の右手は、自分の右手で動かすのであるから、三人遣いのなかで唯一、自分の身体と直接的に同期して動かすことのできる部位である。頭のなかには仕掛けがあり、最大で五本の紐がぶら下がっている。それぞれ、引けば顎が上がる紐、目が左に動く紐、目が右に動く紐、眉が上がる紐、口が開く紐である。主役級の人形には、仕掛けのついた頭を用いることが多い。

人形の右手は、左手と同様、肩からつり下げられているが、右手には左手ほど長い差し金は付いていない。着物の袖から腕を突っ込んで、肘から突き出ている棒、および手首を操作するためのレバーを指にかけて操作する（**図8**）。なお、人形によっては、手首ではなく指が開閉するものもある。

頭には、首にあたる部分に二〇センチメートルほどの棒がつながっているが、これを淡路では「シン串」と呼ぶ[17]。シン串は、人形の肩の土台となる「肩板」に突き刺さっている[18]。「肩板」は、着物の帯の土台となる「腰輪」とつな

図7　頭遣いの操作

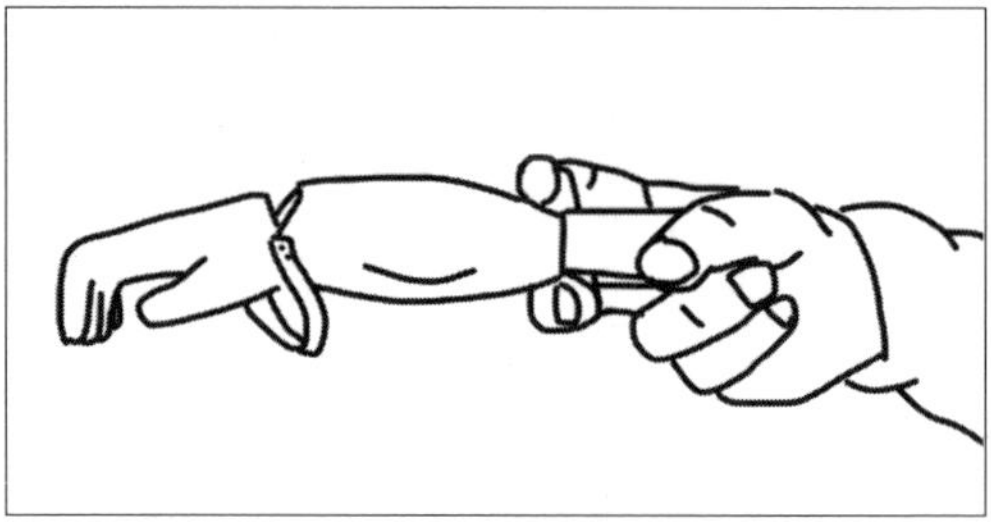

図8　人形の右手の構造

図9　胴体の内部

がっており、その部分が人形の胴体となる（**図9**）。なお、「肩板」は、その後「衿《えり》」が縫い付けられ、それが台座となって衣装が着付けられていくことになる。

頭遣いは、衣装の背中部分に空けられた間隙から腕を差し込み、腰輪の下に腕を通し（**図9**）、シン串を握って人形の頭を操作する。また、場面によっては肩板そのものを動かすことで、肩を使った繊細な振りを実現する。

頭遣いは、舞台上で高さが一〇から二五センチメートルもある高下駄を履く。足遣いの姿勢の負担を減らすためとも、遠くの観客からよく見えるようにするためともいわれる。

頭遣いの操作のなかでも、肩は、人形に演技をさせるために重要である。男の人形であれば、がっちりとした動きによる「強さ」が求められ、女の人形であれば、滑らかにたおやかに使って「色気」を出す。

頭遣いは、頭と右手を動かすだけでなく、人形全体の動きを制御する役割がある。舞台上での人形の振りはほとんどあらかじめ決められているが、動き出しのタイミングや振りの速さを制御するのは頭遣いの役割である。舞台の上では声で指示ができないため、無言で合図を交わしている。無言の合図を支えるわざは、〈ズ〉である[19]。〈ズ〉とは、人形の動き方を伝える合図であり、頭遣いが、左遣いと足遣いのために意図的に空間と時間を準備することによって形成される。

例えば、人形が「立ち上がる」という動作における〈ズ〉を見てみよう。「立ち上がる」場合、頭遣いは、人形を前向きにかがませながら胴体を少しだけ沈ませる。足遣い、左遣いは、人形の身体が沈み込むのを察知して、今このタイミングで立ち上がるのだということを知る。十分に知らせた後で、頭遣いは再び人形を持ち上げ、それに合わせて左遣いと足遣いは人形を立ち上がらせる。ほかにも、歩くときも同じで、歩くぞと言わんばかりに人形の胴体をぐっと後ろに引きつけて時間をためておいて、ようやく前に踏み出すのである。

〈ズ〉そのものは、人形の振りとして丸見えであるため、〈ズ〉を含めたすべての動きを観客にさらけ出すことになる。立ち上がる前に沈んだり、手を広げるまでに閉じたりなど、ややもったいぶった動作を人形にさせることによって、三人は合図を送り合っている。おそらく動き始めの予備動作は、観客に対する告知にもなっている。つまり観客は、人形がのそのそ立ち上がったり歩き始めたりする、その準備動作から見ているので、容易に人形の動きを予測することができる。それによって、観客は客観的に傍観するのではなく、人形の身体の動きを少し先回りして見守るように、もしくは同調しながら鑑賞するのである。

ところで、頭遣いのわざを考える上で興味深いのは、人形の動きと本人の動きとの投影関係である。例えば、稽古においてしばしば見られるが、彼らは人形の振りを確認する際に、自分の身体で人形の振りを演じる。実際の稽古を

図10　頭遣いと人形の身体の互換性

参照してみよう。

この場面では、①「娘」が老婆にすがりつきながら会話して、②ついに「老婆」が「娘」を突き飛ばす、という演技を行なう（**図10**）[20]。左側の「リハーサル中」が、人形による演技である。右側の「稽古中」の図は、同じ人形遣いたちが同じ振りを稽古しているところである[21]。

右側の図、すなわち稽古中の頭遣いの動きに注目しよう。ここで「娘」の頭遣いは、頭遣いでありながら、同時に人形の振りを再現している。

まず①'では、彼の身体は「人形遣い」として、「老婆」を引き止める「娘」を仮想的に操っている。つまり、左手で人形の頭を持ち、右手で人形の右手を持つ姿勢になっている。さらによく見ると、彼は左手の手首を小さく繰り続け、架空の「娘」の頭を動かしている。ところが②'に移ると、彼の身体は「娘」になり、突き飛ばされるままに、ほろほろ倒れ込むのである。

ここで頭遣いは、取り立てて意識してというよりは、無為に「娘」と「頭遣い」とを行き来しているように見える。二つの身体を使い分けるというよりは、むしろ一つの動きが違う現われ方で発生しているかのようである。

「老婆」にすがりつく「娘」⑴も、「老婆」に向き合って座る「娘」⑵も、舞台の上ではともに「娘の動き」である。それが、人形によって表出されるか人間によって表出されるかは、稽古の段階においてはどちらでもよい。どちらであっても、頭遣い＝「娘」の身体は、「老婆」にすがって突き飛ばされることになっているのである。頭遣いとして人形を操ることは、人形の振りを自分の身体において体現できること、あるいは、自分の動きを人形に投影すること、この相方向の互換性の上に成り立っているのである。

以上が、人形遣いの基本的な動作である。舞台の本番では、彼らの操作は極めて円滑であるため、観客である私たちは人形の後ろで操作している黒子たちが視界から消え、人形だけが動いているような錯覚を覚えることがある。だがその円滑な動作は、入念な約束事と役割分担のうえに成立しているのである。

その約束事と役割分担は、一朝一夕にでき上がるものではない。稽古場面では、彼らの連絡経路はしばしば乱れ、人形の動きとしても人形遣いの動きとしても不具合を見せることになる。次章から、そうした不具合を舞台ごとに乗り越え、それまで実現できなかったわざを練り上げていく過程を見ていこう。

註

（1）世阿弥『風姿花伝』岩波書店、一九五八年、一〇三頁。
（2）世阿弥「至花道」表章・加藤周一校注『世阿彌・禪竹』岩波書店、一九七四年、一一八頁。
（3）同上。
（4）野村万作「狂言師・野村万作」河竹登志夫ほか『日本の古典芸能——名人に聞く究極の芸』かまくら春秋社、二〇〇七年、九頁。
（5）辻本雅史『「学び」の復権——模倣と習熟』角川書店、一九九九年、三三頁。
（6）これまで人形浄瑠璃の人形遣いが教育学のテーマになったことは少ない。認知科学では、人形遣いの操作における「息」に着目した報告がある（渋谷友紀ほか「文楽人形遣いにおける呼吸と動作の非同期的関係——日本の古典芸能における『息づかい』の特殊性」『認知科学』一九巻、三号、二〇一二年、三三七～三六四頁)。また、淡路島の中学校・高校における人形浄瑠璃の後継者育成活動については報告がある(長坂由美「淡路人形浄瑠璃の伝承システムにみる教育の役割――地域の学校や子ども会活動における郷土芸能の伝承と発展」『パイデイア――教育実践研究指導センター紀要』五巻、二号、一九九七年、二九～三二頁)。浄瑠璃に限らず、能、歌舞伎などの古典芸能は国文学において取り上げられる主題であり、どちらかといえば、人形ではなく浄瑠璃への言及の方が多い。人形について書かれる場合は、批評やエッセイという形式をとることが多く、富岡多恵子、武智鉄二などによる、優れた鑑賞論、演出論などが残されている(富岡多恵子『近松浄瑠璃私考』筑摩書房、一九七九年、武智鉄二『文楽舞踊』三一書房、一九八八年、武智鉄二・富岡多恵子『伝統芸術とは何なのか――批評と創造のための対話』學藝書林、一九八八年)。

(7) 西平によれば、世阿弥による「伝書」は、「稽古が完成した域」に達して初めて読むことが許されるような文書である。すなわち、「からだでわかった」つもりの後継者たちに「問い」を突きつけるものである(西平直『世阿弥の稽古哲学』東京大学出版会、二〇〇九年、二五頁)。演者が世阿弥の言葉に出会い、その身体が再び変容を始めるというダイナミズムは、思索と実践との関わりを捉え直す上で極めて重要である。

(8) 舞台の機微に注意を向けさせる概念は数多い。例えば、「陰陽」(世阿弥、前掲書、一九五八年、四一頁)、「機」(世阿弥、前掲書、一九七四年、八四頁)など。

(9) 本文中、「型」の名前については山括弧〈 〉で示す。

(10) 「型」に関しては、決められた型があるほかに、有名な人形遣いの名を冠して、「誰々の型」などと呼ばれることがある。当代一の名人級になれば、その人が見せた型が、新たな規範になることが時々あるのだという。淡路でも、先代の師匠が残したとされる型がいくつかあるという。

(11) 公演外題は以下の通りである。なお、「およそ」と書いたのは、これ以外にも通常公演で行なう可能性のあるものもあるが、現在のところレパートリーには加えられていないからである。『傾城阿波鳴門』「順礼歌の段」、『日高川嫉妬鱗』「渡し場の段」、『壺坂霊験記』「山の段」、『鬼一法眼三略の巻』「五条橋の段」、『東海道中膝栗毛』「赤坂並木より古寺」、『本朝廿四孝』「奥庭狐火の段」、『仮名手本忠臣蔵』「道行」、『生写朝顔日記』「道行」、『一の谷嫩軍記』「須磨浦組討の段」、『伊達娘恋緋鹿子』「火の見櫓の段」。

(12) なお、ここに記載している人形遣いのうちB氏は現在支配人という役についており、通常公演には出演しない。復活公演などの特別な公演においては人形を遣うが、主役級の頭遣いは後輩たちに譲っている。

(13)　いわゆる義太夫節による人形浄瑠璃が確立した、貞享の頃は、人形は一人で遣っていた。三人遣いになったのは、吉田文三郎（?～一七六〇）の手によるといわれている。淡路においても、上方の影響を受けて三人遣いが主流となったが、三番叟などの古式の人形は、一人遣いや二人遣いの形式が踏襲されてきた。ちなみに、近松門左衛門が若い頃に書いた浄瑠璃は、一人遣い向けであったため、修飾語が少なく、リズムに「わざとらしく乗るようにしていない」という（武智・富岡、前掲書、一三九頁）。

(14)　差し金の長さも、三人遣いが確立してからも紆余曲折を経たようで、今の長さが定着したのは元文の頃であるとされている（加納克己『日本操り人形史――形態変遷・操法技術史』八木書店、二〇〇七年）。

(15)　余談であるが、左遣いが支えることを「エンコ」と呼び、稽古の際に左遣いを頼むときに「エンコ入って」と言うことがある。

(16)　「頭遣い（かしらづかい）」のことは、「主遣い（おもづかい）」と呼ぶ場合もあり、大阪の文楽などでは「主遣い」という呼称が優勢である。なお、大阪の文楽では「かしら」といえば「首」と表記するのが通例である。

(17)　「シン串」には、「心串」という字があてられているが、昭和初期ごろに書かれた記録書（不動佐一『淡路の人形芝居』淡路人形芸術協会、一九三七年）にはカタカナで書かれてある。座員もあまり文字に表記しないということであるので、本書でもカタカナを用いた。

(18)　淡路に伝わる頭は、シン串を斜め前に倒して持つと、観客にまっすぐ向く。永田衡吉はこれを「鉄砲ざしカシラ」と分類し、垂直に持つのを基本とする文楽系の頭とは、系統が異なることを論証している（永田衡吉『日本の人形芝居』錦正社、一九六九年、五二八頁）。

(19)　〈ズ〉の表記については諸説あり、「図」と書くこともあれば、ひらがなの「ず」とする場合もある。淡路人形座の座員によれば、人形の動きをリードするという意味で、「図」と表記しながらも、「頭」のイメージを持っている人もいるという。

(20)　なおこの場面は、第六章で取り上げる外題、『生写朝顔日記』「摩耶ヶ嶽の段」に登場する老婆「荒妙」と娘「千里」である。

(21)　「リハーサル」のイラストでは、「老婆」の髪がほどけている。これは、なりふり構わずに暴れる老婆を演出するための仕掛けである。

第一章　稽古を支える相互行為

　伝統芸能の名人たちが書き残した芸談を紐解けば、頑固で厳格な師匠に対する敬意ある恨みのこもった逸話に出会うことがしばしばある。[1]今となっては名人と呼ばれる人であっても、若かりし修行時代、師匠からの一方的で断定的な態度によって自らの芸を否定され追いつめられたという苦々しい思い出を持っている人は少なくない。生田によれば、伝統芸能の「わざ」の教示は、師匠の手本のみを頼りにして、それを模倣するという仕方をとる。[2]それは、学校教育における段階的な学習、すなわち簡単な課題を積み上げていくことで徐々に難しい課題に挑戦するといったような学習とは異なる原理に依拠しており、師匠は、一つの作品の全体を模倣するように要求した上で、弟子の模倣の誤りについて指導する際に、どこがどう間違っているかを詳述することはしない。説明したり教えたりすることをせずに、できていないところを一方的に否定するのである。[3]こうした学習方法を、生田は「模倣」「非段階性」「非透明な評価」と特徴づけた。[4]生田の強調するように、伝統芸能の稽古における、一見すると理不尽であると思われるような過程こそ、長年培われてきたある種の知の結晶であり、学校教育における学習と異なる原理を提示する可能性に満ちていると考えることもできる。

　しかしながら他方で、伝統芸能の稽古は、必ずしも理不尽なやり取りばかりで成り立っているわけではない。たしかに全ての動きに対して段階的な練習や噛み砕かれた説明が用意されているわけではないが、稽古が必ずしも反復的な「模倣」のみから成り立っているわけではなく、実際の稽古の中には、身ぶり手ぶりを尽くして指導する場面が散見される。また、稽古の多くが非段階的であるとはいえ、初心者にふさわしいわざから始められるよう、ゆるやかに段階が用意されていること、これもまた事実である。

本章で取り上げるのは、「模倣」や「非段階性」を原理としながらも、師匠が丁寧に指導をする稽古の場面である。伝統芸能の稽古である以上、振りの厳格な規範は徹底的に遵守され、師匠に対して意見を述べることは許されない。その意味で、教示は一方向的である。しかしながら、その教示を成り立たせるための身体的なやり取りは、極めて豊かに相方向的に形成されており、弟子の応答があってこそ師匠の教示が成り立つとさえいえる場面も見られる。本章では、弟子が一方的に身体的な規範を取り込むだけであるかのような稽古場面において、師匠の側が受け手となったり弟子が送り手となったりする相方向的なやり取りが、いかに豊かに働いているかを明らかにする。

その際に着目するのは、師匠と弟子との間で形成される身体的な相互行為である。メルロ＝ポンティが『知覚の現象学』で述べているように、身体は自らを忘却させながら働く。自分の身体が物を取るときなどのような、まさに何かに向かいつつあるというとき、身体は「舞台上の光景を照明するに必要なホールの暗さ」ないし、「存在や図形や点をその前に現出させ得るための非＝存在の地帯」となっているのである［PP：117/175］。人形浄瑠璃を鑑賞している際に、舞台の上にいるはずの人形遣いの身体が消えて、人形だけが演技を始めるように見えるのに似て、身体そのものは、自らを忘れさせることによって、物を掴んだり誰かに手を振ったりという働きを実現するのである。稽古の場面においてもまた、当事者たちの関心は身体に注がれるにもかかわらず、稽古を支えているはずのやり取りそのものは、いつも暗黙の中にある。

本章では、やり取りを支えている濃密な相互行為（第二節）、師匠と弟子との相方向的な手さぐり（第三節）、暗黙のうちに擦り合わされる調子（第四節）というテーマに焦点を絞って、彼らの稽古が共同的にでき上がっていく過程を記述する。その上で、最後に第五節では、彼らの稽古場面を駆動する濃密な相互行為についての理解を、メルロ＝ポンティの現象学的言語論を手がかりにしながら深めていきたい。

1　稽古場面の概要――『日高川嫉妬鱗』「渡し場の段」より

ここで考察する稽古は、『日高川嫉妬鱗《ひだかがわしっとのうろこ》』「渡し場の段」における、「船頭」役の足遣いを対象とする。『日高川嫉妬鱗』は、紀州道成寺の縁起にも関わる伝説を戯曲化した物語であり、主人公の「清姫」が、恋人である「安珍」を追って、嫉妬のあまり遂には大蛇と化す物語である[5]。「渡し場の段」は、「安珍」の後を追いかけた「清姫」が、日高川の畔で足止めを食らい、頑として川を渡そうとしない「船頭」に業を煮やし、大蛇に化けて川を渡るまでの場面である（**図1－1**）。ここでの最大の見せ場は、船頭の強情によってどうしても川を渡れないことを悟った清姫が、怒りのあまり、川に身を投げて鬼の顔をした大蛇と化し、鱗の全身をくねらせながら川を渡るという場面である。「船頭」にあしらわれていた「清姫」の豹変ぶりに、観客は驚嘆を隠しえない。

図1－1　「渡し場の段」における清姫（左）と船頭（右）

この稽古の対象となるのは、「船頭」が、「清姫」が川を渡りたいと懇願するのに対して、意地悪く突っぱねる場面である。「船頭」は、舞台の上手に浮かんでいる舟の上から、下手の土手に立つ「清姫」と会話をする。「船頭」は、「安珍」から賄賂を渡されたことを明かし、「金の冥利でこの川を渡ることはならぬわい」と突っぱねる。三味線が明るい音調になり、語りも唄に近くなる部分、踊りのような振りが続く。この振りは比較的長く、一分ほど続く。

稽古場面に登場する学び手の人形遣いCは、入座一年目の新人であり、教え手は、

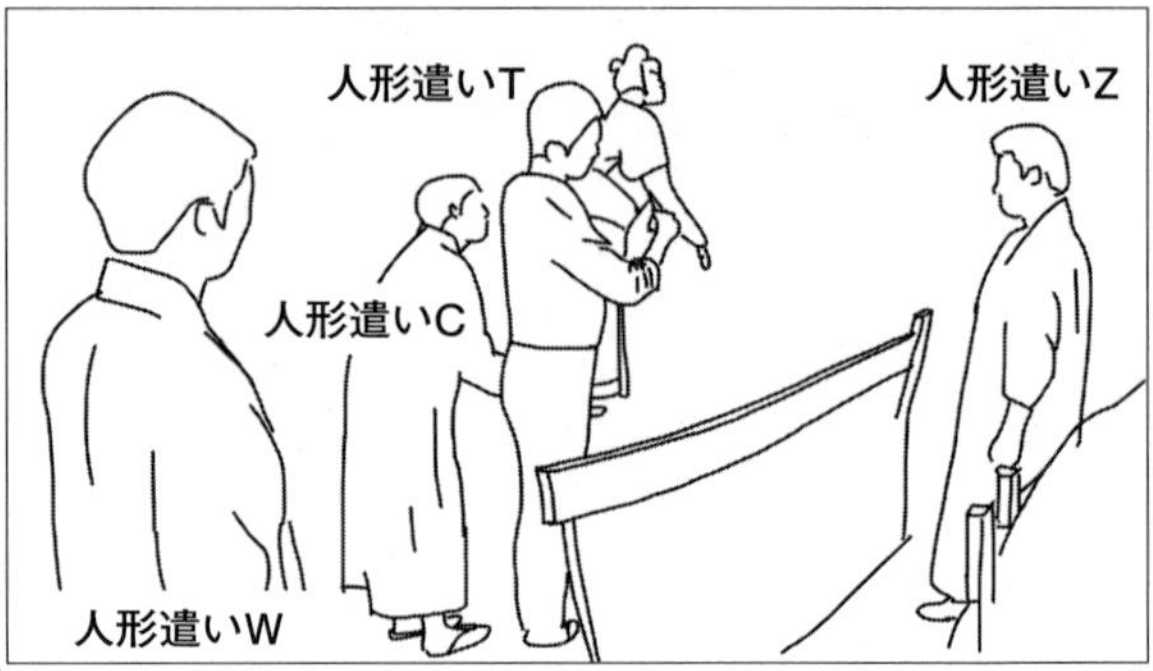

図1－2　稽古場面の全体図

入座二四年の人形遣いTおよび入座二〇年の人形遣いZである。人形遣いTが「船頭」の頭を持ち、正面から人形遣いZが見守る（**図1－2**）。傍で彼らのやり取りを見ているのが入座二年目の人形遣いWである。

なお足遣いCは、先輩たちの動きを見て自主的に学んでいたために、稽古が始まる時点で大部分の動作ができていた。足遣いCは入座一年目ではあるものの、地元の中学校、高校で「郷土部（郷土芸能部）」に所属しており、人形遣いの経験は長い。しかも、中学校でも高校でも淡路人形座の人形遣いが師匠として指導に行っていたため、ある程度の操作は習得している(6)。ただし、中学校や高校時代に実演していた外題は限られており、振りの難易度も違う。動きを一から覚え直さないといけないため、比較的手厚く稽古の機会が設けられる。

ここでの稽古は、当日の公演がすべて終了した夜に行なわれた。二〇分ほどの短い稽古である。稽古が始まったきっかけは、人形遣いCが船頭の足を見てほしいということを、人形遣いZに頼んだことであった。たまたまそばにいた人形遣いTが名乗り出たことによって、稽古が始まった。

稽古は、船頭の振りを最初から通していき、問題のあるところで動きを止め、そのたびに姿勢やタイミング、振りを修正するという仕方で進められる。簡単な課題を積み上げていくような段階的なプロセスではなく、最初から本番の舞台並みの高度なわざを要求する方法である。以下では、その「稽古」を支える彼らの相互行為を見てみよう。

2　身ぶりとして投じられる違和感

まず彼らは、「船頭」の動きを最初から辿ることから始めた（図1-3）。頭遣いTは、自分で三味線の音と太夫の語りを口ずさみながら人形を動かしている。Tの動きに合わせて、足遣いCもまた演技を始める。

場面1-1「足、うん、反対」

T1-1「金の冥利で……なぁらぬわい。テケテン、テケテン、テケテケテンテンテン……。」
T1-2　これ……
C1-1　逆ですか?
Z1-1　足、うん、反対。

動き始めてすぐのところで、彼らは足遣いCの誤りに気づき、修正を行なう。瞬く間に完了するやり取りである。まず、人形の初期位置から、①頭遣いが人形を前に屈ませるようにしながら持ち上げる。それに合わせて②足遣いは、人形の右足を膝から折って着物の中に隠し、伸ばした左足でとんとんと床を踏んでいく。人形の足が合計八回地面を蹴る間に、足遣いは、自分の足で床を踏んでどんどんと音を出している。足を踏んでいる最中に、彼らの演技を向かいで見ていた人形遣いZが、③自分の手で確かめるかのように、人形の足の操作と同じ手つきをする。頭遣いTが、その人形遣いZの手の動きを見て、一瞬「船頭」の足に目線を落とし、人形の動きを止め、「これ……」とつぶやく。本来であれば人形の上半身が起き上がってくる場面である。「これ……」という発言と、人形の静止によって、足遣いCも手を止める。Cは、「逆ですか？」と、顔を人形の向こう側から覗かせ、人形遣いZに尋ねる。すぐにZは、「うん、反対」と答えた。返事の代わりに足遣いCは、⑤左右の足を入れ替え、左足を折って、右足を伸ばし、右足で「とんとん」の姿勢を整える。その直後、⑥頭遣いTも、自分の足に視線を落とし、しばし足を眺める。その後すぐに、「とんとん」の途中から、「正しい」姿勢で「船頭」の振りは再開された。

この一連のやり取りを整理しよう。ポイントは大きく三つある。一つ目に、「とんとん」と踏むべき足の順序の間違いについての発見のプロセスである。最初に気がついたのは人形遣いZであり、それが他の人形遣いたちに伝わったが、その際、人形遣いZがただちに判断できず、あるいは正確に判断するために、自分の手で人形の足を操作しているかのような身ぶりを行なっている（図③）。人形の動きを正面から見ている彼にとって、「船頭」の足の順序が誤っていたことは直ちに違和感をもたらしたが、確信に至りはしなかった。その違和感を確かなものとするために、彼は正しい動きを思い出そうとするのであるが、「船頭」の足を幾度となくこなしていた人形遣いZにとって、振りに熟知しているのはほかならぬ彼の手である。いわば確かめるという内省のプロセスが彼の手を動かしたのであるが、その動きが他の人に向かって表出し、それが目の前に立っている頭遣いTへのメッセージとして機能した。

二つ目は、足遣いCが、頭遣いTの静止を察知して、それを異変として受け取ったことである。足遣いCの動きは、自分一人のものではなく、あくまで頭遣いとの関わりの中で達成される動きである。したがって、頭遣いが動かない以上、自分も動けないという人形遣いのルールがうまく機能したのだといえる。しかもここでは、頭遣いTの静止が、足遣いCへの違和感を伝えるメッセージとして機能した。頭遣いTが、人形遣いZの身ぶりを見ることによって違和感を察知したのと似て、足遣いCもまた、Tの静止によって違和感を察知したのである。なお、その違和感の出所が足の誤り（左右を「逆」にしていたこと）にあることに気づいたのは、足遣いCの勘のよさといえる。

三つ目に、頭遣いTもまた、自分の足を見て、自分の動作を確かめたことである。人形遣いZからの指摘によって、足が反対であることが明らかになったのであるが、彼は動作を再開する前に自分の足をじっと見ている（図⑥）。視線を足に落としている間、両足を入れ替えた足遣いCは、準備万端という様子で再開を待っている。

この身ぶりは、自分の手で人形の足をなぞってみた人形遣いZと全く同じ意味を持っているのではないだろうか。つまり、自分の足の位置を確認して、人形の足が反対であることを確かめるという、内省の動きではないかと思われる。というのも、頭遣いTの足は、常に人形の足の動作の指針として、すなわち頭遣いCに対する〈ズ〉として機能している。頭遣いの足は常に、観客から見えない舞台の下で、左右どちらが前でどちらが後ろ、いつどのタイミングで踏み出すのかを足遣いに伝え、人形の足と同期させるよう足遣いを細かく制御している。

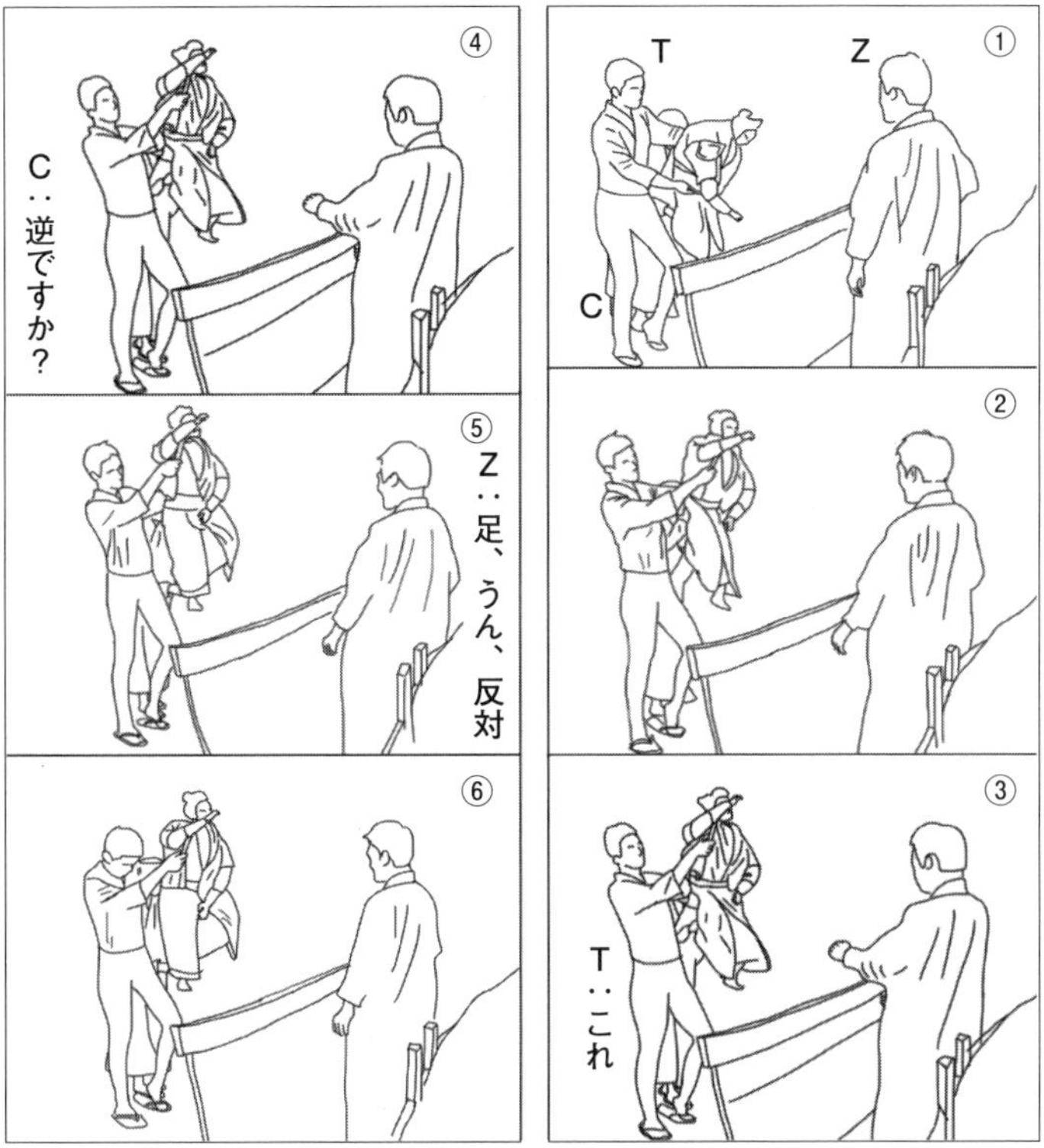

図1－3　場面1－1「うん、反対」

ここで頭遣いがわざわざ自分の足を見下ろしたことによって、私たちは、〈ズ〉として呈示されている彼の足が、頭遣い自身にとってもまた動かぬ根拠として働いたことが分かる。「とんとん」がしばらく続いても、Zが指摘するまで左右の取り違えに気がつかなかったということは、頭遣いTも、足遣いCの動きの正否について、確信を持って把握できていなかったといえる。Zからの指摘によって足の間違いが発見されたが、その判断に確信が持てない場合、記憶や知的判断では心もとない。ところが彼の足は、習慣化された動作として、知的判断に先行していつものように動いてくれていた。だからこそ、彼は知識の俎上に載せるために、習慣的に正しく動いてくれているであろう左足に、確かめるような視線を向けたのである。

さて、この最初のやり取りを見るだけで、彼らの濃密な相互行為が読み取れるであろう。この濃密なやり取りは、あまりに円滑に進みすぎて、またあまりに短時間であるために、この場面を何度も見返さなければ何が起きているのか分からないほどである。あるいは、場面の流れが円滑すぎて、やり取りの形成に寄与している参照点が分からないともいえる。

ここで私たちは、所作についてのメルロ＝ポンティの考察を思い出す(7)。メルロ＝ポンティは、所作の意味が伝わるということは、個人から個人へと情報として伝わるような事態ではないと述べる。すなわち、個人の内面的な状態——ここではZが「感じた」違和感——が、その人の「所作」へと変換され、それが別の人によって受け取られ、その人が類推的にZの違和感を探り当て、そうして自分も違和感を覚える、といった「類推による推論」を行なっているわけではない(8)。むしろ、人形遣いZの内省の身ぶりそのものが、稽古の場に一つの亀裂をもたらしたのである。彼の試みた身ぶりが、稽古の全体に向かって違和感を投じ、そこで稽古が違和感を持ったものとして立ち現れた。彼らはここでは、稽古という一つの営みに身を投じている参与者であって、それが一つの癒合的な意味連関の編み目を形成しているのである。彼らのやり取りがあまりにも円滑に交わされていて、場に立ち会っていただけの私には気づくことができなかったのも、彼らが類比的な推論に基づく意味のやり取りを行なっているのではなく、稽古の場に埋め込まれ、身を投じる者として参与していたからにほかならない。映像を何度も見返しているうちに、Zの身ぶりを違和感として受け取ることができたのは、私もまた彼らの行為のやり取りの意味連関になじんでいったからであるともいえよう。

そうした自明さゆえに、頭遣いTは、人形遣いZの指摘を疑うことなしに受け入れたのではないだろうか。だからこそ、いざ再開するとなると、自分の目でZの指摘の正しさを確認する必要があった。人形の動きを把握しなければならない彼にとって、「とんとん」の足の順序が正しいのか否かは大きな問題である。それを確かめたくなるというのは、頭遣いにとって当然であろう。もっとも、確かめるということを、彼が自覚的に「思考」していたか否かは分からない。その動きすらもが、彼らに生起している癒合的な意味連関の中に位置づけられるのかもしれない。だからこそ、彼が視線を落としている間、何の違和感もなく、足遣いCは準備の姿勢を保っていられたのかもしれない。

3　手本の成立

次に、彼らが言葉を尽くして説明していく過程を見てみよう。彼らのやり取りは、いわば阿吽の呼吸とでも呼びうるような相互行為によってのみ成り立っているわけではなく、しばしば食い違いを抱えることもある。そこでは、師匠と弟子との間に、一方向的ではない相互行為が生まれることになるのである。

稽古の中盤、頭遣いTは、足遣いCの目立った間違いが修正されたのを確認して、「船頭」のしぐさを一通り終えたところで、人形遣いZに「どうですか」と尋ねた。足遣いCのさらなる問題点を洗い出すためである。問われたZは〈一足立ち〉と呼ばれる箇所を指摘した。それは、人形の胴体が上に持ち上がるのに合わせて、膝を曲げながら跳び上がる動作である（**図1－4**）。以下のやり取りを丁寧に見ていこう。

場面1－2　「じゃなしに、こう」

T1–28　どうですか。

Z1–5 えーと、はじめの、〈一足〉もう一回やってもらえますか。〈一足〉だけ。

T1–29 「ならない、はっ」。ああ、割っとんの。

Z1–6 あんな。**【ZがCと交替する】**

C1–6 はい。

Z1–7 こう持ってきとって、今は、Cのやったら、こっから、こう跳んどんねん。

C1–7 はい。

Z1–8 じゃなしに、こう。

T1–30 そう。

Z1–9 あの。

T1–31 横から見たら分かれへん。前から。

Z1–10 Cの、こうすんねん。

C1–8 はい。

Z1–11 それが、こう。

C1–9 前ですか?

T1–32 揃える、揃える。

Z1–12 前っていうのもあるし、これが、この、ここがな、離れよるねん。

C1–10 はい。いってます。

Z1–13 これが、なんぼ、大きい足であっても、ここはくっついたままやねん。

T1–33 かかと、かかとが、くっついとるということや。

C1–11 今、離れていってます。

T1-34　そうそう。かかとはくっついたまま。
C1-12　はい。

「どうですか」と問われて、Zは⑦「はじめの、〈一足〉、もう一回やってもらえますか」と答えた。実演しながら足を見ていたTも間違いに気づき、⑧「ああ、割っとんの」と述べた。そこで、人形遣いZは、足遣いCと交替して自分が足を動かすことで、Cにしぐさを教えようとする。Zが、「あんな」と言いながら、「舟」の表側から裏側に回ってきたために、足遣いCは自らの位置を明け渡し、Zと交替し、人形の脇に立って彼らの演技を傍観する。Zは人形の足を持つや否や、「Cのやったら」と言いながら、〈一足立ち〉を行なおうとする。

ここで、足遣いZが先に足を下げ始め、それに合わせるように頭遣いTが人形を下げる。⑨そのまま二人合わせて動かしながら、Zが「こう跳んどんねん」と言いながら、Cの誤りを再現する。その上で、⑩「じゃなしに、こう」と言って、「正しい」動作を提示する。賛同するかのように、Tは、「そう」とつぶやく。

ここでのTとZとの連携は見事である。最初に動き始めたのは足遣いZである。足遣いZが動き出したのを察知して、一瞬遅れて頭遣いTが動き出した。頭遣いTが動き出してからは、足遣いZはそれ以上動こうとはせず、人形の上体がしっかり下がってくるのを待っている。人形が定位置まで十分に下がった後は、足遣いZは、頭遣いTの方が人形を持ち上げるのに合わせて〈一足立ち〉に入っていった。

通常であれば、すべての動きを主導するのは頭遣いであるという原則のもと、はじめに動き出すのは頭遣いTのはずである。つまり、まず頭遣いTが人形を下まで下げて、その動きをきっかけとして足遣いZも足を下ろし、次に、頭遣いTが人形を持ち上げるのに合わせて、足遣いが〈一足立ち〉を始めるはずである。しかしながらこの場面では、足遣いZは、足遣いCに対する手本の提示を目指していたために、あえて単独行動に踏み切った。このとき仮に頭遣

⑦
Z：やってもらえますか
T
C
Z
⑧
T：ああ、割っとんの
⑨
Z：こう跳んどんねん
C
Z
⑩
Z：じゃなしに、こう
T：そう

図1－4　「じゃなしに、こう」

いTが人形を固定したままだとすれば、足遣いZはそのまま単独で実演を見せたはずである。その場合は、彼自身のペースで〈一足立ち〉を行なったはずである。しかしながら、頭遣いTが一瞬遅れて動き出したことによって、彼の単独行動は遮られる結果になった。いったん頭遣いTが動き出した以上、足遣いだけの単独行動は許されない。足遣いZはすでに動き出していたのであるが、自らの動きを差し止め、Tが追いついて合図を出すに至るのを待つのであった。

この間の彼らの連携は原則を逸脱しているとはいえ、非常に円滑である。頭遣いからの合図なしに足遣いが動くのは、本番の舞台においては御法度であるが、その動作を難なく実現できるほど、人形遣いたちは互いの動きをきめ細やかに察知し合っている。あるいは、相手の動きに自分を合わせきっている。そこには極めて濃密な相互行為が働いているのであり、それが円滑な連携を支えているのである。

さて、見事な連携によって手本を見せたTとZであったが、残念ながら足遣いCは返事をせずに、釈然としないまま人形の足を見ている。失敗例（図⑨）のどこが間違っていて、手本（図⑩）のどこが正しいのかが判然としなかったのである。そこで頭遣いTは、「横から見たら分からへん。前から見い」と言って、人形を正面に向ける。そのとき、Tは隣で見ていた人形遣いWにも正面へと回るよう促す。

もう一度示された手本を見た足遣いCは、「前ですか」と尋ねた。つまり、人形が跳び上がった後、足を前に出しながら着地させるところが要点に見えたのである。たしかに、人形遣いZの手本では、人形の足が前に向かって跳び上がっているようにも見える。だがZたちが指摘したかった点はそこではない。Zは答えて、「前もあるけど」と言って、⑪「ここがな」と、かかとをコツコツぶつけながら、「ここが、離れよる」と説明する。Cは「はい、こういってます」と言いながら、かかとを離して〈一足立ち〉をしていたことを確認する（図1－5）。Zは、「なんぼ、大きい足であったとしても、ここはくっついたままやねん」と補足する。つまり、〈一足立ち〉を始める人形は、かかとをくっつけたまま跳び上がらなければならないが、かかとを離して跳び上がっていたしぐさこそ、足遣いCの過ちだったのである。人形遣いZと足遣いCとが互いに論点を摺り合わせることによって、ようやく足遣いCは〈一足立ち〉を理解した。

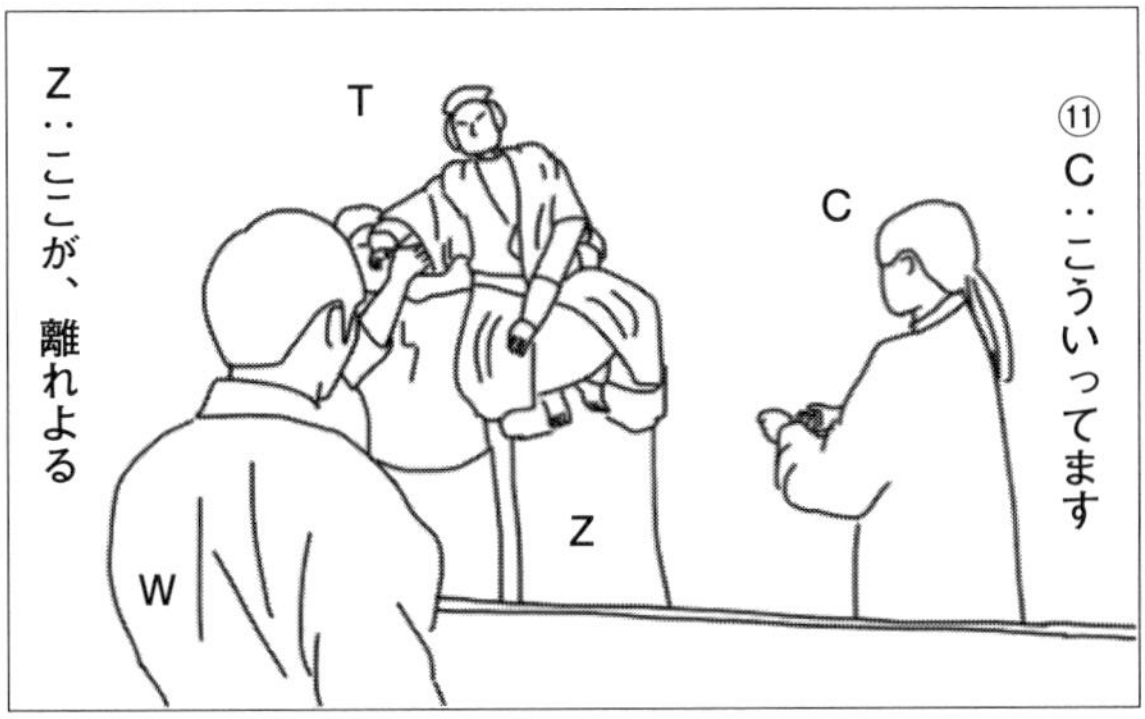

図1－5　Zによる提示

動きを習得していないCにとって、師匠の示した動作のどこが正しくて、どこが間違っているかについての判断がつかなかったことは興味深い。彼女が正しく動かせないのは、間違っている動作と正しい動作とを見分けられないからであって、いくら手本を呈示したとしても、そのままでは手本として機能しないのである。足遣いCは、ただ単に師匠たちの動作を真似るだけでなく、「前ですか」と問いかけたり、「こういってます」と言いながら自分の過ちを再現したりすることによって、はじめて手本の意味を受け取った。手本とは、師匠たちの見事な連携のみによって呈示されるものではなく、それを受け取る側の弟子からの働きかけを得ることによって、すなわち、送り手と受け手とが共同的に探り合う中で、はじめて手本として成立されるといえよう。

4　静止と再開による反復稽古

次に注目するのは、彼らの稽古が暗黙のうちに培っている工夫である。この場面において頭遣いTは、予告なしに突然動作を開始し、足遣いが適切についてこられるかを確かめる。

場面1－3「そのままやったらええで」

T1–45　あとは、別に。
Z1–22　今んとこは別に、何もなかったです。**【Tがおもむろに振りを開始する】**
Z1–23　間違うたらそのままいってしもたらええで。
T1–46　うん、そのままやったらええで。
T1–47　なんとなぁ、こうきたら、こっちの肩が上がっとる状態。
C1–16　はい。
T1–48　よう、う！　おう、ふう。はあ。
T1–49　つくつくつんつん。

場面の冒頭、頭遣いTと人形遣いZは、足遣いCの問題点がほぼ洗い出されたことを確認し合っている［T1–45］［Z1–22］。⑫Zが最後まで言い切らないうちに、頭遣いTは膝を曲げて沈み込みながら、人形の上半身を大きく倒しはじめた。突然の動作ではあったものの、ゆっくりと開始されたために、足遣いCはそれが〈一足立ち〉の開始であることを察知し、⑬頭遣いTの動きについていく。先ほどから焦点となっていた、足を「割らない」ように注意しながら、⑭⑮足遣いCは申し分のない軌道で〈一足立ち〉を成功させる。

〈一足立ち〉の成功を見届けた頭遣いTは、⑯そこで満足することなく人形の振りを先へと進めた。次の振りは、第二節で見た「とんとん」の動作である。足遣いCは、〈一足立ち〉に気をとられていたのか、一瞬遅れて次の動作に切り替える。⑰とっさに「とんとん」を要求された足遣いCは、またしても足を左右逆に上げてしまった。第二節で取り上げたのと同じ間違いである。⑱足遣いCは自分の過ちに直ちに気づき、人形の足の左右を逆転させ、つまり左足を上げ、右足を下げて、右足を上下させながら「とんとん」を開始する。⑲「とんとん」が始まったことを受け、頭遣いTはその後の振りを続けていく。

振りの途中で、人形遣いZは「間違うたらそのままいってしもたらええで」［Z1-23］という、一見奇妙なアドバイスを差し挟んでいる（**図1-7**）。しかも頭遣いTもまた、その発言に賛同する［T1-46］。人形の振りはほとんど規定の型に則っているのであるから、規範を逸脱することは許されないはずである。現に、第二節で検討した箇所においては、足遣いCが左右の足を取り違えたことが課題となっていたのであり、そこでは、「左足を上げ、右足でとんとん踏む」という規範が徹底して遵守されていた。それが今回、間違いを修正しなくてもいいというアドバイスが投げかけられたのである。いかなる判断によって、そうしたアドバイスがなされたのであろうか。

ここで私たちが踏まえなければならないのは、最初のミス（場面1-1）と、今回のミス（場面1-3）との質的な差異である。最初のミスにおいて露呈されたものは、足遣いCが何のためらいもなく「左足でとんとん踏み、右足を上げる」という誤った動作をしていたことである。そのために、ほかの人形遣いたちは、振りを取りやめて彼女の動作を訂正した。つまり最初の場面では、足遣いCの動作は、自らの間違いへの無知をほかの人形遣いたちに露呈してみせたといえる。

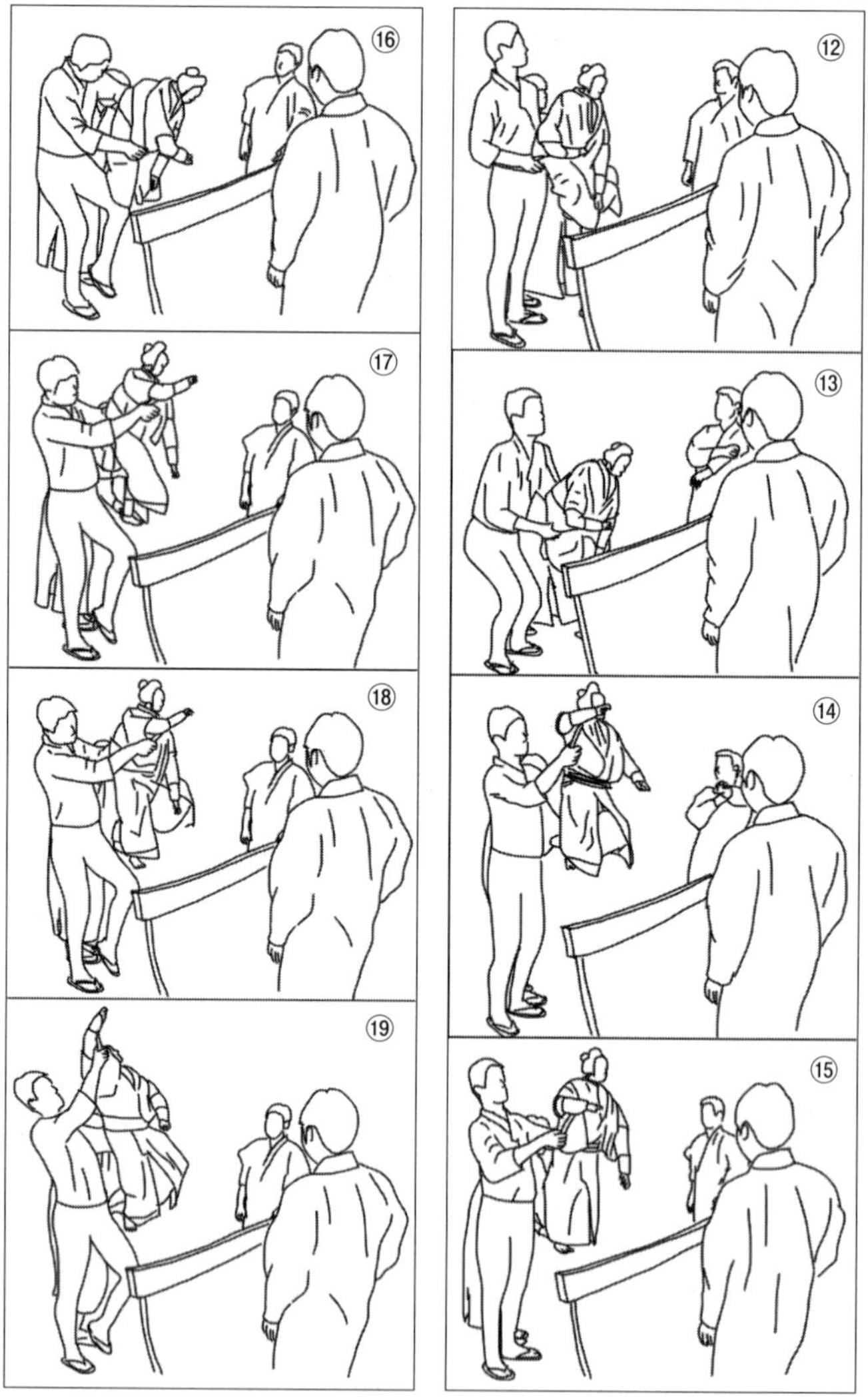

図1－6　「そのままやったらええで」

それに対して、今回のミスの場合、足遣いCがうっかり右足を上げてしまっただけで、彼女自身が直ちに修正したのであるから、動作の規範に対する無知が露呈されたわけではない。ここで露呈されたのは、むしろ左右の足を取り替えて正すという動作そのものによる、人形の振り全体の遅れであった。振りの点検がほとんど完了し、人形の動作を次へ次へとつなげていこうとする段階において、人形遣いZの関心は、個々の振りよりもむしろ、人形の振り全体の流れに向かっていたといえる。全体の流れを捉え始めたZにとって、Cによる足の取り替え動作は、それ自体が頭遣いT、あるいは人形の動作の流れに対する妨げであると感じられたのではないだろうか。

もっと読み込むならば、舞台に立つという実践感覚を想定することもできる。稽古が行なわれた日は、まさにこの『日高川嫉妬鱗』が上演されていた期間の最中であり、翌日にも同じ演目が上演される予定である。稽古に登場している「船頭」の人形も、目の前に置いてある舟の大道具も、すべてその日の公演の息づかいを残している。そうした状況にあって、実際に足遣いCが舞台に立つシーンを想定するのは——実のところ時期尚早であったとしても——極めて容易であり、また妥当なことである[9]。仮に足遣いCが、実際の舞台で足の左右を取り違えるという間違いを犯したときに、いちいち足を修正することは許されない。それこそ観客に対して自らの間違いを露呈することになるのであるから、そこではむしろ、堂々と間違いを犯したまま、左右の足を反対に動かしていく方がはるかに円滑な舞台運びであろう。そうした事情を踏まえれば、人形遣いZによる「そのままやったらええで」というアドバイスは、最初のミスに対するアドバイスとは真逆の主張をしているようでありながら、舞台経験に由来するある種の合理性に貫かれていることが分かる。

図1－7　Zによるアドバイス

そうはいうものの、この稽古の場面において、頭遣いTは足遣いCの間違いを放置しはしなかった。人形遣いZのアドバイスに賛同しながらも、即座に新たな助言を出している。

すなわち、頭遣いTは、人形の動作をいったん取りやめ、「とんとん」が開始される場面をゆっくりと再現する。その際、人形が左肩を高く上

図1－8　Tによるアドバイス

げながら上半身を起こしていくプロセスを示し、それを合図と見なすことを提案する（「こうきたら、こっちの肩が上がっとる」［T1-47］**図1－8**）。そう述べた後、頭遣いTは、ふたたび動作を最初から行ない、足遣いCがついてきていることを確認する。今度はかなりゆっくりと動作を進め、二人の動きを摺り合わせるように動いていく。

人形遣いたちは、自分たちの動きが稽古の中で直ちに向上していくとは考えていない。自分の身に染みついているといえる習慣的動作が簡単に修正されるとは考えていないため、一度や二度注意をした後は、最初から動作をやり直し、何度も摺り合わせていくのである。今回の稽古の場合は、頭遣いTが「船頭」の振りを三度も四度も繰り返す方法が、結果的にCの癖（左右の足の取り違え）を明らかにするために有効に働いた。しばらく順調であった人形の足さばきが、〈一足立ち〉という異なる課題と組み合わされることによって、自覚的な注意の範囲をはみ出して、癖としてうっかり出てきてしまったのである。

そうした稽古は、振りを洗練させていくために極めて有効な進め方であるが、それと同時に、何度も振りを繰り返すことそのものにも、暗黙的でありながら豊かな意味が潜んでいる。稽古全体を通して、頭遣いTは、何か問題が見つかるたびに場面を止めて、ひとしきり助言を伝えるとすぐさまその動作を繰り返しているが、その際、助言の内容によって、ゆっくりと丁寧に動いたり素早く動いたりと、変化が絶えることがない。そうした変化のある繰り返しこそ、足遣いにとってわざを磨く格好の稽古となっているのである。

足遣いの最大の使命は、足の演技を完璧にこなすことにほかならないが、足の演技をこなすということは、人形全体の動きと調和を保つということも含んでいる。つまり彼らは、舞台の上で頭遣いの動きをたえず察知し、それに合わせながら的確に動くことを大前提としている。そうした使命を全うするためには、頭遣いの出す合図をあまねく受け取るだけの敏感さが要求されるが、そうした敏感さを養うことこそ、稽古における暗黙の課題にほかならない。そのことを踏まえてみれば、頭遣いの操る人形が、突然止まったり動き出したり、速くなったり遅くなったりするなかで、すべての動きに合わせ続ける作業こそ、そうした敏感さを養う土壌になっているのである。頭遣いがそうした作業に自覚的であるようには見えないが、少なくとも足遣いにとってみれば、一つ一つの動きが一回きりの稽古なのである。

さらにもう一度「船頭」の振りを繰り返した頭遣いTは、足遣いCの動きがほぼ問題ないことを確認し、「いけるいける」といってCの稽古を終えた。足遣いCの「船頭」デビューも近いかもしれない(10)。

5　稽古という「系」の中から

これまでの記述を踏まえて、最後に本章で見てきた稽古のありようをまとめよう。彼らの稽古は、舞台の上で行なうのと同じようなペースで、最初から一通り振りを進めていき、その中で、間違いがあったところを重点的に修正し、一場面を最後まで通し切るという方法をとる。その際、彼らはペースを速めたり遅めたりしたり、突然動作を始めたりするといった変化をつけながら回数を重ねることで、振りのみならず、円滑な連携自体を摺り合わせていく。

こうした稽古の原理となる方法は、生田のいうように「模倣」である。師匠の提示する振りは絶対であり、師匠の示す手本を自らのうちに取り込むことが習熟への過程である。しかしながらその一方で、そもそも「模倣」という営みが成立するためには、師匠の手本がいかなる意味で手本であるのかについて、弟子の側から探索する必要がある。第三節で論じた通り、模倣が模倣として成立していることの背景には、師匠と弟子との間に形成されているやり取りが控えている。「模倣」という言葉によって彼らの営みを理解しようとするのではなく、彼らのやり取りに眼差しを向けることによって、そのダイナミックな原理を丁寧に解き明かすことこそ、稽古に身を投じていることの意味を了解するための方途である。

稽古の道のりは、師匠が弟子に対して一方向的に何かを伝達するような図式で捉えることはできない。それは相方向的な共同作業として成立するのであり、さらにいえば、師匠と弟子との行為の擦り合わせから成り立つ一つの「系」における営みであって、伝えられる何かは、その「系」において生まれてくるのである。

そうしたやり取りは、まさにメルロ＝ポンティが述べたような、対話者の間に形づくられる「共通の地盤（terrain commun）」［PP : 407/II 219］において達成される。メルロ＝ポンティによれば、発話行為は、「ただ一つの同じ織物を織り上げる」［ibid.］のであり、当事者たちによって形成される一つの系において成り立つ。

> 私の言葉も相手の言葉も討議の状態によって引き出されるのであって、それらの言葉は、われわれのどちらが創始者だというわけでもない共同作業のうちに組みこまれてゆくのである。…われわれはたがいに完全な相互性（réciprocité）のうちにある協力者なのであり、われわれの視角は相互に移行し合い、われわれは同じ一つの世界をとおして共存しているのである。［ibid.］

私と相手が対話をするということは、たがいに協力者として一つの作業を行なうということである。それは、個別の行為のみには還元できない、行為を埋め込んでいる一つの構造において遂行される。

この「相互性（réciprocité）」こそ、稽古の場に身を投じている者たちの生きられた経験にほかならない。稽古場面において飛び交う言葉は極めて簡素な語彙から成り立っているが、そのやり取りは、雄弁に語る身体的な相互行為によって肩代わりされている。それは、身ぶりと言葉とが渾然一体となった相互行為である。純粋な思惟が「個」として身体を纏い、相手との間で「言葉」を投げかけ合うといった捉え方から脱却し、むしろ一つのやり取りの中から教えたり学んだりといった行為が生まれてくることに目を配ることで、身を投じて学ぶことのありようが開かれてくるのである。

おそらく師匠たちは、正しい振りについて熟知していたとしても、弟子に対する正しい教え方については無知である。無知というのは、経験不足であるとか弟子に対する理解不足であるとかいうわけではなく、教えることと学ぶことに伴う根源的な困難さに向かい合っているということである。彼らの稽古で問題となるのは、身体の動かし方である。自分の身体を思う通りに動かすことすらできないのに、相手の身体を自分の思う通りに動かすことが極めて困難であることは想像に難くない。いかに教えるべきかについての確信がないままに稽古を進めるとするならば、教える中で手さぐりを続けて発見していくしかない。いかに教えるべきかを問うとすれば、その回答は、教えることができた後になってはじめて得られるのである。

反対に、弟子にとっても、いかなる仕方で自分の身体を動かせばよいのかを、動かす前から知る術はない。師匠に否定されながら、試行錯誤を重ねながら、正しい動作を獲得していくほかはない。また、いかなる仕方で学ぶことがわざの上達になるのかを知る術はない。師匠にたえず問いかけを続けながら、自分の理解の臨界点を引き上げていくしか方法はない。

つまり稽古とは、あらかじめ行く先の見えている道をひた走るような活動ではなく、教えることも学ぶこともそこから「引き出される」ような、「どちらが創始者だというわけでもない共同作業」であって、道を切り開きながら進むような歩みなのである。師匠と弟子とが――たとえわざの熟達度が大きく違っていて、非対称的な関係にあるとしても――互いに身を投じて稽古の場を作り上げていくプロセスこそ、私たちが忘却していた一つの教育の原風景であり、その場を駆動しているやり取りに眼差しを向けることで、教えること、学ぶことの意味が立ち上がってくるのである。

註

（1）大正、昭和時代の名人と謳われた文楽の人形遣い吉田文五郎は、初めて足遣いに起用された若い頃のことについて、本番の舞台の最中に、師匠から高下駄で「脛のあたりを力まかせに蹴られることが毎日のように続いた」と回想している。しかも、「人形の遣い方は、一さい手をとって教えられないのである」という（入江泰吉『入江泰吉写真集　第六巻　文楽回想』集英社、一九八一年、一四一頁）。

（2）生田久美子『「わざ」から知る』東京大学出版会、一九八七年、一四頁。

（3）名人の桐竹勘十郎は、取りつく島もなく師匠から叱られた経験を以下のように述懐している。「あるとき、師匠に呼ばれて、『おまえ、神経あるか?』『あります』『あんねやったら使い』と言われた。そうしたときに、「どこに神経が行き届いていないかは自分で考えないといけない」のである（桐竹勘十郎『文楽へのいざない』淡交社、二〇一四年、五六頁）。

（4）生田、同上、二一頁。

（5）初演は、寛保二年（一七四二）八月大坂豊竹座『道成寺現在蛇鱗《げんざいうろこ》』であった。今日文楽で上演されている『日高川入相花王《いりあいざくら》』は、宝暦九年（一七五九）二月大坂竹本座初演のものを踏襲している。

（6）人形遣いCは、中学校時代は人形遣いSに、高校時代は人形遣いMに教わっていた。

（7）念頭に置いているのは、『知覚の現象学』第一部第Ⅵ章「表現としての身体と言葉」および、ラジオ講演記録『知覚の哲学』第5章「外部から見た人間」における考察である。ここでメルロ＝ポンティは、怒りが身体から遊離した抽象的なものとして捉える見方を批判し、怒りが相手と自分との間の空間にあると述べている。「これら（怒り）は、すべて世界の外で、例えば怒っている人間の身体を超えた背後のどこか聖域で起こっているのではない。怒りは紛れもなくここで、この部屋で、部屋のこの場所で炸裂しているのであり、相手とわたしとの間の空間に広がっている。」[C：45/300]

（8）メルロ＝ポンティは、「怒り」や「脅し」についての所作に言及し、類比的な想起を否定している。「怒りの所作にしろ脅しの所作にしろ、私はそれを了解するのに、私自身がおなじ所作をおこなった際に感じていた感情のことを想起する必要はない。…私は怒りとか脅しとかを、所作の背後に隠れている一つの心的事実として知覚するのではなく、私は怒りを所作そのもののなかに読み取るのだし、所作は私に怒りのことを考えさせるのではなくて、怒りそのものなのだ。」[PP：215/303]

（9）人形遣いTやZらの評価も判断の材料とはなるものの、舞台の出番を決めるのは、人形遣いのリーダー格である人形遣いMおよび人形遣いSである。

(10) この期間、彼女が「船頭」として舞台に上がることはなかったが、次の上演期間に彼女の出番が回ってきた。なお、稽古ではその後、頭遣いTが人形遣いWに対して足遣いに入ることを促し、指導する展開になる。人形遣いWに対する稽古は、Cに対する稽古よりも振りが速く、指導の語気も強い。一年目の新人と二年目の新人に対する要求水準の変化と考えられ、それ自体が示唆的な事例ではあるが、本章の趣旨から外れるため、割愛する。

第二章　知識の参照点としての身体

本章では、わざの稽古場面における、身体の「ままならなさ」を描き出すことを目指す。「ままならなさ」というのは、身体の使い方はなかなか変えられないこと、動作は一定のまとまりにおいてしか把握されないこと、教え手が伝えたいことがうまく伝わらないこと、教える人によって視点が違うことなど、当事者がそれぞれの身体を拠り所にしているからこそ生じうる、稽古場面での混乱の諸相である。稽古場面は、できない状態からできる状態へと一直線的に前進していくわけではない。学び手の側の勘や技量はもちろん、教え手の側の着眼点や立脚点の差異によって、やり取りが脇道に逸れたり、予定が狂ったり、伝えるべき内容すらもしばしば形を変える。

そうした「ままならなさ」を抱えた稽古場面は、必ずしも計画通りではないにせよ、それなりに円滑に進んでいるのも事実である。稽古場面の紆余曲折は、わざを習得するという一直線的な道筋を想定するならばノイズのように働くのであるが、他方ではそのノイズこそ、わざの稽古場面を活性化させる作用ともなっている。すなわちそれは、人形を操るという繊細なわざを遂行するための、人形遣いとしての感性を磨く格好の機会である。

本章では、そのような「ままならなさ」に着目しながら、わざの稽古におけるやり取りが非直線的に、しかし効果的に形成されていくことを明らかにしていく。稽古とは、教え手と学び手との双方が、それを通じて変容し合うような、共同的な作業であることが明らかになるだろう。(1)

第一節で稽古場面の概要を説明したあと、第二節では、身体図式の崩壊という現象に注目することで、稽古場面における「知識」の不確かさについて検討する。第三節では、稽古に関わる当事者たちの身体的な配置に着目し、その視点が交替不可能であることを明らかにする。第四節では、人形の操作を支える暗黙的な身体の働きに光を当て、学びの広がりを明らかにする。最後に第五節では、習得にまで至らなかった稽古の顛末を取り上げ、「ままならなさ」の一端を記述する。

1　稽古場面の概要——『壺坂霊験記』「山の段」より

本章が対象とするのは、『壺坂霊験記』「山の段」における主人公「沢市」の型の稽古場面である。『壺坂霊験記』とは、西国三十三所にちなむ伝説を浄瑠璃化した外題であり、明治一二年（一八七九）初演のいわゆる新作物である。[2]今日では、淡路人形座における通常公演の一つとなっており、中堅以上の座員たちにとっては慣れた外題である。主人公は、盲目の「沢市」と、かいがいしく世話する「お里」の夫婦である。物語の佳境で、誤解が元で崖から身を投げた「沢市」と「お里」であったが、観音の霊験によって命を救われ、その上「沢市」が開眼するという場面がある。幕切れ前のクライマックスで、夫婦は二人して喜びのままに舞うのであるが、その華やかな踊りは観客を明るい気分に導いてくれる（**図2－1**）。本章が対象とする稽古は、明るくテンポよく踊る「沢市」の振りについてのものである。

稽古は、二〇一二年一一月の通常公演の合間の約三〇分間、「沢市」の人形を用いて行なわれた。登場するのは、人形遣いT（頭遣い）、K（左遣い）、W（足遣い）である。人形遣いTが新人の足遣いWに対して、〈まねき六法〉という型を教える場面である。ここには、三人に加え、彼らのやり取りを見守る二人の人形遣いMおよび人形遣いHがいる[3]（**図2－2**）。人形の正面には大きな鏡が立てかけてあり、鏡を見ながら人形の姿勢を確認することができるようになっている。

人形遣いWは、稽古の時点で『壺坂霊験記』の舞台に立ったことがない。Wは、平成二四年度に入座した新人であり、中学校、高校を通して郷土部の活動の中で座員たちと関わってきた人物である[4]。特に、出身中学校で師匠として指導してきた人形遣いTからは厳しい稽古が課されており、制度化されているわけではないが、緩やかに師弟関係が形成されている。

原則的に、舞台の上での人形の「振り」はあらかじめ決められており、本番で即興的な振りが展開されることはほとんどない。したがって稽古における最重要課題は、まずもってすべての「振り」を覚え込み、正確にそれらを展開していける状態にしておくことである。もちろん、実際のところは、舞台本番の「語り」のテンポや会場の雰囲気によって、人形の振りの速さや大きさには多少の違いが生じる。だが、「振り」の部分をなす「型」の習得が未だできていない足遣いに対しては、舞台上での微調整を重ねることよりも、正確な動作を実現することの方が重要課題と見なされる。以下の稽古でも、人形の動作に関する細かい要求が見られるのである。

図2－1　「山の段」におけるお里（左）と沢市（右）

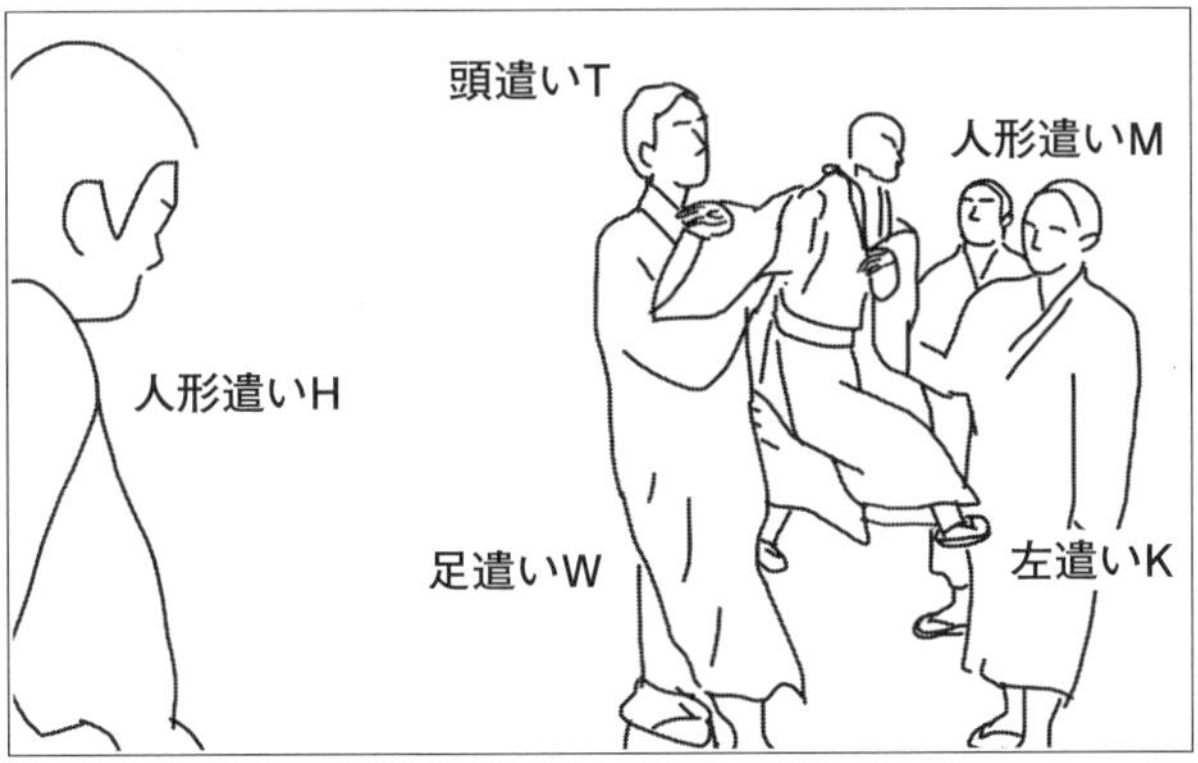

図2－2　稽古場面の全体像

図2－3　〈まねき六法〉の手順

2　身体図式の「崩壊」

ここで彼らが習得を試みているのは、〈まねき六法〉という型である。両腕を大きく開いたり閉じたりするのに合わせて、左右の足を交互に蹴り上げ、また踏み出すその動作は、非日常的な、踊りのような印象を与える。浄瑠璃の中でも人形のせりふ以外の情景描写、いわゆる「地合」の部分で、とくに幕切れ近くの盛り上がりを見せる場面に登場することの多い型である。

足の動きとしては、〈蹴り出し〉と〈巻き〉を連続させたものである（**図2－3**）。「直り」の姿勢から始めて、足遣いは「とん」と床を踏み、人形の上体が仰け反るのに合わせて左足を蹴り上げる。これが〈蹴り出し〉である。次に、「直り」まではいかなくとも一旦足を下げ、今度は足首を後ろに引きながら太ももを上げ、そのまま左足をぽんと前に出す。これが〈巻き〉である。これを右足でも行なう。なお、細かく見れば、〈蹴り出し〉の前には一旦足を下げる動作が挿入されており、〈巻き〉の前にも小さく足を引く動作が挿入されている。

さて、この稽古場面において、足遣いWはなかなか型を習得できない。人形の上半身を操作している頭遣いTの動きにうまく合わせられないのである。そこでTは、自らの操作をゆっくりと行なうことによって、足遣いWへの教示を試みる。ここでのやり取りを、最初から詳細に検討しよう(5)。

場面2−1「分かれへんようになってもうた」

T2-1　上、見よれよ。わしゆっくり動かす。わしに合わして。
T2-2　ほい。とん。ほい。
T2-3　まだまだまだ。しっかり上げ、上げたままや。（**図2−4**）
T2-4　で、ここではい。
T2-5　出す。
T2-6　**【最初からやり直す】**
T2-7　とん。はい。もうここからぐーっと。
T2-8　わしも分かれへんようになってもうた。
K2-1　ふっ。
T2-9　とん、とん。こ……

稽古の冒頭、頭遣いTは「ゆっくり動かす」［T2-1］ことで手順を確認させようとする。「とん」という言葉によって、足遣いが床を踏むのを促し、「ほい」［T2-2］と言いながら、頭遣いは人形の上半身をゆっくり仰け反らせ、〈蹴り出し〉の動作を促している。頭遣いTは、足遣いWが遅れながら〈蹴り出し〉を行なったのを見て、一旦静止した。だが、Wが先を急ぎ、足を下げようとする。そこでTは、「まだまだまだ」と言って、足遣いWを言葉で差し止める［T2-3］（**図2−4**）。

ここでWが犯した過ちは、自らの判断で勝手に足を下ろしたことにあるが、それは、頭遣いTの動きに合わせなかったことと同義である。頭遣いの動作は、他の二人が従うべき基準である。Wは、頭遣いが動きを止めたというこ

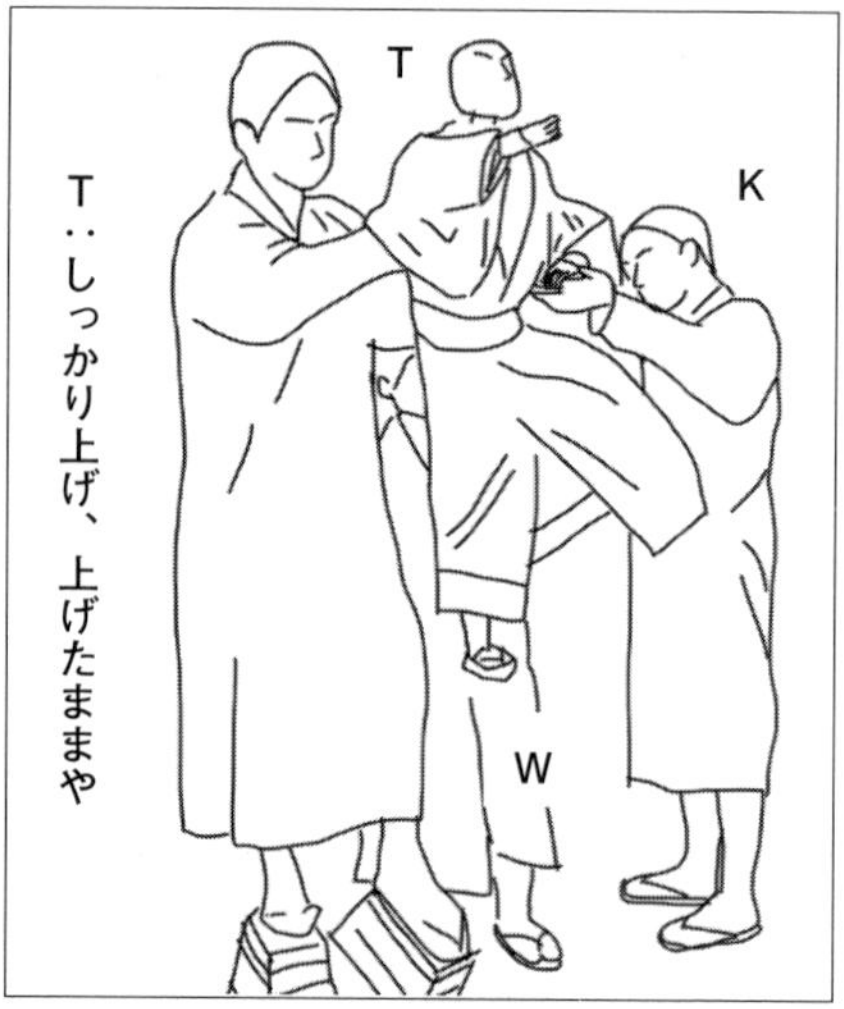

図２－４　Wを差し止めるT

とを、足の動きを止めるべき〈ズ〉として受け取らなければならなかった[6]。足遣いWが動き出そうとするのを頭遣いTは当たり前のように戒めたが、それが可能になるのは、頭遣いTもまた、足遣いWの動きをくまなく察知しているからである。

　静止中の頭遣いTは、次に、「沢市」の足が期待通りの位置まで戻ってきたのを確認して、動作を進めた。「ここで」と言葉を加え、足遣いが足を踏み出すべきタイミングを教えた。

　そこまで進んだところで、Tは再び動作を繰り返す［T2-6］。次は、最初のときよりもずっとゆっくり動作を開始して、しっかりと手順を確認しながら進めている。すると、Tがゆっくりと進めすぎたために、混乱して「分かれへんようになって」しまった［T2-8］。共感するかのように左遣いKが笑う［K2-1］。もう一度繰り返そうとするが、やはり混乱してしまう。沢市の「頭」を数えきれないほどこなしてきた頭遣いTが型を忘れてしまうはずがない。彼らの間に何が起きているのであろうか。

　ここで私たちは、「身体図式（schéma corporel）」という概念を思い出す。「身体図式」とは、そもそも手足などを後天的に失った患者から報告される「幻影肢」の症例を説明するために、二〇世紀初頭の神経生理学において呈示された概念である［PP : 116/174-175］。メルロ＝ポンティは、それらの概念を踏まえ、習慣として形成されている、「まさにそれによって、私の手がどこにあるのか、私の身体がどこにあるのか」を知るような、「包括的」な「形態（forme）」として「身体図式」を定義した［PP : 116-117/174-175］。さらに、手足の位置などを知らせる「形態」としてだけではなく、私たちの行為を形成する「ダイナミック」な原理と見なす［ibid.］。メルロ＝ポンティの記述によれば、パイプオルガンの奏者は、初めて使用するオルガンであっても、一時間も練習すれば、弾き慣れたオルガンと何ら変わらない水準で演奏することができる。ほかにも、紙に字を書くことのできる人は黒板の前に立ってもほとんど同じ癖の文字を書くことができる。メルロ＝ポンティによれば、それは、自分の身体を、「現に在る位置の系」としてだけでなく、「無限に等価の位置（positions équivalentes）をとり得る開かれた系（système ouvert）」としてもっているからである［PP：165/238］。私たちの行為は、個々の動作の単位の結合によって構成されるのではなく、一つの包括的な「図式」によって把握されており、それは「等価物の系」であるために、「さまざまな運動任務が、たちどころに変換可能（transposables）」となるのである［ibid.］。

人形遣いの場合、「等価物の系」が自分の身体や周りの道具のみに限定されているわけではない。彼らがその「系」に包括しているのは、自分の身体、人形の身体、さらにはほかの二人の人形遣いの身体、という複雑な諸構成物である。

さて、この稽古場面で頭遣いTに生じた出来事は、まさに身体図式に関わりがあるように思われる。不慣れな新人との組み合わせによって、身体動作の一連の流れが乱れ、動きの図式を失ったのである。ここでは、この事態を身体図式の「崩壊」と名づけよう[7]。崩壊を招いたのは、彼らのやり取りを見る限り、二つの引き金によるものと思われる。一つ目は、Tが試みた「ゆっくり動かす」［T2-1］ことである。通常であれば一定の速さで演じるべき〈まねき六法〉であるが、足遣いWのペースに合わせてゆっくりと行なったことで、図式全体が混乱したのではないであろうか。二つ目は、足遣いWが頭遣いTの合図をいくつも見落とし、動き出すべきタイミングで動くことができなかったことである。ただでさえゆっくりした動きに従っているのであるが、それに加えて頭遣いTが期待するタイミングで動き出さないのであれば、頭遣いTは、さらにゆっくり行なうか、少し動きを巻き戻さなければならない。だが一度開始された頭遣いTの動作は、可逆的に順序を組み替えられるようなものではない。結果的に、頭遣いTが求めていた動きは速さの面でも連携面でも阻害され、ついに身体図式の崩壊に至ったのである。

ここで重要なのは、以下のようなメルロ＝ポンティにおける「形態」の理解である。

〈形態〉とは世界の出現そのもののことであって、その出現の可能性の条件ではない。それは一つの規範の誕生そのものであって、〔あらかじめある〕一つの規範にしたがって実現されてゆくというものではない。それは外面的なものと内面的なものとの同一性であって、内面的なものの外面的なものへの投影ではないのだ。［ibid.］

すなわち、身体図式とは、動きのための設計図などではない。実現するための規範でありながら、実現されつつある規範である。つまり、〈まねき六法〉という図式は、頭遣いTの身体の内部にあらかじめ備わっているわけではなく、身体を用いて動きつつある中で、その都度その場で生まれるものである。動きが遅れて一定のまとまりの範囲を逸脱した場合、それが実現するはずであった規範は失われ、動きの図式そのものが崩壊するのである。

　ここで明らかになるのは、身体図式の実現には、一定のまとまりある動作の助けが必要となるということである。身体図式が「変換可能」性に開かれている、すなわち同じ図式に則った動作が別の場面でも展開できるというのは、その動作が一定のまとまりの範囲内に収まっている限りにおいてである[8]。人形遣いの場合、自己の動作を人形の動作へと「変換」できるのは、彼らの身体を通じた「図式」が共有されている限りにおいてである。三人が一緒になって一つの動きを作り上げるということは、裏を返せば、誰か一人が約束通りでない動きをした場合に、別の人の動きが、乱れるどころか失われることがあるということである。頭遣いTの身体は、自分自身の動きを喪失するほど、他の二人の動きに対して開かれているといえるのかもしれない。

　興味深いことに、〈まねき六法〉の「図式」を失ったあと、人形遣いTは、一連の動作を確認するために自分の身体において人形の振りを行なった（**図2－5**）。導論で見たように、頭遣いは人形の全ての振りを、自分の身体で再現することに長けている。あるいは自分の身体で行なう振りを、人形に投影することができる。頭遣いTが自分の身体で〈まねき六法〉を行なったのは、人形を介した動作によって崩壊した図式を、適切な速さとまとまりをもってなぞることで、再び実現するためである。わざわざ自分の身体を投じてなぞらなければならないのは、メルロ＝ポンティの言い方を借りれば、「身体こそが運動を〈把握し〉、運動を〈了解する〉」［PP：167/240］からである。身体図式とは、身体の内側に「記憶」されてあるというわけでもなく、また「理念的な見取り図」というわけでもなく、「運動的な把握」のみが可能であるような、「ダイナミックなもの」［PP：116/174］なのである。運動的にしか把握できないということは、それを分解し、静止させ、順番を入れ替えること自体が、図式の崩壊へとつながりかねないということである。その意味で、わざを仮に「知識」であると見なしたとしても、それは不可逆的な時間を含み込んだ、分解不可能な知識である。頭遣いTは、わざの教え手として足遣いWに関わっていながら、〈まねき六法〉の一連の動作を揺るがぬ知識として把握しているわけではない。Tにとって〈まねき六法〉は、運動的なまとまりにおいてのみ把握されているのであって、任意に抽出したり切り取ったりできないような仕方で身についているのである。足遣いWに合わせてゆっくりと型を遂行し、図式の全体を崩壊させてしまうような事態こそ、身体の「ままならなさ」の様相の一つである。

さて、〈まねき六法〉の稽古はその後、周りで見ていた人形遣いたちを巻き込みながら進んでいく。次節では、複数の参与者たちによって進められるやり取りを検討しよう。

図2－5　振りをなぞるT

3　教え手ごとのアドバイスの相違

稽古の中盤、ようやく頭遣いTの動きについていき始めた足遣いWであったが、その動きはまだぎこちない。そこで、足遣いWの動きの誤りを洗い出すため、頭遣いTはベテランの人形遣いであるMに意見を求める。するとMは、自ら足遣いWと交替し、人形の足の役を引き受ける。自分で行なった動きとWの動きとを比べるためである。

この時点で頭遣いTが人形遣いMに投げかけていた問題は、足遣いWの「振り」が「ひとつ多い」ということであった(9)。つまり、無駄な動きが入っているために、続くほかのしぐさとの連携が取れないのではないかとTは考えた。

足遣いWと交替したMが提示した答えはこのようであった。つまり、〈蹴り出し〉という動作に含まれているはずの微細な準備動作が、Mの動きのなかでは大きすぎて、一つの独立した動きになってしまっている、というのである。本来であれば、膝を突き上げ、少し膝を下げてから、足を伸ばす、という動作が短い時間の中で連続的に展開されるはずが、不慣れな足遣いWの場合、膝を突き上げては足を戻し、足を伸ばしてはまた足を戻し、再び膝を立てては…といったように、あたかも独立したいくつもの「振り」を順番に展開しているかのような、「バラバラ」な動きをしているとMは考えた。その回答はTにとっても納得されるものであった。Mのアドバイスを受け入れたWは、さっそく一連の流れを重視した動作を試みていく。

だが、今度は異なる課題に突き当たる。〈蹴り出し〉を一連の動作として展開しようとしすぎて、足が伸びきったまま上がってしまったのである。Tによれば、それでは〈棒足〉という型になってしまい、この場面で試みている〈まねき六法〉ではない。

そこで、Mは再び足遣いを買って出て、自ら手本を提示する。その場面のやり取りは以下の通りである。

場面2-2「もう伸びとんで」

T2-35　いや、それやったらもう始めから〈棒〉で、上げよるからの。〈棒〉で上げんのではないんじゃわ。
【MがWと交替し、足遣いとなる】
M2-12　だから、一発目がくるねんかの、ほれで、
T2-36　とーん、
H2-3　とーん！
T2-36　てきて、（**図2-6**）
T2-37　分かった。一瞬先曲がりよんだ？　先。
T2-38　こうきて、こう、ぱん。曲がって、こっからや、
M2-13　上の、
T2-39　も、も、も、もう伸びとんで。
M2-14　上の、
T2-40　曲がって、伸びとるで。
M2-15　上の、
M2-16　動きに合わせて、
T2-41　で、こっから、
M2-17　で、もう、こう入る。**【再び交替し、足遣いWに戻る】**
H2-4　ここ、早いからの。
H2-5　ゆっくりゆっくりしとったら、

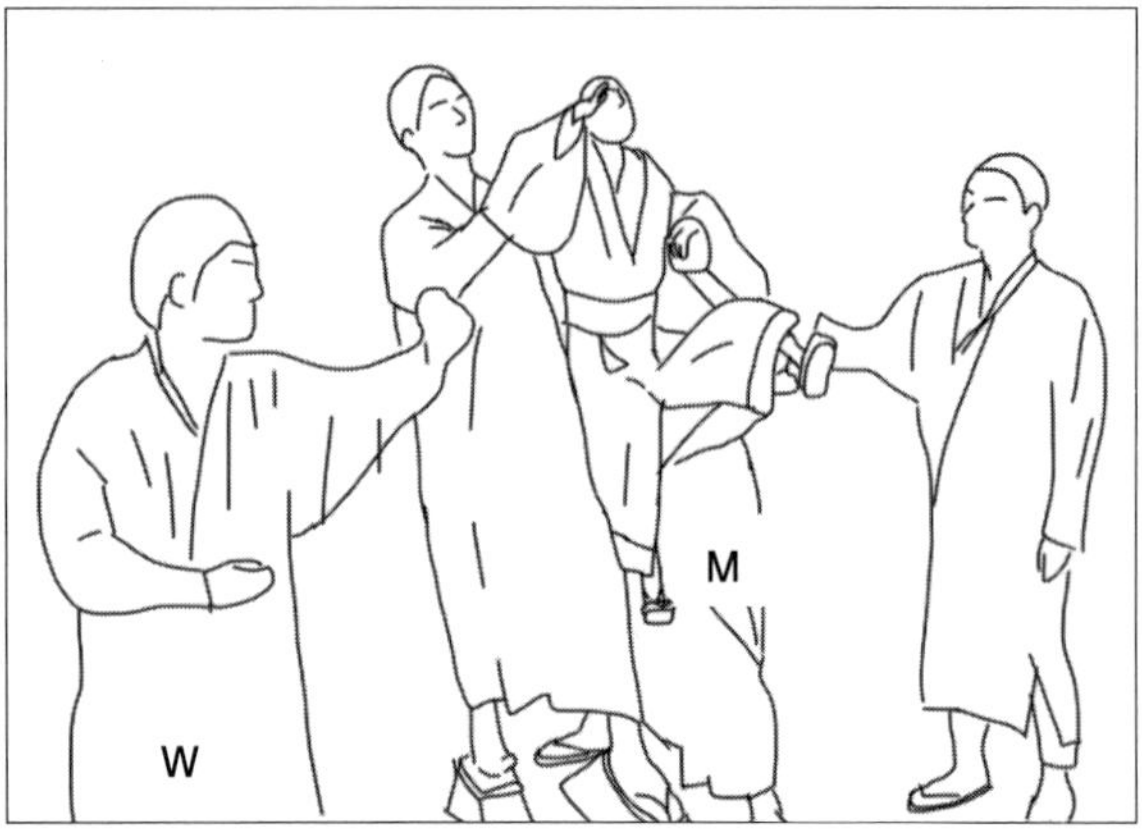

図2－6　手本を見せるM

M2–18　上のタイミングに合わしとるさかい、わりと、ここは、
M2–19　曲がってるねんけど蹴ってる、ぐらい。

頭遣いTは再び、足遣いWとベテランMとの違いを見いだす。それは、「一瞬、先（に）曲がる」というものであった。足遣いWには、〈蹴り出し〉の直前、ごく一瞬だけ膝が折れるという微妙なしぐさが入っていなかった。

ここで興味深いのは、TのアドバイスとMのアドバイスとが微妙に食い違っている点である。Tが強調しているのは「どう伸ばすのか」という点である。つまり、「曲げなければいけない」「伸ばさなければならない」という具合に、外から見た人形の動作に着眼した説明を行なっている。他方で、Mの説明は、「どう伸ばすのか」ではなく、むしろ「いつ伸ばすのか」という動き出しのタイミングに焦点を絞っている。Mがしきりに促すのは、細かい「振り」の形というよりも、むしろ「上」（人形の頭・上半身）の動き、すなわち頭遣いTの操作に合わせることである［M2–13〜16］。発話を重ね合わせながら同じしぐさを教えているにもかかわらず、二人の語り口がかくも違っているのはどういうことなのであろうか。

彼ら二人の語り口の違いには、稽古場面における二人の身体の配置が関係しているように思われる。頭遣いTと足遣いWは、ともに「沢市」を操作する協力者である。つまり、頭遣いTにとって足遣いWは、人形といういわば一つの身体を共有する者として現れている。それでいて、頭遣いTは足から独立して立っており、「沢市」の頭と右手を離れることができない。そのため、彼にとって「沢市」の足は、動かしたくても動かせない、しかしあくまでも自分たちが所有しているひとまとまりの人形の身体の一部として現れている。(10) 頭遣いTが足遣いWの動きを捉えようとするならば、目の前においてある鏡を介した、人形の外見を頼るほかない。それゆえに、Tのアドバイスは一貫して人形の動きに力点が置かれていたといえる。

他方で、人形遣いMのアドバイスは足遣いWの操作に寄り添っている。「上の動きに合わせて」「上のタイミングに合わしとる」などのように、彼の目線は「沢市」の腰の辺りにつけられている。それは、人形遣いM自らが足遣いとして試演したために、足遣いの操作の感覚――あるいは感覚の至らなさ――を自らの身体に起こりうる出来事として捉えることができたからである。

興味深いことに、彼らのアドバイスは一貫しており、ほとんど交わることがない。立場の入れ替わりが起こりえないということは、アドバイスが常に特定のパースペクティブから発せられるものであり、そのパースペクティブは容易に他者のものと交換できるものではないということである。メルロ＝ポンティが述べたように、身体とはまさしく「世界のなかへのわれわれの投錨（ancrage）のこと」[PP: 169/242] であって、身体の使い方、動かし方を教えるということは、自らの身体という、揺るがぬ参照点に立つことから始まるのである。学び手にとっても教え手にとってももどかしいことに、それぞれに身体に立脚しながら、会話が平行線を辿りながら、ゆっくりと稽古は進んでいくのである。

4　暗黙の手本、知識の出現

同じ場面において、身体は、人形遣いたちの視点を動かぬものにする「錨」として働くだけではなく、稽古を支える暗黙的でありながら決定的な役割を果たしていた。それは、先に頭遣いTが身体図式の崩壊を起こしたことと対比的に捉えれば、身体図式の創出とでもいいうるような出来事である。再び、頭遣いTが人形遣いMと組んだ場面のやり取りを検討しよう（**図２-７**）。

T2-36　と－ん、てきて、
T2-37　分かった。一瞬先曲がりよんだ？　先。
T2-38　こうきて、こう、ぱん。曲がって、こっからや、
M2-13　上の、
T2-39　も、も、も、もう伸びとんで。
M2-14　上の、
T2-40　曲がって、伸びとるで。
M2-15　上の、
M2-16　動きに合わせて、
T2-41　で、こっから、

まず、Mが足遣いとして試演したことで、正しい手順が判明する。すなわち、Tはベテラン Mの動きを見て、新人Wに欠けていた「一瞬曲がる」しぐさを発見するのであるが、その発見の瞬間、Tは「分かった」［T2-37］と述べる。①Tは直ちに動作を取りやめ、説明を始めようとするが、同時に、Mの動作もまた止まる。そのまま、②Tは、人形の足が「一瞬曲がった」ことを説明する。その後Tは、おもむろに人形を初期位置まで戻し、③すぐに、「ぱん」と口でタイミングをとりながら、最初から振りをやり直す。④Tは、ゆっくりと人形を動かしながら、足が曲がったこ

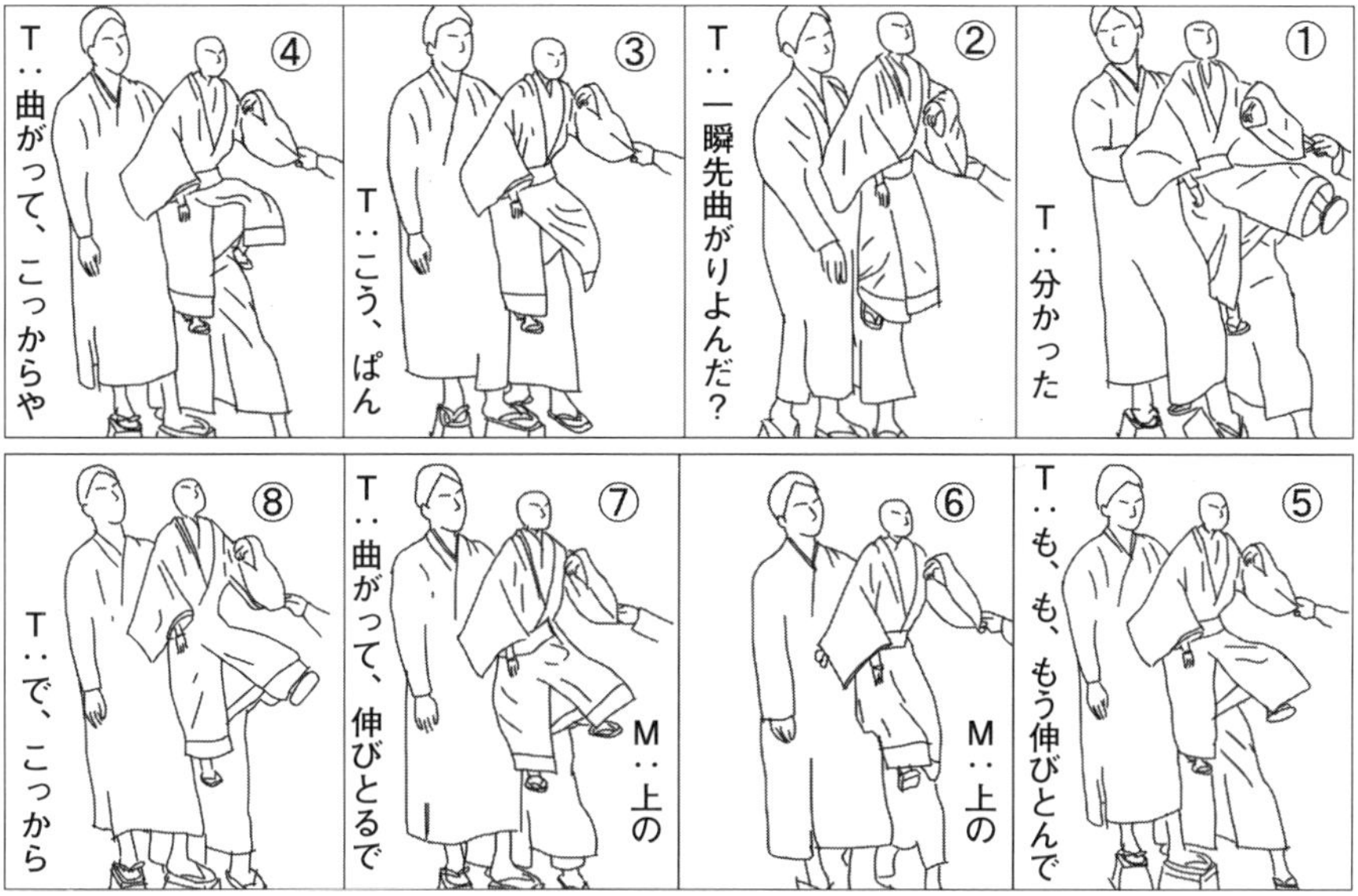
①
T：分かった
②
T：一瞬先曲がりよんだ？
③
T：こう、ぱん
④
T：曲がって、こっからや
⑤
T：も、も、もう伸びとんで
⑥
M：上の
⑦
T：曲がって、伸びとるで
M：上の
⑧
T：で、こっから

図2－7　手本を見せるTとM

とを強調する［T2-38］。さらに、⑤Tは、Mが操作する足が、早くも「一瞬のうちに直って、伸びる」のを強調する［T2-39］。すると、⑥今度は人形遣いMが、Tの説明を補足し、手本を強調するかのように、「一瞬曲げる」足のしぐさをさらに一度繰り返す。そのことを察知したTは、⑦Mの繰り返しのしぐさが完了するまで人形の頭を固定し、⑧Mが追いついてきた頃に再び次のしぐさへと移行した。⑤から⑥に移行する際、足を再び最初からやり直したのはMの独断である。したがって、Tにおける説明「も、も、もう伸びとんで」は、その続きを失って、宙づり状態にさせられる。それが、⑥から⑦にかけて、再びMの足が追いついてきたころに、Tの説明もまた再開されることになる（「曲がって、伸びとるで」）。動きの面だけではなく、Tの発話もまた、Mの動きに呼応しているのである。

この一連の連携があまりに自然であるため、それらの説明がこの場において即興的に調整された動きであることを見逃してしまうほどである。前触れもなく止まり、最初に戻り、再び動き出すという奔放な動作に対して、人形遣いMは、そのすべてにおいて違和感なく頭遣いT

に合わせている。

彼らの手本は、いわば二重構造をなしている。目に見える層においては、彼らは〈まねき六法〉の動きを呈示し、足遣いWに欠けているしぐさを正そうとしている。実際に、彼らはWへの説明のために部分的な諸プロセスを実演してみせた。重要な部分を強調するために、立ち止まったり繰り返したりして、〈まねき六法〉の動きを細かく呈示してみせたのである。だがその明示的な身体の使用は、即興的に止まったり動き出したりするという円滑な連携に支えられているのであり、その連携は、頭遣いが〈ズ〉を出さない限り動かないという原則の徹底した遵守と、ほかの人形遣いの動きに対して最大限敏感であり続ける頭遣いTの感覚に支えられている。彼らのその即興的な動作こそ、明示的ではない仕方で示された手本といえる。その動作は、彼らの意識的な制御下にあるようには思われない。彼らの関心は、あくまでWへの説明そのものに向かっているのである。とするならば、目に見える層の背景となる、身体が暗黙裡に働く層がそこには控えているのである(11)。

身体の暗黙的な働きは、実際のところ稽古場面では至る所で散見される。例えば、場面2－1において頭遣いTが自分の身体で〈まねき六法〉を確認する際に、それまで持っていた沢市人形を横に置くシーンがあった。そのときいち早く動いたのは、それまで黙々と彼らの稽古に付き合っていた左遣いKであった。彼は、頭遣いTが人形から手を抜き、人形を運び始めるや否や、申し合わせたかのように人形を引き受け、運んでいったのである。人形を運ぶという動きを知らせるような〈ズ〉はもちろんない。しかしながら、人形を介してしぐさを共有するうちに、その暗黙的な意味のやり取りは演技以外の動きにも及ぶようになってくるのである。稽古場面で関心の対象になるのは、多くの場合、明示的に説明される振りや明らかな〈ズ〉であって、暗黙的な身体のやり取りではない。だが彼らは、三人で一体の人形を操作するという困難なわざを遂行しながら、〈ズ〉以前の〈ズ〉ともいうべき、お互いのしぐさについての円滑なやり取りを養っているのである。

稽古の終盤、改善が見られつつも完全ではない人形遣いWの動きに引っ張られて、頭遣いTは上半身の動きをほんの一瞬だけ遅らせる場面がある。だがTがその微調整をあえて明示化することはない。それは〈まねき六法〉の完遂という重要問題の前では些細な課題であると言わんばかりに、Tはそっと動きを遅らせるのであり、おそらく今の時点でWはそのことに気づいていなかった。だがいずれ、舞台においても稽古においても暗黙のやり取りを繰り返すうちに、足遣いWは頭遣いの動きのすべてを察知するようになるに違いない。人形遣いたちは、人形を介した濃密な相互行為を繰り返す中で、明に暗に身体的な意味のやり取りを繰り返している。そうした時間のすべてが、「学び」といえるのである。

とするならば、「学び」において伝えるべき「知識」を定めることは、彼らの稽古においてはあまり意味をなさないといえよう。彼らが人形を操るとき、たえず複数のやり取りが行なわれているのであるならば、彼らが学ぶべき「知識」もまた、定めようのない広がりを持つのである。そう考えると、足遣いWに欠けている部分について「分かった」［T2-37］と述べたTの発話は興味深い。Tは「沢市」の〈まねき六法〉を熟知しているのであるから、沢市の足が、膝を立てつつ蹴り上がっていくことを知らないはずがない。にもかかわらず「分かった」との発見があるとすれば、それはおそらく、そのわずかな動きを自覚的に語れる水準において分析できたということであろう。あえて問われなければ意識しなかったような微細な動作についての「知識」は、不慣れなWと対峙することによって、またベテランのMと共同することによって、その場で新たに出現されたといえよう。身体を投じた共同的な学びの場面では、どこかに理想的な身体図式ないし教えるべき知識があるというよりは、濃密なやり取りの中で身体図式を崩壊させたり即興的に動いたりしながら、教え手も学び手も変容するようなダイナミックな出来事が繰り広げられるのである。

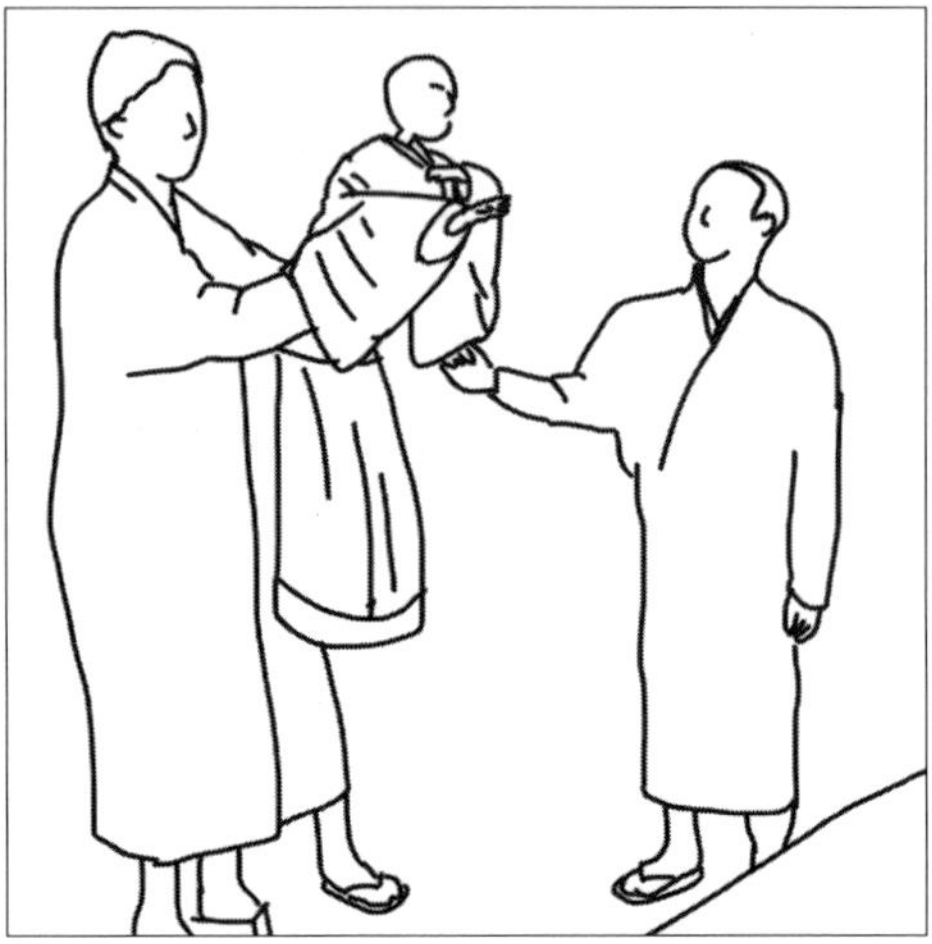

図2－8　「忍び足」を表現するＴとＫ

5　個人稽古と身体図式の模索

稽古の最後、彼らの円滑な連携は思わぬ展開を迎える。ようやく〈まねき六法〉ができつつある中で、頭遣いＴがゆっくりと動かしたにもかかわらず、また、足遣いＷも懸命に食い下がるのだが、やはり足遣いＷがじわじわと遅れてしまう場面がある。その様子を見て、そばで見ていた人形遣いＨが、「忍び足みたいになっとる」と、場を和ませるような「突っ込み」を入れた。さらに「上が〈まねき〉やのに下が『忍び足』になっとる」と加える。耳聡く聞いた頭遣いＴは、真面目な顔をしたまま、「沢市」のしぐさをとっさに切り替えた。上半身をごくわずかに前後させて、手を胸の前で左右に動かしたのである。それはまさに「忍び足」の動きである。「忍び足」と名のつく「型」があると聞いたことはないが、ここで頭遣いＴは、むしろ足遣いＷの動きに合わせて新しいしぐさを即興的に表現したのである。驚くべきことに、Ｋが持っている左手もまた、胸の前で静かに右手と同調して揺れている。Ｋもまた、何食わぬ顔で「忍び足」に加担する（**図2－8**）。足遣いＷは、相変わらず懸命に「忍び足」を続けているために、ここで「沢市」は見事な「忍び足」を完成させることになった。観ていた人形遣いＭは、「新しい型、〈まねき忍び足六法〉ができたわ」と言ってさらに場を和ませる。

期せずして、足遣いＷの失敗は、人形に新しい振りをさせることになった。もちろんここでの振りは、遊びの域を超えるものではない。だが、彼らのこの小さなやり取りは、人形遣いたちの鮮やかな即興のわざと、人形の身体を一つの表現として見ることの幅を教えてくれる。既定の振りによってしか表現することができない人形を慮ってみれば、このわずかに和んだ場面で息を抜いたのは、人形遣いたちだけではないのかもしれない。

さて、一連のやり取りが落ちついた後、無為のうちに人形遣いMが離れていった。三人は稽古を続けていたが、先ほどの余韻もあって、稽古は少し集中力を欠いたものとなった。この辺りで稽古は一段落を迎える。

その後、おまけだと言わんばかりに、頭遣いTは、今度は、〈蹴り出し〉の部分だけを取り出して、人形の頭と足の蹴り上げを合わせようとする。それは〈まねき六法〉よりも簡単な、〈蹴り足六法〉という別の型であった。

頭遣いTは、ゆっくりと人形の上体を仰け反らせ、足を動かそうと試みる。ここでも一旦静止したTは、今度は鏡に映った人形の足を見て、「膝が内に入っとる」と指摘するのであった。人形の姿が気になり始めた頭遣いTは、動きを繰り返すたびに姿勢の間違いを指摘する。すなわち「膝が内に入る」、「まっすぐ出しゃいいのに」、「腿あげらんか」と、次々に指摘し始めた。

ここで、頭遣いTが足の形にとらわれ始めたプロセスは興味深い。それまで一度も形のことを指摘しなかったTであるが、ここではフォームのことばかり気にかけるのである。フォームとは、「踏み出す」「蹴り上げる」といった、動作の切れ目ごとに美しさが問われるような、振りの形である。Tの注意が移ったのは、ここでの焦点が、〈蹴り足六法〉という簡易な動作であったため、頭遣いに合わせて動くという課題が、いわば難易度を下げたことに関わっているように思われる。それまでの〈まねき六法〉とは違って、〈蹴り出し〉の後、足の曲げ伸ばしをしなくてよいからである。さらに、足遣いWが、頭遣いTの動きに遅れずついて来られるようになってきたことも、Tの注意を、タイミングではなくフォームへと逸らせることに寄与したのであろう。

いずれにせよ、フォームが気になり始めた頭遣いTは、そこで稽古を差し止め、足遣いWに個人稽古を課した。個人稽古とは、作業用の脚立から吊り下げられた人形の足を使った、足の部分だけの稽古である。頭遣いTは、丁寧に手本を示した後、足遣いWに場所を譲る。しばらく見守った後、そのまま自分は立ち去っていった。残されたWは、一人で黙々と動きを稽古するのであった。このようにして稽古は幕を閉じた。

個人稽古を行なうということは、先ほどの議論を引き継げば、身体図式を獲得する過程である。黙々と動きを重ねる中で、足遣いWは、身体図式の実現を待っている。身体図式によって動作を把握するということは、わざをどこか「頭の中」や「経験の中」に保持するということではなく、そのわざをまさに遂行することによって把握するということである。動作の「図式」を教えたり学んだりすることが稽古であるとすれば、それは「内面的なもの」を「外面的なもの」に投影するというような、教え手の「内面」にあるものを外に出し、学び手へと届けるといった営みではない。ここに至れば、頭遣いTにできることもまた、足遣いWが動作の中で彼の図式を獲得するのを待つことだけである。

こうした時間もまた、わざの稽古の「ままならなさ」の一つである。それは、足遣いWに合わせて身体図式を崩壊させたようなおぼつかなさや、ついていけないという動作そのものによってTを混乱に陥れた足遣いWの振る舞いといった出来事とともに、計画通りに進まない稽古の場面を、豊かなものにしていくのである。

註

（1）学びとは、荷物を手渡しするような一方向的な伝達図式で捉えられるものではないことを指摘した考察として、生田久美子「『知っていても出来ない』とは何か」（『教育哲学研究』六五号、一九九二年、三〇～三五頁）などが挙げられる。

（2）『壺坂霊験記』を作曲した豊澤団平は、三味線の名人として大阪の文楽座で名を馳せた人物であり、明治八年一月に淡路の上村源之丞座と、大阪の太夫、三味線、人形を加えた一座による新作を上演するなど活発に活動していた（内山美樹子「浄瑠璃史における淡路座」兵庫県三原郡三原町教育委員会『淡路人形浄瑠璃』浜田タイプ、二〇〇二年、二〇頁）。

（3）図2-2では足遣いWが頭遣いTの陰に隠れている。

（4）「郷土部」については第五章参照のこと。

（5）今回の稽古はおもむろに始まった。きっかけは、頭遣いTが率先して足遣いWに声をかけたことによる。

(6)〈ズ〉とは、人形の動き出しのタイミングを伝える合図であり、頭遣いが、左遣いと足遣いのために意図的に空間と時間を準備することによって形成される。詳しくは、第I部導論を参照。

(7) 身体図式の「崩壊」という現象はメルロ=ポンティの考察の範疇にはないが、メルロ=ポンティが典拠としていたゲシュタルト心理学における「ゲシュタルト崩壊(Gestaltzerfall)」を念頭に置けば、身体図式の崩壊という表現はあながち不適切ではないと考えられる。

(8) 昔の人形遣いの名人たちは、自分だけしか使わない「頭」を所有していたという。つまり、同じシン串を握り続けることで、それはその人にとって唯一特別の道具となる。こうした、道具と身体との個別的な関わり、あるいは身体の代替不可能性については、改めて論ずるべき重要な問題である。

(9) ここでは記載していないが、この直前、Tは、「ひとつ多いよの？　なんか……」と発話している。人形遣いMの顔を見ながら発話したことが発端となって、人形遣いMが交替したのであった。

(10)「所有」と述べるにあたって、認知神経科学における「自己所有感(Sense of Ownership)」という概念を典拠とした。それは、手や足といった部位、あるいは身体全体が自分のものであると感じることを指す。もちろん、人形の足が自分の身体の一部であると感じることには無理があるが、動かすことを志向する限りにおいて彼の身体の一部である。なお、自己所有感と対になる概念として「自己主体感(Sense of Agency)」(「自分が主体的に行なったという感じ」)がある。行為に関する自己意識は、自己所有感と自己主体感から成り立つとされる。とくに、自己主体感を支える機序がうまく働かないと、自ら動いていないながら、他者にさせられたという「させられ体験」という幻覚が生じることが知られている(乾敏郎「誤った知覚から世界に関する修正不能な信念が生じる脳内メカニズム」『日本精神神経学会誌』一一四巻、二号、二〇一二年、一七一〜一七九頁)。

(11) なお、「暗黙 tacit」という概念はポラニーに依っている。(Polanyi, Michael. *The Tacit Dimension*, *Doubleday*, 1966.) 後に論及するように、メルロ=ポンティにおいて、身体における行為は認知を兼ねているので、「暗黙」ではなくむしろ「親しみのある知(昵懇知 un savoir de familiarité)」[PP: 168/241] として捉えられている。したがって、メルロ=ポンティの枠組みに従って記述するならば、身体にとって親しみのある「知」が、言語的な分節の「対象」として引き離されたと論じられるのかもしれない。その意味では「分かった」[T2-37] というTの発言は、文字通り「分けた」と捉えた方が適切かもしれない。ただし、ここでは「分ける」ことによって、やり取りが前進したという意味で、彼らの実感に即して「暗黙」という語を援用した。なお、科学者ポラニーと哲学者メルロ＝ポンティの射程の近さと差異については、しばしば取り上げられている。例えば、栗本慎一郎『意味と生命——暗黙知理論から生命の量子論へ』（青土社、一九八八年）など。

第三章　背景化される身体

本章で考察するのは、上級者たちの稽古である。上級者たちの稽古は、初心者たちとは違って、基本的な「型」を習得することに特化した時間ではなく、むしろ振りについて議論する時間や、振りそのものを変更しようと相談する話し合いの中に隠れている。

淡路人形座の公演の大部分において、人形の振りは師匠からの直接的教示によって伝えられたものであるから、振りに手を加えることは基本的に許されない。しかしながら、稀に人形の振りの自由度が高い演目もある。その一つが、近年取り組み始めた「復活公演」である。復活公演とは、昔の淡路の人形座が継承していた演目の中でも主力の出し物で、すでに上演しなくなって久しいものを復活させるという企画である。伝承が途絶えた演目であるため、多くの場合、人形の振りはおろか、衣装や舞台道具すら残っていない。復活にあたって、かつて淡路で名を馳せた太夫による浄瑠璃の音声記録をベースにして、人形浄瑠璃に精通している専門家と相談し、過去の公演経験や、他の人形座が継承している振りを参照しながら、舞台で試演しながら振りを決定する。なお、復活公演についての詳細な考察は第六章に譲る。

「復活公演」の準備過程において、人形遣いの上級者たちは、自分たちがそれまで習得してきた型を前提として、適切な組み合わせを模索しながら振りを修正したり変更したりする。それは、手取り足取り指導してもらって動きを改善するやり方とは異なった、個々の動きを前提として、自分たちの身体になじんでいる動きを振りとして結実させていくやり取りである。師匠と弟子とが対面し合うような場面ではないものの、新たな振りを生み出していく時間であるという点において、一つの稽古場面と見なすことができる。

本章がとりわけ着目するのは、上級者たちの稽古に見られるやり取りの構造である。一通りの型を習得している上級者にとって、重要なのは人形の演出である。彼らは、人形を動かすことそのものに注意を払うことなく、手持ちの型を組み合わせたり入れ替えたりすることによって、その演目にもっともふさわしい振りを練り上げていく。そのとき彼らの関心が向かうのは人形の身体である。人形を遣って実演し、人形の振りに焦点化した議論を重ねることで、彼らのやり取りは成立していく。

その際、人形遣いたち自身の身体は背景化する。演技の実演に関心を向ける彼らにおいて、動作そのものに対する注意が減り、身体はその重たさや抵抗感を手放していく(1)。ただし彼らの身体は、必ずしも透明化しているわけではない。人形の演技に向かうために「自らを収縮」しているのであり、見えないものとなることによって、身体とその周辺において空間が表情を保つための、「図」と「地」を現出させている［PP：117/175–176］。いわば身体の一つ一つの動きが、背景であり続けることによって、演技的な空間が維持される。

また、彼らの身体はいつまでも背景であり続けることを許されない。新しく振りを作り上げるプロセスの中で、あるいは動きが複雑になる中で、お互いの意図が錯綜し、身体同士の円滑な連携が損なわれ、再び注意の対象へと戻ってくることがある。そのとき身体はよそよそしさを伴って立ち現われることになるのである。

以下では、上級者たちの身体が、背景化したり焦点化したりしながら生きる、その働きの諸相を記述していこう。まず第一節では稽古場面の概要を説明する。続いて第二節で、身体がほとんど背景化している様を見ていこう。第三節、第四節では、頭遣いと左遣いとのやり取りに着目し、背景化した身体が稽古を駆動させる様を見ていきたい。その上で、第五節で、身体の背景化を起点としたコミュニケーションのありようを考察していく。

1　稽古場面の概要――『賤ヶ嶽七本槍』「清光尼庵室の段」より

ここでの稽古は、『賤ヶ嶽七本槍《しずがたけしちほんやり》』「清光尼庵室の段《せいこうにあんじつ》」に出てくる主人公の一人、「足利政左衛門《まさざえもん》」が対象である。(2)

『賤ヶ嶽七本槍』は、淡路の人形芝居を代表する演目であったが、昭和四五年を最後に公演が途絶えていた。平成二三年度、四〇年のブランクを経て、復活に至るのであった。

図3−1　「清光尼庵室の段」の深雪（左）と政左衛門（右）

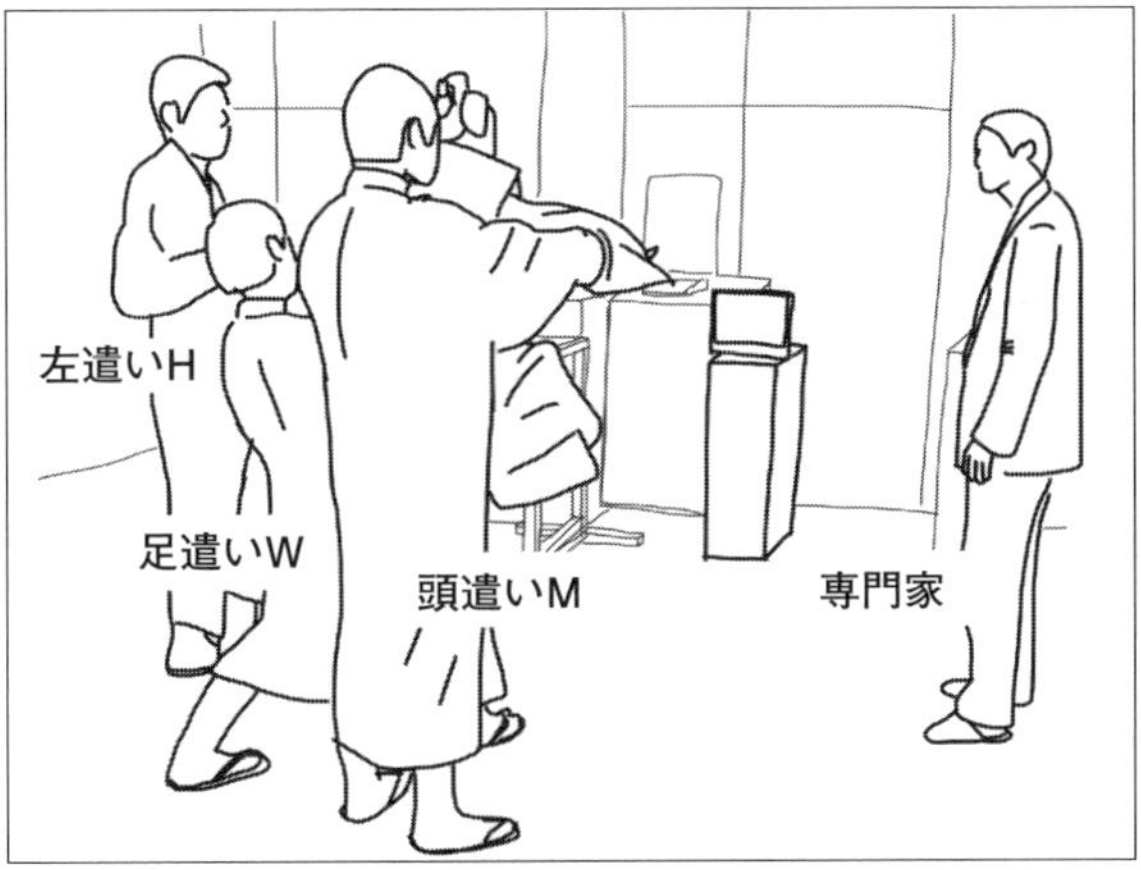

図3−2　稽古場面の全体図

この外題は、織田信長の死後、その跡目を争う武将たちをモチーフとした物語である。「小田春永（織田信長）」の死後、「武智光秀（明智光秀）」、「柴田勝家」、「真柴久吉（羽柴秀吉）」らが、小田家の跡目相続をめぐって争っている。主人公の「政左衛門」は、立派な長裃《ながかみしも》を着た大きな人形である。

この場面では、「小田家」の跡目争いに巻き込まれている「政左衛門」が、娘の「深雪」に向かって命を捨てるよう説き伏せる（**図**

3－1）。それは、自分が後を推す「三法師」という人物を跡取りにするための政治戦略の一部である。娘に命をせがむ姿は、政治に生きる冷徹な大名そのものであるが、その一貫した冷徹さゆえに、観客は、父親として抱くであろう不条理を感じずにはいられない。動きの少ない会話であるだけに、細やかな表現が求められる場面である。

この日の稽古は、復活公演として行なう公演のうち、二度目の上演に向けた準備の一部である。初演の際に課題となった部分の振りを修正して、万全を期して二度目を迎えようと準備を進めている。

稽古に参加しているのは、三人の人形遣い（頭遣いM、左遣いH、足遣いW）、およびアドバイスを送る「専門家」である（図3－2）。「専門家」とは、復活公演にあたって学識を提供する大学教員であり、人形遣いたちが決めた振りが場面に相応しいかどうかをチェックしている。頭遣いMは、主に「専門家」に向かって話しかけている。彼らの正面には、前回の公演時に撮影した映像と音声を流せるようにモニタが設置されてある。それによって、三味線と語りに合わせながら振りを通していけると同時に、前回からの修正点を補足的に説明できるようにしている。

2　背景化しながら雄弁に語る身体

最初に、あらかじめの打ち合わせなしでも円滑に振りができ上がっていく様を見ていこう。頭遣いMは、まだこの部分の振りがすべてできていないことを告げつつも、新たな振りをやってみせる。最初の会話は以下の通りである（専門家の発話に関しては、「p」の記号を用いる）。

場面3－1　「ぐっと入れる」

M3–1　まだちょっと完全には、埋まってないけど。

H3−1　まぁ、またまとめましょう。
M3−2　こんなんとか、こんなんとか。これでぐっと入れるとか。（図3－3）
M3−3　これがこういって、これが入ると、軽くなるんですよね。こうなってしまうんで。（図3－4）
P3−1　うん。
M3−4　だからこれぐらいの振りで。戻す、ていう振りでいこうと。

この場面では、頭遣いMと左遣いHとが密に連携して振りを作り出している（図3－3）。頭遣いMは、「こんなんとか、こんなんとか」と言いながら、まず右手だけを小さく回したり、横に広げたりしながら演技している。その後、無言になって、**図3－3**のような「ぐっと入れる」という振りに入る。この振りは、「型」として名前がついているわけではない。大名である「政左衛門」が、ゆったりと品格ある動きを行なっているといった効果を生み出すために、頭遣いMが有り合わせでやってみたものである。なお、有り合わせとはいいながら、人形遣いMによれば、この振りが、昔の淡路の人形遣いから伝え聞いた〈ひとひろ〉という型を念頭に置いたものであるとのことである。

Mは、まず「政左衛門」の、①上半身を少し反らせながら右手と顔を上げ、右手を下ろして水平に保って静止する。静止すると同時に、②上半身と左肩を上げる。それを受けて、左遣いHが左手を上げ始める。そのまま、③顔が上を向くと同時に左手が上がり、すぐに、④左手が下りてきて、両手が水平の位置に並んだところで静止し、最後に顔を少し右に向けることによって、「ぐっ」と決める。

この一連の動作において、頭遣いMは、左遣いHに対して自分の案を説明しないまま、唐突に動き始めている。にもかかわらず、左遣いHは、ほとんど遅れることなく頭遣いMの要求通りに「政左衛門」の左手を操る。彼らはいか

図3−3　ぐっと入れる

にしてその動きを実現しているのであろうか。

ここでヒントになるのは〈ズ〉である。頭遣いMは、素早く「政左衛門」を動かしながらも、必ず左遣いに対して合図となるような、また導きとなるような予備動作を行なっている。最初に〈ズ〉として機能しているのは、人形の左肩である。図②から分かるように、頭遣いMは人形の上半身を少し持ち上げ、同時に左肩も上げているが、これが左遣いに対する指示となる。左手を上げるように、と。これを受け取った左遣いは、手を上に動かし始めるのである。

左手を動かし始めたHは、ここで別の〈ズ〉を受け取ることになる。すなわち、左手を動かす範囲、および動かすべき速さに関するものである。まず、③の時点で腕を上げる高さは、①の時点での右手の高さをおよその基準としつつ、厳密には、③における人形の目線に合わせて決定される。基本的な約束事として、彼らは、人形の手が常に目線の先に来るように動かしている。次に、④の時点で静止させるべき位置は、すでに静止状態にある右手を基準としており、それと同じ高さを目がけて動く。速さについても同様で、右手の動いていた速さ、および人形の顔が上がったり下がったりする速さと同じ程度を保つようにしている。総じて、左手をどの位置まで、どの程度の速さで動かせばよいかという指示については、先行する右手と、上半身のしぐさが発している。右手と上半身は、もちろん演技上の効果を追求して動くのであるが、その一つ一つの動きが、左遣いにとっては道しるべとなっているのである。

彼らの会話はさらに続く。頭遣いMは、「ぐっといれる」という振りが適切であることを説明するために、前回の公演時に行なっていた振りを提示し、比較してみせる。前回は両手を使った細かいしぐさが取り入れられていた（**図3－4**）。これは、演目の中で人形たちの会話中によく見られる、「やや込み入った説明をする」ときに用いられる振りである。この場面、「政左衛門」は、娘の「深雪」に対して「小田家」の跡目争いをめぐる状況がいかに緊迫しつつあるかと説くのであるが、その状況は、この振りにうってつけである。

図3－4　「軽くなる」の例示

ところが今回、頭遣いMは、その振りが「軽くなる」という理由によって、修正を試みようとしている。⑤から⑧に至る一連のしぐさは、いささか動きが多すぎて、「政左衛門」には似つかわしくないと判断したのである。

そうした会話を続ける彼らであるが、その会話の構造は興味深い。頭遣いMは、専門家に対して自らの振りの案を説明しているが、その過程において、彼の身体は、左遣いHに対して指示を出すということと、専門家に対して例示をするという二つの課題を同時に進行している。ここで彼らの身体は雄弁に語る。まず、「これ」や「こう」という指示語の意味は、ほとんど人形の動作が語っている。「これ」というのは、人形の左手を前で固定し、そこに向かって右手が当たっていく（⑤から⑥）動きであるし、「こう」というのは、左手を上げて右手を下げて、次にその逆を行なう（⑦から⑧）という動きである。加えて、その動きは、単に言葉に当てはめられるためだけにあるのではなく、彼の発話が目指している意味そのものを生み出している。すなわち、頭遣いMが人形を使って語ろうとしていることは、その動きが煩雑で、細かく、ちょこまかしていて、要するに「軽い」ということである。そのときに、人形の身体は、単に指示語の代用としての働きを越えて、「軽さ」という所作的な意味を生み出す媒体となっている。ここでの「軽さ」とは、言葉であり所作である。それを見た専門家は、政左衛門に似つかわしくない振りであることを身をもって理解するのである。

見事に連携する人形遣いたちであるが、彼らは動きの一つ一つにそれほど注意を向けていないように見える。すなわち、左手を迷いなく出すHの手も、人形の上半身を使って演技を行なう頭遣いMの両手も、それを目指して構築されていくような動きというよりは、むしろ、そこが前提となって別の意味が生まれうる起点になっている。メルロ＝ポンティは、そうした身体の働きを、「一切の表出空間（espace expressif）の根源」と呼んだ［PP：171/245］。それは、例えばオルガン奏者がペダルや音管に身体をなじませ、「情動的または音楽的な価値」［PP：170/244］のために行動を捧げることを可能にするような、身体によって把握される空間である。それは、ペダルや音管などが位置している客観的空間とは区別される。オルガン奏者は、そうした客観的空間を、演奏という行為において、意味ある空間として生きている。その意味ある空間によって、「はじめて意味が一つの場所をあたえられて外部に投射され、意味がわれわれの手もとに、われわれの眼下に物として存在しはじめる」［ibid.］ようになる。

人形遣いたちの身体が把握している人形の手や頭もまた、彼らにとって「表出空間」である。それは、「ぐっと入れる」という演技を可能にしたり、「軽い」という表現を支えるような源泉である。そうであればこそ、彼らの身体は、会話の中で意味を帯びる媒体となるのであり、意味に向かうことができるのである。

3　頭遣いの一人語り

稽古の中盤、「政左衛門」が「深雪」に対して命を捨ててくれと懇願する場面に差しかかる。ここで頭遣いMは、再び新たな振りを取り入れ、より効果的な演出をはかる。頭遣いMは、もともと、立ち上がって扇を前に差し出すしぐさをする予定であったが、そのせりふに与えられた時間が長かったことから、「手数」を増やす方がよいと考えた。そこで彼は、政左衛門の人形の向きを変え、ぐっと前に出て「詰め寄る」しぐさを取り入れようとする。その場面の一連の展開は以下の通りである。

場面3-2　「手ついたら弱い」

M3-14　ここで、ねじり一発ぐらい入れておいていいですか。
P3-4　うん。うん。
H3-5　手ついた方がええ？
M3-15　いやあの、膝に。
H3-6　あ、膝な、
M3-16　手つくと弱いから、
H3-7　ああ、ここに。
M3-17　詰め寄るだけで。
H3-8　膝に、はい。

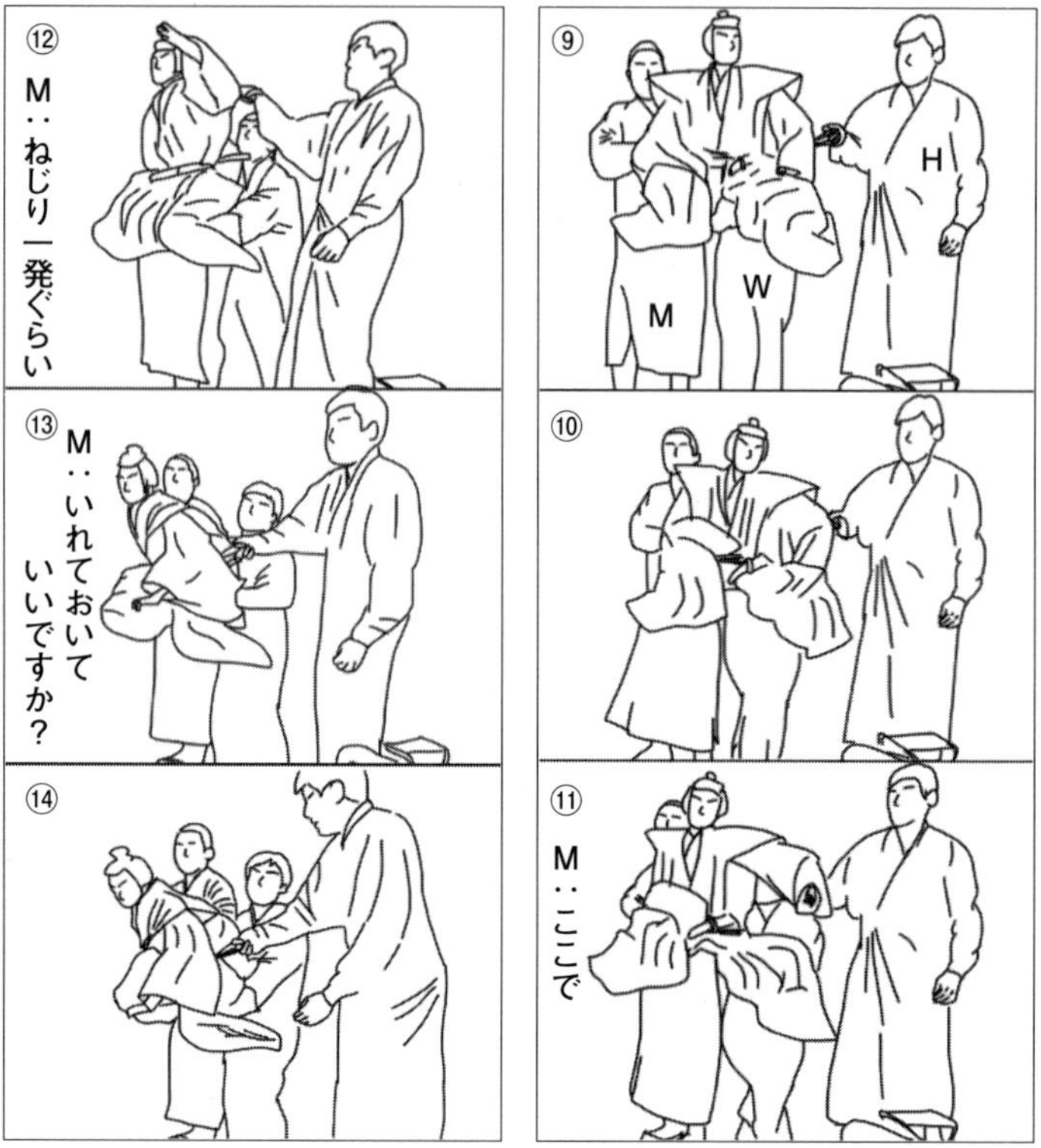

図3－5　ねじり

頭遣いMは、突然人形を左側に半回転させ始め、「専門家」に向かって、「ここで」と発話する。そのまま人形を移動させ、上半身を前に突き出しながら、「『ねじり』一発ぐらい入れておいていいですか」と発話を続ける。動作の順序は以下の通りである（図3－5）。

始めに、⑨頭遣いMが、人形の後ろ側に移動し始める。頭遣いが動くのに合わせてまず足遣いが反応すべきところであるが、さすがに前もって打ち合わせをしていない動きであるから、直ちに反応することができない。頭遣いの動きに遅れて、⑩足遣いWが反応し始め、W自身の右足を前に出して移動を始める。このとき、まだ左遣いHは動いていない。その後、人形の上半身と足とが動いたのにつられて、⑪左遣いHも人形の左手を動かし始める。このとき、頭遣いは上半身を少し上に持ち上げているため、これが左手を上げさせるための合図として働き、⑫左遣いは左手を上方向に持ち上げる。間髪を入れずに、⑬頭遣いは、上半身を再び下げ、⑭胸をぐっと落として「詰め寄る」

しぐさの形へと持っていく。

⑭の動作が終わった段階で、頭遣いがどのような動作を目指しているか、左遣いは知らない。与えられた手がかりとしては、頭遣いが上半身を下げたことと、「ねじり」なる動作を行なっているらしいという二つである。だが、「ねじり」というのは型でも何でもなく、ここでは単に向きを変えることであるらしく、詳細については不明である。そこで、左遣いはさしあたって「手をつく」というしぐさを試みた。

この場面で興味深いのは、左遣いHがはじめて会話に参加したことである。彼はさしあたって「手をつく」しぐさをしたものの、それが正しいと確信しているわけではない。そこでHは隙を見つけて、人形の腕の行き先について問いかけるのである（「手ついた方がええ？」［H3-5］図3-6）。すると頭遣いは答えて、「いやあの、膝に」と短く告げる。それを聞いた左遣いHは、左手を足の上に乗せる（図3-6）。

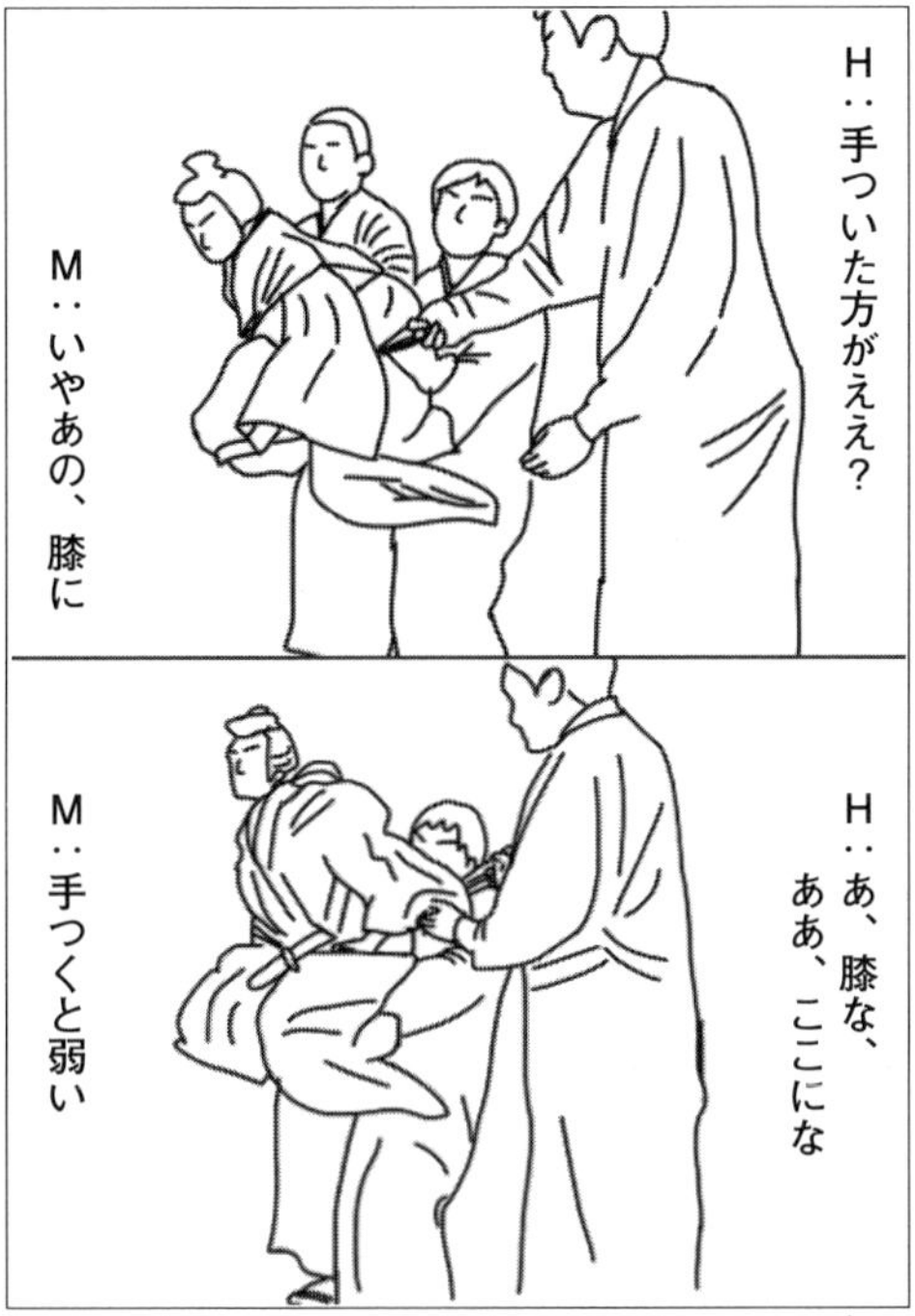
H：手ついた方がええ？
M：いやあの、膝に
H：あ、膝な、ああ、ここにな
M：手つくと弱い

図3-6　Hによる問いかけ

左遣いHは、それまでのやり取りの中で、ほとんど会話に参加していない。あるとしても、相槌を打ったり同意したりするだけで、会話の進展に貢献しているわけではない（例えば、［H3-1］など）。反対に、頭遣いMの発話は、アンバランスなまでに回数も量も多く、まるで自分一人で人形を遣いながら「専門家」と会話しているかのようである。どうも人形遣いたちは、見えざるルールに従っていて、頭遣いの主導によって人形を動かすという約束が、彼らの発話の量にまで及んでいるようである。さしあたってこの現象を「頭遣いの一人語り」と名づけよう。

さて、ここで左遣いHが口を開いたのは、いかなる事態と考えられるだろうか。手がかりになるのは、左遣いHの発話が、頭遣いMの発話とは質を異にする点である。左遣いHの言葉は、頭遣いMに向けられている。イラストには現れないが、隙を見つけて手短に尋ねる、といった様子である。他方、頭遣いMにとっての関心事は、人形の振りであり、その効果である。人形のしぐさも彼の発話も、すべて専門家に向けられており、自分の身体や他の人形遣いは彼の関心からは取り残されている。その意味で、彼はいわば「演技的世界」に向いている。さらにその演技的世界は、必ずしも頭遣いMの独断的な振る舞いにおいて目指されているのではなく、左遣いHと足遣いWが、自分たちの動作を人形に向けて収縮させることによって成立している。「頭遣いの一人語り」もまた、必ずしも頭遣いMの独壇場というわけではなく、HとWが黙して語らないという共同的な加担によって成り立っているのである。それだけに、ここでの左遣いHの発話は特異的である。

左遣いHの問いかけに対しては、さすがのMも指示を出さざるを得なかった。「いや、あの、膝に」という発言は、左遣いHに対して向けられた、人形の動作そのものに関する指示である。いわば、左遣いHに問いかけられた瞬間、頭遣いMは、人形を遣って演技する世界から人形を操作する世界に引き戻されたのである。

だがここで興味深いのは、最後に頭遣いMが、「手つくと弱いから、詰め寄るだけ」と補足している点である。「弱い」という発言は、人形の操作を導くためだけの言葉ではない。それは、腕の位置取りの操作に関するものではなく、演技の世界を目がけた発言である。仮に「手をついた」場合、「政左衛門」は、手をついて頭を下げるというしぐさを行なうことになるのであり、つまりそれは「土下座」である。ここでの会話の相手である「深雪」は、自分の娘であるために、「土下座」のしぐさを見せるのであれば、たしかに「弱い」演技となってしまう。膝に手を当て、頭を垂れ、膝をついたまま半身で迫るのであれば、相手に向かって威圧的に「詰め寄る」ことができる。頭遣いMにとって問題なのは、「手をつく」か「膝の上」か、という二択ではなく、「土下座」をするか「詰め寄る」かの二択であったと考えられる。頭遣いMが左遣いHに対して残した補足は、頭遣いMが目指している演技の世界に、左遣いHを誘う働きがあるといえるのかもしれない。

これで「詰め寄る」しぐさは完成された。ところで、ここで左遣いHは、「手をつく」という動きを確かめるかのように、腕を上げてから足の上に置くまでの動作（**図3－6**）を繰り返すのであった。このわずかな繰り返しが、左遣いにとっては振りの習得の機会となった。左遣いを任されるようになる人形遣いであれば、ほとんどの動きはすでに習得されている。彼が新たな振りを覚えるためには、それまでに身につけている動きを参照するだけでよい。前章で見たような、未知の動作を習得していくような過程はほとんどなく、口頭での確認や、少しばかりの繰り返しによって新たな振りができ上がっていくのである。

4　運動的意味の諸相

しばらく無言で進んだ稽古の中盤、頭遣いは、手を合わせるという動作を挿入する。これも彼らにとってはおなじみの動作であるために難易度は高くない。ここでは、彼らの身体的な動作が、いかなる工夫によって維持されているのかを見てみよう。

場面3－3　「これがね」

M3–18　これがね、手を合わせているやないですか。
P3–5　はい。うん。
M3–19　一応入れときましたけど、ここは詰めてこう下げる方がええのか、手合わせた方がええのか。

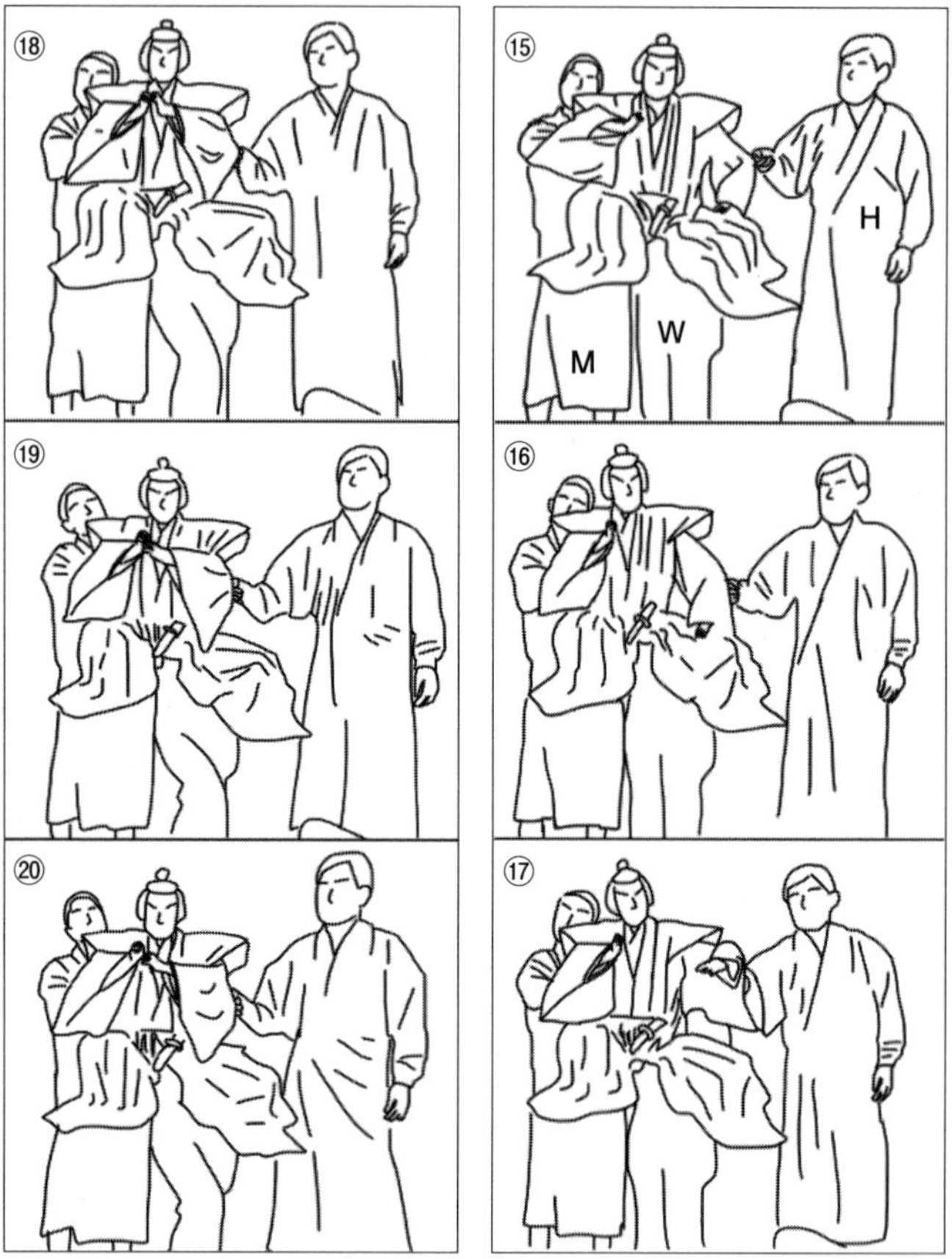

図3-7　手を合わせる

「これがね」と言いながら、頭遣いMは唐突に「手を合わせるしぐさ」を挿入する。それにもかかわらず、左遣いの反応は非常に適切であった。だが、まさに不意をつかれたとばかりに、左遣いの身体は、左手が動くのに引っ張られるように重心を移動するのである。その場面を見てみよう[3]（**図3-7**）。

頭遣いMは、⑮右手を前に置く。次に、⑯人形の肩を自分の方に引きつけてから、左肩を少しだけ上げる。その動作が合図となる。⑰左遣いは、左肩が上がるのに合わせて左手を動かす。そのまま、⑱右手の位置に合わせて前に持ってくる。その後、⑲左遣いは、自分の左足を前に出し、すぐに⑳右足を前に出して身体ごと前に移動する。

少し詳細に検討しよう。注目すべき点は、この一連の動作において、左遣いの上半身が、人形の左手に遅れて動いていることである。人形の左手を追うようにして上半身が後から動き出すといってもよい。⑯では、最初、左遣いの重心は左足の上にあり、人形からは遠い位置にあったのが、⑰で左手が動くにつれて重心が人形の方に引き寄せられ、右足がわずかに出る。⑱で右足に重心がかかるが、そこで移動が終わったため、⑲左足、⑳右足の順番で足を広げ、再び安定した姿勢に戻っている。

ここでの左遣いの運動は、前節の「膝の上に」という言葉によって動かされた運動とは明らかに異なった動きである。先ほどの動作は、頭遣いの指示によって動かされたとはいえ、動作自体は左遣いの判断による随意的な運動である。人形の左手を膝の上に置くHの身体は、実に滑らかに、調和を保って動いているように見える。他方、手を合わせるしぐさに向かう左遣いの身体は、一度小さくバランスを崩している。とっさの足の運びによって安定した動作を続けることができているが、それは予期された随意的な運動ではなく、思わぬ移動を促されたかのような不随意的な運動にも見える。

いったい、彼の動きはいかなるものとして捉えたらよいのか。観察している限り、彼の動きは、バスが急ブレーキを踏んだときの乗客の動きのようである。つまり、自分で自分の身体を動かすような動作ではなく、外からの力によって動かされているような動きである。しかしながら、彼の身体を人形の左手が引っ張っているとは考えにくい。というのも、人形の左手は、たしかに肩板を起点として紐と衣装とによって人形の胴体につながっているが、左遣いの上半身を動かすほどの張力はかかっていない。なぜなら、衣装内部の紐は常にたるんでいる状態にあり、仮に左遣いを動かすほどの力がかかるとすれば、差し金の支点そのものが大幅に動かされるであろうからである。この場面では、差し金の支点に大きな移動は見られない。つまり、頭遣いが人形を介して引っ張ったという風には考えにくい。

とするならば、頭遣いに引っ張られたように見えるだけで、実際に引っ張られてはいないということである。では、引っ張られたように動くというのはいったいどのような事態なのか。

ここでの左遣いの動きのポイントとなるのは、重心を大きく移動させることと足の移動との時間的なずれである。私たちが通常、移動することができるのは、重心の移動と足の移動とが呼応しており、重心が常に両足の間に収まっているからである。だが、今回の手を合わせる動作では、足という支えが間に合わないうちに、上半身が動いたために、重心の移動が足の移動に先行したのであった。とっさに右足が動いたのは、支えを失った身体に急いで追いつこうとしたからであると考えることができる。

このように考えると、左遣いが、自らの身体のバランスよりも、人形のしぐさを優先的に遂行させようとすることが明らかになってくる。しかも、物理的な力としては微弱なきっかけに触発されて、である。いわば、左遣いの身体は、頭遣いの合図と、その先にある人形の身体に向けて自らを開け放っている。そのとき左遣いの身体は、いったい誰の身体なのであろうか。

前節の**図3－6**で見たような、人形の左手を「膝の上」に置きにいく左遣いの動作であれば、動作そのものが明確な意味を帯びていて、左手、右足、上半身のいずれもが調和を保って「膝の上」へと向かっている。まさにメルロ＝ポンティにおける「運動的意味（signification motrice）」のなかにある。

メルロ＝ポンティは、運動する身体が「実際的状況に向けられて」いることを指して、「運動的意味」と名づけ、それを「知的意味（signification intellectuelle）」と区別した［PP : 129/191］。「精神盲」の患者は、運動機能に障害がないにもかかわらず、目を瞑って単に右手を上げるといったような「抽象的運動」を行なうことができない。反対に、同じ患者が棚の上にある本を目指すというような「具体的運動」に向かうとき、極めて円滑に右手を上げることができる。メルロ＝ポンティは、知的な指令によって腕を動かすことと、実際的な状況の中で腕を動かすこととの間に決定的な差異を見いだし、「具体的運動の背景はあたえられた世界であり、これに反して、抽象的運動の背景は構成された世界である」と述べる［ibid.］。

ここでの左遣いHの身体は、メルロ＝ポンティが記述した事例とはやや異なる状況にある。左遣いHは、「手を合わせる」という具体的運動を遂行しているが、その実際的状況に向けられているのはあくまで人形の身体である。左遣いHは、人形の身体が実際的状況に向けられるのを助ける身体を生きている。彼はもちろん「知的意味」を生きてはおらず、「運動的意味」の中にいる。とすれば、「運動的意味」にも諸相があると考えてよいのではないであろうか。

ここで問題となるのは、彼を貫いている意味が、単に彼と人形の左手との結びつきに閉じられているのではなく、人形の全身および他の人形遣いに向かっている点である。先ほど、「頭遣いの一人語り」において、左遣いの発話が極端に少ない事態が明らかになったが、それに類似して、ここでも左遣いの身体はバランスを保つことを後回ししているることが分かる。人形の左手を動かすために「収縮」している左遣いHの右手も、一瞬バランスを欠いた左遣いHの上半身を支える彼の足も、人形を動かすことを志向している。

その際、左遣いの下半身は、「手を合わせる」という運動とは別のところで、崩したバランスを立て直すことに向かっているのであって、上半身とは異なる「意味」によって導かれている。左遣いの上半身は、人形の左手を操ることに「収縮」しているが、左遣いは依然として彼自身の身体を生きている。すべての関心が人形に向かう中で、のそのそと動く彼の足は、彼の身体を支えることを志向している。

もちろん彼の足は、人形を動かすことへの志向の中にもいる。彼の足は身体を支えるために動いたにしては、実に静かに、上半身をぶれさせることなく移動しているからである。彼の足が目指しているのは、移動に伴うバランスの乱れを人形の左手に伝えないようにすることであり、その点、足はその任務を全うした。こうした働きを持つのは、彼の足だけではもちろんない。彼の手や肩、指や目ですら、人形遣いというわざに向かって自らを「収縮」している。だがその身体部位は、依然として固有の嵩を備え続けている。その場のすべての関心が人形に向かう中、左遣いHの身体の部位は、自らの嵩を引き受けながら、個別の意味の中に生きているのである。

5　身体が結ぶコミュニケーションの諸相

動作の熟達度が上がるにつれて、自らの身体の働きに関する意識は薄れ、動かすこと自体についての内省をほとんど行なわないまでも身体が動くようになるといった事態は、演者のみならず身体実践に関心のある研究者からもしばしば指摘されている。(4) そうした指摘は、いかにすればわざが上達できるのか、ある動作を実現させるにはいかなる訓練が有効かという、運動構築的なプロセスへの関心と接続させられることが多い。だが、当事者たちの生きた身体を記述するという本書の使命に従うならば、運動が構築されていくプロセスという見方そのものを括弧に入れる必要がある。

運動を構築するプロセスについて考える際、私たちは、運動が向かうべき表象と、運動が構築されていくべき身体とを分けて捉えざるを得ない。(5) だがメルロ＝ポンティの議論は、身体が世界との関わりの中で獲得している、生きられた意味を記述するものである。それによると、身体はすでにこの世界に関わりを持っており、その中で意味を受け取りながら生きている。そうした見方からすると、運動の表象を作り上げ、努力の末に習慣的動作を獲得する、といった運動構築的な捉え方は、身体において感得されている意味を捨象する視点であるといえる。(6)

自分の身体の動きを組み替えるということに関する現象学的な問いは、運動を遂行する当事者の経験を探求するための洞察である。メルロ＝ポンティは、「老練なオルガン奏者」は、初めて使用するオルガンであっても、「一時間も練習すれば(7)」、弾き慣れたオルガンと何ら変わらない水準で演奏することができるとした上で、彼と音楽との関係を以下のように記述した。

楽譜面で指示されているような楽曲の音楽的本質と、実際にオルガンのまわりで鳴りわたる音楽とのあいだには、きわめて直接的な関係（une relation directe）が確立されていて、その結果、オルガン奏者の身体と楽器とは、もはやこの関係のあいだの通過点でしかなくなっている。そうなるともう、音楽はそれ自体で存在し、音楽によってこそその他の一切のものも存在する、ということになる。［PP：170/244］

音楽的本質と音楽との間に「直接的な関係」が確立されるということは、「オルガン奏者」にとって、「音管やペダルや鍵盤」を分析的に捉えたり、それらの関係についての「表象」を作ったり保持したりといったことが問題にならないということである。彼がそこで行なっていることは、音楽そのものである。人形遣いたちの場合でも、特に「政左衛門」の人形を遣っていた三人は、自分たちの身体をどう動かすかというよりも、むしろそれを前提として、どう人形を動かすかということの方に注意を向けていた。

だがそのことは、身体に対する注意が薄くなっているということではない。むしろ身体を通して感受する意味は、より豊かに濃くなっているといえる。例えば、第三節で取り上げた、演技の世界と操作の世界の往復ができるのは、頭遣いMが、「政左衛門」を他の人形遣いたちと共同しながら動かすことに長けているからである。彼が「政左衛門」を動かすことに関心を向けられるのは、他の二人の人形遣いがついて来られるようにたえず微調整して主導し続けるという任務を十全に遂行している限りにおいてである。

こうした観点は、わざの上達に関する議論に新たな視点をもたらしてくれるように思われる。メルロ＝ポンティが運動に関して議論した際に記述を試みたのは、「発達段階」的な身体論ではない(8)。たしかに、音楽家が、「すっかり音楽に身をまかせて、その音楽を実現しに来る音管やペダルとまさに一体」［PP：245/170］となる状態は、特定の優れた演奏家だけに体験されるような境地として捉えられるかもしれないが、メルロ＝ポンティにとって重要なのは、その演奏の素晴らしさのみにあるわけではない。むしろ彼の力点は、彼の身体がオルガンや音楽そのものとの関わりの中で取り結んでいる「意味（sens）」［PP：172/246］にある。それは、オルガン奏者の身体が、ペダルや音管との間に取り結んでいる関係や、タイピストがタイプライターとの間に取り結んでいる関係のように、身体それ自身が把握し、了解しているものである。つまり、タイピストに見えている、キーボードの「表情」[PP：169/242]が、その人の手を応答させるような、その促しのことである。原稿に並んだ文字は、「視覚空間の一つの転調」において意味を帯び、タイプを打つという運動は、「手の空間の一つの転調」として可能になる[ibid.]。初心者のタイピストを考えた場合でも、彼の目の前にあるキーボードは、ある表情を帯びていて、その身体が要請するような転調が生じているかもしれない。例えば、打っても打っても打ち間違う苛立たしいボタンの集まりであるとか、ずっと打っていたくなる押し心地の良いキーとかといったように。身体が把握する意味を探求する上で、わざに熟練しているかしていないかは、極めて重要であるが、問題のすべてではない。むしろ、それが物や世界との間で、偶然的でない仕方で、いかなる関係を取り結んでいるかについても問題にする必要がある。

人形遣いたちに引きつけて考えれば、上級者であれ初心者であれ、それぞれに生きられた世界の中にあるということである。わざを習得する途上にいる人は、身体の操作について注意を向け、新たな動作を獲得することに尽力するかもしれない。その際、身体はその人にとって、思うように動かない、よそよそしいものとして立ち現れているかもしれない。たとえそうであったとしても、身体は、「できない」という仕方で世界に生きているわけではない。「できない」という価値は、身体が表出しうる意味において、外的に与えられたものである。

いかなる場面においても、身体は、常にすでに世界と関係を取り結んでいる。例えば、左遣いHが、手をつくというしぐさを試みたとき、それは頭遣いMの計画からすると間違いであったといえるが、左遣いHにとって、それは身体によって把握された意味に応答したにすぎない。というのも、人形が頭を下げて、また上半身をぐっと押し下げるという動きは、明らかに「手をつく」行為を誘っていた。それを意味として受け取ったからこそ、左遣いHは、さしあたって「手をつく」ことを選択したのである。

さらに左遣いHにとって、自分一人の判断によって動かされた左手は、演技する上での意味に十分満たされていなかった。それは人形が織りなす演技の全体の中から決定されるべきであるという落ち着きのなさにあったに違いにない。だからこそ、左遣いHは、ただちに手の置きどころを頭遣いMに尋ねた。彼の動作は修正されるべきものであったが、彼の身体は、人形を効果的に動かすという人形遣いの世界に浸っていたといえよう。

私たちの身体は、すでに「知覚と運動」とが「一つの体系を形成し、それが一つの全体として変容してゆく」という、その体系の中にいる［PP：129/192］。そのことは、私たちの身体が、隣にいる人とのやり取りの起点となることの豊かさを開示してくれる。

たとえば、相手がどうも私の合図に従いたくないらしいと私が気づいたとき、その結果私が自分の動作をもっと強調したとき、そこには二つのはっきりと区別された意識的行為があるわけではない。そうではなくて、私が相手の渋りを認めると、何の思惟も介在させないで、この状況からすぐさま私のじれったそうな動作がとび出して来るのである。［ibid.］

こうしたあり方は、人形遣いたちの稽古場面を動かしている身体の働きにほかならない。彼らが身を投じて行なっているのは、すでにそこにある身体において成り立っている、「状況からすぐさま」とび出して来るような動作を起点とするやり取りである。その着眼点は、自分ではない人の身体との関わりの中から動きが構築されていく、そのコミュニケーションの諸相に目を向けるという、研究者の視点の変更を促すことになるのである。

身体的動作そのものの変化ではなく、それを仕掛ける仕組みに焦点を当て、当人の生きられた経験として記述する。それはまさに、本書を貫く方法にほかならない。個人において運動が構築されていくという過程を見るのではなく、運動の熟達を促すような、人と人とのやり取りを見ていくこと。そこには身体の奇跡的な意味湧出が現れてくるのであり、その働きこそ、私たちがしばしば見落としてきた学びのダイナミズムにほかならない。

註

（1）現象学的心理学者ヴァン・デン・ベルクは、人間の身体に関する短いながらも優れた論考において、「手が本領を発揮するのは、手のことは忘れ、手がやってのける作業に没頭している時である」と洞察している（van den Berg, Jan Hendrik. The Human Body and the Significance of Human Movement, Kockelmans, Joseph John（ed.）*Phenomenological Psychology : The Dutch School*, Nijhoff, 1987. p. 66）。

（2）淡路の人形座独自の上演外題で、天明六年（一七八六）道頓堀東芝居初演『比良嶽雪見陣立《ひらがだけゆきみのじんだて》』と寛政一一年（一七九九）同芝居初演『太功後編の旗颺《たいこうごにちのはたあげ》』を取り合わせた作品である。

（3）頭遣いの遣い方が優れていれば、動こうと意図していないのに手が動き出してしまうと、ある人形遣いは教えてくれた。肩を滑らかかつゆったりと前に出すことで、左遣いの右手は思わず前に出て、人形の左手が差し出されるというのである。

（4）例えば、「ビギナー」から「エキスパート」に至るまでの、ドレイファスの五段階論は有名である（Dreyfus, Hubert. Dreyfus, Stuart. and Athanasiou, Tom. *Mind over Machine : the Power of Human Intuition and Expertise in the Era of the Computer*, B. Blackwell, 1986. 椋田直子訳『純粋人工知能批判——コンピュータは思考を獲得できるか』アスキー、一九八七年）。

（5）運動構築的な議論において問題になるのは、運動する主体が上達するにつれて、表象と身体とが一致していくという事例である。これについては昔から豊かな事例が報告されている。「心身一如」をめぐる議論が出てくるのもこうした文脈においてである。

（6）山崎正和は、メルロ＝ポンティの議論を踏まえて、「身体運動」と「意識」の「つかず離れず」の関係を見いだして、「人間の能動性の姿」を描き出せる可能性を見て取った。その上で、「彼の考察は、つねに身体機構が成立したところから出発するのであって、それがいかにして形成され、逆にいかにして破壊されるかといふ問題については、十分な注意を払はないのである」という批判を投げかける（山崎正和『演技する精神』中央公論社、一九八三年）。類似の批判は、河本英夫『システム現象学——オートポイエーシスの第四領域』（新曜社、二〇〇六年）などにも見られる。

（7）メルロ＝ポンティは、「老練なオルガン奏者」の「練習」を以下のように記述する。「彼は腰掛けに坐り、ペダルを操作し、音管を引き、楽器を自分の身体に合うようにし、楽器の方位や大きさを自分の身体に合体させ、あたかも家のなかに収まるように楽器のなかに収まる。」［PP : 170/243-244］

（8）　もちろんメルロ＝ポンティも、運動にいくつかの意味の相があることは認める。例えば、メルロ＝ポンティは、以下のような水準を分けている。それは、「生物学的世界」を措定するような「生命保存に必要な所作」、「ダンスのような」「比喩的な意味」の世界、最後に、「一つの文化的な世界」といった諸相である［PP：171/245–246］。

第四章　生きられつつある型

本章では、わざを言葉によって明示的に伝えることが困難であるという経験的な見解を再評価した上で、その反対に、言葉による分析がわざの会得の助けともなるという、いわば思考と行為との相補的な関係を明らかにしていく。(1)

わざを伝える、あるいはわざを身につける上で、言葉による指示、あるいは立ち止まった思考、すなわち「分析的思考」は無力であると語られることが多い。無力というのは、第一に、分析的思考によって身体的な動作を把握できたからといって、それによって身体的な動作が促進されることがないばかりか、ときには邪魔されるということである。(2)第二に、分析的思考が捉える動作は、全体のうちの部分を切り取ったものにしかならないということである。足遣いのわざの動作において「やわらかく足を握る」ことが重要だからといって、やわらかく握る練習だけをしていても足遣いのわざの全体が向上するわけではない。それゆえに、身体的な動作を分析的に把握することは、動作を行なうことと区別された、知的認識の作業であると見なされる。

そこで稽古における指導場面では、分析ではなく、直感的な理解を促すような表現が注目される。「腕の角度を云々」といった科学言語ではなく、「指先を目玉にしたら」といった詩的な表現、すなわち「わざ言語」がそれである。(3)「わざ言語」という着眼点は、説明したり分析したりすることとは異なる種類の言葉の効力を示しているといえよう。

ところで、分析的思考は本当に動作の前で無力なのであろうか。動作と分析的思考に原理的相違があることは間違いないが、行為する人は、遂行されつつある身体の動きを、その人なりの仕方で把握しているはずである。その把握の仕方が分析的であるとはいえないとしても、それがいかなる点で分析的でないのかについて、問いを進める必要がある。考えるのではなくひたすら「模倣」や「反復」を行なう方がわざの上達に寄与することは十分に承知しながらも、当事者たちが何回も動作を繰り返す姿を、「模倣」や「反復」という言葉で終わらせてしまっては、彼らの経験のブラックボックス化に加担するだけでなく、私たちのわざ理解を、語るよりも動く方が先決である、という古典的理解に後戻りさせることになる。言葉と行為との不幸な別居を解消させ、わざの豊かさを掬い取るためにも、分析的思考と直感的理解という二元的な知の分け方を、新しい行為を形成しつつある学び手の現場に連れ出さなければならない。その上で、その分け方が有効に機能する臨界点を見定めつつ、直感的理解の諸相を描き出していく必要がある。

出発点はこうである。何回も動作を繰り返す時間は、仮にそれが無言の時間であったとしても、必ずしも盲目的な繰り返しであるわけではなく、彼らの無数の工夫から成り立っているのではないであろうか。稽古場面のやり取りにおいて、動作の形成を促すための作業は、必ずしも明晰に言語化することができない。だが、明晰に言語化するのとは異なる仕方で、言葉として意味をなさないような言葉や、形式的ではない仕方で意味をもつような身ぶりなどが、彼らの思考の断片を形成していると考えられるのである。そうしたやり取りを解きほぐすことによって、わざを学ぶということに含まれる、動きつつある身体的な何ものかを見ていくことを本章の目的とする。

以下では次の順序で考察を進める。まず第一節で、稽古の概要について確認した上で、第二節では、稽古の具体的な記述を通して、稽古が、言語による定式化された説明ではなく、非定式的、直接的な意味を有する身ぶりを伴うやり取りの中で遂行されることを示す。また、第三節では、人形遣いたちの分析的思考に着目することによって、「頭で考える」ことと「身体で覚える」こととの関係を再考する。第四節、第五節では、稽古が、個別の型の習得のみならず、型と型との「接続」をめぐって展開していく様を記述する。それにより、彼らの稽古がいくつもの重層的な経験から成り立っていることが明らかになるだろう。

1　稽古場面の概要——『奥州秀衡有髻聟』「鞍馬山の段」より

ここで着目する公演は、平成二二年度の復活公演、『奥州秀衡有髻聟《おうしゅうひでひらうはつのはなむこ》』「鞍馬山の段」である。元文四年（一七三九）に豊竹座において初演され、その後大阪では一九世紀の前半までに上演が途絶えている。それが淡路の人形座で近代まで演じられており、淡路独特の演目として注目されていた(4)。もっとも、淡路でも昭和に入る頃にはほとんど上演されなくなり、この「復活」は、正確な記録は残っていないものの約七〇年ぶりとされている。内容は、牛若丸を主人公とする、源氏が平家追討の院宣を受けるまでを描いた物語である。「鞍馬山の段」は全五段のうちの二段目口にあたり、鞍馬山で兵法の稽古に励む牛若丸が、田楽屋に身をやつす奥州の金売吉次（実は藤原秀衡）から秀衡の書状を受け取り、その誘いに従って奥州への旅に出立する場面である。

本章が考察の対象にするのは、二度目の公演を控える時期の稽古である(5)。復活公演を半年前に終え

図 4－1　「鞍馬山の段」の難波の十郎

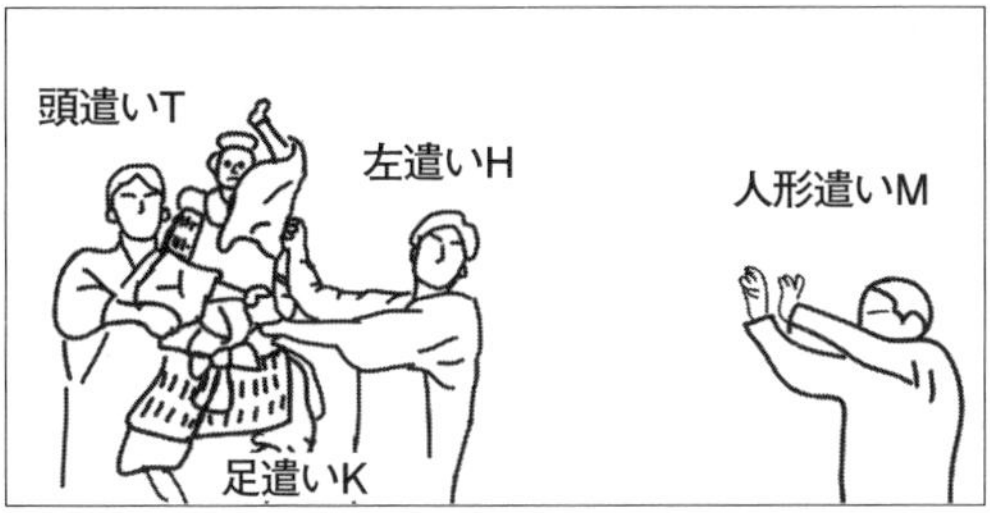

図 4－2　稽古場面の全体図

た人形座では、東京での公演に招かれたのを機会として、より洗練された舞台を目指して振りの練り直しをしている。ここでは、舞台の最後の一幕での、「難波の十郎」という人物が登場する。「難波の十郎」とは、鞍馬山に潜む牛若丸を追ってきた平家方の武将である（図4－1）。

第三章と同様、復活公演における振りは、座員たちに受け継がれて来たわけではないために、人形遣いたちが手を加えて改良する余地がある。外題にふさわしい人形の振りを構想すること自体も稽古には含まれているのである。

稽古は、通常公演が終わった後の夜の約一時間、「難波の十郎」を遣う三人と、人形の「型」に詳しい一人の人形遣いによって進められた。彼らはいずれも、人形遣いの上級者たちであり、基本的な動作はほぼ習得している。十郎役の人形遣いは、T（頭遣い）、H（左遣い）、K（足遣い）であり、アドバイス役の人形遣いはMである（図4－2）。「難波の十郎」には、登場してからのひと場面、意気揚々と牛若丸を探しに向かう見せ場があるが、その場面の「振り」を修正しようというのである。以下、順を追ってみていこう。

2　〈打ち込み〉——身ぶりと言葉による稽古

ここでの稽古は、Tが〈打ち込み〉という「型」を導入したいと提案し、Mにアドバイスを乞うところから始まる。〈打ち込み〉とは、戦における戦況報告を行なう人物によく使われる型であり、三段階のしぐさを単位とする。稽古の序盤、〈打ち込み〉を会得するまでの一連のやり取りを文字で起こすと以下のようになる。

場面4－1　〈打ち込み〉

T4−13　〈打ち込み〉。……「そうじてこの山」。はい。直った。ここから。これって、こんでええの？
M4−3　まぁまぁ、こうやね。
T4−14　こう。
M4−4　うん。
T4−15　これは横やの。横に開いとんだ？
M4−5　うん。
T4−16　とんとん。ほんで、次は、胸から、またこうだ。こう？　右手こうでええの？
M4−6　えー、物持てへんねやったら、こう入らな……
T4−17　おかしいよの。
M4−7　うん。
T4−18　でまた今度こう、〈打ち込み〉。
M4−8　も一回引くの？
T4−19　え、三回すんのだ？
M4−9　三回もすんの？〈打ち込み〉って、二回しかやったことないよって分からん。
T4−20　「忠信《ただのぶ》」二回やけど、〈打ち込み〉って正式には、三回らしい。
M4−10　あ、そう。二回のやつしかやったことない。
T4−21　「忠信」は二回やねん。
M4−11　あ、そう。「十次郎」も二回や。うちでやっとんの二回しかない。

T4-22　三回で、ひとつのまぁ。
M4-12　そうか、まぁ三回の方が直りが……。まぁその方がでも直れらん。

この間の彼らの身ぶりは以下の通りである（**図4-3**）。①まず頭遣いTは、人形によって実演しながら、〈打ち込み〉の振りの正しい形を人形遣いMに尋ねる。Mもまた、自らの身体で〈打ち込み〉を行ない、頭遣いTに呈示する。「こう」という発話とともに、人形は、右手を斜め上に伸ばし、左手を横に開きながら、両足をどっしりと踏むしぐさ、すなわち、Tによって「横に開く」と表現された、一つ目の「決め」の姿勢をとる。その次に、②上半身を前にぐっと乗り出し、左手を上げ、右足で踏み込むことによって姿勢を固める。これが、二つ目の「決め」である。その形を確認した後、最後に、③一つ目の「決め」と同じ姿勢に戻る。三つ目の決めについては、それが必要であるか否かについて見解が分かれたため、振りを止めて、最後に意見を交わしている。

一連のやり取りの中で、彼らは〈打ち込み〉に関するすべてのしぐさを「こう」の指示語に込めている。表記された文字の上ではまるで意味をなさないが、彼らの身ぶりが言葉の意味を担保していることが分かる。

②では、Tが「胸から」[T4-16] 乗り出すと述べている点が興味深い。イラストから分かるように、人形は「胸から」出ているわけではなく、両手が前に差し出されている。つまり「胸から」というのは、彼の実感を伴ったある種の比喩的表現であるといえる。たしかに、勢いよく身を乗り出すしぐさを見ていると、たとえ比喩であったとしても、「胸から」身を乗り出しているという表現がむしろ自然である。

これは、「わざ言語」を想起させる。もちろん厳密にいえば、人形遣いたちのやり取りにおいて、「胸から」という語が指導言語として働いているわけではない。それはむしろTの独り言として発話された。自分自身のしぐさの確認のために機能した「わざ言語」であるといえよう。

③では、TとMとの間の見解の違いが明らかになる。Tは、元の形に「直る」ことで〈打ち込み〉が完成されるとしているが、Mにとって三つ目のしぐさは不必要であった。というのも、淡路人形座で行なう〈打ち込み〉は、いつも「二回」行なわれるからである。(6) Tが述べている「正式」な「型」とは、文楽協会が発行した『文楽の人形』所収の型の一覧表を参照したものである。それによれば、「戦の模様などをみせる勇ましい振り。棒足に似た振りで、左右の足を交互に打ち込む」とあり、「三回」行なうのが基本であるとされている。(7) 仮に「正式」な手順が「三回」であったとしても、すでに淡路で継承されている〈打ち込み〉は、あくまで「二回」の動作を単位としたものである。経験豊かなMにおいて、〈打ち込み〉は「二回」行なうものとして身体化されているために、Tから知らされた教科書的な知識が彼の確信を揺るがすことはなかった。ただし、人形遣いMは、Tが「三回」行なうことについては否定しない。むしろ元の姿勢に「直り」やすいということで、積極的に是認しているようである。実践的な観点からの柔軟な見解といえよう。

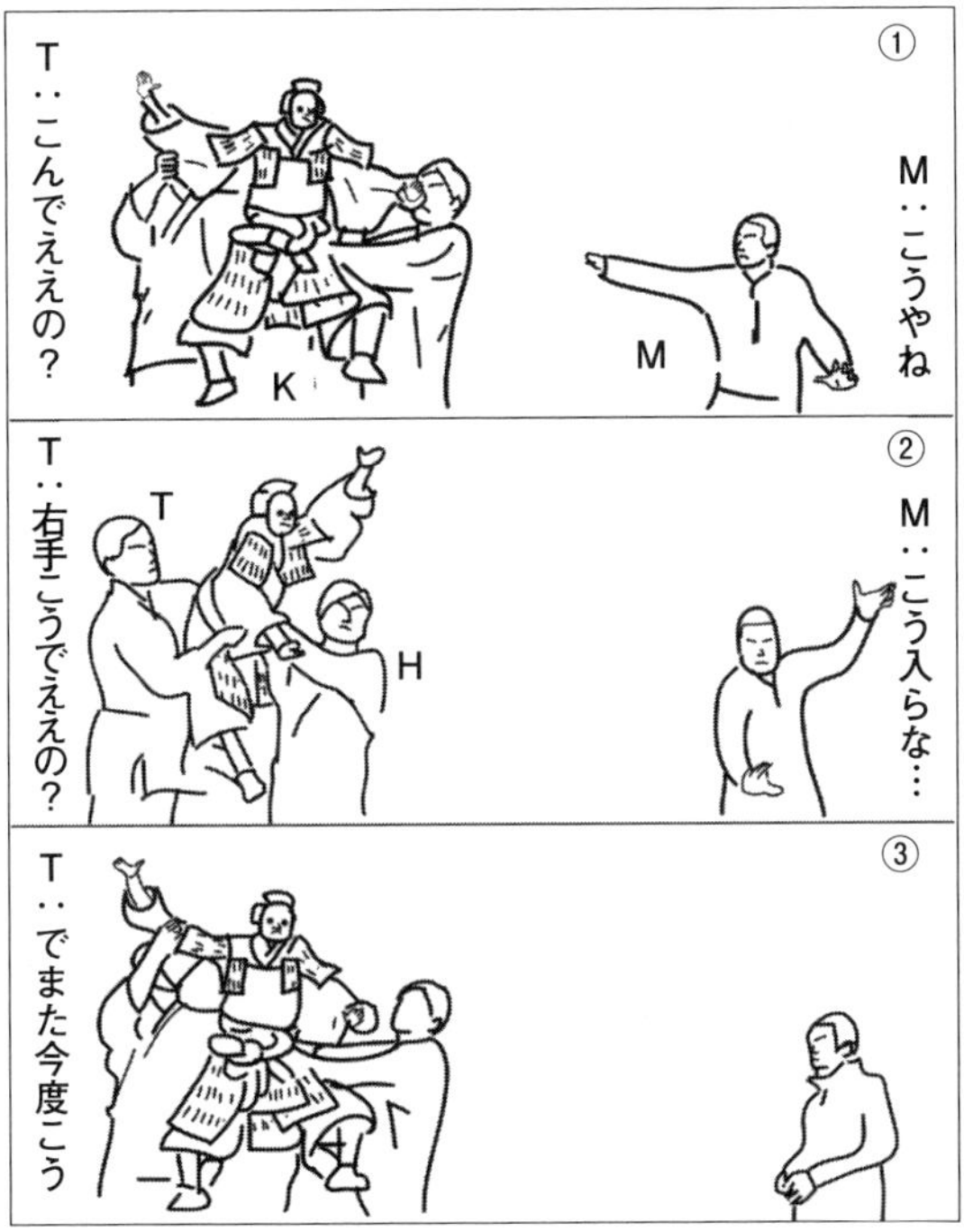
①
M：こうやね
M
K
T：こんでええの？
②
M：こう入らな…
H
T
T：右手こうでええの？
③
T：でまた今度こう

図4－3　打ち込み

次に、〈こじり六法〉という「型」の習得場面を検討しよう。当初〈打ち込み〉を導入できれば稽古の目的は達成されるはずであった。だが〈打ち込み〉を組み込んだ一連の振りを見たMは、〈打ち込み〉に似た型〈弓張り〉を省略することを提案した。その代わりに、〈こじり六法〉を導入することを提案したのであった。

3　〈こじり六法〉――分析的思考と暗黙的動作の相補関係

後戻りできない習慣的意味

〈こじり六方〉は、刀を差した人物が、戦いに向かう前などの「気負い」を表す型であるとされている。大きく手を広げたり、足を踏み出したり、刀に手をかけたりといった勇ましい動きが含まれている。ここでは、それが「難波の十郎」にふさわしい上に、「時間を稼ぐ手数がある」という理由から、人形遣いMが提案した。〈こじり六方〉の会得は、動きの複雑さゆえに若干の難航を示した。

まずMが、手本として自分自身の身体で〈こじり六方〉を行ない、それを見た三人が人形の身体で再現する。両手の動かし方がやや複雑であるため、三人の人形遣いはこの動作をすぐに行なうことができない。そこで、Mがゆっくりと順を追って手本を見せるのに合わせて、三人は真似をしていった。

以下では、〈こじり六法〉の最初の上半身のしぐさが問題になったため、そこだけを切り取って考察する。〈こじり六法〉の手順は以下の通りである（**図4-4**）。まず、④右手を上げ、左手を刀の鞘付近（腰の付近）に当てておく。次に、⑤上げた右手を刀の鞘まで戻し、両手で刀をつかむ。この動作が〈こじり〉と呼ばれる。次に、⑥左手だけを上げて、すぐに⑦両手を顔の正面で交差させ、⑧両手を外に向かって広げ、最後に再び両手で鞘をつかむ（⑤の動作）。〈こじり六法〉の習得は困難を極めた。⑦から⑧に至るしぐさにおいて、本来であれば左手と右手が同時に開かれなければならない。だが、頭遣いTは、そのルールに従うことができなかったのである。

ここでは、その獲得プロセスを見てみよう。整理のために、彼らが解決すべき課題が「連携」および人形の振りとしての「しぐさ」という二つあると考えよう。それらが同時に達成されるということが、人形の動作の完成である。

この場面の会話は以下の通りである。

場面4-2　〈こじり六法〉

T4-38　いやこっち右、右が遅れるやん。どないすんのこれ。ここ、ここの間が分からん。これ左が待たなあかんの？　右手来るまで。

【TとMが交替する】

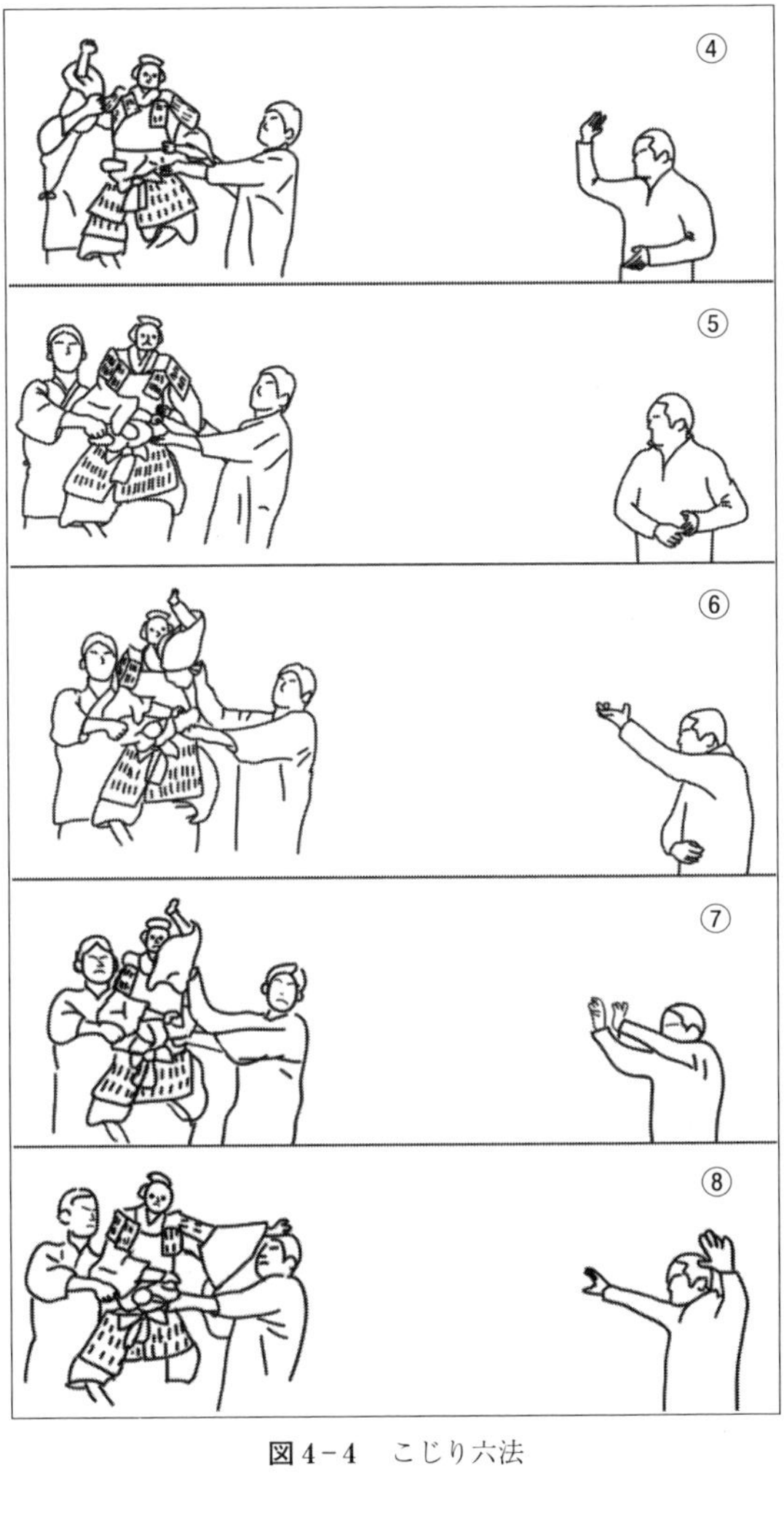

図4-4　こじり六法

T4–39　ぱん。それもう、関係なし？
【TとMが再度交替し、元に戻る】
T4–40　ここの間が、左に合わしていくん？
M4–29　左……え、こうきてもうこうやさかいな。（図4－5）
H4–5　ふっ。
M4–30　〈ズ〉は左が広がり始めたら右も広げる、みたいな。これに関しては、〈ズ〉は多少無視になっとんのかも分からん。

何度か〈こじり六法〉を繰り返したが、頭遣いTは適切なタイミングで右手を開くことができない。Tの言い分としては、「右が遅れる」ということであった。適切なタイミングを逃して、左手だけが出てしまい右手が出ないということである。

だが、「右が遅れる」という表現は奇妙である。頭遣いがその動きのすべてを制御している人形の動作において、自分自身で動かす右手が、遅れることなどありえないからである。「右が遅れる」という発言は、自分が制御を行なっているという立場ではなく、自分以外の何ものかによって動いてしまった人形が、制御を越えたことを物語っている。

なぜここで左遣いHは頭遣いTの合図を待たずに手を広げてしまったのであろうか。左遣いHが独自の判断で動き出すことは、彼らのコミュニケーションのルールにおいては「禁じ手」である。それは、隣で見本を見せてくれる人形遣いMとの間で、連携を結んでしまったからである。本来頭遣いの指示に従わなければならない彼らであるが、この場面においては左遣いが、自分の動作を完遂させるという課題を優先させ、別の人形遣いであるMと連携を結んでしまった。

振りを完成させるという課題の前では、左遣いHの取った行為は間違いではない。あとは、右手だけが動けばここでの振りは形成されるからである。だが、そのことは、人形の振りを完成させることにはつながらなかった。操作を主導するべき当の頭遣いを置き去りにしてしまったという点において、「連携」の問題が未解決のまま取り残されることになったのである。

なかなかしぐさができ上がらないTを見て、Mが替わって人形の頭遣いとなる。それを見ても、Tはあまり納得した様子がない。やはり右手が動かない。

だがこのなかで、左遣いHの動きが若干の変化を見せる。⑦にあたる箇所で、Hは右手が上がってくるのを待つようになったのである。左手の動きは、再びTの制御下に戻ってきた。人形遣いMは「これに関しては、〈ズ〉は多少無視になっとんのかも分からん」として、〈ズ〉を出すことに関するアドバイスを出しているが、実はあまり意味をなさないアドバイスである。彼がアドバイスすべきなのは、頭遣いTではなく左遣いHに対して、右が追いついてくるまで待つべきだ、といったものでなければならなかったはずである。「しぐさ」の上ではできていた左遣いHが、「連携」の上では間違いを起こしていたのであるが、そのことについてすでに習慣化している人形遣いMにとって、人形遣いTの混乱の原因が分からなかったのである。

その点でも、ここでのMによる教示は興味深い（**図4－5**）。わざを言葉によって伝えることの困難を見事に表しているると同時に、身ぶりによって示すことの威力もまた、見事に表しているといえよう。というのは、核心部分を説明するMのタームは、「こうきて、もうこうやさかいな」[M4-29]である。わざを伝えるということは、言語によって定式化する仕方ではなく、実際にやってみせる仕方でしか達成できないという事態が露わになっている。だがその説明は、Tにとっては不親切である。彼が知りたかったのは、どのタイミングで右手を上げ始めたらよいのかという部分的な観点であったに違いない。しかし人形遣いMは、自分の右手がどのタイミングで上がり始めているのかを分析

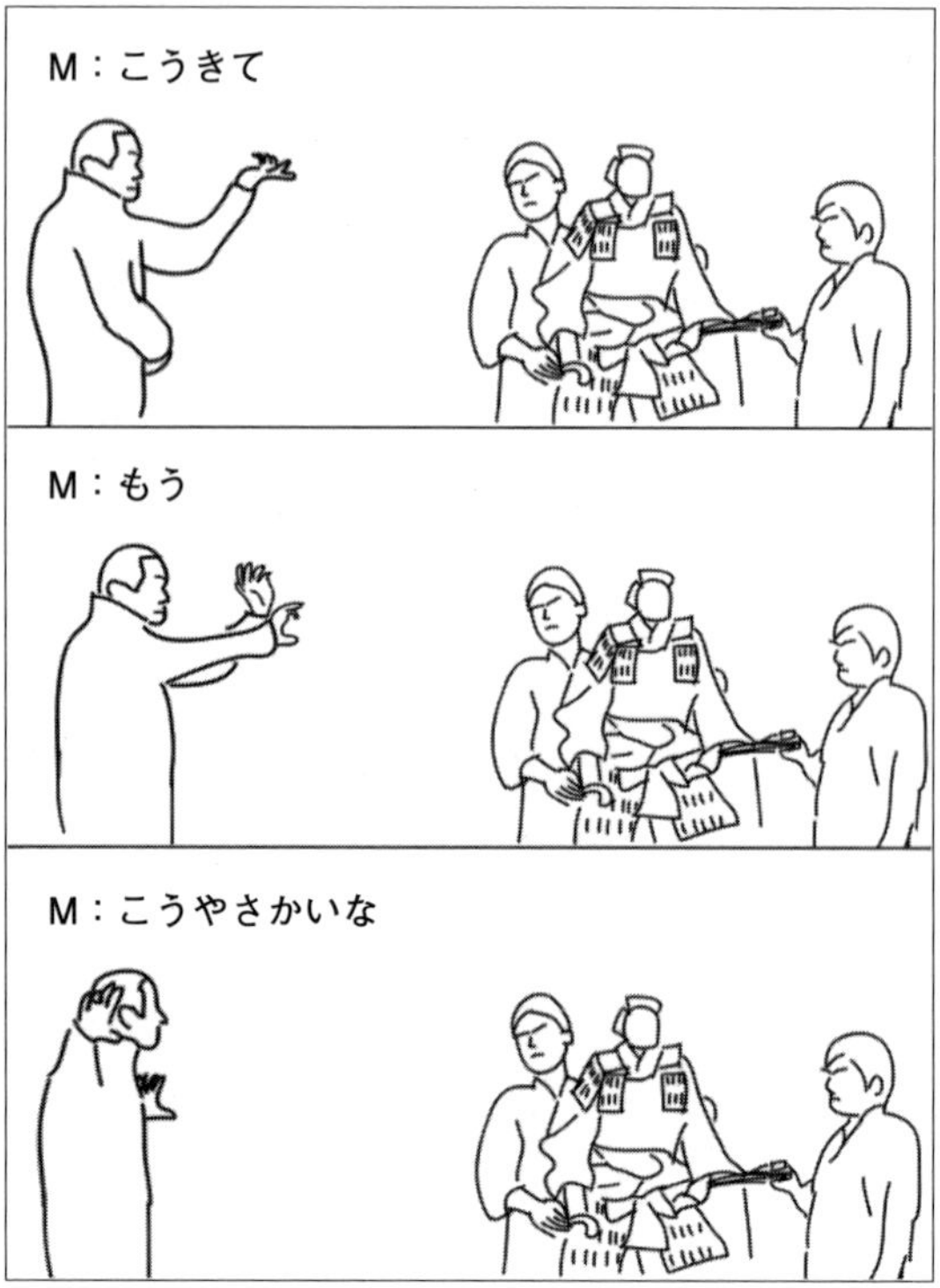

図4－5　Mによる説明

的に知っているわけではない。そうである以上、それを言語によって伝えることは困難である。加えて、動作を一度身につけてしまえば、できない状態に立って説明することが困難であるということもよく分かる。動作を習慣化するということは、習慣化されていない状態から段階的に達成されるものではなく、逆行することのできない、非連続的な飛躍を伴いながら達成されるのである。

メルロ＝ポンティは、目が見えない人が杖を握って歩くことに習熟した場合、杖を握る手ではなく、杖の先で道路や地面の感触を探り当てることに注目する(8)。その際に重要なのは、そうした習慣は、「手にたいする杖の圧力を杖の或る位置の標識」として解釈することや、「杖の位置の方を外面的対象の標識」として解釈するところに「成立する」（傍点は原注）のではなく、「習慣とはまさにそんな手間をかけることをわれわれに省かせてくれるもの」（傍点は原注）である［PP：178/253］。つまり杖とは、目の見えない人が「知覚する対象」ではなくて、「それでもって知覚する道具」にほかならない［ibid.］。第三章でも検討したように、身体とは、「それによって意味が一つの場所をあたえられて外部に投射され」るような、「表出空間の根源」［PP：171/245］なのである。

人形遣いMにおいてすでに習慣化されている〈こじり六法〉は、それを起点として新たな表現がもたらされていくような、始まりの場所となっている。それは、分析や解釈によって成立していないからこそ、習慣化されているといえる。それにもかかわらず説明しようとするならば、彼のできる最大の貢献は、実際にやって見せることに限るのであろう。しかしながら、その動作が未だ習慣化されていない人形遣いTにおいて、事情は異なっている。彼にとってその動作はなじみがないのであるから、人形遣いMとは異なる接近の仕方を見せるに違いない。

動作を促す分析的思考

さて、Mによる説明を受けたTであるが、まだ右手は十分に動かない。そこでTは、型の全体を把握するために、人形をいったん脇に置き、自分の身体で〈こじり六方〉を繰り返す稽古に踏み切る。この確認作業がこの場面では決定的となった。Tが「型」に分析的解釈を施すことができたからである。その過程を少し丁寧に見てみよう。

場面4−3「ぱーん、ぱーん、しゅっ」

T4−57　たぶんこれどないかなる。うーん。……、はっ。
M4−45　てことだよね、流れ。
T4−58　はっ。ぱーん、ぱー、ん。（図4−6［Ⅰ］）
H4−6　あ、広げらな。
T4−59　ちゃうこれ。ぱーん。じゃないわ。ぱーん、ぱーん、しゅっ。（図4−6［Ⅱ］）これ多いよの。わし絶対もう、これやったらもう、このままきて、こうきて、これでいきたいけどの。（図4−6［Ⅲ］）
H4−7　ほなそないしたらええ。
T4−60　いやいや、たぶん小さいさかいこないなっとるんだ。

M4-46　たぶん「型」として
T4-61　の？
M4-47　大きに見せるために
T4-62　たぶんそうや。これでやったらしょうもない、何したか分からん……になっとるさかい。

まず人形遣いTは、自分の身体を使って〈こじり六法〉を行なう［T4-57］。無言のまま、黙々とこなし、何とか一通り終えたという様子であった。見ていたMは、それが正しい順序であったことを承認する。確認のため、再びTは〈こじり六法〉を行なう（**図4-6**）。今度は一つ一つの動作に「ぱーん」などの音をつけ、じっくり確認しながら繰り返そうとする。しかし彼は、じっくり確かめるように動かしていながら、再び最初の失敗、すなわち、両手を出して、正面で交差する動作に移行できない、という失敗を繰り返す（**図4-6［Ⅰ］**）。そこで、彼は最初からもう一度じっくりとやり直そうとする。

三度目に試みたとき、ようやく「両手が出る」という動きが挿入された（**図4-6［Ⅱ］**）。興味深いのは、その際に、新しい擬態語が同時に生まれたことである。それは、「しゅっ」という言葉である。「ぱーん」だけではうまくいかなかったところに、「しゅっ」という新しい擬態語とともに、新しい動作が実現された。手のひらを下に向けて指を反らし、風を切るように鋭く水平に両手を開いていくその動作は、「しゅっ」という語と整合している。(9) Mのしぐさを模倣している段階では茫漠としていた振りの全体が、自らの身体を投じて稽古することによって分節化されていくと同時に、身体の使用の様式もまた、振りに応じて組み替えられていったプロセスであるといえる。

その際、直感によって動作が改善されるのであれば、分析的思考の介入を抜きにして直接新たな動作が獲得されたに違いない。だが注目すべきことに、Tは動作に対して言葉を用いた客観的な分析を施すことによって会得の道を開

[Ⅰ]
はっ
ぱーん
ぱー
ん
[Ⅱ]
ぱーん
ぱーん
しゅっ
[Ⅲ]
こうきて
こうきて
これでいきたい

図4-6　Tによる作業
[Ⅰ]〈こじり六法〉の失敗　[Ⅱ]〈こじり六法〉の成功　[Ⅲ]　Tの主張

図４－７　Tによる分析

図４－８　Tによる分析

いた。〈こじり六法〉に成功した直後、彼はその動きが自分になじまないことをMやHらに告げている（図４－６［Ⅲ］）。その会話の中で、人形遣いTは、〈こじり六法〉の動きに対する解釈を加える。すなわち、もしも両手を広げずに刀に手を当てた場合、動きが小さくなってしまうため、より大きく見せるために両手を広げる動作が組み込まれているのだろう、と（［T4-60, T4-62］図４－７、図４－８）。たしかに、Tにとって自然な動きではなかったかもしれないが、両手をぱっと広げてから鞘をつかむ方が派手な印象を受ける。

　ただし、Tにとってそのしぐさが余計であるように感じられたのは、動きの効果や意味上の理由によるものではない。「こうきて、こうきて、これでいきたい」（［T4-59］図４－６［Ⅲ］）という彼の言葉、およびそれまでの動きのつながりから推測するに、両手を広げずに、片手ずつ鞘に手を当てるというしぐさの方が彼にとって無理がない。Tが両手を広げる動作に移行できずにいたのは、片手ずつ手を当てる動作が習慣化され、別の動作の入り込む余地がなかったからであると考えられる。

　とすれば、ここでの彼らのやり取りは、普段であれば気づくことのないような暗黙の動作が、新しい動作に直面することによって、習慣的動作として顕在化してきた瞬間であるといえる。それは同時に、「片手ずつ鞘に手を当てる」という習慣的動作に「小さい振り」という意味が与えられ、「両手を広げてから鞘に手を当てる」という新しい動作に「大きな振り」という意味が与えられる瞬間でもあった。

　そうした分析を加えた後、Tは〈こじり六法〉ができるようになった。その後も何度か確かめるように動いてみせたしぐさからは、それまでの不自然な引っかかりが消失し、流麗さが生まれていた。もちろん、ここで成功された動きをもって、彼の〈こじり六法〉が身についたと言い切ることはできない。〈こじり六法〉について多くを語ることができるということは、未だ彼の身体は、〈こじり六法〉という動作となじみのある関係を築いているとはいえないからである。身についたと言い切ることができるためには、「両手が出る」という動きが、個別の運動を一つ一つたどる必要がなくなり、それを語ることをせずとも、それができるようになるのを待たなければならない。

とはいえ、ここでは、分析的思考による動作の意味づけは、わざの会得を邪魔するどころか、むしろ促す働きをみせた。彼の身体に何が起きているのであろうか。

メルロ＝ポンティは、「ダンスの習慣を身につけることは、分析によって運動法式を見いだし、この理念的な見取り図をたどりつつ、歩いたり走ったりの既得の運動の助けを藉りてダンスの運動を再構成することだ」と考える、主知主義的な立場を否定する［PP：167/240］。そうした立場では、身体と世界との絡まり合いに着目してきた思索が否定され、再び古典的見解、すなわち「表象」と「自動運動」の系とに分解してしまう見解へと舞い戻ってしまうのである[10]。そうした立場が批判されるべきなのは、「意識を表象によって定義づけるかぎり、意識に可能な唯一の操作は、表象を形成することだけになって」しまうのであって、「そうなると、ではその運動表象はどんな魔術的な操作によってまさにその運動自体を身体のなかに惹き起こすのか、ということがあきらかにされねばならなくなる」からである［PP：162/234］。

メルロ＝ポンティは、分析と運動とを分けることをしない。対自的な意識と即自的な身体という二元的区別をつけない仕方で生きられている事態こそ、運動という出来事にほかならないからである。メルロ＝ポンティによれば、習慣の獲得は、「運動的な意味の運動的な把握」である［PP：167/240］。自分の手や膝に触れるとき、「私は最短距離を通って自分の手をそこにもってゆくが、その場合、自分の手の元の位置も耳の位置も両者のあいだの道のりも表象する必要はない」のであり、運動を了解するということは、「感性的所与を或る観念のもとに包摂すること」では全くない［PP：169/242］。したがって、もし仮に「新しいダンスの法式が一般的な運動性の幾つかの要素を統合してくる」のだとするならば、「そのまえにまず、その法式が運動性の聖別（consécration motrice）のようなものを受けとっているのでなければならない」という［PP：167/240］。「運動性の聖別」とは、それによって身体が運動を把握し、了解することを可能にするような、「運動的な意味」を身体にもたらすような働きである［idid.］。

それでは、頭遣いTら人形遣いたちが試みた分析は、いったいいかなる事態であっただろうか。

ここで彼らが行なったことは、それが実際に新たな運動を把握するような方向に向かったという点において、運動的なものについての表象を獲得するといった分析でないことは明らかである。それはむしろ、運動的な意味の把握を促すような分析である。頭遣いTが強調していた、「大きく見せる」という効果は、彼らが表現しようとしている演技の世界において、極めて重要な意味を帯びている。習慣として形成されていた動作を差し止めてまで、わざわざ「両手を広げる」ことができるとすれば、それが具体的な意味を欠いた「単なる腕の外旋」ではなく、「派手に見せるために大きく見せる」という演技上の具体的状況に誘ったことに、その分析の決定的な意義がある。

さらにいえば、頭遣いTが、「両手を広げる」動作に成功したのは、そうした分析を加えるよりも前である。人形を脇に置き、一回目に自分の身体でなぞってみたときは、押し黙ってゆっくりと試みてかろうじて成功した。二回目に「ぱーん」と発語しながらなぞったときは失敗し、三回目に、満を持してといった様子で「ぱーん」と発語しながら試み、再び成功した。分析を加えたのはその後のことである。とすれば、分析は、彼が実現できた動きを、意味づけるという仕方で固定した企てにすぎない。彼が確信を持って成功した際、その動きに伴っていたものは、それまでになかった「しゅっ」という擬態語であったが、この「しゅっ」こそ、「運動性の聖別」を受け取る行為であったといえるのではないであろうか。新たな動作が獲得されたという点で、「両手を広げる」動作は、「身体が一つの新しい意味づけによって滲透された」［PP：171/246］事態であるといえるが、ここでの「新しい意味」は、未だ「大きく見せる」という意味を持っていたわけではない。「しゅっ」という擬態語とともに空を切る身ぶりこそ、言語化された意味に先立つ原初的意味の発生の瞬間である。その意味は、動きそのものが自らを分節するかのようにして生み出され、産声のような擬態語を必要とした。

ただし、その擬態語もまた、一連の「ぱーん」という擬態語と切り離して発せられたわけではない。**図4-6**［Ⅰ］と［Ⅱ］を比較しても分かる通り、彼は一つ目の「ぱーん」の置きどころをずらしている。［Ⅰ］で失敗した彼は、［Ⅱ］では二つの「ぱーん」のいわば射程範囲を延ばすために、その擬態語の開始を遅らせて、より長くなっていくであろう動作を的確に目がけている。その上で、肝心の両手が広がるときに「しゅっ」と言い放っている。つまりこの「しゅっ」という擬態語もまた、すでに生まれつつあった動作を促し、かつ釘づけておくための、言語以前、暗黙の動作以上の結節点として働いているのである。

とすると、ここで動作の獲得に寄与したものとして、一連の「ぱーん」を見逃すわけにはいかない。「ぱーん」の置きどころをずらしたことからも、また、［Ⅱ］の二つ目の「ぱーん」において、すでに両手が前に上がっていることからも、最初に「ぱーん」と言いながら動きを開始した時点で、人形遣いTの身体は、「両手を広げる」動作の到来を把握していたといえる。つまり彼が「両手を広げる」ことに成功したのは、それ単独の動きによるものではなく、「ぱーん」から「しゅっ」に至る、運動を導く一つのまとまりにおいてである。そのまとまりは、「ぱーん」や「しゅっ」という結節点によって収まりをつけながら、一連の動作を確かなものとして導いている。

この場面において、言葉と動作とは、運動を獲得するという生きた身体の格闘の前で分かち難く絡まり合っている。もちろんここで生まれた結節点は、いずれ新たな習慣として、一連の流れの中へと統合されるだろう。一度習慣を獲得してしまえば、獲得していない状態にはもう戻れないという点において、この統合は逆行不可能である。そこでは言葉と動作とは再び対立関係に入っていく。言葉と動作とは、固定した関係に収まっているのでは決してなく、ときには対立的に、またときには相補的に、場面によって変化しながら関わり合うのである。

4　「流れ」「間」の習得――直示的「学び」を可能にする稽古の構造

さて、稽古はその後、広がりと重なりを帯びていく。

個々の型ができ上がったところで、彼らは〈打ち込み〉と〈こじり六法〉を組み込んだ新しい振りを試す。その定着をはかって何度か繰り返すうちに、更なる修正が加わった。

場面4-4　「流れ」

T4-75　直らんほうがええかな。このまま一気にいく方が、軽く、

M4-60　打ち込みの後？

T4-76　うん。とんとん。

M4-61　うん。

T4-77　とんとん。とんとん。ほなこっからもう、一気に、とんとん。

M4-62　あぁ、つながるっちゃ

T4-78　つながるよの。

M4-63　それはそれでもええんちゃうの。ここで直ったらたぶん間抜けてしまう。

T4-79　間抜けてしまうよの。

M4-64　うん。

料金受取人払郵便

山科局承認

128

差出有効期間
平成28年1月
20日まで

郵便はがき

607-8790

（受　　取　　人）
京都市山科区
日ノ岡堤谷町1番地

ミネルヴァ書房
読者アンケート係 行

◆ 以下のアンケートにお答え下さい。

お求めの
書店名＿＿＿＿＿＿＿＿市区町村＿＿＿＿＿＿＿＿＿＿＿＿書店

＊ この本をどのようにしてお知りになりましたか？ 以下の中から選び、3つまで○をお付け下さい。

A.広告（　　　　）を見て　B.店頭で見て　C.知人・友人の薦め
D.著者ファン　E.図書館で借りて　F.教科書として
G.ミネルヴァ書房図書目録　H.ミネルヴァ通信
I.書評（　　　　）をみて　J.講演会など　K.テレビ・ラジオ
L.出版ダイジェスト　M.これから出る本　N.他の本を読んで
O.DM　P.ホームページ（　　　　　　　　）をみて
Q.書店の案内で　R.その他（　　　　　　　　）

書名 お買上の本のタイトルをご記入下さい。

◆上記の本に関するご感想、またはご意見・ご希望などをお書き下さい。
文章を採用させていただいた方には図書カードを贈呈いたします。

◆よく読む分野（ご専門）について、3つまで○をお付け下さい。

1. 哲学・思想　2. 世界史　3. 日本史　4. 政治・法律
5. 経済　6. 経営　7. 心理　8. 教育　9. 保育　10. 社会福祉
11. 社会　12. 自然科学　13. 文学・言語　14. 評論・評伝
15. 児童書　16. 資格・実用　17. その他（　　　　　　）

〒 ご住所 Tel　　　（　　　）
お名前《ふりがな》　　年齢　　歳　性別　男・女
ご職業・学校名 （所属・専門）
Eメール

ここでTは、新たな型の組み合わせを提案する（図4－9）。それは、〈打ち込み〉を行なった後に、「直らず」に、次のしぐさへと接続させるといったものである。「直る」というのは、〈打ち込み〉に限らず、「型」を行なった後に、ニュートラルな直立の姿勢に戻ることを指す。「直らず」に「一気にいく」やり方は、「型」の遂行という点では逸脱であるが、この場面では必ずしも逸脱であるとは受け取られなかった。「直る」のであれば、むしろ「間が抜けてしまう」からである。

T：とんとん
T：とんとん
M：うん
T：とんとん
T：こっから
もう、一気に
T：とんとん
M：ああ

図4－9　接続の確認

「間が抜ける」という言葉を聞いて、人形遣いたちを埋め込んでいた文脈が突如立ち現れるのを感じる。それは、振りが一連の「流れ」を伴って進行していくべきであるという暗黙の規範である。「流れている」か「間が抜ける」かの境目は、彼らの経験上明らかであるに違いない。その違いを明確に自覚しながら彼らは人形を操っているのであろう。しかしながら、「流れ」とは何か、と問うと、その定義は極めて曖昧である。「流れている」の意味について私が尋ねた際に、ある人形遣いは次のように答えた。「文章を書くときに、『○○でした。××でした。□□でした。』と書くか、『○○で、××で、□□でした。』と書いたときの違いと同じようなもの(11)」だということである。後者の方が「流れている」ということである。こうした説明の仕方は、先ほどの「こうきて、もうこうやさかいの」[M4–29] と説明した、いわば「身ぶりことば(12)」に似て、定式化された説明とは異なった説得力をもっている。

直感的ないし経験的にのみ理解できるような事象（ここでは「流れ」）を言葉によって伝えることの困難さについては、ポラニーが論じるところである。ポラニーによれば、「名医の診断技術」といったものから、「スポーツ」や「工芸」などの「技能を行なう能力」は、事実や出来事に関する知識とは異なって、どのようにして行なったのかを当事者自身も知らないような、語ることのできない「暗黙知」である(13)。それは、人の顔や「病気の症候、岩石の標本、植物や動物(14)」を認識する際の手がかりとなる「外見的特徴」のように、「直示的定義（ostensive definition）」に依って立っている。「直示的定義」とは、「指さしなどの具体的な身振りによる事象の指示」によって語を定義することである(15)。例えば「病気の症候」などは、症候と名称とが結びついている仕方を説明することができないため、そのことを人に教えるとき、「その事物を指し示すという方法に訴えざるを得ない」のであり、「言葉を用いたとしても、我々には語ることのできないなにものかがあとにとりのこされてしまう(16)」。

「流れ」や「間」といったものもまた、「直示的」にのみ定義される。したがって、それを学ぶためには、「指し示すという方法」に頼らざるを得ない。しかしながらそのことは、人形遣いたちの「学び」を困難たらしめているわけでは、必ずしもない。彼らが意味のやり取りを行なっているのは、言葉の表象的作用においてではなく、身ぶりを伴った行為においてである。「身ぶりことば」による説明であれ、具体的な例を持ち出すことによる説明であれ、そこには、具体的な行為をともにしながら理解を促す仕掛けが備わっている。身ぶりと言葉とに満ちた相互行為の網の目は、「流れ」や「間」といった、人形遣いたちの行為を特異的に規定する現象についての「学び」をも進めるための装置として働いているといえよう。

彼らの稽古は、動作としての振りを身につける場であると同時に、振りと振りとの間の調整をたえず行ない、焦点化することなく「流れ」や「間」に対する感性を磨くものとして機能している。「流れ」や「間」という語彙を使用しながら動作を繰り返すことによって、参与者はそれらの語彙の使い方を学ぶ。それは「流れ」や「間」を命題として知ることではなく、それらを扱うことができるという意味での学びである。

5　〈わざ〉の習得とは何か――重層性、偶発性、一回性

「わざの習得」といえば、一般的に、〈打ち込み〉や〈こじり六法〉のような、何か新しい型を身につけていく過程を想定するが、少なくとも淡路人形座での取り組みにおいては、個々の型を身につけることは中心的な課題ではない。もちろん個々の型は基礎的な技法として身につけているが、それ以上に大きな課題は、型と型との「接続」である。〈打ち込み〉ができるようになるという事態は、決められた型に則って動作ができるということのみを指すのではなく、むしろ、適切なタイミングで、適切な場面で、適切な組み合わせで行なうことができる事態として理解した方が正しい。稽古は、一見、一つの「型」や「しぐさ」を習得していく過程として映るが、それは同時に、型の運用方法を学ぶ過程でもある。それはまさに、「型」が生きられつつあるプロセスにほかならない。

そうした学びは、わざを磨く上では必須の過程であるが、きっかけは偶発的である。例えば今回の場面では、当初〈打ち込み〉を導入できれば稽古の目的は達成されるはずであった。だが、Tたちが〈打ち込み〉を加えて振り全体を通すのを見て、Mはたまたま、〈打ち込み〉と、その後に用意されていた〈弓張り〉という型が酷似していることを発見した。それゆえに、〈こじり六法〉の導入を提案したのであった。その提案はあらかじめ予定されていたわけではない。〈打ち込み〉を導入した後に、振りの全体を見ることがなければ、Mは〈こじり六法〉を提案しなかったかもしれない。Mは、Tたちが行なう稽古に立ち会うことによって、その眼差しを「十郎」の振り全体のバランスへ

と向けていったのであった。そうしたMの眼差しの変化に応えるように、Tたちもまた、振り全体の「流れ」を調整するという方向に向かったのである。稽古全体の関心が移行していくことによって、学びがより重層性を帯びていったのであった。してみると、〈こじり六法〉の導入自体、その場でしか生まれえなかった一回的な出来事であったともいえよう。型の動きができるようになる過程と、「流れ」や「間」を感知できるようになる過程とは、原理的に区別できない。したがって、稽古とは重層的にいくつもの「学び」が折り重なっている場であるといえよう。

重層性を捉える事例として、稽古の途中に見られた謎めいた会話を取り上げたい。これは、Tが〈こじり六法〉をようやく会得した後、Tが全体の流れを確認している最中に交わされたMとTとの会話である。

場面4－5　「合わせる」

M4-53　「強き者は、前に立てる、弱き者は後ろに立つ」、ぐらいの時、この振りかなって思うんや。
M4-54　でもまぁよきところでいれてみて。おれそんな、分かってない。
T4-68　どこで入るや、そんなんわしやって言葉で考えてへん。
M4-55　言葉で考えるとそこは必ず
T4-69　最後にこれで合わすんよこれ、これで、どーん。うぃーん、ぱーん。

Mは、〈こじり六法〉を組み入れるべき箇所を、「十郎」のせりふに合わせることで見出した。人形のしぐさを物語の表象として活用する、物語的意味による選択である。ところがTは、そのようなMの提案に与しない。どこで振りを入れるかという基準を、「言葉」、つまり浄瑠璃のせりふの概念的な意味に置かないというのである。言葉ではなく、人形の振りを速めたり遅めたりすることによって、語りあるいは三味線の決めどころ、いわゆる「切り場」に合わせていく。それはいわば「間」を基準とした調整であり、直示的にのみ定義されうるような「わざ」であるといえよう。

こうした「流れ」のようなものについて、人形遣いたちは多大な注意を払っている。〈打ち込み〉を導入したのは、「元気よく」見せるためであったのに対して、〈こじり六法〉を導入したのは、「時間は延ばせる手数はある」[M4-33]からであった。前者が、物語に即した意味——源義経を追ってきた平家の武将として勇ましく登場するしぐさ——を追求したものだとするならば、後者の場合、人形に与えられている時間的な幅を合わせるための操作的な意味——「切り場」に合わせて調整する、いわゆる「尺に当てはめる」ためのしぐさ——を追求したものである。彼らにとって型を会得するということは、技法としての身体動作を獲得することではなく、物語にふさわしい人形の振りを模索し、語りや三味線に合わせて振りを調整し続ける営みである。そうした模索や調整が、彼らの稽古には折り込まれているのである。

この重層性こそが、わざの習得における「学び」の一つの原理である。彼らは必ずしも、「流れ」や「間」といったものを会得することを明確な目標に定めているわけではない。だが、個々の型を会得するという営みを通して、その会得を方向づけている暗黙の何ものか——ここでは、「流れ」や「間」といったもの——に対する感性を磨いているのである。

「間」を合わせるための稽古は、決して明示的に行なわれることはない。「間」が「直示的」に定義されることから分かるように、言語によって定式化された説明を拒むからである。彼らの中で「間」の話題が焦点化されなかったのは、すでに彼らが「間」をうまく扱うことができるからにほかならない。「どうやってそれを行なうのか？」という問いは、それができない人にとっての問いであって、すでにできている人には意味をなさない。〈こじり六法〉に熟達しているMが、〈こじり六法〉を説明することができなかったのに対して、〈こじり六法〉に慣れていないTが流暢に〈こじり六法〉の説明をしたのは、「どうやって行なうのか」という問いに対する切実さの違いが現れている。

裏を返せば、「どうやって行なうのか」といういわば初心者の問いは、型が身につくにつれて霧散していくのである。身についてしまえば、関心は「間」といったような高次の課題へと向けられる。人形遣いたちの稽古が一見何をしているのか分からないように見えるのは、言葉の上での曖昧さだけではなく、自明化している意味のやり取りの濃密さに起因するといえよう。その濃密さに、初心者――つまり研究者――はついていけない。人類学者の福島が指摘するように、わざの習得に関する研究の多くは、新人―熟練という二者を比較することによって考察が進められる(17)。しかしながら、初心者の問い――「どうやってそれを行なうのか?」――から議論を組み立てると、熟練者の動きは暗黙的に遂行されるものとしか映らない。つまり、そうした問いの立て方自体、熟練者の実践に対するブラックボックス化に加担していることになるのである。しかし、熟練者の稽古は、熟練者自身にとっては決して暗黙ではない。たとえ、わざが当人にとって暗黙的であったとしても、彼らが身を浸している行為のやり取りや、そのやり取りが生み出している意味を掬い取ることは決して不可能ではない。そこに眼差しを向けることは、彼らとの対話を可能にするための、私たちに与えられた道にほかならない。

淡路人形座の稽古場面に立ち会えば立ち会うほど、どこからどこまでが「わざ」なのか、その線引きが曖昧なものとなってくる。本章で検討したように、〈打ち込み〉の「型」を習得するということは、「型」と「型」とをつないでいる「流れ」を習得することも含む。「流れ」を習得するということは、人形が組み込まれている物語の中への理解を深めることであり、同時にほかの人形遣いや太夫・三味線との調和を学ぶことでもある。このように彼らの「学び」は付随的に拡張していく。拡張する「学び」について自覚的である必要はなく、むしろ暗黙の中で行なうべきものであるとさえいえる。それは言語化することによって損なわれてしまうものであり、言語化するのとは異なる仕方で伝えられていくものである。「流れ」といったものは、獲得されるべき目標というよりは、むしろ日々の活動の中で習慣的動作の一部として身についていくものであって、舞台が円滑に進む上での前提として位置づけられている。その意味で、わざの習得とは、部分的に切り取ることを許容するような段階的学習ではない。具体的な文脈に埋め込まれてきた習慣的身体動作を、異なる習慣的動作へと変えていき、変えることによって新たな文脈に住み込んでいくといった暫定的なプロセスである。稽古とは、いつも途中から始まり、途中で終わる、営々と連なる動作の獲得の連続なのである。

註

（1）ここで取り上げる稽古場面は、二〇一二年一月のものである。
（2）たとえスポーツ解説者がバレーボール選手のスパイクミスについて極めて的確な解説を述べることができても、当のアタッカーに替わってスパイクを決められるとは限らない。あるいは、コーチの指摘を受けた選手が、スパイクフォームの改善に取り組むあまり、元々持っていたフォームを失ってしまうことだってあるだろう。
（3）生田久美子『「わざ」から知る』東京大学出版会、一九八七年、九五頁。
（4）内山美樹子『浄瑠璃史の十八世紀』勉誠出版、一九八九年、一九一頁。
（5）第六章で見るように、「復活公演」に向けた準備は、半年ほど時間をかけてじっくり進められる。「三味線」と「語り」のパートでは、昔の公演記録として残された音声を模倣する作業となる。手本となるのは、豊澤町太郎（芸名）氏が、早稲田大学演劇博物館より委嘱を受けて録音した語り・三味線である。「人形」のパートには映像が残されていないため、昔の写真を参考に、人形の衣装や道具を用意する。振りについての大まかな順序や展開は、「三味線」と「語り」からある程度推測されるが、細かい部分の振りに関しては、「専門家の演出」を土台として、人形遣いたち自身の経験を踏まえながら最終調整をしていく。「専門家」とは、大学の研究者を指す。研究者が昔の資料を忠実に解釈することで床本を「復活」させ、それに基づいて舞台は構成される。今回の振りの大部分は、研究者による積極的な関わりによって構成され、人形遣いたちが調整を進めながら決定された。
（6）ここで言及されている「忠信」とは、『義経千本桜』の演目の登場人物であり、「十次郎」とは、『絵本太功記』の登場人物を指す。
（7）文楽協会監修『文楽の人形』婦人画報社、一九七六年、三〇六頁。
（8）メルロ＝ポンティは、習慣の獲得が、「新しい道具を自分に附加することによってわれわれの世界内存在を膨張させること、ないし実存の在り方を変えることの能力の表現」であると論じた［PP：168/241］。

（9）オノマトペには、シニフィアンとシニフィエとの非恣意的な結びつきが見られ、しかも身体動作と整合性を保っているという洞察については、次の研究に詳しい。細馬宏通「オノマトペの音韻構造とジェスチャーのタイミング分析」『信学技報』（一一二号、二〇一二年、七九～八二頁）。

（10）メルロ＝ポンティは『知覚の現象学』第一部Ⅲ章で、「精神盲」の患者の症例と、その病理学的解釈を踏まえて自らの現象学的記述を行っている。ここで挙げた「主知主義的な立場」とは、失行症に関わる、「行動の企画的準備」に関する障害（目標の失念、二つの目標の混同、時期尚早の実行、或る知覚が介在したためにおこる目標の移動）に対する、医師リープマンによる報告を指している。運動の企画は正常に働くが、それを手足の運動性に適合させることができない症例に対して、「患者は運動法式を表象としては保持していたけれども、その法式は彼の右手にはもはや意味を持たない、あるいはまた、彼の右手はもはや行動範囲をもたない」ものとして分析した。メルロ＝ポンティは、その分析を評価しながらも、「リープマンは、自分の分析を精密化しようとするときにおよんで、ふたたび古典的見解に舞い戻り、運動を表象と自動運動の系とに、分解してしまう」点を批判する。メルロ＝ポンティの基本的な立場は、「身体を即自的な機構として、意識を対自存在として腑分けするというようなことをやめたとき、はじめて問題は解決するのである」という記述に込められている［PP：162/234］。

（11）インタビュー（二〇一二年一〇月）のデータによる。

（12）「身ぶりことば」というのは本章での造語であるが、念頭にあるのは、メルロ＝ポンティがいう、語の「所作的意味（signification gestuelle）」である。メルロ＝ポンティにおける前期の言語論の核心の一つは、言葉の理解は「存在様式」の理解から始まり、「実存の転調」を引き起こすに至るような身体的なやり取りであるという点であった。言葉の意味が身体における相互行為によって、あるいは相互行為以前に伝わり、それが相手の「実存」に転調を引き起こすという事態は、まさに相手に対して新たな行為に導くような、わざの習得過程であるといえる［PP：209-226/294-316］。

（13）Polanyi, Michael. *The Tacit Dimension*, Doubleday, 1966, p. 16.（佐藤敬三訳『暗黙知の次元――言語から非言語へ』紀伊國屋書店、一九八〇年、一九頁。）なお、メルロ＝ポンティの議論には、行為の遂行を他の誰かに伝えるということに関する直接の言及がないため、ここではポラニーの議論に依拠した。

（14）Ibid., p. 14.（同上、一六～一七頁。）

（15）浜野研三「直示」廣松渉ほか編『岩波哲学・思想事典』岩波書店、一九九八年、一〇九一頁。

（16）Polanyi, ibid., p. 14.（ポラニー、前掲書、一七頁。）
（17）福島真人『暗黙知の解剖――認知と社会のインターフェイス』金子書房、二〇〇一年。

小　括　「暗黙知」から「なじみの知」へ

身を投じた学びの諸相

第Ⅰ部を閉じるにあたって、各章それぞれの稽古場面について記述されてきたものを整理しておこう。第一章と第二章の足遣いの稽古において、彼らが習得を試みていたのはすでに決められた型であった。ここで問題となるのは、人形遣いとして適切な動きができるかどうかであり、彼らはまだ人形遣いの手前にいる。教える側に問われていることは、わざを共同的に遂行できないという溝を越えて、いかにして共通の地盤を作り上げるかという問題である。第一章では、足遣いCによる「誤りの自覚的な提示」がそれを生み出すきっかけになったのに対して、第二章では、足遣いWによる「できないことの無自覚な提示」が、稽古を断念させ、再び個別の動作だけを習得するという段階へと後退することによって、共通の地盤を生み出した。それらは、ともに初心者なりの「生きた身体」の表現であり、師匠は彼らの表現に対して異なる仕方で応答を試みたといえる。

他方、第三章と第四章において取り組んでいたことは、すでに基本的な動作は習得できた上で、習得済みの型を舞台に即した形で使いこなすという事態である。第三章の場合は、動作自体がそれほど難しくないために、比較的短いやり取りの中で振りを形成することができた。そこで明らかになったのは、彼らが円滑に動けば動くほど、彼らの身体は、一体の人形を動かすことを目がけて収縮するという出来事である。また、操作上の不具合が生じると、演技に向かっていた身体は一旦差し止められ、操作の世界に立ち戻るのであった。第四章では、動きに熟達している頭遣いが、さらに未知の型を習得する場面が見られた。新たなしぐさを獲得するためには、すでに身体化されている習慣的動作を修正する必要があるが、そのとき、分析的解釈が、動作を妨げるどころか、動作の結節点を新しく方向づけ、動作を促すことが明らかになった。

これらの記述は、身を投じた学びという観点についての議論を新たに喚起するものである。

「なじみの知」へ

発達心理学者の浜田は、今日の教育学や心理学が注意を払い続けなければならない陥穽は、「自分の身一つの能力を高めること」を希求する姿勢であると指摘する。(1)「個体の労働力を売って生きる」という道を歩まねばならない近代の社会において、私たちには、「個体の能力をそれ自体として取り出してその価値を評価し、また少しでもそれを高めようとする姿勢」が染みついている。(2) こうした姿勢は、序章で問題になった「表象モデル」に基づく学習観とも容易に結びつく。これらの視線の下でわざの習得を読み解くならば、身体の働きがいくら豊かであることを明らかにしたところで、それを「能力」として明示化し、一つの目標に据えるような態度に陥りやすくなることは想像に難くない。(3)

しかしながら他方で、わざが上達したり身についたりすることを、個人と切り離すこともまた困難である。例えば、レイヴとウェンガーのように、学習を共同体の活動として捉え直し、共同体の日頃の活動を踏まえて個人の変容を見ていくことには大きな意義があるとしても、依然として個人の能力に還元する見方は成立しうる。なぜなら、わざが身につくことの「楽しさ」は、当人が一番よく知っているのであるから。(4) 個体能力論へと引き込まれることを避けながら、他方では個人の身体に生起している出来事を十全に受け取るためには、議論を個人か共同体かのいずれかに帰着させるのではなく、その二者択一とは異なる方途を模索する必要がある。

そこで鍵になるのは、本書が着目している、生きた身体についての「記述」である。生きた身体は、市川浩によれば、「われわれとともに現前」していて、「われわれにとってあまりにも近」く、「その近さのゆえに、かえってそのはたらいているありのままの姿を捉えることがむずかしい」(5)。それが難しいというのは、第Ⅰ部での考察を踏まえてみると、常に何かに向かって自らを背景化していたり、世界に関係しながら常にすでに働き出しているからである。それらを概念で規定して抽出しようとした途端、仮に現象学的に精緻化された概念であったとしても、それは生きられた世界においてそうであったような働きを失うか、概念化の作業とは無関係に再び見えなくなって私たちの生きられた世界を背後から駆動し始める。

こうした身体の働きを目にした私たちは、それらを明示化したり目標化するような野心が、身体の働きとは最初から相容れなかったことに気づくであろう。そこで私たちが考えなければならないことは、わざを習得する際に、それがいかなる意味を伴って出来事となるのかと注意深く眼差すことである。(6) 身体における経験は、個人や他者の存在に先立つ、あるいはそこから個人や他者が分化してくるような原初的領野である。(7)

その上で、身体における経験をあえて「知」として捉えるとしても、問題はそれをいかに掬い取るかという、その記述の仕方が問題とされるべきである。以下のメルロ＝ポンティの言葉は、その新たな記述のはじまりであるといえる。

> 問題は、手のなかにあって身体的努力によってのみ得られる知であり、これは客観的な指定によっては翻訳不可能なものだ。タイピストがキーボード上の文字の位置を知るのは、あたかもわれわれが自分の手足の一つがどこにあるかを知るのとおなじように、客観的空間における位置なぞを示すのではない一種の昵懇知（un savoir de familiarité）によってである。[PP : 168/241]

パソコンで文字を打つ際に、動作を一連の流れで行なっているが、私たちはそのことを分析的に考えることによって知っているわけではない。自分の指が行なっていることを、指の動きをなぞりながら、事後的に認識するのみである。それゆえに、私の「指」が「知っている」と言いたくなるわけである。こうした事態は、私たちにとって知られざる「暗黙知」として理解することができるかもしれない。だが、メルロ＝ポンティにおいて重要なのは、こうしたである。

「知」を、身体にとって親しみのある知（昵懇知）と述べたことである。それは、私たちが構築的に獲得していくような「能力」であるようでいて、あるいは私たちには知る術のない「暗黙知」のようでもあるが、メルロ＝ポンティの理解では、それはすでに私たちとともにあるのであって、私たちは身体において物や世界に親しみをもっているのである。(8)

メルロ＝ポンティは、身体は人間が世界のうちにつなぎ止められる「錨」(9)であって、いつも私たちの生を形作っている一つの働きであることを見て取った。メルロ＝ポンティの声に耳を傾け、身体がそのような働きを持っていることを踏まえるならば、身体とは「教育の対象」以前の実存であるということになる。とするならば、身体の教育とは身体の能力を引き出す働きかけであると見なす捉え方は、自ずと相対化されていくのではないであろうか。

すなわち、私たちの身体は、教育の対象となる以前に、すでに世界の中にあるのであり、様々な意味とともにある。わざが身につくということは、何かの能力が獲得されるというよりも、むしろ別の異なる世界に生きることが始まるということでもある。すでに身体が身を浸している世界から、別の世界へと移ることには、習慣的な動作が時間をかけて染みついてくるという事態もあれば、稽古のような努力を重ねて跳躍に至るという事態もある。身体に着目するということは、そうしたそれぞれの変容の諸相を細やかに眼差すことなのである。

その意味では、それは必ずしも伝統芸能における濃密なやり取りだけに見られるとは限らず、学校教育のような学習の場でも生じている出来事であるともいえる。すなわち、学校教育における学習においても、「知識」はその場その場での参加者たちのやり取りの中で、生まれたり喪失されたりしているのではないであろうか。たとえ「伝えるべき知識」が歴史的な事実や植物の分類など、教科書的な成り立ちをしていたとしても、それを伝えようとする教師の姿勢や、それを受け取ろうとしたりしなかったりする生徒の構えの間に、一つの「共通の地盤」が立ち現れて、身体の「ままならなさ」を抱えるようなやり取りが生起しているのではないだろうか。

身体の背景的な働きは、個人の身体の能力を開発することを目指す「個体能力論」的な学習観や、「頭で考える」

ことに対して「身体で覚える」ことを強調する「身体論」的な学習観の陰で、それらを支えつづけている事象である。それを把捉することは、表象モデル的な学習観を乗り越え、教え手と学び手との双方が、学びを通じて変容し合うような共同作業を構想するという、教育学における大きな挑戦に向けた小さな端緒となるのである。身ぶりと言葉とが不可分に結びついた「学び」の行為空間こそ、教育が眼差すことをしてこなかった、暗黙的で雄弁な意味のやり取りの現場であり、そこに立ち返ることによって、「学び」の再構築が始まるのである。

註

（1）　浜田寿美男『発達心理学再考のための序説』ミネルヴァ書房、一九九三年、九六頁。

（2）　同上。

（3）　西岡けいこはこの点に関して、「教育技術の改良」をもたらすことに終始する身体的な教育実践に対して警鐘を鳴らしている。（西岡「脱自あるいは教育のオプティミスム――ソルボンヌ講義を起点とする肉の存在論の教育思想的意義」『現代思想』三六巻、一六号、二〇〇八年、三四七頁。）

（4）　この点については、美学者・中井正一の議論が示唆的である。中井は、水泳をしている人が「フォーム」を獲得しえたときのことを例にとって、「美」を知る体験を以下のように論じている。「長い練習のうちに、ある日、何か、水に身をまかしたような、楽に浮いているようなこころもちで、力を抜いたこころもちで、泳いでいることに気づくのである。……初めて、グッタリと水に身をまかせたようなこころもち、何ともいえない楽な、楽しいこころもちになった時、それが、美しいこころもち、美感にほかならない。自分の肉体が、一つのあるべき法則、一つの形式、フォーム、型を探りあてたのである。自分のあるべきほんとうの姿にめぐりあったのである。このめぐりあった唯一つの証拠は、それが楽しいということである。しかもそれが、事実、泳いで速いことにもなるのである。」（中井正一『美学入門』河出書房、一九五一年、九頁）。

（5）　市川浩『精神としての身体』講談社一九九二年、六六～七二頁。

（6）　身体が開示している意味に迫ろうとする研究として、例えば Andrieu, Bernard, *Philosophie du corps*（Vrin, 2010）などが挙げられる。

（7）メルロ＝ポンティは、フッサールの現象学を建設的に深く読み込む中で、現象学的還元によって開示される地平が、「身体的間主観性」[S：218/II 24] の世界――無人称的な「根源的なひと（On primordial）」[S：221/II 29] の世界――であるとする。とすれば、「他人の構成は身体の構成の後に行なわれるものではなく、他人も私の身体も根源的脱我（l'extase originale）から同時に生まれてくるのである」[S：220/II 27]。

（8）こうした理解は、例えばサッカーの経験における記述からも見て取れる。「グラウンドは彼に与えられているのではなく、彼の実践的志向の内在的目標として現前しているのである。選手はグラウンドと一体となり、例えば『目標』の方向を、自分自身の身体の垂直や水平と同じぐらい直接に感じる。……選手の試みる駆け引きが、そのつどグラウンドの様相を変え、そこに新しい力線を引き、そして今度は行為が、ふたたび現象野を変容させながら、そこに繰り広げられ、実現されるわけなのである。」[SC：169/250]

（9）「身体とは、世界のなかへのわれわれの投錨（notre ancrage）のことなのである」。これは、「世界内存在（l'être au monde）」としての人間の実存を身体の働きに見て取ったメルロ＝ポンティによる理解である [PP：169/242]。

第Ⅱ部　興行——〈わざ〉を継ぎ、演じる身体

三番叟の人形（平成23年１月２日、著者撮影）

導　論　等身大の伝統芸能の記述に向けて

多層的な活動の積み重ね

平成六年（一九九四）一一月二三日、淡路人形座の人形遣いの師匠であった吉田東太郎《はるたろう》（芸名）氏が結核のためにその生涯を閉じた。享年六一歳、人形遣いとしてはまだまだ活躍の盛りの半ばである。東太郎氏は、もともと淡路の人ではない。大阪の文楽の技芸員として修行を積んだ人形遣いであった。(1)将来を嘱望されていたが、昭和三八年（一九六三）の文楽協会立ち上げに伴うトラブルが発端となって退座した。退座後、詳しい経緯は不明であるが、人手不足に喘いでいた淡路人形座に、昭和四三年（一九六八）頃から助っ人として加わることになった。(2)大阪で腕を磨いた熟練者が加入したことは、淡路人形座にとって明るい話題であったに違いない。

東太郎氏の加入からしばらく経った頃、後継者の育成に苦しんでいた淡路人形座は、組織の変革を徐々に結実させ、昭和五七年（一九八二）、待望の若手座員を迎えた。かつて子供会の活動で人形浄瑠璃をやっていた二人の青年である。(3)彼らは中学卒業後、地元の企業で働いていたところ、休日に呼ばれて舞台を手伝う中で、人形座にスカウトされるようになった。それぞれ人形遣い、太夫の即戦力として入座した彼らは、それから三〇年のちに、淡路人形座の支配人・副支配人として活躍することになる。彼らの入座の後、約六年かけて、さらに太夫・三味線が五人、人形遣いが六人、若手の加入が続いた。若手の後継者が増える中で、師匠格の東太郎氏は彼らを弟子として育てるようになった。東太郎氏の加入後二〇年経ったとき、二〇代の若手後継者だけで一つの大きな公演ができるまでになっていた。

現在の人形遣いたちは、みな東太郎氏の弟子ないし孫弟子である。文楽で磨き上げられた高度なわざと、ときに破天荒に振る舞う鷹揚な人柄に、弟子たちは強く惹きつけられていたという。舞台に上がれば、稽古で一度もやっていなかった振りを突然要求してきたり、ちょっとした失敗でも容赦なく怒鳴りつけたりする師匠の前に、辞めていった弟子たちも少なくない。だがそれでも師匠を慕い続けた数人の弟子たちは、ときには理不尽ともいえる態度にも耐えながら、わざを上達させていった。

平成六年（一九九四）の東太郎氏の死は、主軸の人形遣いを失ったということ以上に、弟子たちから師匠を奪ったという点において、淡路人形座にとっては重大であったかもしれない。人形遣いたちを主導するリーダーであり、芸の絶対的な手本であった東太郎氏の不在の中、彼らは舞台を続けなければならなくなった。東太郎氏は、地元の中学校、高校での部活動に、ときには、徳島や長野における人形浄瑠璃保存会からの要請に応じて、指導に出向いてもいた。平成六年（一九九四）以後、弟子たちはそうした指導的な立場にも立たねばならなくなった。

二〇代にして師匠に先立たれるということは、人形浄瑠璃を継承する上で、弟子たちにどのような意味をもたらすのであろうか。弟子たちの中には、十分に実力を備えるまでの期間、師匠にみっちり仕込まれた者もいれば、数ヵ月しか一緒にいられなかった者もいる。彼らにとって、師匠を失った後の舞台の景色は違って見えたに違いない。

第Ⅱ部の課題は、淡路人形座の人形遣いたちが、人形浄瑠璃のわざを興行する場面を覗き見ることで、彼らが洗練させているわざが何を目指しているのか、興行の中で実現されつつある価値をいかに経験しているのかを記述することにある。具体的には、「継承」、「公演」、「巡業」という三つのテーマに焦点を絞って記述する。

淡路島は、昔から人形浄瑠璃が盛んな土地である。全国を行脚しながら人形浄瑠璃を披露して回る旅芸人たちの拠点であり、趣味で三味線・太夫を嗜む人の数は今でも多い。地元の祭において、神輿を担ぎながら囃し立てる歌――彼らはそれを「だんじり唄」と呼ぶ――は、義太夫節の浄瑠璃をもじった語りとも歌ともつかない独特の唄である。そうした土地柄にあって、地元の子供会や学校において人形浄瑠璃に接することは特筆すべきことではなかった。行政が芸能の保護に極めて積極的であり、座員たちの準公務員化という大胆な保護政策に一時は取り組んだ。外から島を訪れる人たちに向けて、興行用の会館を備え、観光資源として一役買う。一時は途絶えていた正月の神事も、いつしか再開されることとなる。

こうした様々な動きが淡路人形座の来し方行く末を指し示し、座員たちの活動の土台を形成している。土地ぐるみで一つの芸能を継承するという営みは、伝統芸能の継承という一言で済ませられない多層的で多彩な日々の小さな活動の積み重ねによって成り立っているに違いない。その積み重ねの一端を解きほぐしながら、座員たちのわざの経験を読み解く一助としよう。

わざの経験はいかなる厚みをもっているのか？

こうした問題群は、稽古の取り組み、あるいは本書が関心を払う身を投じた学びの問題と、深く呼応し合うものである。第Ⅰ部で記述したような稽古場面は、それを取り巻く空間的・時間的文脈から大きく影響を受けている。わざが上達していくプロセスには、稽古という場はもちろん、興行をはじめとする淡路人形座の活動全体が深く関わっている。つまり、師匠である東太郎氏との出会いおよび別れ、演目の増加、座員の入れ替わり、組織の変化、劇場の移転など、淡路人形座を取り巻く状況の変化は、人形遣いたちが腕を磨いていく過程に刻印を残している。また、彼らが学ぶべきわざは、師匠の在・不在、熟達の度合い、公演の種類といった身近な状況から、時代の空気や温度、地元の風向きなどといった外的な状況と密接に関わりながら揺らいでいる。ほかにも、彼らが取り組んでいる外題の古さ、人形の演出の由来、という演出上の身近な問題から、そもそも現在継承しつつある人形座は、どこから来てどこへ向かうのか、今の組織の形にはいかなる必然性があるのかといった息の長い問題まで、わざを取り巻く問いかけは果てしない。身を投じた学びについて追求するならば、彼らが今そこで活動していることを取り巻いている、より広い文脈を見通す必要がある。そうしたすべての出来事を見据えたときに、彼らのわざの経験の意味がより生き生きと立ち現われることになるだろう。

第Ⅱ部の議論は、人形遣いたちのわざの経験を、興行の場面と関連づけながら読み解くことを試みるものであるが、そのことは、わざの個別の経験を共同体の活動に埋め込まれたものとしてのみ理解しようと試みるものではない。一座の全体を占うような大きな舞台であれ、日々繰り返される小さな舞台であれ、それらを方向づけ、担っているのは個別のわざの経験であるが、それらの個別の経験は、それらを埋め込んでいる状況それ自体を展開させていく起点でもあるからである。状況それ自体を展開させていくようなわざの経験を視野に入れようと試みるとき、個別のわざの経験は、彼らの活動の背景的な文脈という「地」を得ることによって、彩りを持った「図」として浮かび上がってくるのである。

より積極的に論じるならば、そのことは、稽古の時間の意味を再発見することにもなる。稽古の時間は、わざを構築するための作為的な働きかけであるという点において、日々の習慣的な活動には還元しえない時間である。状況に埋め込まれているともいえる日常的な活動の中で、稽古の時間を設けるのにはそれなりの必然性があるに違いない。つまり彼らを埋め込む状況そのものを脱していき、新たな状況を生み出していくような生成的な契機が、稽古のような直接的やり取りには備わっている。教える、学ぶということは、わざわざ仕掛ける行為なのである。

第Ⅱ部において記述の中心に置かれるのは、彼らがわざを遂行する際に生きて働く身体である。第Ⅰ部において論じられた、人と人との相互行為をミクロに支える点に加え、第Ⅱ部では、彼らを取り巻く舞台や道具、興行そのものと関係を取り結びながら人形遣いたちの興行場面を駆動する様が明らかになるだろう。

調査の概要

第Ⅱ部が調査対象とするのは、淡路人形座の来歴および今日の興行活動である。そのため、来歴を記した文献資料、パンフレット、新聞、および座員ならびに関係者のインタビュー資料、さらにはいくつかの重要な公演に関わる準備および公演当日における参与観察の資料を一次資料とする。資料の収集にあたっては、淡路人形座、淡路人形浄瑠璃資料館、南あわじ市図書館、新聞データベースなどを頼りとした。参与観察にあたっては、平成二四年六月から平成二五年（二〇一三）二月までの期間は、淡路人形座を対象として、平成二五年六月と平成二五年一〇月は、南九州の小中学校に巡業中の座員に同行し、集中的な調査を行なった。

第Ⅰ部と同様、調査の際には、彼らの許可の取れる範囲内で、稽古場面の一部始終をビデオに収録した。なお、第Ⅱ部ではインタビューやミーティングの中で聞き取った語りも含めて資料としている。公演の準備は、会議の段階から始まっていたからである。その際は、ＩＣレコーダーに音声を録音し、できるだけ正確に彼らの会話を拾うようにしている。

淡路島内の調査では、淡路人形座および淡路人形浄瑠璃資料館、および淡路人形発祥の地とされる大御堂を訪れた。また、大阪、西宮、徳島との関わりも重要になってくるため、以下にそれらの地図を掲載しておく。

「淡路人形」の来歴

第Ⅱ部の本論に先だって、まずは淡路人形芝居の来歴を確認しておこう。まず、淡路の人形芝居の発端となった、

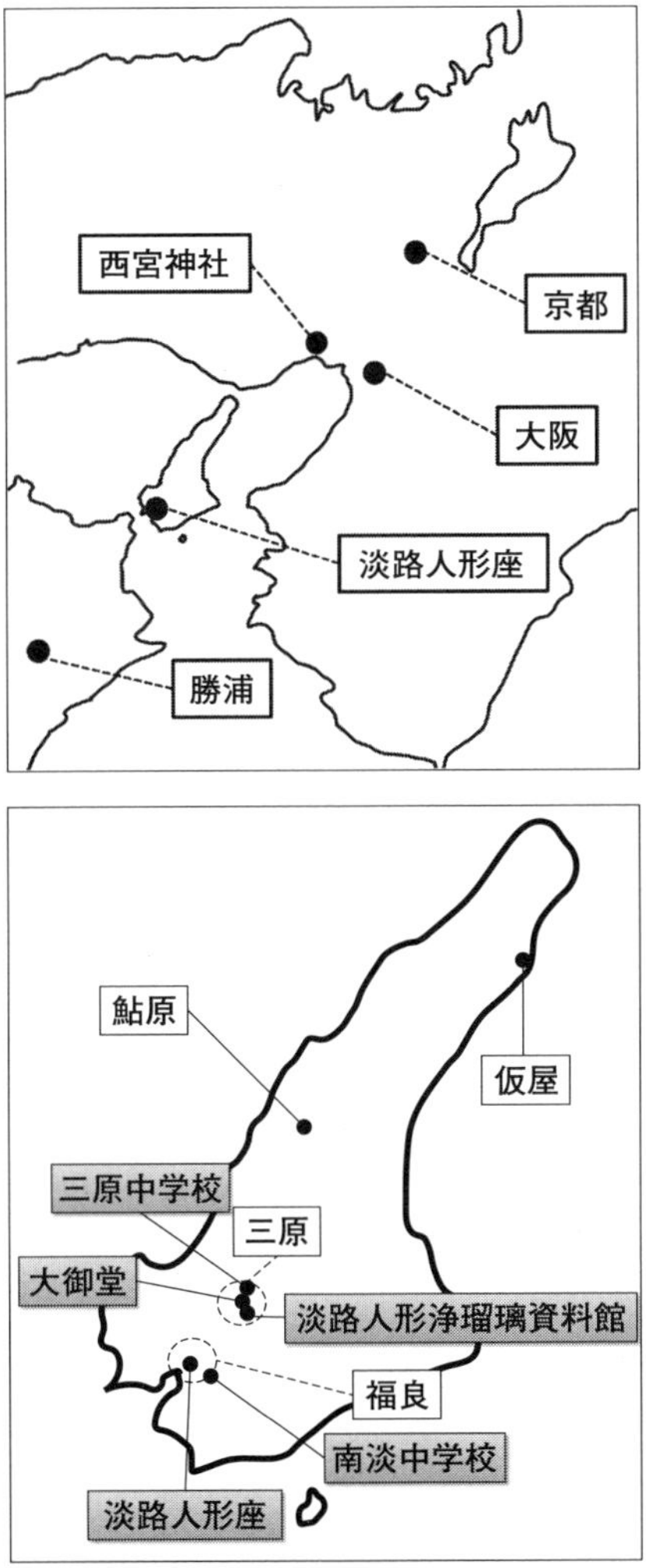

図１　関西の中の淡路島および、淡路島

室町時代ごろまで遡り、全盛期を迎えた江戸時代、衰退と保存に向かった明治時代以降をそれぞれ取り上げ、淡路の人形座の来歴を概観する。なお、以下では、江戸時代に活躍した淡路の人形座を「淡路座」と表記する。

国生み神話と神舞い人形

淡路島における人形芝居の発端は、「戎舁《えびすかき》」と呼ばれる芸能である。戎舁は、特に西宮の神社を拠点としていた人形遣いたちによる芸能の呼称である。一五〇〇年代中頃の京都では、人形を舞わせる形式の芸能が人々の耳目にふれるようになっており、様々な地域を出自とする人形遣いたちには、それぞれの群ごとに多少とも特色があって、技法の差異があった(4)。中でも、戎舁と呼ばれる芸能は、永禄から慶長にかけて（一五五八～一六一五）、宮廷へもしばしば参候するようになっており(5)、当時の戎舁は、おもに、謡曲に合わせて能のような演目で人形を舞わせていた(6)。

当時の人形遣いたちは、社会秩序の「外」に位置づけられた者たちである。人形芝居を指す語としては、戎舁のほかに「傀儡《くぐつ》」、「傀儡子」があったが、「傀儡」の語源は和語ではなかったとされている(7)。日本には古くから人形を使った神事が多く記録されているが、その多くは「人形《ひとがた》」とか「土偶」などの流れを汲む、呪詛や祈祷に人形が用いられる系統にあたる。しかし、「傀儡」と呼ばれる人形遣いは、それらとは異なる遊戯の系譜に連なっており、大陸からやってきた渡来人の系譜に連なるという説もある。神社に関係していた戎舁もまた、傀儡の民であったか、彼らと密に交流していた人たちである。

西宮の戎舁は、「散所」の民として西宮神社（広田神社の摂社）に隷属していた。淡路人形発祥の地として語り継がれているのは「三條」という地域——かつて「産所」と表記していたとの説もある——であるが、その名称の響きは、「散所」を彷彿とさせる。散所の民は、「大祭に当たっては、神輿をかつぎ、旗や鉾などの祭器を捧げて巡幸し、地子物収納の時期には、運搬の雑役を課せられていた(8)」人々とも、「廣田、西宮両社に隷属せし最も下級の神人の類である(9)」ともいわれる。それが淡路にも伝播して、淡路島の集落に拠点が築かれるようになった。伝播の詳しい経緯は不明であるが、摂津国二宮であった広田神社の荘園が、淡路島の中にあって、西宮との連絡や物産輸送などの便宜のために、散所を一部淡路に移したのであろう、という説がある。[10]なお、「戎社」はもともと西宮神社の摂社であったのが、中世後期に、しだいに神威が拡張して、ついには西宮の主神のように考えられるようになった。[11]

江戸時代に書かれた書物で、淡路座の起源を記した古いものに『淡路常磐草』がある。[12]それによれば、淡路座が旗揚げされたのは、一六世紀後半、「上村源之丞座」によるのだという。豊臣秀吉の前で披露したとか、関ヶ原の戦いでは逆に徳川につく蜂須賀家の味方をしたとかいう伝説が残っているが、史実として知られていることは、江戸時代が始まるころには、「上村源之丞座」が、淡路の人形座の始祖として狼煙を上げており、徳島藩の蜂須賀家にはとくに御贔屓にされていたということである。

上村源之丞座の由緒は、主に次の三つに支えられていた。

一つ目は、「綸旨《りんじ》」である。「綸旨」とは、上村源之丞の始祖にあたる人物が、「従四位下」に叙せられたことを記す書状である。それによれば、初代源之丞は、元亀元年（一五七〇）に宮中で「三社神楽」を奉納し、従四位下に叙する「綸旨」を賜った。永田衡吉は、「綸旨」が偽物である可能性も検討しつつ、「文言と記年が歴史的事実を以て迫る」ため、「禁裡参入に淡路の道薫坊廻しが参加したことを、むげに否定することはできない」としている。[13]事実はともかく、原本は保管している神社の火事によって紛失したことになっているが、その写本を「秘書」として持ち歩くことで、上村源之丞座は、芸能集団として朝廷からお墨つきを得たという決定的な権威を帯びるのであった。現存する写本は、上村源之丞座の座元であった「引田家」に代々伝わっており、近年「引田家資料」の中から発見され、現在は淡路人形浄瑠璃資料館に保管されている。[14]なお、「三社神楽」は、江戸時代に入り、淡路の人形座が各地で巡業するようになった後も、特別な神事舞として継承されるようになる。

二つ目は、「道薫坊伝記」である。『淡路草』や、「引田家資料」の中の「続諌夷書」が典拠である。それは、上村源之丞座の由来について語った、ほとんど神話ともいえる言い伝えである。『日本書紀』では、「古、天地未だ分かれず、陰陽分かれざりしとき」、イザナギとイザナミの最初の子、誤った手順で足の萎えた「不具」の子、蛭児《ひるこ》（蛭子）を作ってしまったため、蛭児を舟に乗せて流し、改めて正しい手順を踏んで、島々を生み、世界の創造が進むとされている。「道薫坊伝記」は、そこで流された蛭児を中心とした物語である。

内容を要約すれば、以下の通りである。[15]神戸（和田崎）の沖で光る舟が浮かんでおり、漁師をしていた「邑君」（藤原百太夫正清）が近づくと、舟の中にいた異形の神が宮殿を建てるようにと託宣をした。その神が蛭児であり、託宣を受けて建てたものが西宮神社とされる。そこには道薫坊という名の人がいて、蛭児によく仕えた。道薫坊の死後、海が荒れて不漁が続いた際に、「百太夫《ひゃくたゆう》」が京の藤原長者（近衛殿）に知らせたところ、勅命が下り、道薫坊の格好や顔をまねた操り人形を作り、神慮を慰めるようにとのことであった。勅命の通り道薫坊の木形をつくって蛭児の神前に人形戯を奉納すると、波風が静まり豊漁がもたらされたという。その後「百太夫」は淡路島に移り、市村の三條において大御堂と称する八幡神社の脇宮に投宿し、そこで木偶人形を廻した。やがて地元の引田氏と知己を得、引田家の入り婿となる。そこで生まれた子が、引田源之丞であり、人形座を創始して淡路島の人形芝居の伝統を築き上げることになる。

「道薫坊伝記」は、あくまで「伝記」の域を超え出るものではない。盛田は、「道薫坊」は、「人形のことを、デコ、デク、デコの坊、デクの坊などと称したところから考えついた名前」であり、「百太夫」なる人物も、「西宮社の摂社に、百太夫社があり、それが散所の者の祖神と称せられて、崇敬されていたところからきている」と述べる。[16]世阿弥が『風姿花伝』の「神儀云」において能の由来を『古事記』以来の神話に求めたのに似て、芸能の成立根拠を神話に求めることで正当性を担保しえたのであろう。なお、百太夫は現在でも大御堂の社の中で祭られている。

上村源之丞座の由緒を支える三つ目は、徳島藩主の蜂須賀家である。淡路島は元和元年（一六一五）に蜂須賀家の領地になったが、藩主たちは代々、上村源之丞座を招いて人形浄瑠璃を上覧していたらしい。とくに阿波進出が盛んになったのは、三代目源之丞の頃に始まる。[17]三代目は、初代藩主蜂須賀至鎮から「棒役三本」を免除され、「日向」

厚い保護に救われたことも少なくなかったという。[19]

の名を賜り、お目通りも許されたという。[18] 以後、上村源之丞座が巡業に出かけるときには「日本第一　冠諸芸衆能上村日向掾」と金字で彫った看板を掲げるようになった。座の運営は必ずしも順風満帆ではなく、蜂須賀家代々の手厚い保護に救われたことも少なくなかったという。[19]

旅芸人としての淡路座

享保・元文期（一七一六～四〇）、「引田源之丞」を座元とする「上村源之丞座」はじめ、いくつかの有力座が台頭し、淡路島内で大小合わせて四〇を越える数の座が結成された。その頃の淡路座の興行は、淡路島外の各地に出向き、野掛けの小屋を建て、芝居を披露する巡業形式であった。淡路座の全国的な活動については、近年の先行研究によって明らかにされつつあり、活動域は、阿波一国に留まらず、紀州を含めた畿内、四国から九州、中部、北陸、遠いところでは盛岡などへと広がっていたことが知られている。[20]

興行は、「地方の有力者、豪農・豪商」が請元となって行なわれ、一週間や二週間ほど続くが、評判の高いものは一ヵ月以上も続行した。[21] 興行の収支については、「座や出演者の人気」のほか、「天候」にも左右されたため、常に当たりを取ることは難しく、赤字を出したことも少なくなかったという。上演外題は、「超最新作とはいえないまでも」、ほとんどそれに近いような、上方で上演されたばかりの新作が取り入れられることがしばしばあった。[22] その背景には、大坂の人形浄瑠璃座との交流があったとされる。

淡路座が、人形浄瑠璃の興行に駆け回り始めるよりも少し前、人形浄瑠璃は「大坂」で大変な人気を博していた。竹本義太夫が竹本座を興したのが貞享元年（一六八四）、近松門左衛門と組み、「義太夫節」という浄瑠璃の新スタイルを確立した。[23] 元禄一六年（一七〇三）には、『曾根崎心中』によって世話物というジャンルを打ち立て、空前の大当たりを取った。同年、豊竹若太夫が竹本座から独立して、紆余曲折を経ながらも道頓堀の東に豊竹座を興した後、「大坂」では、「東豊竹西竹本と、相撲の如く東西に別れ、町中近国ひいきをなし、繁昌いはん方なき」様子を見せて興隆した。[24]

内山美樹子によれば、「大坂」で「義太夫節」を用いた人形浄瑠璃が勃興すると、いち早く淡路座にも取り入れられたという。とくに、淡路座と豊竹座の間で交流があり、豊竹座の新作が「本家の大坂より淡路の座で好評を得」ることが起きえたという。[25]その結果、「大坂」ではすでに再演が途絶えた演目について、淡路で独自に上演が継続されてきたケースが見られるのである。

また、江戸後期になると、「大坂」から太夫・三味線を招いて上演を行なう「追抱」と呼ばれる興行が盛んになった。大坂でもそれなりの地位を占める人たちをゲストとして招いて客に興を引くことが狙いであるが、それとは別に、大坂の若い太夫・三味線にとっての「修行の場」として機能していた可能性も指摘されている。[26]

いずれにせよ、淡路座は、日本国内の移動がそれほど自由でなかった時代に、蜂須賀家の庇護を受け、西日本を中心とする各地を巡業して回って、畑仕事から解放された百姓たちを相手に浄瑠璃の舞台を繰り広げ、しばしの慰みをもたらしたのであった。歌舞伎などの勃興によって、大坂で竹本・豊竹両座が下火になっていた文化年間（一八〇四～一八一八）、後に人形浄瑠璃を支える「文楽座」を立ち上げたのが淡路島の仮屋出身の植村文楽軒なる人物であることも注目に値する。[27]上方の目の肥えた観客だけでなく、地方の百姓たちを相手にした興行形態は、上方で浮き沈みする人気商売とは異なる生態圏のなかで活動していたといえよう。

明治に入っても、上村源之丞座、市村六之丞座、中村久太夫座、淡路源之丞座、吉田傳次郎座、小林六太夫座など、いくつかの有力座は活発に活動を続けていた。とりわけ活発であった市村六之丞座などは、旧暦の正月が終わるころに地元を出発し、「十二月十五日前後にまた淡路へ戻ってきた。殆ど一年中といってもよい位巡業して廻っていた」という。そのころの人形遣い（当時は「役者」と呼ばれていた）は、農業との兼業でやりくりするところが増えてきたが、市村六之丞座の役者などは、まだ旅興行を専業として活動していたのである。

そのころには淡路島内でも興行を打っていた淡路座の最盛期を彷彿とさせるような記録が残されているため、以下に引用しよう。[28]

淡路の地元で興行するときと当該巡業のときとでは、その雰囲気がまったくちがった様相を呈する。観客と出演者とがあまり呼吸が合い過ぎるというか、観客が舞台や床に一体となって熱をおびてくる。観客は単に傍観するのでなく、みずから劇中の人となり、恍惚境をさまようことになる。…太夫もこれに呼応していわゆる座声で大熱演、人形と同じような動作をして、見台をたたき、両腕をのばして大きな声でうなる。…見物人は劇中の人形と一体となって、太夫の語る浄瑠璃を口ずさみ自らも語り手となり、人形そのものとなり、首を振り、手をあげてまったく舞台と一体になりきってしまう。[29]

江戸時代から明治時代にかけて、人形浄瑠璃に触れた島民は非常に多く、素人でも浄瑠璃を語る人が少なくなかった。人気の外題であれば、何十回と足を運ぶ機会があるために、覚えようとせずとも義太夫節が口をついて出ることもあるだろう。それは、観客と演者とが一体となった野掛け小屋にただよう独特な舞台空間を作り出し、浄瑠璃にうるさい「通」を生み出す土壌となった。そうした土壌は、ときに観客の暴挙を許すこともある。例えば、太夫の「声が悪かった」ために、「観客の中に乱暴な人がいて見台を取り上げてしまった」とか、「ある三味線弾きが、観客から『あほ、やめとけ』といわれて怒ってしまい、演技の途中にもかかわらず、床から降りてしまった」といった逸話も残されている。[30] 多少の脚色を差し引いたとしても、野掛け小屋の熱気を窺うには十分である。

衰退と保存

精力的に活動を続けていた有力座も、大正、昭和と社会が変化するにつれて、徐々に衰えを見せ始めた。映画やラジオなどの発達によって、芸能が多様化したために、人々が娯楽として愛好する人形浄瑠璃の出番が減り、また次第に時代遅れの芸能であるという認識が優勢になっていった。

明治に入って大学が設置されてしばらくして、淡路の人形座に学術的関心が寄せられ始めるのもこの時期である。論文という形式で最初期に発表されたのは、副島八十六「阿波の人形芝居について」である[31]。それは、阿波地方（内容はほとんど淡路に関するものである）の人形芝居の現状を報告する、論文というよりも総説に近いものであるが、記事の内容としては淡路座の沿革や概略の紹介が中心である。興味深いのは、冒頭に、掲載雑誌『早稲田文学』を主宰していた坪内逍遥のコメントが挿入されてあり、芸術を論じる立場からの意見が読み取れる点である。それによれば、副島論文の内容は、「まだ曾て記録にも見えず、又話柄にも上らぬ珍しい事ばかりである。外國同様わが國でも、偶人形が近い将来一問題となりさうな今日、私ばかりが此好材料を貰つておくでもないと思ふから、ここに其談話筆記を掲載する」とある[32]。こうした見方は、人形芝居を娯楽として身近に楽しんでいた農村部の観客が「上村源之丞座」を見つめるのとは違った視点からの、「外國」と同じく「一問題となりそう」な、つまり芸術を論じる上での一つの題材になりそうなものとして、淡路人形を見据える立場であるといえる。

こうした見方に加えて、この頃の淡路人形について書かれた報告には、淡路人形の衰退を嘆く声が現われ始めた。昭和に入ってすぐに淡路座を調査した吉井太郎も、その論考の末尾を次のように締めくくっている。「西宮の操全く跡を絶てる今日。其残蘖の淡路に残存するのは宜しく保存を加ふへきものと考える」[33]。また、詩人の竹内勝太郎は、昭和の初期に淡路島を訪れ、そのときのことを評論に残している。「淡路でも最も古い上村源之丞座の座元を預かっている吉田傳次郎氏の一座」に、座敷の中で「欄干を急造して演出してもらった」[34]。「三味線は土地の盲目師匠、太夫は素人と巧者との組合せで、それがまた一層民俗芸術の匂ひと色を強くした」と感じ入りつつも、「然しその演技は想像した程古拙でもなくまた土の匂ひも淡かった」と評している[35]。先の吉井太郎氏などが発表した資料以上のものは得られなさそうだと落胆しつつも、正月の時期ならではの、「三番叟祝い」に出会えたこと、および舞台の中で「夷舞はし」の話を聞いたことには心を躍らせている[36]。「三番叟祝い」とは、上村源之丞が奉納した「三社神楽」以来、淡路座で格式を持って奉納されている舞であるが、この頃には、正月になると、淡路の家々に人形遣いが巡回し、家に上がり込んで三番叟を奉納するという行事が慣習化していた。

大学人、詩人、評論家といった人たちが、いずれも江戸時代から脈々と続けられている淡路人形に触れ、物珍しさや期待を覚え、その反動たる落胆を覚えるようになる。淡路人形は、いつしか淡路の「外」の人たちからの注目に晒されるようになったのである。

同じ昭和の初め頃、人形座がますます衰退するなかで、淡路人形の衰退を嘆く地元の人たちが、行政を巻き込んだ保存活動を始めるようになった。昭和九年（一九三二）、教員で後の県会議委員中野篤一郎が発起人となって、「淡路人形芸術復興協会」を設立したのである。設立の目的は、当時存続の危機が危ぶまれていた小林六太夫座を救済することにあった。小林六太夫座とは、延宝元年（一六七三）頃の「道薫坊廻」である「六太夫」を初代とする座で、拠点を旧五色町鮎原に置いており、明治時代に入っても活発に活動を続けていた[37]。大正から昭和にかけて、映画などが台頭してくることによって大衆娯楽の座を奪われ、「公演活動は次第に衰え、人形は蔵に眠ったままという状況になっていった[38]」。淡路人形全体の危機を憂えた中野らの呼びかけによって、「淡路人形芸術復興協会」が六太夫座を買収し、幾人かの人形遣いは活動を継続することができた[39]。

小林六太夫座に限らず、昭和の淡路座にとって、座の生き残りをかけた活動は切実であった。淡路座の中で最も由緒ある上村源之丞座は、大正初期に活動の拠点を徳島市へと移転し、彼の地に興行の可能性を見いだした。しかも、従来通り人形浄瑠璃を興行するのではなく、映画館を開いて、人形浄瑠璃の上演と平行して興行を続けた。新しい芸能活動を展開し、比較的好調な成績をあげていたのだが、昭和二〇年（一九四五）の徳島空襲で映画館もろとも焼かれ、人形はじめ道具一式を消失してしまったという。

戦後になって、保存運動に尽力していた人たちは、行政からの支援を得ることによって、次第にその成果を結実させていくことになるが、それは章を改めて論じよう。

見てきたように、淡路の人形芝居は、近世に入って浄瑠璃と融合することで勢いを得、近代に入ってからの社会の変化に適応できず、いつしか活気を失った。そのときに注目すべきなのは、保存という運動の中で、淡路人形に対する周囲の期待が変化したというところにある。それは、素朴に人々が期待する娯楽性よりも、伝統的であるということによる価値が付随してきたということである。だがそうした流れだけでは、淡路人形の衰退は止めることができなかった。

他方で、興味深いことに、文楽の評論家として名を馳せていた三宅周太郎も昭和四年（一九二九）に淡路を訪れている。三宅周太郎は、芸術としての人形浄瑠璃の探求する立場から、淡路人形の状態を酷評してもいる。衰退していく淡路の人形に対して、「嘆き、憤りさえ乏しく、まして修行の心や芸の執着も失った心地のように思われてならない」とした上で、「斯道」を極めようとする人には備わっているであろう気概が感じられないことに対する落胆を露わにしている。[40]とくに落胆したのは、淡路人形の「頭の大きさ」である。淡路の人形の頭は、「文楽の人形などに比べると四、五割乃至倍位に大きい」が、三宅がその理由を尋ねたところ、淡路の役者が「大きゅうないとよく見えまへんからや」と答えた。人形の頭が大きくなったのは、大きな野掛け小屋を設置したときに、後ろからでも見えやすいようにするためというのであり、明治二〇年頃からのことだった。「何か芸術的あるいは伝統的な理由」を求めていた三宅は、「見た日本位」の話に「がっかりした」という。[41]仮借ない批判を展開する三宅であるが、そこには芸能としての淡路に対する期待が透けて見えるともいえる。大阪の文楽に対する鋭い論考で知られる三宅であるから、この芸能に携わる者にとっての目利きであるといえよう。目利きとの対決は、芸能者たちにとって避けて通れない関門である。目利きの視線は、単なる芸の保存を見据えたものではない。その視線は、目利き自身の眼識をかけて投げかけられるという点において、芸能者たちとともに、舞台の実現に巻き込まれ、表現する側に立っている。もちろん、かつて野掛け小屋で興行を打って農村部の人たちになぐさみを与えた淡路座の活動は、決して「芸術的」でも「伝統的」でもなかったに違いない。それは何よりも賑やかで和やかな「娯楽」である。いずれにせよ、それを引き継いだ淡路人形座は、「芸術的」ないし「伝統的」であることを越え、その後再び勢いのある活動の渦を巻き起こすことができたのであろうか。第Ⅱ部の探求は、この挑戦的な問いに下支えされている。

註

(1) 大阪の「文楽」といっても一枚岩ではない。当時「文楽」と呼ばれていた人形浄瑠璃の芸能は「三和会」と「因会」の二つに分かれていて、東太郎氏は「因会」に所属していた。

(2) 淡路島出身で大阪の文楽で活躍した人は少なくない。昭和の国立劇場での公演の際、助っ人として出演をした豊田穀栄、小林常次、吉川喜久一（いずれも芸名）などはその人たちである。東太郎氏入座の経緯に詳しい人はすでにいないが、おそらくは、淡路と文楽の双方に出入りしていた人たちの力によるものなのかと推測される。

(3) かつて淡路人形座の常設会館が「福良」に設置されていた頃、淡路人形座の座員たちが指導に出向き、周辺に住む子どもたちを集めて人形浄瑠璃をやるという場があった。この活動は、後継者を育てる場として現在も継続中である。

(4) 「中世賎民」研究の盛田によれば、三河では「ほとけ舞し」が廻り歩いた記録が残っているという。多様な諸派の差異については、「今日からは、うかがい知るべくもない」としている（盛田嘉徳『中世賎民と雑芸能の研究』雄山閣出版、一九七四年、一九〇頁）。

(5) 同上。

(6) 同上。

(7) 「傀儡子」については、中国や日本の文献を渉猟した成果である角田一郎『人形劇の成立に関する研究』（旭屋書店、一九六三年）に詳しい。それによると、七九四年に出された『新訳花厳経音義私記』に、「久々都」の和語が確認される。なお、加納克己は、角田の研究を踏まえつつ、「傀儡」の語の初出を、延暦六年（七八七）の『西宮記』に見つけている（加納克己『日本操り人形史——形態変遷・操法技術史』八木書店、二〇〇七年）。

(8) 盛田、前掲書、一九五頁。

(9) 吉井良尚『摂播史蹟研究』全国書房、一九四三年、一六四頁。

(10) 志田義秀「西宮・淡路・京都の操の関係」『国語と国文学』大正一五年五月号、一九二六年、一〇六～一〇七頁。

(11) 摂津国の二宮である広田社が、淡路の国の一部を荘園として賜ったのは、一ノ谷の合戦後、源氏の依頼に応じた祈祷への返礼、すなわち頼朝からの寄進であるとされている。

(12) 本書では、明治二〇年に校注された資料を参照している。なお、研究者が典拠とする資料のうち代表的なものは、以下のいわゆる「四草」である。仲野安雄『淡路常磐草』（全八巻、享保一五年〔一七三〇〕）、藤井容信・彰民『淡路草』（全一五巻、文化八年〔一八二五〕）、渡辺月石『淡路堅磐草』（全一〇巻、文政一二年〔一八二九〕）、小西友直『味地草』（安政四年〔一八五七〕）。これらはいずれも、淡路在住の庄屋などがまとめた郷土誌である。そのほかも、大坂で発行された、暁鐘成『淡路国名所図絵』（嘉永四年〔一八五一〕）、明治以降の、阿部嘉平『淡路古今紀聞』（明治一七年〔一八八四〕）、片山嘉一郎（滴園）『淡路之誇』（二巻、昭和四年〔一九二九〕）。

(13) 永田衡吉『日本の人形芝居』錦正社、一九六九年、三四二頁。

(14) 「引田家資料」とは、上村源之丞座の座元であった引田家に伝わっていた膨大な書状であり、一九四五年の徳島空襲で消失されたと思われていたものが、疎開されており、幸運にも無傷のまま残っていた。これを、現淡路人形浄瑠璃資料館館長（当時、三原高等学校教諭）の中西英夫氏が引田家当主から引き受け、資料館にて保存された。

(15) 新見貫次『淡路の人形芝居』角川書店、一九七二年、一二頁。

(16) 百太夫信仰の起源については定かではないが、盛田氏は、「平安朝の末」にはすでに西宮で祭祀されていたことを論証している。なお、「百太夫」という名前については、「本来、道祖神であって、人ごとに多数の像を造って祭ったので、その数の多さから百太夫と称せられるようになった」のではないかと推測されるという（盛田、前掲書、一九九頁）。

(17) 阪口弘之「元禄期淡路操芝居の地方興行――『芝居根元記』をめぐって」『文学史研究』二九号、一九八八年、五八頁。

(18) 「棒役三本」とは、租税の種類であり、芸人に対する処遇としては極めて異例であった。

(19) 阪口、前掲書、五八頁。

(20) ただし、大阪や京都をはじめ、名古屋、堺、伊勢などで興行していたらしいという推測はされるものの、一八世紀以前においては、資料の乏しさから、活動の詳細を辿ることは研究の途上にある。一九世紀以降の活動は、阿波の豪農であった元木家の『元木家記録』に、詳細な活動記録が記されていることから、その一端を窺い知ることができる（内山美樹子「浄瑠璃史における淡路座」兵庫県三原郡三原町教育委員会『淡路人形浄瑠璃』浜田タイプ、二〇〇二年、一六頁）。なお、盛岡に渡った人形遣いたちのことは、門屋光昭『淡路人形と岩手の芸能集団』（シグナル社、一九九〇年）に詳しい。

(21) 中西英夫「淡路人形の発展——元禄期から江戸末まで」兵庫県三原郡三原町教育委員会『淡路人形浄瑠璃』浜田タイプ、二〇〇二年。
(22) 阪口、前掲書、六三頁。
(23) 庶民の情に訴えかけるような竹本義太夫による力強い語りは、義太夫以降の「新浄瑠璃」、それ以前（宇治加賀掾という名人以前）までの「古浄瑠璃」という浄瑠璃史上の決定的な分かれ目を生んだ、というのが定説とされる（郡司正勝「浄るり・かぶきの芸術論」西山松之助・渡辺一郎・郡司正勝校注『近世藝道論』岩波書店、一九七二年、六七四〜六九六頁）。
(24) 若月保治『人形浄瑠璃史研究——人形浄瑠璃三百年史』櫻井書店、一九四三年、八三九頁。
(25) 内山、前掲書、四頁。
(26) 久堀裕朗「淡路人形座と大坂」塚田孝編『身分的周縁の比較史——法と社会の視点から』清文堂、二〇一〇年、三九三〜四一三頁。
(27) 若月、前掲書、九六九頁。
(28) 淡路源之丞座の片山兵吉という人形遣いの聞き語りによれば、巡業はかなり派手であったようである。「威勢の好いころには、請元から船で迎えに来たものだ。その船には幕を張りまわし、旗やノボリを吹き流し、はやし太鼓で賑々しく着岸する。それを見ようとして岸に人の山を築くのが普通だった。そのころには大道具なども、三百石に一ぱいとか、五百石一ぱいとか、船で運べるだけ持って行く。牛車に積むと十三台などということもあった。……本興行はムシロ張りの掛け小屋を建ててするのだが、まず到着した日は荷を解いて、前支度に一日かかる。翌日でないと初日は開かない」（戸伏太兵『文楽と淡路人形座』寧楽書房、一九五六年、七四頁）。
(29) 新見、前掲書、一六三頁。
(30) 同上。
(31) 副島八十六「阿波の人形浄瑠璃について——地方巡演を専門とする操り浄るり」『早稲田文学』一八五号、一九二一年、七一〜八〇頁。
(32) 同上、七一頁。
(33) 吉井太郎「淡路と西宮の人形座」『阿波郷土誌』四号、一九三二年、五三頁。
(34) 竹内勝太郎「淡路人形座訪問——其の現状と由來」『芸術民俗学研究』福村書店、一九三四年、一四七頁。

(35)　同上、一四八頁。
(36)　同上、一五五頁。
(37)　なお、『淡路国名所図絵』巻五「南光」の説明に、「此地は傀儡師のかしら小林六太夫と私称して其徒、居住す。……其の妻婦のものは、死霊の占を業とす。是をたたき神子（みこ）という。梓神子のたぐいなりとぞ。」との記述が残されている。新見によれば、梓神子というのは梓弓の弦をたたいて、神おろしをして死霊・生霊のくちよせをする女性のことである。こうした記述から、「六太夫座の歴史には、傀儡師の原始的な沿革を示す遺風がかなり後まで残存していた」ことが分かるのである（新見、前掲書、五〇頁）。
(38)　六太夫座の巡業区域は、和歌山から伊勢にかけての沿岸部、紀ノ川から大和、さらには瀬戸内海沿岸の作州、四国の宇和島などに広がっていた。とくに天保年間には、徳川御三家である紀伊藩主の庇護を受け、「御前繰りを演じるという栄誉をうけた」という。明治時代に入っても、東京、成田、宇都宮方面へも巡業先を広げ、活動を続けていた（兵庫県三原郡三原町教育委員会『淡路人形浄瑠璃』浜田タイプ、二〇〇二年、一九八頁）。
(39)　昭和一二年には報知新聞社の後援によって、「報知新聞社講堂」を「満員」にした東京公演を行なっている。なお、淡路人形を愛好していた広川清によれば、「復興の気運も見えて結構な次第」であるが、東京に合わせて「淡路の色彩は減退した感があった。あれが淡路の人形芝居だと思われては第一地元が不服であろう」と、目利きらしい批評を寄せている（広川清『淡路の人形芝居』南郊書院、一九三七年、一一一～一一二頁）。
(40)　三宅周太郎『続　文楽の研究』岩波書店、二〇〇五年、九八頁。なお、同書の初出は一九四一年である。
(41)　同上、八七～八八頁。

第五章　「継ぐ」ことの手触り

本章では、淡路人形座成立後の象徴的な出来事を取り上げることによって、芸能を「継ぐ」ということが帯びている意味を記述する。

後継者不足に喘いだ淡路座は、戦後、はじめは数人の篤志家の手によって、後には行政を巻き込んで生き残りをはかる。その際、行政の全面的な支援を受けて座を維持するという大胆な方策に打って出るが、その過程の中で、淡路の人形芝居は、いくつかの点において新たな局面を迎える。

一つ目に、行政から支援を受けることによって、芸能の保存・継承・育成という使命が公的な意味合いを帯びる。淡路人形座では、昭和三三年――まだ淡路人形座設立前であるが――の旧ソ連公演を皮切りとして、数年おきに海外公演に招待されるようになり、「日本の伝統芸能」「農民芸術」として評価される(1)。また、平成に入ってから、日本の人形芝居の保存団体との交流を活発に重ね、芸能の継承に関する交流の機会を設ける。ほかにも、地元の学校での後継者育成活動にも力を入れており、小学校の子供会、中学校の部活動、高校の部活動に、座員が指導者として出向いて、人形浄瑠璃の本格的な稽古・興行に取り組んでいる。

二つ目に、神事といえる儀礼的活動の改変である。淡路における人形芝居の歴史の中で、観客に向かって舞台を披露する人形浄瑠璃と、土地の神に祈りを捧げる行事とは分かち難く両立してきた。だが組織が変革される中で、人形座の活動は舞台芸術に特化して、儀礼的活動を後回しにするようになっていった。儀礼的活動を担う後継者がいないまま、高度経済成長以降、淡路人形座の経営体制が建て直される中で、いくつかの神事は行なわれなくなる。

三つ目に、上演形態の変化である。昭和三〇年代ごろまでの「淡路座」の公演は、人形浄瑠璃を愛好する農民を相手として、屋外に「野掛け小屋」を建てる形式を基本としている。それが、淡路人形座として引き継いだときから、野掛け小屋ではなく常設館で、それほど大掛かりでない演目を行なうようになる。観客の多くは、人形浄瑠璃についてほとんど知らない観光客である。賑やかで不確定要素の多い「野掛け小屋」で行なう芝居と、伝統芸能に触れに来た観光客を相手として、静かで管理しやすい「常設館」で行なう芝居との間で、目指すべき芸風が異なってくることは想像に難くない。さらに、人形遣いに限っていえば、主戦力として加入した文楽出身の一人の人形遣い――後に絶対的な師匠となる東太郎氏である――の存在が大きい。子どもの頃から大阪で人形遣いの舞台経験を積んでいたその人は、一級の腕の持ち主である。彼は芸風の違いに葛藤を覚え、上の世代の「淡路の型」と対立することもあった。その違いを尊重し、淡路独特の型を記録しようと試みたこともあるというが、型崩れを始めていたような当時の振りを、彼が解釈を加えることで、形を整えたり洗練させたりもした。師匠の格闘の末に、「淡路の型」は「大阪の型」をベースとして接ぎ木され、淡路人形座の芸風はその色合いを少し変えたに違いない。

伝統的な芸能を継承するということは、古いものを良きものとして受け継いで、それを一心不乱に保存したり普及したりするような純朴さを持ちつつ、その反対に、良いとされていたものを否定したり、先人たちの努力を忘れ去るという苦々しさをも含み持っている。それは、価値を共有する人たちによる一直線的なバトンリレーなのではなく、しばしば対立する価値の狭間で、立ち戻ることのできない決定的な分岐点をいくつも曲がっていくような営みである。

本章の記述は、継承の活動の総体を把握する大きな視点に立って、歴史の流れに彼らを位置づけ、その成果を評価するものではない。かといって、伝承に関わっている彼ら自身の視点に入り込み、彼らの「思い」を代弁するわけでもない。言い換えれば、芸能の継承という行為について、いわば価値中立的に眺めて、当事者たちの価値を相対化することを目指すものでもなければ、反対に、芸能の継承という行為を絶対化して、その価値を明示しようとするものでもない。本章の立場はむしろ、そうした価値の評価を「括弧」に入れて、芸能を継承するという行為が帯びている意味が、いかにして当人たちに立ち現れているかを探るものである。そのため、彼ら――あるいは筆者である私自身――にとって、芸能を「継ぐ」ことが、自明のうちに良いものであるという意味を帯びている事実を否定しない。むしろその事実を出発点に据えた上で、彼らのうちで、「継ぐ」ことがいかなる必然性において、良いものとしての意味を帯びているのか、その「志向」の出どころを探り当てることを目的とする。

以下、第一節では、戦後から平成にかけての淡路人形座創設のいきさつを考察し、人形座にかけられた期待と役割を明らかにしていく。第二節では、今日の淡路人形座において神事的な色合いを残す二つの演目、「戎舞」と「三番叟」の再演について焦点を絞る。これらは、淡路人形座にとって時代の中での生き残りと、伝統的な芸能の継承をかけた、矛盾を孕んだ相克の取り組みである。最後に、第三節で、今日の人形遣いたちにおける、亡き師匠との関わりを含めた継承の問題を取り上げる。彼らにとっての継承は、淡路座と、大阪の文楽から来た師匠という、異なる二つの系譜から成り立っている。彼らが継承しているわざが、いくつもの葛藤を含めた固有性を有していることが明らかになるだろう。

なお、本章の考察は、文献資料と聞き取りデータを一次資料としている。淡路人形の来歴に関する記述は、民俗学者や国文学者に加え、郷土史家の手によるものが分厚く残されており、自費出版の著作のほかに、報告書やパンフレットとして豊富に発行されている。それでも、淡路人形座の創設に関わった人たちの多くはすでに他界し、その頃の雰囲気を伝え知る人は、今の淡路人形座の中にあまりいない。そこで本章では、当時の様子を知る数少ない証人たち、現人形座の太夫の師匠格であるY氏、昭和三〇年代から淡路の人形芝居を写真に収めてきた写真家N氏、および当時の様子を伝え聞いている現座員からの聞き取りを考察対象とした。

1　公共的な伝統芸能の誕生

淡路人形座が創設されたのは、東京オリンピックが開催された昭和三九年（一九六四）のことである。戦後、生活様式の変化、産業構造の変化などのあおりを受け、淡路人形の人気がますます落ち込んでいく中で、それに抗うかのように新しい保存運動が始まった。その運動は、やがて地元の行政を巻き込んで市町村ぐるみで淡路人形を支援する体制へと発展していく。

その運動に関わった人たちは、一貫して座員たちの身分保障、興行団体としての独立を望んでいた。地方に継承されている芸能でありながら、地域の祭りの保存とは違い、プロの芸能者を地域で支援するという独特の方針を貫く。保存し、継承することを支えた人たちは、いったい何を目指して活動していたのであろうか。彼らにとって、淡路人形とはいかなる存在であったのか。

まず手がかりになるのは、淡路人形座の劇場移転である。淡路人形座は、成立当初から三回の移転を繰り返している。旧三原町の常設小屋（一九六〇～一九六八）、旧南淡町「福良港阿淡汽船待合所」の二階（一九六八～一九八五）、本州四国連絡道路の淡路島南インターチェンジ付近の山の上に建てられた「大鳴門橋記念館」の一角（一九八五～二〇一二）、南あわじ市福良における新設の劇場（二〇一二～）である。移転の理由には、それぞれにのっぴきならない事情がある。彼らは興行団体として再出発したが、その最大の収入は観光客向けの興行であった。人形座を移転させたのは、観光客を集めやすくするためであるが、経営的な戦略に動かされるほど、現代社会の消費経済と深く関わることになる。以下では、淡路人形座創設から「福良」の会館の時代、およびその後の「大鳴門橋記念館」以降の年代に分けて考察していこう。

淡路人形座の誕生

淡路人形座の創設に先立って、昭和三一年（一九五六）、「淡路人形芸術協会」が作られた。「淡路人形芸術協会」とは、昭和二四年（一九四九）に結成された淡路人形保存会（翌二五年に淡路人形芸術協会と改称）と、昭和九年（一九三四）に発足していた「淡路人形芸術復興協会」（第Ⅱ部導論を参照）が合併した組織である。(2)「淡路人形芸術協会」が力を注いだ活動は、役者たちの身分保障の場としての淡路人形座の結成、および地元の後継者団体の発足であった。

昭和三六年（一九六一）に吉田傳次郎座の人形の頭、道具一式を譲り受けた協会は、昭和三九年（一九六四）に淡路人形座を発足させ、三原町市《いち》にあった会館に拠点を設けた。その年、兵庫県からの補助金を受けたものの、常設館の経営は困難を極め、開業一年で赤字決算となった。改めて外部から「会計担当」をスカウトし、常勤の座員の数を大幅に減らしてなんとか切り盛りしたという。彼は、鑑賞の予約が入れば臨時で座員を集め、二時間ほど興行をして、日当を手渡すという仕組みを整え、座の運営を何とか軌道に乗せた。なお、常勤ではない座員の多くは、普段は農業をして生計を立て、「大阪から観光バスが来る」などの予約が入れば、会計担当が自転車で周り、田畑で作業をしている座員たちに声をかけて集めたという。(3)なお、この「会計担当」は、後に淡路人形座支配人として、淡路人形座の活動を名実ともに支えることになる。

市という土地は、江戸時代以来、座元が集中する人形芝居の本拠地であったが、三原平野の中心に位置し、交通の便もあまりよくなく、周りに目立った名所もないことから、観光には適さない。淡路島の南部を訪れる観光客の多くは、徳島県との境の鳴門海峡を臨み、名物の鳴門の「渦潮」を間近で見ることのできる「福良」の周辺に集まっていたことから、より多くの集客を目論んで、常設館を移す計画が実行された。昭和四三年（一九六八）に南淡町福良の汽船待合所の二階に専用の会館を設けることになる。そこでは、一二月から二月までの閑散期は休館して、それ以外の季節は基本的に一日数回の公演を行い、座員たちも一日勤務となった。冬場の雇用については、淡路人形協会の理事長を代表取締役とする株式会社を組織し、失業保険を受給できるようにしたというから、当時の苦労が偲ばれる。

この会館での活動は一七年間続く。

現在の人形座の座員たちの子ども時代、淡路人形座といえば、この「福良の会館」と記憶されている。彼らによれば、そこは「会館に入ってすぐ両端に並ぶ人形が怖かった」とか、「おじいさんとおばあさんばかりがいる異世界」などとして体験されていたようである。当時の人形座の雰囲気は、懐古的なエピソードとして座員たちに語り継がれている。その断片を取り上げよう。

座員からの聞き取り　「どこいったんだ」

その頃は、客がまちまちで、一日五回の時もあれば、一一時の公演だけであとはない、とか。公演がないときは、◯◯（喫茶店）に入り浸ってた人もおったらしい。公演ない時は、ここ（喫茶店）へ来て、電話かかってきて、「客来たぞ」言うて。で、慌てて帰る。「ちょっと銀行に行って来うよ」みたいな。「いやおれへん」「どこいったんだ」「たぶん◯◯だ。電話かけろ」て。その話はよう聞いたな。

昭和四三年（一九六八）から昭和六〇年（一九八五）までの間、「福良の汽船待合所の二階」にあった劇場に関するエピソードは、当初の活動の裏話として興味深いものである。淡路の伝統芸能を背負って出発した淡路人形座であったが、観光客を相手に限られた外題を繰り返して興行する中で、刺激のない毎日が過ぎていたのであろう。大阪から加入した人形遣いも、事情があって一時座を離れていたという。

なお、この頃の淡路人形座の活動は、常設館における公演のみではない。数年に一度、志気が高まるような大きな公演の話も舞い込んできた。淡路島外から招待を受けて、興行に出かけるのである。例えば、昭和四五年（一九七〇）、東京・国立劇場からの招待を受け、「民俗芸能公演」の一つとして出演するのがそれである。淡路人形座所属の人形遣いだけではなく、市村六之丞座で人形遣いをしていた人、あるいは昔の座で手伝ったことのある一般人や、文楽に出ていた地元出身者を結集させて、上演の前には「一〇日間の合宿」を行なったという、まさに総力を挙げた上演であった。主役級の人形を遣う人たちはみな高齢を迎えていたために、淡路の人形浄瑠璃で最後の上演になるかもしれないと噂された。(4) 上演外題は、『玉藻前曦袂』と『賤ヶ嶽七本槍』の二本で、いずれも淡路座が得意としたものであるが、それらを通しで上演するのは、当時でも三〇年以上のブランクがあったといわれている。(5)

また、淡路島外での公演としては、国外から招待されることもあった。史上初のソ連公演の際には、淡路で活動を続けていた「役者」を「よせ集めてメンバーを編成」した。(6) ソ連の人に「人形芝居がわかるだろうか」という不安を抱えつつも、現地のサポートのおかげで成功を収め、「農民の芸術」と称され、評判を呼んだという。(7) その後も、昭和四九年（一九七四）のアメリカ公演、同五三年（一九七八）のフランス・スペイン公演、など、これまでに二一回もの公演を数えている。海外公演は、淡路の人形芝居が、日本の伝統的な芸能であること、しかも地方に花咲いた芸能として価値あることの認識を強めることに寄与している。

昭和四〇年代以降の淡路人形座に加入していた太夫、三味線、人形遣いたちは、かつての市村六之丞座、吉田傳次郎座などで研鑽を積んだ手練たちであった。だが、彼らは高齢化とともに現場を離れ、淡路人形座はじわじわと力を落としていく。そうした現状を見かねて、支配人や人形協会の関係者たちは、座の若返りと給与体系の安定化を図るべく工夫を重ねるようになる。

伝統芸能の公共化

昭和五一年（一九七六）、歴史的な蓄積や海外公演などが評価され、「淡路人形浄瑠璃」は、国の重要無形民俗文化財に指定される。昭和五二年、「淡路人形芸術協会」は、「淡路人形協会」として引き継がれ、同年に財団法人の認可を得る。「淡路人形協会」は、旧南淡町の町長を代表として、地元の議員、教育関係者、経済団体関係者などから構

表5－1　昭和52年（1977）当時の座員構成年齢

年代別	20	30	40	50	60	70	80
人　員	0	2	5	2	4	0	2

表5－2　平成14年（2002）当時の座員構成年齢

年代別	20	30	40	50	60	70	80
人　員	6	6	0	0	1	0	1

成される団体で、淡路島内の一市一〇町（当時）からの助成を受け、以後淡路人形座の運営の責任を持つ。協会は、座員の高齢化、給与体系の不整備などの問題解決に取り組んだ。昭和五二年の座員構成年齢を見てみると、一見バランスよく構成されているが、人形遣いに限っていえば、九人中六人が六〇歳以上であった。太夫、三味線は後継者育成がうまくいっていたが、人形遣いはその限りではなく、後継者育成が急務の課題であった。

昭和六〇年（一九八五）、後継者育成の問題は大きく解決に向かう。「淡路人形座技芸員」を淡路鳴門岬公園開発事務組合職員（当時）として雇用することを、淡路島の市長・町長と淡路人形協会との合議により決定したのである。この結果、地方の伝統芸能の一座としては異例ともいえる、座員の準公務員化が決定した。その身分は、平成一六年（二〇〇四）、同事務組合の民営化に伴って解消されるまで継続された。その甲斐あって、一〇代の若手のスカウトに成功した。後継者の確保のための身分保障を長く望んでいた協会は、後継者不足の問題という積年の課題を解決する方向を見いだしたのであった(8)。

同じく昭和六〇年、淡路人形座は、「福良の会館」を出て、新しく建設された「大鳴門橋記念館」の内部に劇場を構える。以後二七年にわたって、二〇一二年に新会館が建設されるまで、活動の拠点をそこに置く。

大鳴門橋記念館とは、淡路島と徳島を結ぶ「大鳴門橋」の建設を記念した建物であり、展望台からは大鳴門橋を一望できる(9)。高速道路からのアクセスも良く、新しくできた橋を渡るついでに、山の上からの絶景を楽しむのに適している。大鳴門橋の建設に伴って、徳島から多くの観光客が訪れるという見込みは大きく当たり、会館を移転した淡路人形座は、入場者数を「福良」の時代から約四倍に伸ばしている(10)。

この時期、相次いで若手が加入したこともあって、人形座は活気づき始めていた。「大鳴門橋記念館」における公演日程は、原則的に年中無休である。毎日五回の公演を続けるが、特に観光客の多い年度においては一日八回の公演をする態勢をとっていた。一回の公演は合計で一時間に収まるようにするため、必然的に外題の種類は限られてくる。月ごとに外題を変えるとはいえ、限りある種類の外題を回して長年演じるのであるから、舞台が彼らにとって刺激的であり続けるためには、よほどの動機が必要となる。稽古の時間を確保するのも大変で、毎日公演をこなす中で、人形の修繕や舞台の整備をこなしつつ、空き時間を捻出する必要があるのである。観光産業として興行するということは、観光客にとって利用しやすい興行時間、観光客の興味を引くような興行内容を準備するということである。そうした経営的な努力を重ね、彼らは座の存続をはかっていた。

ところで、人形芝居の保存運動の中で、一貫して望まれていたのが「人形遣いの身分保障」であったことは興味深い[11]。どの地方の芸能においても「後継者の育成」は悩みの種であるが、職業としての「身分保障」が口をついて出るのは特異的である。それは、淡路人形芝居は、あくまで「人形浄瑠璃」を専門とする「プロ集団」であって、一つの職業として成立することが望ましいという願いの裏返しである。その主張が一貫しているのは、江戸時代以来、各地を巡業して回った淡路座の活動を理想とするからなのだろう。

淡路人形芸術協会（淡路人形協会）は、身分の保障と並行して後継者の育成をはかっている。昭和二七年（一九五二）三原高校に「郷土部」が設立され、その一九年後に子供会および小学校に、さらに一二年経って二つの中学校で、それぞれ人形浄瑠璃をするための部活動が創部された[12]。創部の当初から、当時まだ健在であった古くからの太夫・三味線・人形遣いを招いて、児童・生徒の指導を行なっていた。今でも淡路人形座にとって、後継者育成活動は、興行と並んで重要な課題となっている。彼らは週に一度程度、学校に赴いて部活動で人形浄瑠璃に取り組む子どもたちにわざを伝えている。

現在、淡路人形座に所属している座員は、皆がこの中学や高校での「郷土部」または「郷土芸能部」の出身者である。座員たちの生徒時代、三味線の名人である師匠や、人形の名人による芸を見て、この道に進むことを決意したのである。今の淡路人形座を文字通り支えている活動として、後継者育成活動は特筆すべき活動といえる。現在活動を続けている座員たち、すなわち本書に登場してくる座員たちは、昭和六〇年の身分保障制度の整備後に入座した。身分が保証された環境でわざの向上に打ち込めるというのは、特定のわざの継承を目的にした場合、座員当人にとっても、文化政策としても好ましいように見える。

淡路人形座がプロ集団として立て直されて、そこに行政からの支援を一部受けているということは、公共性の高い活動が要求されることになる。つまり、単に自らのわざの向上だけでなく、後継者団体に対する指導、および学校や施設での公演といった文化事業の担い手となる必要が生じる。そのために、現在の淡路人形座がそうであるように、座の経営や興行の企画を決定する上で、行政の意向、市民の要請、また資料館や大学などの知見に対して、広く開かれることになる。ほかにも、各地の人形芝居の団体を集めて交流会および公演会を開き、芸能の継承に関する交流の機会を設けたり、長野や徳島の人形浄瑠璃座に指導に赴いたり、熊本の人形浄瑠璃座から「研修」にやってくる後継者を受け入れる機会も増えた[13]。

淡路人形座の活動は、文化事業としての人形座と、観光産業としての人形座という、しばしば矛盾を突きつける二つの異なる要請に影響されている。それは、権威ある家が、代々座元として所有していた、また、地元の人たちの私的な興味によって運営されていた「淡路座」とは色合いが変わっているといわざるを得ない。とはいえ、淡路人形座の辿った道筋は、いわば行政が座元となって、興行を続ける形であって、ある意味では、蜂須賀家の庇護によって栄えた上村源之丞座と、結果としてはそれほど違っていないのかもしれない。

2　神事から芸能へ

本節では、淡路座に伝わっていた神事が、淡路人形座の創設と興行のための変革を進める中で、形を変えたり忘れさられたりしてきた事情を検討していく。人形芝居を継承するということは、必ずしも一枚岩的な運動であるのではなく、矛盾や分裂を伴うような事態であることが明らかになるだろう。

ここで注目するのは、淡路の人形芝居にとって象徴的な神事であった二つの演目である。一つ目は、「戎舞《えびすまい》」である。戎舞とは、漁港などで催される漁祭において奉納される演目であり、神に対してではなく、舞台上から大勢の観客に向かって上演される（**図5－1**）[14]。漁師たちの「えべっさん」に対する信仰と相まって、大変な人気を博していたようである。戎舞がいつ頃から催されていたかは不明であるが、中世の人形遣いたちが「戎舁」と呼ばれていたことを思い出せば、箱に収めた人形を舞わせていたことから比べると、形式も規模もずいぶん大掛かりであるものの、その起源は古くまで遡ると考えられる。

図5－1　漁祭の雰囲気（昭和35年）（宗虎亮撮影）

二つ目は、「三番叟《さんばそう》」である[15]。三番叟とは、「翁、千歳、三番叟」の三番が出てくる神事である。三番叟は淡路の人形芝居にとって重要な位置づけにあった。各地での巡業を行なう際に、舞台の成功を祈ってか、旅の無事を祈ってか、最初に必ず三番叟を舞い納めていた。また、各地で散り散りに興行に出かけていた淡路各座は、旧正月には旅から戻り、新年を迎える際には座元たちが上村源之丞家を訪れ、決まって皆で三番叟を奉納するのであった。こうした慣習の起源は、淡路の人形座の成立起源と同じか、それよりも古い。天皇から賜ったとされる「綸旨」では、淡路の人形座が一五〇〇年代にすでに「三社神楽」を舞っていたとされ、それが「三番叟」の由来であることを踏まえれば、その成立は江戸時代の芸能としての人形浄瑠璃の成立以前に遡ることになる。その古さの重要性は、淡路座を酷評した三宅周太郎ですら、三番叟の人形に対する人形遣いの格別の誠実さに心を打たれていたことからもうなずけよう[16]。

戎舞、三番叟ともに、淡路人形座の再編とともに形式を変えることによって継承されている。それぞれの変容の過程には、固有で抜き差しならない事情が関わっている。この二つの神事がいかなる経緯を辿って再演を遂げたかについて考察していこう。

「戎舞」の誕生

「戎舞」とは、漁村での祭や興行に合わせて披露される、大漁豊作を祈願するご祝儀の舞である。昭和三五年（一九六〇）の記録によれば、漁業組合が人形遣いを招聘し、人形遣いたちが「土地の八幡神社や金毘羅さん」に詣でた後、「組合裏の浜にしつらえた戎神社」に帰り、仮設の舞台で舞を奉納する。[17]「その日は休漁日とあって、三百人余の老若男女が集まって、浜辺は祭り一色」となる。[18]舞台に立った戎人形が、威勢のいい文句に合わせて踊り、本物の鯛や鰤といった魚を釣り上げる盛大な場面もある。永田によれば、戎舞とは、神事と芸能を兼ね備えた見世物であり、「いそらが崎で、鯛つる、鯛つる」などと謡いながら、「漁猟の禧福」を願う「鮮やかな模倣呪」ないし「御神楽」である。[19]

その「御神楽」が、昭和四九年、改めて「外題」として組み込まれることになった。当時の支配人――かつて創立直後の淡路人形座の経営を立て直した「会計」その人である――が、「アメリカ公演」に持っていくと決断をしたことからはじまる。「アメリカ公演」とは、アメリカのカーネギーホールで人形浄瑠璃を披露する機会であり、後に淡路人形協会会長となる「南淡町長」による、アメリカの文化交流団体への再三の働きかけによって実現された、一六年ぶりの二度目の海外公演である。[20]このときの「町長」の意気込みは、当時の記録からひしひしと伝わってくる。[21]

「戎舞」を「外題」に組み込むという提案は、その上演形態に手を加えることを意味する。人形の演出の改変に関してはすでに証言者が不在であるが、語りと三味線、いわゆる「床」のパートに関しては、当時アメリカ公演に参加した、現在の師匠格の太夫から聞き取ることができた。彼女は当時の様子を思い出し、「私ら笑てしもてね」と、おかしそうに語ってくれた。

彼女によれば、「戎舞」を外題化するために、当時の支配人の考えにより、太夫が戎舞の詞章を唱え、三味線弾きが太鼓を打つという形式をとった。元々の戎舞、すなわち漁祭で行なわれる場合、人形遣いが舞台の下に隠れて太鼓を打ち、文句は人形遣い自身によって唱えられる。しかも彼らは頭巾をかぶらない「出遣い」形式である[22]（**図５－２**）。だが、アメリカ公演では、戎舞だけを変則的な公演形態にする利点はない。他の外題と上演形式を合わせるためにも、戎舞を浄瑠璃の形式に転換することで、人形と床との役割を明確化し、一つの外題として仕立て上げた。そういった事情から、戎舞の詞章は、太夫が引き受けることになった。アメリカ公演に参加する太夫は三人、いずれも女性であったが、最初彼女らは、頑として引き受けるのを嫌がった。「恥ずかしい」という理由からである。

以下、その事情について語ってくれた太夫の言葉を参照してみよう。なお、この聞き取りの場面では、ＮＨＫによる番組の中に映った昔の戎舞を一緒に観ながら聞き取りを行なった。時々挟まれる山括弧〈〉中のせりふは、映像に合わせて太夫が謡う箇所である。

図５－２　漁祭での戎舞（昭和35年）

太夫からの聞き取り①　「笑《わろ》てくんのよ」

それを、アメリカ行くのに、「戎舞持って行かんか」になって、今まで人形遣いがこないして勝手に叩いてやってたんよね、鯛が釣れた、イカナゴやなんか言ってね。それを、「太夫が言え」って、「一つの外題にする」って、言い出した。Ｕさん（当時の支配人、引用者注）が。ほんで、「誰か語れ」言うてもね、浄瑠璃でないんよね、だから、みんな嫌がって、で、太夫が、私ら女ばっかりだったから、……〈なんどはどないや〉、こんなんば（こんなんばっかり、同）聞いとったでしょ、こんなん「太夫が言え」って。言われへんのよね、もう、なんか、じゃらけてしもて（ふざけてしまって、同）。ほんでもう、言いよんねけんど（言ってるんやけど、同）、笑《わろ》てくんのよ、「ほんなん（こんなん、同）やるの」って。

ここで彼女は、太夫たちが戎舞を語ることを嫌がったと述べている。それは、「浄瑠璃でない」からである。浄瑠璃でないというのは、まず一つ目に、三味線を使わないということである。戎舞は、締め太鼓と呼ばれる、比較的小さな太鼓を撥で叩き、それに合わせて語っていく。二つ目に、それが洗練されていないということである。中年の男性の人形遣いが、やや悦に入りながら声を出しているような雰囲気であるために、たしかに浄瑠璃とは異なっている。そうした理由から、彼女らは、戎舞の詞章を「じゃらけて（ふざけて）」しまって、「言われへん」のである。

重ねて、人形遣いが語るのと、太夫が語るのとで何か違うのか、人形遣いの場合は素人っぽくなるのかと尋ねると、次のような答えであった。

太夫からの聞き取り②　「うた、うた。」

素人っぽいっていうんじゃなしに、昔は戎舞は漁祭で、芝居をするから、えべっさんに対するのは、太夫じゃなくて昔から、人形遣いがするから、素人っぽいんじゃなくて、うた、うた。唄うようにやる。

つまり、人形遣いが声を出す場合、祭りの雰囲気も手伝って、「語り」ではなく「唄」のようになるというのである。戎舞の映像を見ても、人形の振りもかなりダイナミックで、人形遣いの声も乗っている。インタビューの中で、映像に合わせて彼女が〈なんどはどないや〉と口ずさむのを聞くと、確かにいわゆる義太夫節とは異なる、酔って音頭をとるような、まさに唄である。

熱心に働きかける支配人に、迷いを断ち切れない太夫たちは説得されて、「戎舞」は、アメリカ公演に連れ出されることになった。その結果、浄瑠璃でもなく、旧来の戎舞でもない、唄い風の語りによる、新しいジャンルの人形芝居が生まれた。本番では大盛況であったようである。このとき主役級の人形を遣って活躍したのが、後に若手たちの師匠となる東太郎氏である。東太郎氏は、登場する「戎神」の振りを、外題化に伴って改変し、既存のものを踏まえつつも、いくばくか創作した。それが功を奏し、アメリカ公演では、観客たちのカーテンコールに応えて即興での演技によって大盛り上がりを見せたという。

図5－3　現在の戎舞

その後、「戎舞」は、「外題」として淡路人形座のレパートリーに加わることになる。レパートリーに加わった戎舞は、その後淡路人形座の演目の中でも最重要の位置を占める。現在でも頻繁に公演されており、出張公演などで呼ばれた際には、必ずといっていいほどリクエスト候補にあがる。ある人形遣いの言葉に従えば、「戎舞は今の淡路人形の稼ぎ頭」だという。たしかに、観客を巻き込みながら明るい雰囲気で「福をふりまく」戎神の姿は、見ている人が幸せになるような心持ちがする。「商売繁盛の神さま」が、今日、漁師町に姿を現すことはなくなったが、人形座の舞台に上がり、一つの演目として、まさに芸能として人形座の舞台を支えている。

「三番叟」のゆくえ

今日、正月の「神事」として行なわれている「三番叟」もまた、ここ数十年の間

図5-4　訪問する人形遣い（昭和30年代）NHK「音のライブラリー」（1960）より

に再開されたものである。元々「三社神楽」に由来する、淡路座にとって重要な神事であった。一年の始まりに、人形座の座元が集まって続けていた三番叟は、夜中の一時から開始され、座元の家々を巡り、地元の神社や祠でも祈祷する厳粛な儀礼であった。

「三番叟」は、いつしか淡路島の人たちにとって親しみのある行事となっていた。正月の神事「門付三番叟」のためである。「門付三番叟」とは、二人の人形遣い――かつては三人であったらしいが、人数不足から二人になった――が家を訪ね、内に上がって神棚の前で三番叟を奉納するというものであった（**図5-4**）[23]。「門付三番叟」は、略式の三番叟である。一軒あたり五分から一〇分の奉納であるが、正式に「株分け」した人形遣いたちで分担して、淡路島全体の地域を巡って、家々を訪れる。三番叟を「廻す」――人形を遣って舞うことをかつては「まわす」と言っていた――地域は分割され、その担当は厳密に守られていた。淡路島は南北で五五キロメートル、東西最大で二八キロメートル近くあるために、離れた地域まで行くとなると、泊まりがけのときもあったという。泊まりがけの場合は、訪れた家に世話になっていた。一時は「三番叟が来ないと正月が明けた気にならない」と言われたほど、土地に根づいた行事であった。昭和三〇年頃に、三番叟に帯同していた写真家の話によれば、神事などという畏まった様子ではなく、どちらかといえばのんびりと、和やかに行なっていたそうである[24]。以下、その写真家N氏の語りから、当時の三番叟の様子を覗き見よう。

写真家の語り　「のんびりしとった」

わし写真を写さしてもらおう思ってついて回っとんのに、「ちょっと、どこそこ行ってこなん間、Nさん、これ叩いてくれへんか」言われたことがある。いややったことないよ。んなんやったらこっちの商売あがったりや。やれへんけど。ほんでまあ「ついて来るのかあ」とか言ったりして。まあのんびりしとった。そんでも何やで、中折れ帽被って、羽織袴やで。白足袋履いて、雪駄やで。ほないして回ったで。臨時で雇われとる人はそんなんないだあな。普段の格好で。田んぼいくような格好で。次から次へとずっと回っていく。

人手が足りないときには、太鼓を叩く役目を適宜任せていたほど、「のんびり」した雰囲気で回っていた。それでも人形遣いたちの服装は「中折れ帽子、羽織袴、白足袋に雪駄」という、正装であり、年中行事としての格式を保っていたのであろう。門付三番叟では、いわゆる心づけの多い家ではたっぷり目に廻し、そうでない家では早い目に済ませる、といったように、プラグマティックな人間味を感じさせるものであった。正月以外でも、家の棟上げ工事の際や、結婚などの祝い事では人形を廻していたという。

三番叟を廻したのは、家の中だけではない。毎年旧暦の正月を迎えると、人形遣いたちは、「地祭」として、市三條を巡って歩き、土地土地の祠などの前で奉納していた（**図5－5**、**図5－6**）[25][26]。写真家の話によると、村の中で役に当たった人が、筵だけを持ってついて回った。

地祭において巡回する経路は決まっていた（**図5－7**）[27]。まず、氏神である大御堂八幡神社（①）において宮総代が御幣を切って、洗米とお神酒を備えて祈願する。鼓と横笛のお囃子とともに、三番叟の神舞を奉納するのだという。次に、大御堂脇宮戎社（同じく①）、同内西の祠（金比羅大権現他）（同上）、泡池という名の池のほとりの「社日」の祠（②）、同じくほとりの「弁天」（③）、次に「山の神」（④）、「賽の神」（⑤）を巡り、最後はその年の宮総代と区長の家

図５−５　地祭（昭和30年代）（野水正朔撮影）

図５−６　地祭（昭和30年代）

の神前で、「天下泰平、長久円満、息災延命」を祈って神事を終えるという。まっすぐ歩くと一時間もかからない経路であるが、人形遣いたちはそれぞれの地点で人形を廻したため、一日がかりで巡回した。

三番叟を行なっていた最後の世代は、市村六之丞座などの人形遣いがまだ現役であった頃、すなわち昭和三〇年代のようである。その頃はまだ、大阪の文楽に出ていた人であっても、正月になると淡路島に帰省し、三番叟を欠かすことはなかったらしい。いつ頃から行なわれなくなったのかは判然としないが、昭和四〇年代には続ける人がいなくなったと推測される(28)。

昭和四〇年代といえば、淡路人形座が発足して舞台に立ったり、地元の高校の「郷土部」に赴いて指導をしたり、淡路人形を保存する活動が始まっていたころである。「人形浄瑠璃」については熱心に保存活動が起こっていた一方で、土地の人形遣いにとっても、学校の教諭や生徒にとっても、「門付三番叟」は保存すべき対象にはならなかった。淡路人形座の中でも、三番叟をして巡回していた「役者」がいることにはいたが、淡路人形座の活動として継承されることはなかった。「人形浄瑠璃」と、「三番叟」は、昭和四〇年代ごろを境に決定的に分けられることになる。三番叟を廻していた役者が高齢になって出て行けなくなった頃、三番叟は静かにその役を終える。

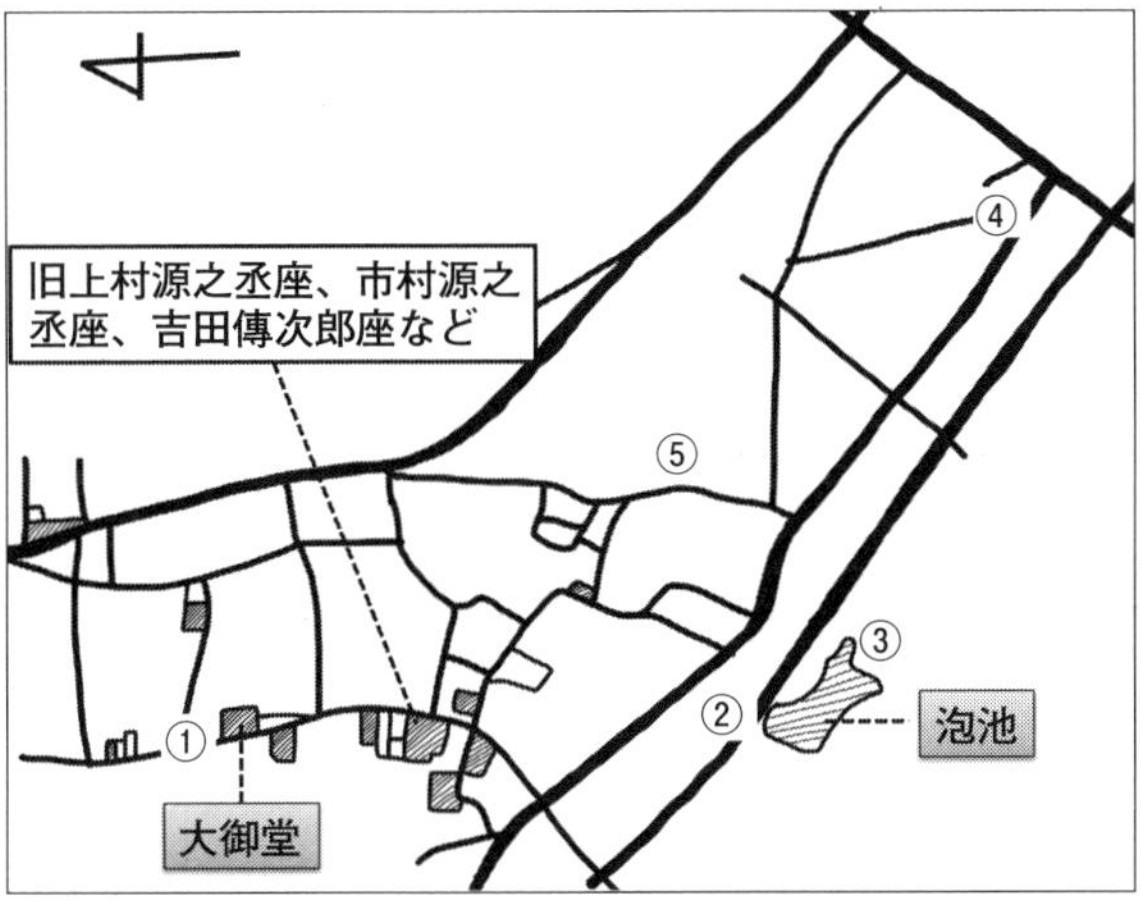

図5－7　市三條の地図

ところで、三條の村の中で、地祭の一部は今でも残っている。略式ではあるが、正月になると、村の役に当たった人が欠かさず「社日の祠」――彼らは「しゃにっつぁん」と呼んでいる――に注連縄を巻く。農業が盛んなその土地で、田んぼの神様や池の神様は、今でも親しみを集めて鎮座している。(29)

昭和五八年（一九八三）、三番叟の再演を申し出る依頼が意外なところから来た。淡路島を舞台とする映画の撮影のため、神社の境内において三番叟のカットを撮影したいという依頼である。(30)当時の支配人は、それを好機として、入座して間もない若手の人形遣いに三番叟の舞い方を習得させることにした。(31)座の中にいた、三番叟の経験のある人形遣いから指導を受けた。また保管されていた映像資料と見比べて、詞章の文言や唱え方を修正していった。

三番叟は、通常の外題と違って、詞章や振りの意味の大部分の意味の伝承が途絶えている。稽古にあたっては、「うさぎとび」とか「かかりふむ」とか、「種を蒔く」、「地を固める」など、部分的に伝えられている意味を手がかりとしながら、ほとんど丸暗記するかのように見よう見まねを繰り返したという。また、二人遣いの三番叟は、通常の「タンゼン」と操り方が違う[32]。タンゼンであれば、人形遣いの右手で人形の右手を持ち、左手で人形の頭を持つ。人形の左手は動かせないため、着物の腰の部分に縫い付けられているのである。だが、三番叟の人形の場合、人形遣いの右手は人形の右手を持つが、その左手は、頭から伸びている「シン串」と、人形の左手にあたる棒を、二本同時に持つのである。その上で、着物の袖を捲ったり、前後に振ったりする。このわざの習得した当時の若手座員、現支配人は、人形の左手をうまく動かすまでに一ヵ月ほど要し、慣れない遣い方のため、左手の親指の付け根には血豆ができたという。こうして、三番叟は形だけでも継承されることになる。

その後、平成に入ってから、三番叟は本格的に「復活」することになる。その契機が、全国人形芝居サミットである。全国人形芝居サミットとは、地元の芸能として人形芝居を行なっている団体を集め、情報交換のための会議と、公演の舞台を設けたイベントである。平成四年に開始して、平成一三年までの一〇年連続で行なわれていた。その第三回目に、三番叟を披露するという企画が持ち上がった。昔の淡路座が巡業に訪れていた地域には、淡路から人形が伝わって、今でも伝承されているところがある。なかには、三番叟だけを継承している地域もある。「本家」の淡路が途絶えていることを憂いた当時の支配人は、そのイベントを梃子にして、門付三番叟のような略式ではなく、「正式」な三番叟を復活させようと決断した[33]。正式な三番叟とは、五、六人によって行なわれる儀式であり、地謡を擁するなど、門付三番叟に比べると厳かな雰囲気である。かつて旧正月に座元が集まって、新年を迎えるときに奉納していた、あの神事である。

そこで、かつての座元が奉納していた三番叟に参加していた役者——三條や福良ではもう見つからなかった——が、淡路島中西部の鮎原の旧座にいるという話を聞き、その人のところまで座員たちが出かけ、また人形座にも招聘し、指導を受けた。古い三番叟を録音したテープも見つかったので、詞章と照らし合わせて囃子を完成させた。稽古には三ヵ月ほど要したという。

その後、毎年正月になると、地祭の出発地であった大御堂において、「戎神、百太夫、道薫坊および秋葉神」の四体が鎮座する隣で、三番叟が奉納されることになった。かつての門付三番叟とは違い、和やかな雰囲気はもはやなくなった。厳かな、儀式としての雰囲気を漂わせている。

継承されざるものの声

戎舞、三番叟の二つの「神事」の復活過程を見て、私たちは「伝統芸能の継承」についての憧憬が揺さぶられることになる。淡路人形座における「神事」の再演に至る過程は、部分的に見れば、世代を超えて受け継いできた一つの芸能を、一挙手一投足に至るまで徹底して守り抜くという厳密さを欠いている。仮に先人からの身ぶり手ぶりによって伝授されていたとしても、興行の機会や他の団体からの期待を目的とした継承であるとするならば、彼らの継承には純粋ではないものが含まれるように見える。

それは、一度は忘れ去ったものを後から取り戻すという屈折した歴史に由来する。淡路人形座において、その屈折を生んだものが何であったのかを推測することは、おそらくそれほど困難なことではない。例えば、観光化がその一つである。「伝統芸能」を観光客に披露することは、その一部を上演することによって完結するために、かつて淡路が一日がかりで行った芝居や、地元の人たちのための神事とは縁がない。それ以外の活動に手を広げるということをしなくなる。あるいは、公共化もまた屈折の一つである。地方公共団体において伝統芸能を支援するということは、安定した運営基盤を得るという点においては評価できるが、座の存亡をかけて芝居を打つという決定的な刺激を欠いたり、特定の土地における神事を継承することの動機づけを失わせる。淡路人形座を維持するという運動の前に、地元の信仰との関わりは希薄になっていった。

だが私たちが向き合わなければならないのは、そうした要因を数え上げることではない。そうした要因をいくら列挙したところで、それはいわば「後出しジャンケン」にすぎない。私たちが継承に紛れ込んだものを不純物と見なすことができるのは、私たちがたまたま彼らよりも後の時代に生まれたからにすぎない。

私たちが考えなければならないものは、私たちにある価値を無自覚のうちに信じ込ませているものの正体を見据えることである。今の私たちが過去の三番叟をよきものとして考え、そのよきものを捨てて観光産業にかけたという図式で考えるのは早急である。私たちは、彼らが「良きもの」を捨て去った上で作り上げた時代に生きている。すでに生の基盤を忘れているからこそ、私たちは何かを志向することができる。

三番叟に限って検討すれば、三番叟と表裏一体となっている、その裏の側面にも光を当てなければならない。三番叟の儀礼的な力は、その不気味さとともにある。「くぐつ」が社会構造の外部の民であったという歴史的な事情を辿ることもできるし、厳密なルールを定めて「株」を管理し、一部の者にしか三番叟を廻せないシステムを築いた排他性もある。人形は、誰もが廻せるような身近の存在ではなく、全国に行脚することを職務として、少し遠い存在の人たちによって担われた存在である。また、三番叟を真似て一人で家々をめぐり、ものを恵んでもらいながら歩く人たちもまた、戦後の社会には存在した。(34) そうしたものも含め、三番叟は、不気味なものと表裏一体であった。三番叟が活動の場を失ったのは、不気味なものと共存することに抗った現代社会の明るさがあったからにほかならない。明るく民主的な社会を築く機運の中で、不気味なものを語り続ける人は静かに減っていった。

こうした事実の前に、私たちは、継承することに対する素朴な憧れを打ち砕かれることになる。私たちが昭和四〇年代の三條の村に生きていたとしたら、それも来るべき経済成長、工業化を目前にしていたとしたら、今の私たちが三番叟を憧憬するような眼で、三番叟を眺めていたであろうか。明るく民主的な社会に生きている私たちは、三番叟が抱え込んでいた不気味なものの正体を、実感を持って受け入れられないどころか、忌避することすらできないままに、三番叟を復活することの「良さ」に取り憑かれている。等身大の彼らに近づいたとき、私たちは、紆余曲折を経て三番叟を復活させたという本質主義的な見方にも、三番叟は創られたという相対主義的な見方にも与することができなくなるのである。

三番叟を復活させた今日の彼らが、その復活の果てに手にしたものは何であろうか。それは、三番叟の復活によって継承されることがなくなった、地祭や門付三番叟の意味を問い続ける中で明らかになるように思われる。継承することの意味は、継承したものの価値を無邪気に語ることではなく、むしろ継承されずに消えてしまった、いわば沈黙の声を聞き取ることによってはじめて立ち現れてくる。芸能を継承することは、自分たちとは異なる原理の枠において躍動していた何ものかを、自分たちの原理の枠の中に再統合することによって引き受けることである。私たちが今目にする三番叟が、正月の晴れがましさだけを生起させるものであるとするならば、そこには、不気味なものを忌避する社会の明るさ――それはある種の不気味さにほかならない――が見えて来る。三番叟がもたらす不気味なものを、不気味なままに受け取るときに、社会の明るさに対して距離を保つ態度が生まれ、三番叟の奏でる意味に近づくことができるように思われる。

3　継ぐことの手触り

淡路人形座が継承している一連の活動は、私たちに何を投げかけているだろうか。何かを意図的に残そうとするとき、必ず排除されるものがある。淡路人形の根本的な伝統が、土着の信仰にあったのか、興行の場面にあったのか、いずれかに帰することはできない。私たちが彼らの話を聞いて目が開かれる思いになるのは、産業構造が大きく変化しつつある昭和四〇年代、淡路の人たちは工業化による発展に強い希望を抱いていたということである。伝統を守ることに対する漠然とした価値を見いだす現代の人の物の見方は、都市化することを希求した昭和四〇年代の人たちのそれと、同じ土俵で語ることができない。工業化がほとんど行き渡ったからこそ、過去を懐かしむ文化が息を吹き返すのであって、その逆ではない。今私たちが拠って立っている足場を忘却して、継承について語ることはできない。

いずれにせよ、淡路人形は、座の編成の過程を経て生き残ることになった。芸風の変化が多少あったとはいえ、旧来の世代の人形遣いたちから直接伝承されてきたわざは、今でも舞台に残っている。

本章の最後に、今の人形遣いたちが受け継いでいるわざである、師匠の芸について考察したい。淡路人形座における舞台の変遷をたどる上でも、彼らが今日取り組んでいる興行の意味を照らし出す上でも、示唆に富んで余りある逸話である。

淡路の型のゆくえ

淡路人形座が創設され、観光客を対象とした活動に力を入れ始めた一九六〇年代後半以降、上演外題は偏るようになる。観光客を相手に舞台を組むのであれば、それほど長くない演目で、比較的少人数で回すことができ、かつ、話に親しみやすいものがよいからである。目がつけられたのは、『傾城阿波鳴門』「順礼歌の段」「口」である。『傾城阿波鳴門』とは、生き別れになった親と子を主題とした世話物である。「順礼歌の段」「口」では、小さな子どもが母親を訪ねてまわり、実の母親に出会うも、事情があって名乗れないままに再び別れるまでの場面が描かれる。両親に一目会うためだけに過酷な旅を続ける子「お鶴」と、わが子と分かっていながら名乗ることのできない母「お弓」の胸の内を思い、観客たちは心を動かされずにはいられなくなる。物語の舞台は大阪であるが、彼女らの故郷が阿波という設定であるため、淡路島において親しみやすい上演外題となっている。上演時間は二〇分であるため、通常公演の外題として最適である。それゆえに『傾城阿波鳴門』は、淡路人形座の上演回数の中で最も多い外題であり、有名なせりふ、「ととさまの名は十郎兵衛、かかさまはお弓と申します」といえば、淡路島や徳島の人であれば誰もが諳んじているといわれる。

そういう事情で、この外題は、淡路人形座の創設以来、一日に何回も繰り返し公演されていた。座員たちにとって、それが刺激的な活動でなかったことは想像に難くない。

現在上演されている『傾城阿波鳴門』の振りは、人形遣いたちの師匠であった東太郎氏が長く頭遣いを務めていた時代に定着した。今の座員たちが入座した頃には、動きの比較的容易な「お鶴」を、初老の女性二名および若手一名が担当し、「お弓」を男性二名および若手一名が担当するという役割がほぼ固定化していたという。若手が上達すれば、「お弓」の左遣いや「お鶴」の「左遣い」ないし「頭遣い」に回ることがあったというが、「お弓」の「頭遣い」だけは師匠である東太郎氏ともう一人の男性が交代で担当していた。

『傾城阿波鳴門』の振りに関して、師匠と「淡路の型」との対峙について示唆的な逸話がある。「お弓」と「お鶴」が、お互いに引き寄せられるように近寄って、抱き合って泣き崩れる場面がある。そこで、浄瑠璃の通りに動けば、「近寄って、二人して崩れ落ちる」という演出になるはずであり、東太郎氏もそのような演出に慣れていた。しかしながら、淡路では、昔から「近寄って、三度顔を見合わせてから崩れ落ちる」という振りをしてきた。「三度顔を見合わせる」という振りは、演出上「意味が通らない」ため、東太郎氏は除こうとしたのだという。ところが、導入しようとした省略版の振りを、当時「お鶴」を担当していた女性は遣うことができなかった。もちろん練習を積み重ねればできたのかもしれないが、六〇歳をすぎた人形遣いが長年行なってきた振りを、今更変えることができなかったのだという。そこで東太郎氏は、少々変でも、「淡路の型」として残すようにした。現在行なわれている『傾城阿波鳴門』においても、そのときの東太郎氏の型のまま継承されている。

現在上演されている外題のうち、人形遣いたちが継承している人形の振りは、ほとんどが師匠の東太郎氏から伝授されたものである。師匠は大阪出身であったが、その芸風は「大阪」とも「淡路」とも違ったものであった。ある人形遣いの話によれば、東太郎氏の芸風は、「色々取り入れたバイセクシュアル型」[35]であったという。

東太郎氏は、淡路に来てから「淡路の型を残さなあかん」という意識を持ち始めたらしく、「取り入れられるところは取り入れ」ながら芸を行なっていた。東太郎氏の芸は見事であったらしい。現在の支配人は、東太郎氏の遣う人形を見て、生きた人間を見ているかのようで「衝撃的」であったと述べている[36]。淡路の芸風は、豪快で派手な動きを目指すものであったのに対して、東太郎氏の芸風は、どちらかといえば写実的な動きを目指すものであったという。

師匠がよく言っていたことによれば、昔の人形遣いはとにかく「馬力」があり、足遣いに対しても人形の足をしっかり引っ張って遣わせていたという。つまり足の重みが頭遣いの腕にのしかかってきても平気で、どっしりとした力強い演技を優先させるということである。また、写真家N氏が語ってくれたことであるが、昔の人形遣いの手は、農作業をしていたためにごつごつしていて、キセルを吸うときに、火のついたタバコを平気で手のひらに乗せていたのだという(37)。演出も人形の衣装も、とにかく舞台全体が豪華絢爛なものであった。

東太郎氏が来てから、淡路の芸風が改革された。というよりも、東太郎氏は入座当初、当時まだ現役であった古参の人形遣いたちから批判されていたらしい。大阪風の写実的で技巧的な動きは、「派手さがない」ということで評判が悪かった。東太郎氏は、淡路の型に反発を覚えつつも、当時の人形遣いたちに話も聞き、取り入れられるところは取り入れるようにしたらしい。

そうした師匠の振りを伝授された弟子たちは、当然ながら「昔の淡路の型」では動いていない。現在の文楽ほど写実性を追求したものではないにせよ、勢いと派手さを基調としたものでもない。そうした今日の芸風を見て、「昔の淡路が好きだった人たち」からは、「淡路人形は落ちたな」と忌憚のない批判を浴びることもあった。現在の人形遣いの一人は、観客がそうつぶやくのを目の前で聞いたという。

それでも弟子たちが継承したのは「昔の淡路」でも「文楽」でもない。あくまで「師匠の型」である。その型にはそれなりの根拠があるという。当時、派手さを追求していた昔の芸風が型崩れをし始めて、よさの見えにくい動きが多かったからである。特に、派手さを追求するあまり、浄瑠璃の言葉から離れ、人形の演技だけが一人歩きするようなこともあったらしい。そうした中、あくまで浄瑠璃における人形の振りにこだわった師匠によって、派手さの中にも花のある演技が形成されていったのである。

師匠の格闘の後に

師匠の死によって、弟子たちは期せずして、師匠なき伝統芸能の継承の問題に直面することになった。伝統芸能の継承は、長い時間をかけて共同体内部で形成されてきたわざを、父祖の代から子孫の代まで伝える営みである。その継承は、それぞれの時代のなかで、師匠から弟子へと伝えられる、人と人との直接交渉に支えられているが、芸能そのものの娯楽性や宗教性よりも、受け継ぐことの意味が勝ったとき、当事者たちは「保存命令」を遵守する方に転じる。「保存命令」とは、父祖の代から伝えられてきた舞や歌などの、すべてを変えることなく伝えるべきとする規範である。「保存命令」は、多くの場合、「芸能には本質的に関係のないことと見なされることが多い」[38]。淡路人形座の場合でも、人形の頭の大きさと、それに比例する人形の全身の大きさは、ここ百年ほど全く変えられていない。人形が小さければもっと演技の幅が広がると力説する座員もいるが、そうした彼らでさえ、「淡路人形は昔から大きな頭を使う」と言いながら、実際に小さくしようとはしない。淡路人形が得意とするのは派手な立ち回りの多い時代物であり、野掛け小屋での大胆な演技を効果的に見せるために、大きな人形を使うことになったのだという。だがその説明は、常設会館を構え、照明機器も音響も十分に整った今日からしてみれば、もはや外面的な理由にすぎない。過去にそうであったという理由を根拠とするその説明原理によって、まさに「芸能に本質的に関係のないこと」として、人形遣いたちは保存命令を課されるのである。

師匠亡きあと、淡路人形の人形遣いたちにとっての「保存命令」は、いわば複雑化することになる。師匠とともに過ごした年月のうちに会得したわざの多くは、師匠から直接的に受け継いだものである。東太郎氏が弟子に伝えたわざは、もちろん東太郎氏自身も保存命令に従って継承してきたものであるが、なかには東太郎氏自身が考案したわざもある。そうしたわざの場合、例えば振り一つとってみても、東太郎氏自身の手によって、省略したり、付け足すことが許される。だが弟子にとってみれば、師匠が手を加えたわざか否かの判断をすることは容易ではない。厳密な保存命令に従っている弟子たちであれば、忠実にわざを継承しようとするのではないか。かくして、師匠の死とともに、師匠から教わった振りは、いわば絶対的な保存命令のもとに入ることになるのである。

事態が複雑というのは、東太郎氏が弟子に伝えたそのわざの多くは、淡路の人形芝居に伝えられていたものではなく、東太郎氏が大阪の文楽で会得してきたものであることに関係している。つまりそのわざは、昔の淡路を大阪風に接ぎ木したものであるが、師匠亡き後、その接ぎ目は忘れられ、丸ごと師匠のわざとして継承される。しかしながら、淡路の人形芝居として興行に臨む限り、淡路であることが彼らを方向づけてもいる。今の人形遣いたちは、師匠が目指したような「浄瑠璃の意味に即した振り」や、「実際の人間以上の生々しさ」を追求すると同時に、師匠の頃には一部すでに型崩れを起こしていた「大胆な振り」や「ケレン味のある演出」を、師匠以前に遡ることで模索していかなければならないのである。

いずれにせよ、師匠から受け継いだわざは、今の人形遣いたちの指針となっている。それは、「生身の人間のよう」でありながら、「きれいすぎず、力強さの残る動き」を目指すものである。「昔の淡路が好きだった人」を想定して、その人たちを満足させることができないかもしれないと考えながらも、彼らは写実的な芸に惹きつけられていることを認める。昭和五〇年代に入座した「後継者たち」は、「バイセクシュアル型」として芸風を接合した師匠の教えを受けた立場にある。「大きな頭」や「ケレン味」は、かつての淡路座が農村部の観客たちを沸かせるために打って出した仕掛けであるが、すでに野駆け小屋で興行する座ではない今の座にとって、いわば観念的なものとなっているかつての芸風よりも、自分たちを魅了し、師匠との直接的やり取りを通して学んだわざの方が、興行に臨む際の確かな手触りを残しているのである。

現在、淡路人形座に在籍している人形遣いは、全員が東太郎の弟子であると先に述べた。現在活躍している八人の人形遣いのうち、六人が一九八四年から一九九四年までの一〇年間に入座した。彼らは身体を通じて師匠に向き合い、そのわざの習得に励んだのであった。

師匠との関係は一人一人違う。それぞれの人形遣いごとにエピソードがある。ここでは、人形遣いたちの語りから印象的であった話を取り上げよう。

亡き師匠のエピソードを聞いて最初よく耳にしたのは、舞台の上で突如見知らぬ「振り」を混ぜてくる、それで弟子の出来を試すということであった。例えば、平成元年前後、大鳴門橋記念館時代に「ほぼ毎日」やっていた外題『傾城阿波鳴門』「順礼歌の段」である。当時在籍していた人形遣いのうち、東太郎師匠のほか、初老の男性が一名、ほかに初老の女性が二名いた。(39) これに若手四、五名を加えた八、九名で回していた。当時は人数が足りなかったために、太夫や三味線の方に応援を頼んで人形を遣っていたらしい。

その東太郎氏は、舞台の本番、弟子の出来を試すために前ぶれなく振りを変更することがあった。「お弓」の人形が、乱れて一人だけで動く場面がある。いわゆる「ノリ場」という。実の娘「お鶴」に正体を隠しつつ別れを告げた辛さから、泣きながら胸の呵責に耐える場面である。「前向いて、足を踏みながら倒れる」という動きを取るが、そこで東太郎氏は普段と全く違う動きを挿入した。「くるっと回ってみたり、あっち走ったりこっち走ったり、柱に掻きついたり」といった具合に。

一番困るのは足遣いであるという。左遣いであれば、師匠のそうした突拍子もない動きに慣れているため、すぐに対応できるという。もちろん初めての場合は困ったというが、足遣いの時代に同じことをやられたことがある場合が多く、ある程度予測がついたのだという。足遣いは、最初のうちは全くついていけないという。一つの舞台が終わると「汗びっしょり」であった。ある程度予測することはできても、いざ動くとなると、容易に対応することができない。それが、徐々に対応ができるようになると、心づもりをしておけば大きく外すことがなくなるという。足遣いがうまく対応するようになれば、師匠はつまらないと思うのか、そうした「試練」をやらなくなるのであった。

足遣いに課せられた「試練」はそれだけではない。じっと座っている場面で、「意地悪なまでの『押し』」をされた。頭遣いが、足遣いに思い切り体重を乗せて、接触している上腕の部分を押さえつけるのである。それは、足遣いがしっかりと腰を入れて姿勢を安定できているか試しているのであって、師匠が押してきても動かないぐらい安定させなければならなかった。「何も言わへんねん、いきなり。何でそんなんされるかの説明もなし」。最初は嫌がらせかと思ったが、いつしか師匠の圧力に耐えられるようになったという。耐えられるようになった頃、師匠の圧力に対して押し返してみたところ、師匠は「おもろない」[40]と思ったのか、押してくるのをやめたらしい。そのような攻防を重ねて、弟子たちは鍛えられていった。

最後に、臨終の際に師匠を世話した人形遣いたちの逸話を引こう。

東太郎氏が身罷った日、淡路人形座の座員たちは欧州へと海外公演に出向いていた。淡路人形座創設から一〇回目にあたる海外公演は、チェコ・ブルガリア・ハンガリー・ルーマニア・ポーランド、八都市一一回を数える大きな公演であった。東太郎氏の一大事については、「箝口令」が敷かれた。海外公演への悪影響を案じ、欧州出張組には知られないようにしていたのである。

国内で留守番をしていた人形遣いも二名いた。そのうちの一人、人形遣いSは、当時の様子を今でもありありと思い出すと語ってくれる。栄養ドリンクが好きだった師匠は、氷とともにコップに入れて、枕元に置いていた。ゆっくりゆっくり飲んでいたため、コップ一杯を飲みきるのには相当の時間を費やした。コップの中の栄養ドリンクは、足される氷のせいでほとんど水と変わらないぐらい薄まっていた。そこで人形遣いは、「おっしょさん、これ、ほりましょうか」と聞くが、師匠は「まだ入っとる……」といって聞かない[41]。ほとんど水のような栄養ドリンクをちびちびと飲んでいたという。

栄養ドリンクは、弟子に師匠の人間そのものを想起させるものであった。師匠が栄養ドリンクを好んだのは、精力の増強にいいらしいという噂を聞きつけてのことだという。人形遣いSは、そのことについて、「昔の芸人さんは、私生活ではめちゃくちゃなところがあるから」と述べる。文楽で事件を起こし、将来を嘱望されながらも退座して、淡路にきてからも一時は退座し、行方知れずになったことがある。彼が語り継ぐ師匠は、型にはまらぬ、破天荒なところもある、それも含めて人間味のある人だった。女性関係についても決してクリーンであったとはいえないらしいが、その人柄の象徴であるような栄養ドリンクについての人形遣いSの言葉からは、彼らが最後のときを過ごした部屋がありありと目の前に浮かび上がってくるようで、「ちびちびと飲む」師匠のそれが、果たしてどのような味だったのだろうかと問わずにはいられない気持ちに駆られるのである。

註

（1）昭和三三年五月九日の朝日新聞夕刊には、「淡路人形　ソ連で好評」という見出しの記事が掲載されている。それによれば、「淡路人形劇が日本の古典、伝統芸術であり、日本民衆、とくに農民の間で生れたことに、ソ連では特別の関心が持たれている」とのことである（朝日新聞東京版、昭和三三年五月九日、三面）。

（2）「淡路人形保存会」の発起人となった不動佐一は、三條地区に生まれ育ち、人形遣いも務めていた人である。氏の手による『淡路人形の由来』は、淡路座の歴史から当時の様子までを網羅した労作で、近代に入ってからの地元の郷土家の著作の先駆けとなっている。初出は昭和一二年（一九三七）とされるが、現在手に入るのは昭和二七年版である（不動佐一『淡路人形の由来』淡路人形芸術協会、一九五二年）。なお、この組織再編のさなか、小林六太夫座の継承に努めてきた小林菊五郎が昭和二六年に逝去し、藤一がさらに後継ぎとなったものの、昭和三三年には、座とほとんどの人形が徳島市の引田家・上村源之丞座へと売却された。

（3）こうしたエピソードは、過去の苦労話として今の座員たちに語り継がれている。なお、同じエピソードは、写真家のN氏からも聞くことができた。

（4）当時の公演は、出演者たちの年齢から考えて、淡路人形座独特の演目を行なう最後の機会かもしれないと噂された。実際に、その四年後の海外公演を紹介する新聞記事によれば、「最後の公演」との記載がなされている「滅びゆく淡路人形——世界環境博で『最後』の公演」読売新聞一九七四年七月一〇日、七頁。

（5）外題は、昼の部が『玉藻前曦袂』「化粧殿の段・洛陽の高殿の段・夏座敷の段・道春館の段・七化けの段」、夜の部が『賤ヶ嶽七本槍』「焼香場の段・清光尼庵室の段・政左衛門館の段・山の段」である。

（6）兵庫県三原郡三原町教育委員会『淡路人形浄瑠璃』浜田タイプ、二〇〇二年、三二六頁。

（7）同上。

（8）現在、座員たちの身分は、財団法人淡路人形協会によって保証されている。

（9）館内には、「うずしお科学館」が設置されており、鳴門海峡の地理的特性が生み出す巨大な渦潮に関する情報が展示されている。

（10）資料によれば、「福良」からの転出直前の昭和五九年度の入場者数は六万三一六九人、「大鳴門橋記念館」に移転した直後の昭和六〇年度は二四万一七三二人と、空前の大盛況である。なお二四万人という数字は、平成一〇年度の明石海峡大橋開通時（二四万九〇三六人）に次ぐ、史上二番目の入場者数である。近年の入場者数が六万人前後であることから、この二年度は、例外的に突出した数であるといえる。

（11）例えば、昭和一二年刊の広川清『淡路の人形芝居』（南部書院、一九三七年）には以下のように記述されている。「名手上手といはれた人は概ね年をとつてしまつたし、若い人は、たとえこの道が好きであつても、目下の人形座や役者の不況・不運を見ては、たつてこの道に入らうとする程奇徳でもない。つまり常識的になつてしまつたのである。ここに人形座の衰へがある。若い役者の育成は固より重大事で、目下の急務であるが、それよりも役者の生活の安定の方が先決問題である。これについてはいくつかの具体策があるのであろうか。」（広川、一〇九～一一〇頁）

（12）昭和二七年（一九五二）に兵庫県立三原高等学校（郷土部）、昭和四六年（一九七一）に南淡町賀集福井地区（子供会人形浄瑠璃部）、同年三原町立市小学校（郷土文化部）、昭和五八年（一九八三）に南淡町立南淡中学校（郷土芸能部）、三原町立三原中学校（郷土部）がそれぞれ創部された。

（13）「全国人形芝居サミット＆フェスティバル」と称された交流会は、平成三年（一九九一）から毎年開催され、一〇回を数えた。平成二五年には、第一三回目の大会が開催され、今も全国の団体との交流は続いている。

（14）宗虎亮『宗虎亮写真集　淡路野掛浄瑠璃芝居』創芸出版、一九八六年、一〇八頁。

（15）「三番叟」の読み方は、「さんばそう」が一般的であり、現在の淡路人形座の座員たちもこう呼ぶ。ただ、地元の人たちは昭和四〇年代ごろに「さんばんそう」と呼んでいたらしい。写真家N氏は、インタビューのなかで、「わたしら田舎の人は『さんばそう』なんか言わへん。『さんばんそう』と聞いたら変な感じがする」と語っていた。

（16）三宅周太郎『続　文楽の研究』岩波書店、二〇〇五年。

（17）宗、前掲書、一〇四頁。

（18）同上。

(19) 永田衡吉『日本の人形芝居』錦正社、一九六九年、六三頁。
(20) アメリカ公演では、前回のソビエト公演と比べて、太夫と三味線はあまり変化がないものの、人形遣いは高齢の人が多く、座のメンバーではない民間の助っ人を連れて行ったという。民間の助っ人とは、高校の「郷土部」出身者であった。学校を巻き込んだ後継者育成活動が実を結んだとして高く評価されていた（森勝『淡路人形アメリカ公演』、淡路人形協会、一九七四年、二八頁）。
(21) 「ニューヨークのカーネギー・ホールでの公演で日本人として未だ成功したものがないとのことで、ここでの人気如何が、この度の公演のみならず、淡路人形の将来の運命の岐路となることは、必定と考えていた」（同上）。
(22) 宗、前掲書、一一〇～一一一頁。
(23) NHK音のライブラリー「淡路人形芝居」（日本放送協会、一九六〇年）より転写。
(24) 地元出身の写真家・N氏は、写真を撮るために三番叟に帯同していた。彼もまた時々手伝うことがあったようで、当時ののんびりとした雰囲気を懐かしんでおられた。
(25) 財団法人淡路人形協会監修『淡路人形芝居』淡路人形芝居写真集編集委員会、二〇〇〇年、一五〇頁。
(26) 同上、一五一頁。
(27) 地元の方に訪ね歩いて地図を作成した。今でもこれらの祠には、正月になるとしめ縄をして回るという。
(28) 六〇歳代の人になって初めて、幼い頃に三番叟を見たという人が見つかる。インタビューをした写真家のN氏の話とも照合し、昭和三〇年代にはかなり廃れていたのではないかと推測される。
(29) なお、「塞の神」と名付けられた祠には、「文化一四丑年」と彫ってある。その頃にも人形による神事があったかどうかは定かではないが、祠への信仰は近代以前に遡ることが明らかである。
(30) その映画とは、淡路島を舞台として、阿久悠の小説を原作とした映画である。
(31) なお、その話を受けた当時の支配人は、映画の撮影を受け身的に引き受けたというよりは、むしろ積極的にその機会を活かしたいと考えていたらしい。「門付三番叟」は、人形遣いがかつて身分的に差別されていた名残を彷彿とさせるものであったのに対して、三社神楽形式の「三番叟」は、むしろ人形浄瑠璃の格式を支える儀礼たりうるからである。
(32) 淡路では、一人遣いの人形を「タンゼン」と称している。
(33) このとき、復活を積極的に後押しした人がいた。それが、淡路人形を対象としてフィールド調査を行なっていた、アメリカの人類学者である。彼女は、淡路人形を主題とする著書の中で、まさに中央の権力とは異なる原理で動いている地方の宗教的職能者の姿を浮き彫りにした（Law, Jane Marie. *Puppets of Nostalgia : the Life, Death, and Rebirth of the Japanese Awaji Ningyō Tradition*, Princeton University Press, 1997. 齋藤智之訳『神舞い人形――淡路人形伝統の生と死、そして再生』齋藤智之、二〇一二年）。その研究の中から、淡路に住む誰よりも、三番叟の「価値」を認識していたものだと思われる。座員たちからの話によると、三番叟の復活には、彼女の助言も寄与したらしい。

(34)　彼ら／彼女らは、一人で家々をめぐる「フリフリ三番叟」と呼ばれている。三條の村の人たちは、彼らについて積極的に語ろうとはしないが、ものをもらいに来たような、社会の構造の外に生きざるを得ない人たちによる活動である。

(35)　この表現は、破天荒な芸風を象徴するような語彙として、敬意を込めて人形遣いが使っていた。

(36)　現支配人が小中学生の頃は、昔の人形遣いであった中年の女性に教わっていたが、師匠のものを見たときに、「人形ってほんまに生きとんねんなって思った。それが衝撃的でな」と印象を持ったという。

(37)　写真家のN氏は以下のように語ってくれた。「役者はな、煙管を吸うんやで。ぽんと吹かしながらな。今でも、その時のことが思い出されるんやけどな。こんこんとやりながら、ぷっと吹いたら、次つける火がな、手のひらに乗せる。熱いもんやからな。（みんな）ほとんどタバコ吸いよった」。

(38)　藤田隆則「古典音楽伝承の共同体――能における保存命令と変化の創出」福島真人編『身体の構築学――社会的学習過程としての身体技法』ひつじ書房、一九九五年、三六一頁。

(39)　初老の男性もまた、大阪の文楽を退座した人であったらしく、東太郎の知古により淡路人形座に助っ人として加わっていたという。女性のうちの一名は、四国出身で、若い頃に市村六之丞座に加わって人形遣いをしていた人である。もう一名の女性は、東太郎氏の友人で、淡路で小料理屋を営んでいた素人であったが、手が足りないために助っ人として加わっていたという。

(40)　人形遣いからのインタビューによる。

(41)　ここでの語りで、「まだ入っとる……」と語ってくれた人形遣いSの語り口は、本当に師匠がそのようにつぶやいたかのような臨場感を伴っていた。なお、「おっしょさん」とは「お師匠さん」、「ほりましょう」とは「放りましょう」、「捨てる」の関西弁である。

第六章　「淡路らしさ」を求めて

本章では、「復活公演」に焦点を当てる。復活公演とは昭和五〇年代頃を境に伝承が途絶えた演目を、古い写真や床本などを手がかりにして再演出、再上演しようという試みである。伝承が途絶えたのであるから、座員の誰もが、少なくとも淡路における芝居としては、その演目を上演したことはおろか見たこともない。一度も上演したことのない演目を行なうためには、まず聞き慣れない語りを覚え、人形の「振り」を組み立て、実際に人形を動かしながら微調整していかなければならない。その作業は、これまでに実演した数々の「型」と「しぐさ」を組み合わせる作業であると同時に、わざそのものの根本的な見直しを迫る。また、登場人物となる人形を準備し、演出のための小道具を製作するところまで含めて、彼らのわざの外縁は広がっている。公演のための稽古はもちろん、彼らが人形や小道具を製作し、振りを決定し、演出を組み立てていくすべての準備過程に目を向けることで、彼らのわざが生きて働く場面に立ち会うことができるだろう。

復活公演において、その準備のプロセスを貫いているものは、「淡路らしさ」という色合いである。第Ⅱ部導論で触れたように、「淡路座」は、日本の各地に出向いて、当地の神社や休閑地などに野掛け小屋を建てて興行を打っていた。観客の大部分は農閑期を迎えた農民である。屋外の、それも野次や雑談などが飛び交う賑やかな会場でひときわ目立つ舞台を演出するために、繊細な演技よりは大胆な演出を、細やかな人間模様よりは白黒はっきりした派手な立ち回りを好むようになった。そこで、舞台装置を駆使した派手な演出や、大柄の人形を用いたダイナミックな演技が「淡路らしい」芝居とされるようになった。伝承が途絶えた昔の演目を「復活」させるということは、派手さや大胆さを売り物とするかつての淡路の芝居の芸風を追求するということである。そのことは同時に、彼らが今後拠って立つべき演出の方向を探る機会ともなっている。

ただし、ここでの「淡路らしさ」は、必ずしも彼らの中で明確なイメージを伴ったものとして共有されているわけではない。彼らが直接伝授された「師匠」の芸風や、師匠から伝え聞いている「淡路」、資料館に保存されている写真などから推測される「昔の淡路」、さらには、人形浄瑠璃のいわば権威である「文楽」、人形浄瑠璃を継承している日本各地の「地方」の芸風といった、様々な芸風に影響されたり距離を取ったりしながら形成される。加えて、「復活公演」の実現に大きく貢献している「専門家」の関与は重要である。「専門家」たちは、「床本」というテキストに込められた意味を解釈することで、近代以前の、つまり直接的な伝承がすでに途絶えた時代の芸風を視野に収めることができる。こうした諸側面が重なるところに「淡路らしさ」の青写真が立ち上がる。

ところがいざ舞台を作り上げようとすると、それまでの自分たちの舞台経験、人形の大きさ、見栄え、浄瑠璃との兼ね合いなどのたくさんの個別の条件に引きずられ、「淡路らしさ」の内実が更新されていく。そこに決定的に寄与するのは、人形、道具類、人形遣いの連携や、人形遣い自身の身体といった、動かざる物たちである。復活公演という特別な興行の機会は、「淡路らしさ」という目標に貫かれつつも、観念的ではない諸々の文脈が彼らを方向づけ、いざ描き出してみるとあらかじめ用意してあった青写真とはいくぶん異なる絵として完成するのである。そうしたプロセス全体が、彼らのわざが生きて働く風景にほかならない。

ここでは、調査によって知りえた資料をもとに、それらの条件がいかなる仕方で折り重なり合い、彼らがその中でいかにして「淡路らしさ」という意味を獲得していくのかを記述していこう。まず、第一節では復活公演の概要を確認する。復活公演は、淡路人形座の座員たちで準備されるのではなく、座以外のいくつかの機関と専門家が関わって構築される。資金面では文化庁や南あわじ市、知識面では大学教員、技術面では文楽や日本舞踊の師匠など、多岐にわたる。特に本書が対象とする平成二四年度（二〇一二）の場合、数年にわたって関わってきた浄瑠璃研究の専門家（以下、「専門家」）と共同的に進められた。彼らとの関わりも含め、復活公演の全体像を確認しよう。続いて第二節では、人形の着付けや小道具の製作といった準備のプロセスに着目する。淡路人形座は、人手不足のために、大掛かりな道具を除く全ての必要品を自分たちで用意している。とくに、小道具や演出上の仕掛けなどの手作業は、彼らの工夫と探求を喚起させる遊びにも似た作業である。舞台の構築からすると一見周辺的であるような作業のなかに、復活公演に対する根本的なこだわりが表れているのである。第三節では、人形遣いの稽古を対象にして、舞台の構築プロセスを詳細に記述していく。少ない人数をやりくりしながらよい舞台を作り上げようとする彼らの企ては、それ自体が一つのわざである。第四節、第五節では、人形の振りを構築していく総稽古を対象として、個別の身体の動きがいかに「淡路らしさ」を生み出していくかを明らかにしていく。その上で、第六節では、復活公演という機会を総括し、彼らのわざにもたらすものを考察していく。彼らのわざは、復活公演のなかで発揮されることにより、ミクロに破壊と生成を繰り返して行くのである。

1　復活公演の試み

専門家との関わり

淡路人形座が復活公演に力を入れ始めたのは、平成一九年（二〇〇七）頃からである。きっかけは、「専門家」による提案であった。「専門家」とは、国文学の領域で、浄瑠璃史、とくに近世の浄瑠璃本や関連文献の読解を専門とする二名の大学教員である。彼らは、歌舞伎や文楽を含め、浄瑠璃に関わる古典芸能に造詣が深い(1)。

彼らは学問上の問題意識として、上方や江戸の浄瑠璃ばかりを取り上げる浄瑠璃研究史の潮流に対して、それらが見落としてきた淡路座のような地方の芸能の重要性に関心を抱いている。彼らは日本各地に伝わる上演台本を調査し、番付表や興行記録を掘り起こすことを方法として、近世の浄瑠璃界における地方の人形座の位置取りを明らかにし、近世の浄瑠璃界の全体像をより明瞭に把握することを課題としている。

その調査の中で淡路島に足を運んでいた彼らは、資料館からの依頼で、平成一七年（二〇〇五）頃から地域の住民を相手にした講座を開くようになった。それに参加していた人形座の関係者が、現在の淡路人形座が非常に限られた外題しか行なっていなかったことと、埋もれた上演台本の多さとのギャップを目の当たりにした。

座員たちが「専門家」と本格的に関わり始めたのは、平成一九年（二〇〇七）のことである。きっかけは、文化庁の事業「地域人材の活用による文化活動支援事業」において、「学校の課外活動」における淡路人形座の座員たちの「指導力の向上」を目的とした研修がなされたことである。(2)「専門家」による講習会は、平成一九年八月から平成二〇年二月までの期間になされ、「人形浄瑠璃という芸能について」、「人形浄瑠璃の歴史と現在」といった原理的なテーマから、「淡路座の未来」という広がりのあるテーマまでを含め、合計一一回を数えた。(3)当初から、淡路座が伝承していた演目の独自性は、極めて価値が高いという専門家たちの主張は一貫している。上方の人形浄瑠璃から独立した環境にあって、上方では近代になって伝承の途絶えた演目でも、淡路においては継承されているというケースも見られる。人形浄瑠璃という文化を賦活するという意味においても、淡路座の持つ可能性は大きいと彼らは考える。

復活公演の話は、淡路人形座にとっても魅力的であった。平成に入り、後継者の確保に成功した人形座では、待望の若い座員たちが増え始めたとはいえ、多くの人員を要する人形浄瑠璃の上演に十分な人数が確保できていたわけではない。輪をかけて、高齢を迎えたベテランたちが引退したことによって、古い演目を知る座員が減り、かつて使用した衣装や道具も摩耗していった。普段は、毎日の二〇分ほどの外題を組み合わせて通常公演を切り盛りするペースが定着していた。外から声が掛かれば大きな公演に出かけるが、限られた衣装と道具を使用する、限られた演目だけを組み合わせた公演であった。そうした活動は、座の安定的な維持には寄与したが、少なからぬ閉塞感を生み出す環境でなかったとはいえない。そうした事情もあって、人形座の座員たちは、徐々に専門家たちと交渉を進め、平成一九年（二〇〇七）頃から復活公演の実行に踏み切ることになった。

復活公演とは何か

復活公演に似た試みは、過去にも幾度か見られる。古くは、昭和四五年（一九七〇）の東京・国立劇場での上演、最近では、平成一五年（二〇〇三）の同じく国立劇場での上演である。平成一五年の公演時、通し上演ではないものの、『玉藻前曦袂』と『賤ヶ嶽七本槍』を行なった。通し上演をしなかったのは、それらの外題を知る人がすでに絶えたためである。慢性的な人数不足のために大きな公演の機会が得られず、淡路人形座が持つレパートリーが限定されていたのである。そうした中でも、当時かろうじて継承されていた外題を集め、上演にこぎつけたのである。人手不足を補うために、このときも座員以外の経験者に出演を依頼した。このときの「助っ人」は、中高における「郷土部（郷土芸能部）」の出身者で、当時もアマチュアの座において活動している人たちが中心であった。このとき人形遣いを担当した出演者は、淡路人形座の座員が一一名（人形遣い八名、太夫・三味線からの補充三名）であったのに対して、座員以外の協力者が二一名であった。大多数の助っ人に支えられて舞台を乗り切った一方で、十分な連携が取れないことから満足のいく舞台ができなかったと嘆く人形遣いもいる。

いずれにせよ、昭和四五年（一九七〇）公演、平成一五年（二〇〇三）公演は、継承され続けてきた外題の再演である。それに対して、平成一九年以降の復活公演は、現座員はもちろん、淡路島内においても誰一人鑑賞したことがないような、五〇年ぶりから八〇年ぶりの再演である。外部の研究者からの働きかけだけではなく、文化庁からの支援を受け、文楽関係者とも関わる中で、衣装や道具の新調を含め、より徹底した構築プロセスを経て実現される。それはもはや再演の域を越え、まさに「復活」であるといえる。

外題の「復活」のための最大の手がかりが、市村六之丞座の主力の三味線弾きであった豊澤町太郎（芸名）氏が残したテープである。(4) 町太郎氏は、昭和四五年（一九七〇）、早稲田大学演劇博物館からの委嘱に応じて、淡路で行なわれていたほとんどの外題を弾き語りでテープに吹き込んだ。(5) それを踏まえ、淡路人形座に残されている「床本」と照らし合わせながら改めて文字に起こし、上演台本とした。(6) なお、床本の校注作業および上演台本の作成は、「専門家」が担当した。台本については、できるだけ町太郎氏の弾き語り、および原作を忠実に守った上での「復活」を目指しているが、今日の人形座の人手不足から上演が困難である場合は、物語の大筋に影響を与えない程度で、暫定的に登場人物を削ったり、場面を省略したりする。(7) ほかの手がかりとしては、公演時に撮影された写真、ほかの団体が上演したときの記録映像などである。写真のなかの動かぬ人形から連想して、また他団体のモノクロ映像を参考にしながら、人形の振りや衣装を手さぐりで作り出す必要がある。

淡路人形座をフィールドとした調査を開始した平成二二年度（二〇一〇）には、『奥州秀衡有鬠壻』「鞍馬山の段」の復活公演に取り組んでいた。この外題は淡路以外ではほとんど上演されなかったために、映像はおろか写真すら残されていなかった。映像が一切残されていなかったため、解釈の自由度が高く、舞台の構築のプロセスが豊かであったことは、調査を開始した時点で十分に感じ取れた。平成二三年度（二〇一一）に行なわれた『賤ヶ嶽七本槍』「清光尼庵室の段」もまた、映像が残っていない中で舞台の構築が行なわれた。(8) 平成二四年（二〇一二）には『生写朝顔日記』「摩耶ヶ嶽の段」、平成二五年度（二〇一三）には『生写朝顔日記』「深雪関助道行の段」が「復活」した。

本章では、平成二四年度『生写朝顔日記』「摩耶ヶ嶽の段」を対象とする。復活公演の取り組みが淡路人形座にとって重要であることを知った私は、この公演が構築されるまでのプロセスの全体を記述できるよう、集中的な調査を試みた。とくに、秋頃の衣装選びや道具作りなどの準備段階から立ち会うことができ、十分な題材が得られたと考えている。

復活公演のプロセス

まずは、復活公演のプロセス全体を概観しておこう。平成二四年度の復活公演『生写朝顔日記《いきうつしあさがおにっき》』「摩耶ヶ嶽《まやがたけ》の段」の上演については、文楽における昭和五三年（一九七八）の映像、および阿波の人形浄瑠璃における昭和五一年（一九七六）の映像が手に入ったため、大枠としてはそれらを参考にしながら舞台が構築される。なお、豊澤町太郎氏が吹き込んだ語りは、特に速さやアクセントなどの節回しにおいて、文楽のものとも阿波のものとも大きく異なっているため、それに合うような舞台をいかに作るかが焦点となる。

ここでは便宜上、プロセス全体を「下準備」、「道具作り」、「稽古」の三つに分ける。まず下準備として、前年度の二月頃に、専門家を交えた話し合いが設けられ、外題が決定される。その後、参考資料として、町太郎氏の音源と、阿波人形浄瑠璃で上演された記録映像が提供された。その後、六月に専門家を招いた会議を行ない、外題の意義と概要、および校注された床本の解説などが座員に向けて行なわれる。この場では、「摩耶ヶ嶽の段」以外の、『生写朝顔日記』全体の通しの物語の展開などについて、座員が概要を知る機会となる。同時に、舞台に必要な人数のおよその配分や、頭や衣装の選定についても方針を固めることになる。

次に、道具作りの段階では、九月頃に人形の頭、衣装の選定が進められる。阿波の人形浄瑠璃の映像や、昭和四五年（一九七〇）の淡路人形座公演の写真を踏まえて摺り合わせていく。淡路人形座が保有する頭はすべてリスト化されている。主役級の頭についても、同じ種類のものがいくつかあるが、頭の表情や大きさが同じものはどれ一つとしてない。微妙に異なる頭をよくよく見比べて、そのときの役柄に合った頭を選び出すのである。衣装は、生地と色と柄を選択し、専門としている業者に発注する。

その後、しばらく時間を空けて、一一月頃から人形の頭の髪の毛を結い上げる作業に入る。その際、人形遣いの一人が、人形の髪の結い上げを専門としている鬘・床山師に指導を受けに、大阪へ向かう。(9) 同じ頃、一一月頃に舞台の大道具を発注する。

表6－1　年明けから公演本番まで

月	段階	作業
2月	下準備	外題の決定
6月		解説
9月	道具作り	頭・衣装の決定
11月		髪結
12月	道具作り稽古	道具の製作
1月		着付
		立ち稽古
	稽古	総稽古
2月		本番

一二月頃から小道具の製作が開始される。一部の人形遣いたちは小道具の製作に凝っており、本物と見間違えるような精巧な道具を作り上げる。年が明けると、舞台を使った稽古が始まる。初めは舞台の全体をざっと通し、それぞれの立ち位置や場面ごとの役割を確認する。同じ頃、頭と衣装が整った人形から、着付けを始める。着付けは基本的に、その人形を遣う頭遣いが行なうことになっており、人形の役柄や使い勝手に配慮しながら人形を着付けていく。一月中旬からは、人形の振りを擦り合わせていき、人形を遣った集中的な稽古を繰り返す。最終的に太夫と三味線と合わせた総稽古を行ない、舞台を完成させていく。平成二四年度、公演本番は二月二日であった。

なお、本書での調査は、六月「解説」、九月「頭・衣装の決定」、一一月「髪結」、一二月「道具の製作」の時期の一部を、一月の「稽古」の時期には集中的に行なった。

『生写朝顔日記』「摩耶ヶ嶽の段」について

『生写朝顔日記』は、天保三年（一八三二）正月、「大坂」の稲荷社内芝居（いわゆる文楽の芝居）で、未完のまま初演された外題である。初演の後、淡路座が興行に取り込む中で、未完であった五段目「道行」を、淡路座が完成させたとされている。(10) その後、淡路で頻繁に公演されており、昭和の初期まで継承されてきた。谷崎潤一郎が『蓼喰ふ虫』の中で描いていたのも、この外題である。外題の成立と継承に「淡路座」が重要な役割を果たしていた事情を踏まえ、復活公演の外題として選ばれた。(11)

少々長くなるが、『生写朝顔日記』「摩耶ヶ嶽の段」のあらすじを確認しておこう。『生写朝顔日記』は、室町時代、周防の国大内《おおち》家のお家騒動を本筋として、主人公たちのすれ違いの恋を織り交ぜた物語である。大内義興《よしおき》の家臣である宮城阿曾二郎（駒澤次郎左衛門）が、悪臣・大友宗鎮一派を鎮圧する時代物風の物語と、宮城阿曾二郎と深雪（芸州岸戸家の家臣、秋月弓之助の娘）がすれ違いを経て、めでたく結ばれるまでの世話物風の物語が交差する。

「摩耶ヶ嶽の段」では、盗賊の棟梁である老婆「荒妙《あらたえ》」の庵が舞台となる。主要な登場人物は、「荒妙」の娘として育てられ、母「荒妙」が盗賊であることを知らない娘「千里《ちさと》」、盗賊の手下として抜群の働きを見せる「浮洲《うきす》の仁三郎《にさぶろう》」、遊女として売り飛ばされ、頑固さゆえに突き戻された娘「深雪」である。なお、「摩耶ヶ嶽の段」には、主人公の「宮城阿曾二郎」は登場しない[12]。物語の最後に明かされるように、実は「荒妙」は大内家のお家乗っ取りをはかる悪臣の一味であり、「浮洲の仁三郎」とは、その悪巧みを阻止しようとする大内家の「駒澤三郎春次（祥一郎）」である。

復活公演における「摩耶ヶ嶽の段」は、「口」と「切」に分かれる。

「口」の冒頭、「荒妙」が囲炉裏の火をいじっているところに「千里」が花を持って登場し、家の中へと上がっていく。囲炉裏の傍で二人が会話を交わした後、「千里」は花を手向けるために退場する。折から、「猿辷り」と「浮洲」が、盗みを終えてどやどや帰ってくる。「荒妙」は、手下が持ち帰った盗品を帳面につけ、出来のよい「浮洲」を誉めたところで全員が退場する。すべての人形が捌け、「口」は終了する。

「切」が始まると、囲炉裏で暖をとる「浮洲」が登場する。遅れて「千里」が登場し、周りに誰もいないのを確認した後に、二人は親しげな会話を交わす。「千里」はどうやら「浮洲」に思いを寄せているらしい。そのことを察した「浮洲」は、「千里」を唆して、「荒妙」が隠し持つ重宝「薬王樹」の在り処を探ろうとする。「千里」はあっさりと承諾し、その引き換えに、「浮洲」を誘い込もうと別の部屋へと連れて行く。

二人が退場した後、「輪抜吉兵衛《わなぬけきちべえ》」なる男が駕篭を携えて登場する。「荒妙」を呼びつけて、先日買い取った「娘」が奉公を拒絶し、頑として聞かないために返しにきた、と腹を立てている。「荒妙」は、引き換えに、先ほど「猿辷り」が誘拐してきた少女を渡し、「娘」を引き取ることにした。この「娘」こそ、宮城阿曾二郎を慕って旅に出た主人公「深雪」にほかならない。「荒妙」は、「輪抜吉兵衛」が帰った後、再び引き取った「深雪」に厳しい仕置きを用意する。たっぷりと時間を使って、囲炉裏で鉄の棒（焼鉄橋）を炙り、赤々と熱してゆくのである。鉄の棒を炙っている間、太夫の語りは中断され、三味線だけの演奏となる。いわゆる「メリヤス」の演出である。焼けた鉄の棒ができ上がると、「荒妙」はそれを「深雪」に突きつけ、遊郭に売られるか、焼鉄橋で打たれるか、どちらがよいかと迫る。泣きはらす「深雪」をよそに、「荒妙」は容赦なく折檻するのである。見かねた「千里」が家の中から飛び出してくるが、「荒妙」は跳ね退けて「深雪」にとどめの一撃を与える。その後、「荒妙」が退場したところで場面が一旦止まる。

太夫が交替し、場面が再開となる。すぐに「千里」は「浮洲」に助けを求める。「浮洲」は、「荒妙」が隠し持つ秘薬「薬王樹」を「千里」に取ってこさせ、それを使って「深雪」を治療する。「深雪」が着物に挟んでいた文書から、彼女が芸州岸戸家の家老秋月弓之助の息女であることを知った「浮洲」は、意識を取り戻した「深雪」を逃がすのである。さらに、「薬王樹」の箱に入っている書簡から、「荒妙」が大内家の悪臣と通じている証拠を掴んだため、「荒妙」とも「千里」とも縁を切ることを告げ、「薬王樹」を持って逃げてゆく。帰宅した「荒妙」は、「薬王樹」の箱が開けられていることに驚いて「千里」に問いただすが、「千里」は悲嘆のあまりその場で自刃する。怒った「荒妙」は、「浮洲」を呼び出すが、現われた「浮洲」は、正体を明かして、唐服を着た「駒澤三郎春次」なる武士の姿になっている。その上で、「浮洲」は、自分が大内家重臣「駒澤了庵」の三男春次であることを明らかにする。観念した「荒妙」は悪事を白状し、自刃する。それと同時に、「千里」が実は「荒妙」の主君・大友宗鎮の娘「菊姫」であることを告げ、来世での「菊姫」の幸せを願い、「春次」との婚礼を願い出る。三々九度の盃を果たし、喜びのなかで息絶える「千里」と「荒妙」を残し、一人「春次」が立ち上がるのであった。お家騒動をめぐる「摩耶ヶ嶽」での小さな攻防は、大内家の安泰をもって幕を閉じる。

以上が「摩耶ヶ嶽の段」の顛末である。『生写朝顔日記』の物語は、この後、深雪と供の関助が次郎左衛門を追って旅する「道行」へと展開していく。その上で、ようやく巡り会えた深雪と次郎左衛門が改めて夫婦となることになり、最後は、春次、関助らの活躍によって、大友一派の悪巧みを阻止することができ、大内家の安泰が取り戻されるのである。淡路人形座では、「摩耶ヶ嶽の段」ならびに「道行」の段を復活させることができれば、『生写朝顔日記』の後半の一部を通しで上演することができるようになる(13)。かつて野掛け小屋で観客を沸かせた淡路得意の演目として、彼らは「復活」に挑んでいく。

さて、以上のあらすじを踏まえて、次節では舞台の構築プロセスを検討していこう。

2 手作りの舞台――「図」としての舞台づくり

人形浄瑠璃の興行に際して、人形づくり、舞台づくりは必須の過程である。芝居に登場するすべての人形、すべての道具は、公演のたびに新たに作り直されるが、人手の少ない淡路人形座にあって、そうした作業はすべて人形遣いたちの手で担われる。舞台に設置される家や背景となる大道具・幕の作成、および人形専用の衣装の仕立てについては外注されるものの、人形の身の回りの小道具、物置台などの舞台装置、人形の衣装の着付けといった準備が含まれる。

道具の準備に対する人形遣いたちの入れ込みようは、舞台前の稽古に勝るとも劣らない。準備の作業それ自体は、必ずしも「淡路らしさ」の実現のために必須の条件ではないにもかかわらず、彼らは道具の準備に熱を入れている。人形の操作に必ずしも直結しないに舞台の道具作りとは、彼らにとっていかなる意味を伴うものなのであろうか。

本節では以下、二つの作業に絞って、道具を作るという過程が、彼らの舞台経験をいかに彩っているのかを検討する。一つ目に、人形の仕上げに注目する。人形の仕上げは、頭を選ぶこと、胴体を作ること、衣装を着付けること、手足を取り付けること、というプロセスからなる。とくに人形の着付けは、主にその人形を操る頭遣いが担当することになっている。着付けは、人形の見た目を美しく見せるために重要である上に、それ次第で人形の使い勝手が左右されるのである。衣装の位置取りやバランスはもちろん、基体部分となる胴体の糸の締め付け具合や綿の量などが少しでも違うだけで、人形の見た目も操作も驚くほど変わってくるのだという。人形遣いたちの舞台経験を踏まえた、繊細さと工夫を要する作業なのである。

二つ目に、小道具に焦点を当てる。人形遣いたちが舞台の上で使う小道具は、刀や鎧帷子などの特注品もあれば、書簡や扇、柄杓のように自前で用意できるものもある。身長が一メートル前後の人形に適合したサイズの小道具を市販で入手することはほとんど不可能であるため、彼らは地域の日用雑貨店を物色し、購入してきた用品を見事に転用しながら本物同然の品を作り上げる。よほど凝視する観客でなければ気づかないような細部にまでこだわりを見せるその活動から、私たちは人形遣いたちの活動の広がりを見ることができるのである。それでは、人形の仕上げから見ていこう。

着付

人形を作り上げる過程は、頭の選択から始まる。淡路人形座では、現在二三〇個ほどの頭を保有しており、仕掛けの入った主役級の頭から、仕掛けのない脇役用の頭まである。主役級の頭は、男女、老若、善悪など、登場人物の特徴によっておよその傾向が決められており、一般的な名称がつけられている(14)。人形師によって作られた頭は、同じような役柄に使用されるもの同士であっても、どれ一つとして同じ顔つきではない。輪郭はもちろん、目鼻立ちから眉などの細部にわたって、すべて微妙に異なっている。

今回、「摩耶ヶ嶽の段」で使用する人形の頭は、以下の通りである。「荒妙」が「悪婆」、「浮洲の仁三郎」が「二曲」、「深雪」と「千里」はいずれも「娘」である（**図6－1**）。

「荒妙」は、武家の出身ではあるものの、盗賊になりすましており、「摩耶ヶ嶽の段」でも非情な悪事を働くため、「悪婆」の中でも悪人であることを特に強調する顔が選ばれる。「浮洲」の正体は主人公の一人「駒澤三郎春次」であるため、端正さが重視された。「深雪」は物語の主人公であることから美しい顔立ちの頭が選ばれた。「千里」は、みすぼらしい身なりをしているものの、かくまわれた武家の娘であることから、無垢で愛らしい頭が選ばれた。そうして選ばれた頭は、髪の毛の状態や仕掛けの具合を確認し、必要があれば手直しされる。

頭の選択と平行して、人形の衣装が決定される。衣装の仕立ては専門の業者に委託されるが、生地と意匠についてはは人形遣いたちが構想する。過去の公演における資料を踏まえて衣装のイメージを固め、サンプルを取り寄せて比べながら、適切な生地を選ぶ。例えば、「荒妙」であれば、盗賊の頭であるから、できるだけ地味なもの、「浮洲」も盗賊になりすましているため猟師風の姿、「深雪」は、武家の娘であるが、家を飛び出して誘拐されたため、それほど派手ではない振り袖、「千里」もまた山娘——本来は武家の娘であるが——であるため、派手すぎない振り袖が選ばれた。衣装が仕立て上がれば、人形の胴体の仕上がりを待って、胴体に縫い付けていくのである。

人形の胴体もまた、基本的には一から作り上げることになっている。胴体は、その大きさや形によって人形全体の見た目を大きく左右する上に、その内部は、頭遣いが左手を入れて操作する空間でもあるため、その製作は操作性に直接関わってくる。シンプルな素材からなる胴体であるが、ミリ単位の繊細さが必要とされる作業である。

図6－1　主人公の頭

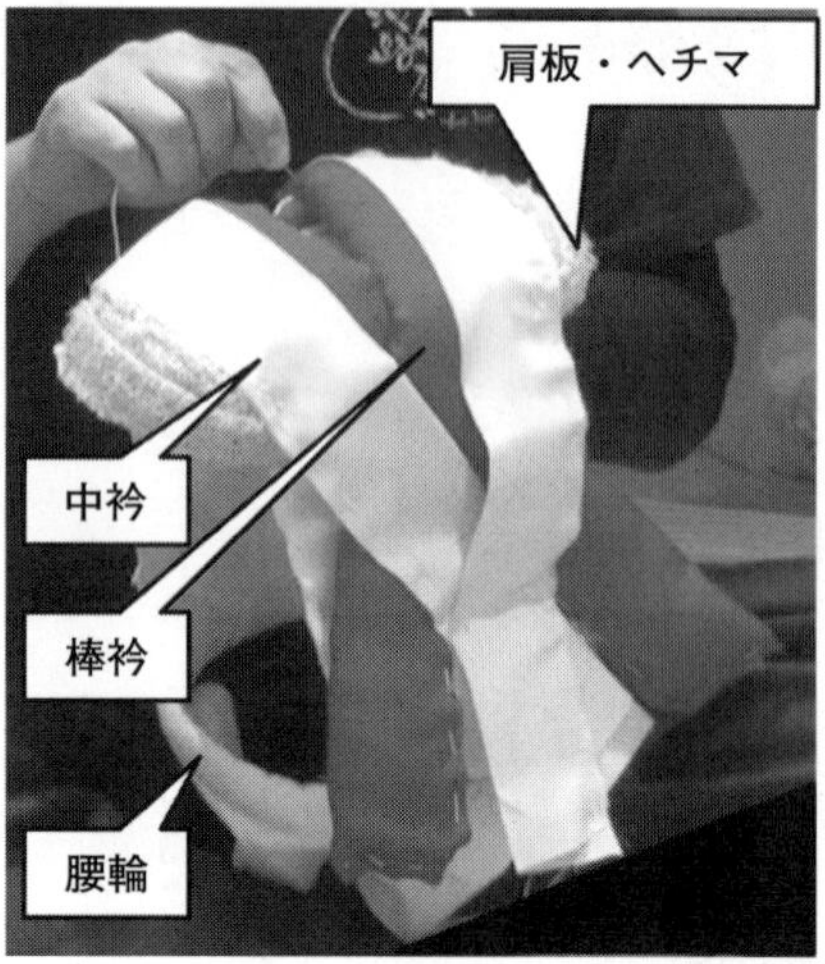

図６－２　胴体の下地

胴体の基礎部分は、腰輪と肩板を布でつなげたものからなる。腰輪とは、布切れを巻き付けた、直径二〇センチメートルほどの竹製の輪っかである。肩板と腰輪をつなげ合わせ、肩板の端に長細く切ったヘチマをはうように縫い付ける。ここまでの作業が、人形の身体のいわば土台となる。

次に「衿《えり》付け」である。衿付けとは、上述した土台部分に、筒状に縫った布に綿を詰め込んだ「棒衿」、および色のついた一枚の布である「中衿」を縫い付けたものである（図６－２）。人形の衣装は、ここで縫い合わされた「衿」の角度に沿って着付けられていくために、「衿付け」が歪んでいた場合は、人形の衣装全体が歪んでしまう。逆に、「衿付け」が整っていれば、人形の衣装全体もまた、バランスよく仕立て上げられることになる。

胴体は非常にシンプルな構造をしているが、見た目の上でも操作の上でも、人形の演技の出来を左右する重要な箇所である。そのため、大きさ、綿の量、糸の通し道など、実に繊細な処理が施されている。

例えば、肩板にも二種類あり、女の人形の場合は「一枚肩」、男の場合は「釣り肩」が使われている。女の人形の場合、しなやかで艶やかな動きを生み出すために、肩を十分に動かす演技が要求される。肩を動かすとは、例えば横を見るという振り一つとっても、ただ単に顔を横に向けるのではなく、少しだけ肩を傾け、遅れてゆっくりと顔を横に向ける、といった方法である。また、涙にむせぶ場面であれば、まぶたを閉じたり袖で涙を拭いたりといった振りをする以外にも、しおしおと倒れているところで胸の部分を上下させる方法がある。肩まわりが十分に柔らかければ、そういった肩を使った演出が行ないやすいという。肩まわりを柔らかくしようとすれば、肩板の周りに縫い付ける

「棒衿」に詰める綿の量を減らしたり、糸で止める箇所を少なくしたりすればよい。人形を効果的に遣うためには、着付けの段階から工夫と試行錯誤が必要となるのである。(15)

男の人形の場合、女の人形とは違って、肩を使ったしとやかな演技はなく、むしろ、肩を怒らせ、頭をしっかりと固定したような決めの姿勢に耐えうるかどうかが重要視される。それに伴って、棒衿に詰める綿はできるだけ増やし、ヘチマや胴の布切れも固く強く縫い付けるようにしている。とくに鎧人形ともなると、重くて固い鎧をまとうことになるため、衿の部分が固い方がよい形になるのだという。そのため、しっかりと締め付けても耐えられるような、頑丈な構造の肩板が必要となる。

さて、「衿付け」が完成したら、後は衣装の着付けである。衣装の着付けは、操作面というよりも見た目の面からの要請が多い。女の人形であれば、うなじの部分をどれだけ出すのか、衿をどれだけ着崩すのか、重ね着の場合、どの程度ずらすのか、衣装のゆとりはどの程度持たせるのか、などである。男の人形の場合は、しっかりと縫い付ける部分とゆとりを持たせる部分とのバランス、衣装のサイズなどが焦点となる。見た目によく着付けられたとしても、実際に使ってみて動きづらければ、再びばらして着付け直すこともあるという。慣れない衣装であれば、糸を通すべき適切な場所が定まらないのである。見た目にも操作的にも優れた形が整うまで、着付けは終わらない。

着付けが終われば、人形の手足を結びつける。手足の種類もまた、人形の役柄によって仕掛けつきの大きなものから仕掛けのないシンプルなものまで様々である。手足の根元に付けられた紐を、肩板の部分にしっかりと結びつけることで、ようやく人形の身体が完成する。

「摩耶ヶ嶽の段」の場合、「荒妙」という役柄の人形の肩板が問題となった。「荒妙」とは、盗賊の棟梁として登場し、主人公の一人である「深雪」を焼けた鉄の棒で折檻する悪女である。男勝りな演出のためには、本来であれば「釣り肩」を使うべきかもしれないという意見が出た。阿波の人形芝居が行なった「摩耶ヶ嶽の段」の映像を見ると、「釣り肩」でやっていた可能性があるらしい。

だが人形遣いたちの出した結論は、「一枚肩」であった。阿波の演出を見て、あまりに雄々しすぎたというのがその理由である。「荒妙」は、舞台の最後に、自らの悪事を白状し、「千里」を想う一介の老女へと戻る。そうした場面では、女性らしい細やかな動きが重要になってくると考えた。そのため、一枚肩を使い、衣装はややきっちり目に着付けることで、荒々しさとしおらしさを同時に表現できるような人形を作り上げるのである。

人形たちの身体そのものが、舞台の度に新しく作り上げられることは、彼らのわざを検討する上で興味深い。人形の身体の動きは、人形の手足や頭からなるのではなく、衣装を含めた全体から生まれる。そのため、舞台の上での動きの工夫だけが人形遣いのわざなのではなく、舞台の前の、衿付けから始める着付けを含めた人形との付き合いから、わざは成り立っている。しかも人形の着付けを担当できるのは、その人形を主に担当する頭遣いである。着付けの段階から担当することによって、人形との長い付き合いがはじまる。そうした人形との付き合いが、人形遣いたちの優れた演技を支えるのである。

小道具

次に、いくつかの小道具を見ていこう。復活公演のプロセスを論じる上で、彼らの小道具へのこだわりようを無視するわけにはいかない。小道具にこだわるということは、細部まで気を配った写実的な演技を行なうことができるという演出上の利点があるが、彼らの様子は、むしろ道具作りのプロセスそのものを遊んでいるようにも見える。小道具の裏に隠れている工夫を描いていこう。

初めに、「乗り駕篭」である（図6-3）。製作している段階では、木と竹と蓆でしかなかったものが、完成品は駕篭そのものであった。淡路人形座が駕篭を使うのはこれが初めてではなく、また淡路人形浄瑠璃資料館にも姫を乗せるような駕篭が保管されているらしい。だが、今回の駕篭は、人買いとして登場する盗賊たちが、獲物たる女性を乗せるものであるために、「安っぽい駕篭」でなければいけないとされた。そこで、彼らは新しく駕篭を作ったのであった。なお、駕篭を作ったのは、人形遣いTと人形遣いZである。

次に、老婆「荒妙」の庵にある「囲炉裏」である（図6-4）。手がけたのは人形遣いTである。囲炉裏は、場面の最初、「千里」と「浮洲」が仲睦まじく会話を交わす場であり、深雪を折檻するための鉄の棒を熱する炎である。設置場所が舞台の中央、やや高い位置にあるので、観客から囲炉裏の中まで見通せるわけではない。舞台の効果からいって、囲炉裏のように見えたらよい程度である。手を抜こうと思えば、四角い箱に砂のようなものを敷き詰め、中心に薪のような枝を黒く塗って折り重ね、少し赤く色をつけておけば十分であろう。だが人形遣いは、試行錯誤を重ね、炉の中心に赤い電球を埋め込んで、薪を下から赤く照らす仕掛けを準備した。しかも、「グロー球」をつなげることで、電気の回路に細工をする。[16]そのため、不規則に電流が流れ、赤い光が不規則に点滅することになる。これによって、あたかも火がちらついているかのように見え、「一夜干しでも焼こうかいな」[17]と思えるような囲炉裏ができる。ちなみに、本番では、囲炉裏の中の薪として、山から取ってきた本物の枝を使っていた。

次に、「薬王樹」という重宝を保管するための「木箱」である（図6-5）。この箱は、折檻によって生死の境をさまよっている「深雪」に押し当てることで、たちどころに深雪が回復して目を覚ます、という場面に使われる。木箱はその後、

図6-3　駕篭

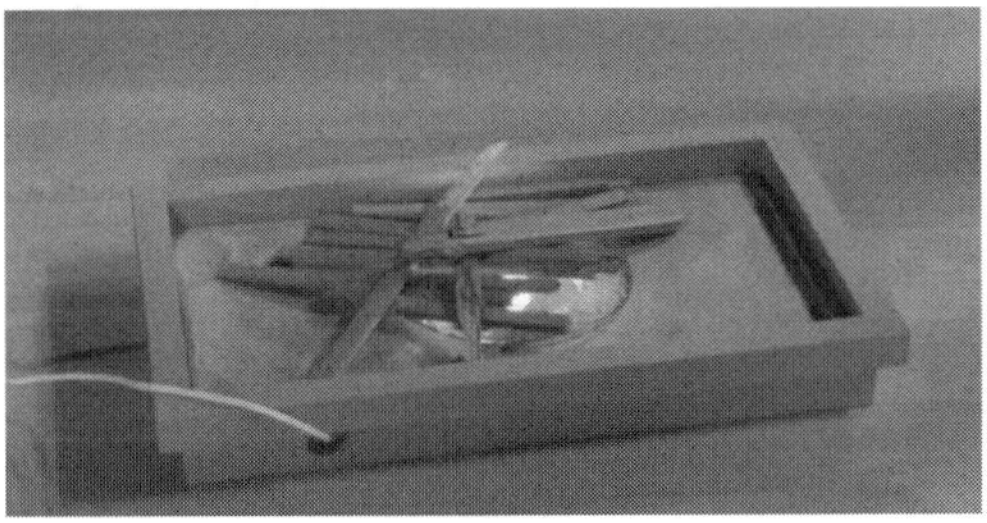

図6-4　囲炉裏

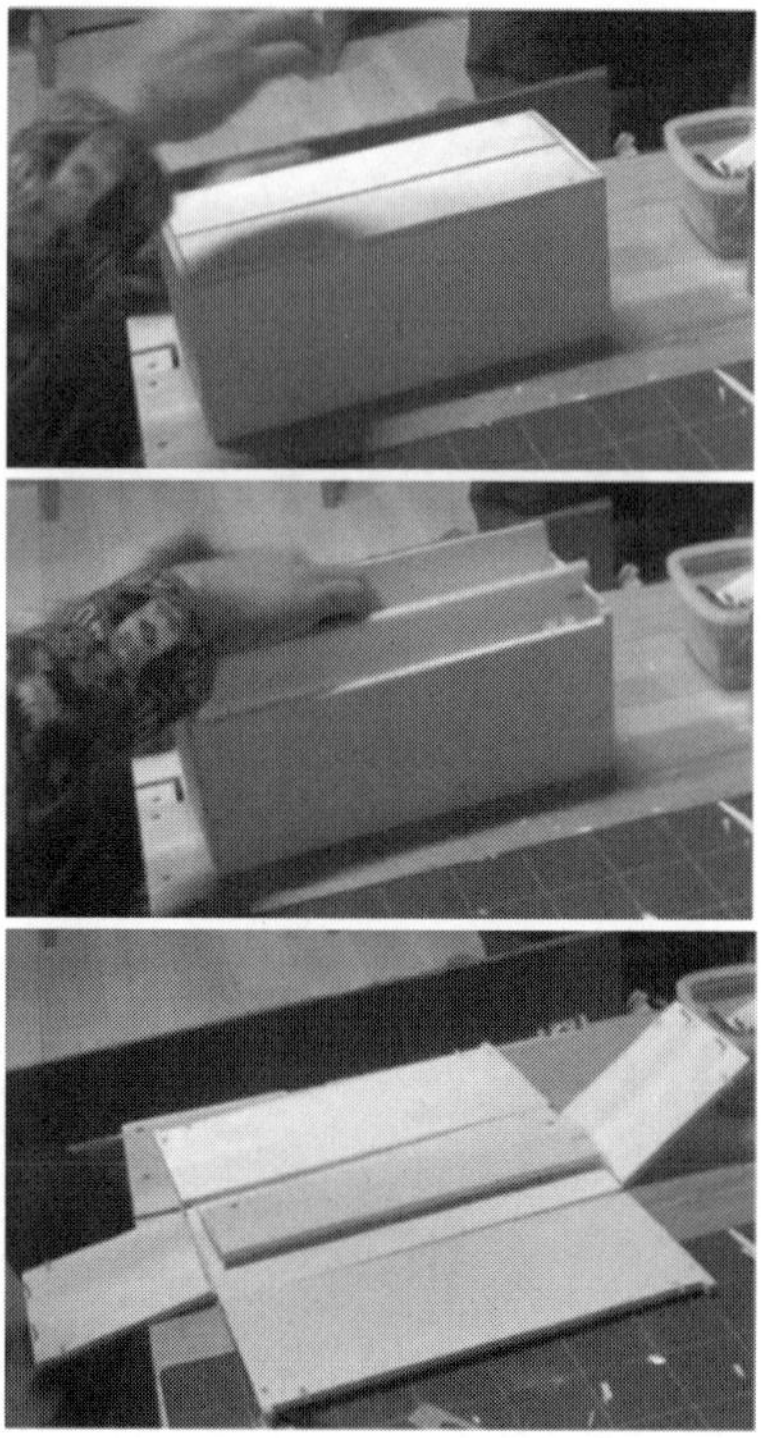

図6－5　木箱

「浮洲」によって叩き割られ、中身を取り出して持ち去っていくという展開になる。つまり、頑丈な木箱であると同時に、バラバラに叩き割られやすい構造をもつ必要がある。矛盾する二つの特徴を兼ね備えるためには、特別の工夫が必要となる。前年度の復活公演『賤ヶ嶽七本槍』「清光尼庵室の段」でも、書簡の入った、バネ仕掛けで壊れる木箱が登場した。だがそのときは、箱がやや頑丈すぎて、うまく壊れてくれないときがあり、壊れ方も、バラバラという感じが出なかった。

手先の器用さに定評のある人形遣いKが前回のものに改良を加え、それらの問題が解消されることとなった。今回の木箱は、それぞれの辺に爪楊枝程度の細い棒を短く切って突き刺し、それらを支点として箱の辺が固定されるようになっている。見た目は頑丈な箱である。だが、箱の上面は二枚の板から成り立っており、それらの中央部分を中に押し込むだけで、二枚の板は内側に回転し、支えを失った縦の側面が倒れ、連鎖的に横の側面も倒れる。上部を内側に押し込むだけで、音を立ててバラバラと割れていくのである。この見事な仕掛けによって、薬王樹の重宝は、「深雪」の命を救い、また「浮洲」によって持ち出されるという物語を実現するのである。

以上のように、淡路人形座では、人数が少ないことから、着付けのみならず、頭や衣装の選択、小道具の製作など、一つの公演を構築していくための準備作業が山積みである。山積みされた作業を普段の公演の合間に進めていかなければならないが、その時間的な制約の中で、彼らの間では緩やかな役割分担が生まれている。小道具に凝る人形遣いは小道具に力を入れ、衿付けに凝る人形遣いは衿付けを担当する、という具合に。原則として、頭遣いは自身が遣う人形の着付けを、衿付けの段階から担当することになっている。だが、彼らの役割分担の中で、ほとんどの人形の衿付けに関しては、着付けにとりわけ力を入れている人形遣いSが引き受けている。

人形遣いにとって、舞台に立って人形を動かすことを中心的なわざと見なすならば、衿付け、小道具といった作業は、周辺的に位置づけられる。だが道具作りの作業には、明らかに人形遣いたちを駆り立てる魅力がある。そうした作業は、追求すればするほど洗練されていくようなわざであって、どこまでいっても工夫の尽きない、遊びにも似た作業なのである。その証拠に、彼らはお互いの役割を認め合い、敬意と冷やかしを込めてあだ名で呼び合うことがある。例えば、衿付けを得意とする人形遣いSは「ヘチマ師匠」、小道具に凝る人形遣いTは、「小道具師」と命名されていた。「小道具師」もまた、人形遣いKがこれまでに見事な数々の小道具――本物そっくりで足の動く蛙、滑らかに動く三段構造の望遠鏡（遠眼鏡）など――を作ってきたことに敬意を評すかのように、木箱で繰り返し遊ぶのであった。

「ヘチマ師匠、お願いします」と言って、人形遣いSに衿付けを頼む。あるいは人形遣いTが小道具作りに集中しているのを見て、「小道具師になっとるわ」と冷やかしながら敬意を表す。そうした冗談まじりのやり取りが、復活公演の準備を豊かに彩っている。新しい公演を行なうという座員たちの経験にとって、人形や道具を新しく作り上げる過程は、決して人形芝居を引き立てるための「地」にすぎないわけではなく、自分たちの舞台を構築していく過程における「図」として捉えることもできる。道具を製作する過程の中で、人形遣いたちは舞台を新たに生き直すのであり、道具もまた、彼らの舞台経験を引き出す媒体としての力を増していく。またこの道具作りのこだわりによって、素朴で大胆な芸風に立脚している「淡路らしさ」に、精巧さが織り込まれていくのである。

3　身体化されゆく舞台空間——段取り稽古のやり取りから

ここからは、いよいよ舞台の完成の最終段階である稽古の場面を見ていこう。平成二五年（二〇一三）一月、正月がまだ明けぬ四日に、第一回目の立ち稽古が行なわれた。その後、一月一九日に京都で大きな公演があったため、次に「摩耶ヶ嶽の段」の稽古がなされたのは一月二〇日以降であった。調査として映像が記録できたのは、一月四日の立ち稽古、および二四日、二五日、二七日、三〇日、二月一日の総稽古、計六日間である。本節では、実際のやり取りを題材として、舞台構築のプロセスを見ていこう。

舞台の構築は、通称「段取り」から始まる。段取りとは、舞台を円滑に進めていくために、舞台に立って、場面ごとの役割分担や立ち位置などを確認する作業である。本番中、人形遣いたちの仕事は多岐に渡る。自分が操る人形が登場している間は人形遣いに専念するが、それ以外の場面では、空いた身体をフル活用して舞台の進行を支える。自分の人形を脇に置いて、一人遣いの「タンゼン」を担当することもあれば、道具などを受け渡しする「介錯」を担当することもある。(18) また、頭遣いをした後に別の人形の左手を遣うこともある。人数に余裕のない淡路人形座では、人形遣いを臨機応変に組み合わせ、できるだけ多くの数の人形を登場させるような工夫をしている。

各々の担当は、話し合いによって決められた役割表に記載してあるが、その役割は多岐に渡るので、実際に舞台のなかで動きながら確かめない限り把握することは難しい。また、新たに人員を割く必要が明らかになったり、余計な仕事であることが発見されたりと、記載通りにはいかないことがしばしばある。したがって人形遣いたちは、舞台を円滑に運んでいけるよう、人形を遣った稽古を始める前に、まずは人形を持たずに確認作業を行なうのである。なお、ここで登場してくる人形遣いは、総勢八名、太夫からの助っ人が一名、立ち会う「専門家」二名である。

段取りの進め方はシンプルである。舞台の進行に合わせて人形遣いたちが配置につき、上演台本を見ながらゆっくりと場面を進めていく。せりふごとに各自の仕事を確認していき、担当から担当を移動するための時間や動線が適切であるか、担当に漏れがないかなどを検証していくのである。今回の段取りでは、確認作業を通しきるのに全部で一時間半ほど要した。

以下で考察する事例は、あらかじめ決められていた役割が、あまりにタイトな配分になっており、動線ができ上がるまでに議論を要した箇所である。その議論を取り上げることで、少ない人数を総動員して舞台を回すに至る工夫が明らかになるだろう。

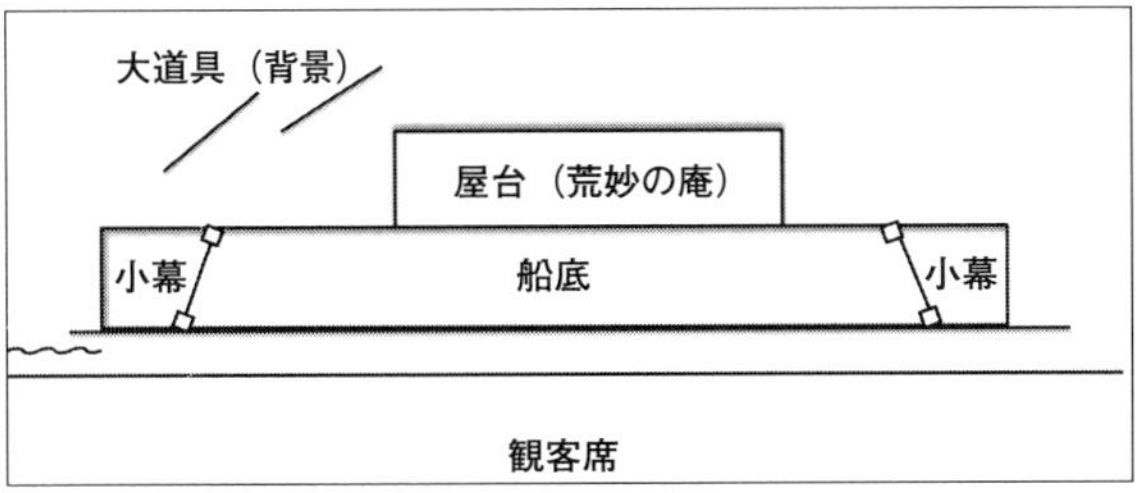

図6－6　舞台の俯瞰図

なお、ここでは記述のために、「摩耶ヶ嶽の段」における舞台の平面図を用いる（**図6－6**）。これは舞台の俯瞰図であり、上側が舞台の奥、下側が観客席側である。舞台には「屋台」と「大道具」が置かれてあり、これらには、うっそうとした山（摩耶ヶ嶽）に「荒妙」の庵が建っているという雰囲気の、雪をかぶった岩場の絵が描かれてある。「船底」とは、人形遣いたちが主に演技するための空間であり、四〇センチメートルほどの深さの堀となっている。「小幕」とは、人形たちが登場する際に開け閉めされる、カーテンのような幕である。ちなみにこの幕は、開くときに「シャッ」と音を立てることができ、人形が勢いよく飛び出してくる迫力を演出することにも一役買う。

「介錯」

ここで考察するのは、幕開け早々、人形遣いたちが総出となる場面である。彼らは人形を動かすだけではなく、小道具を受け渡ししたり、小幕を開け閉めしたりと大わらわである。その場面の「段取り」は、人員不足からさっそく立ち入った議論を必要とするのである。

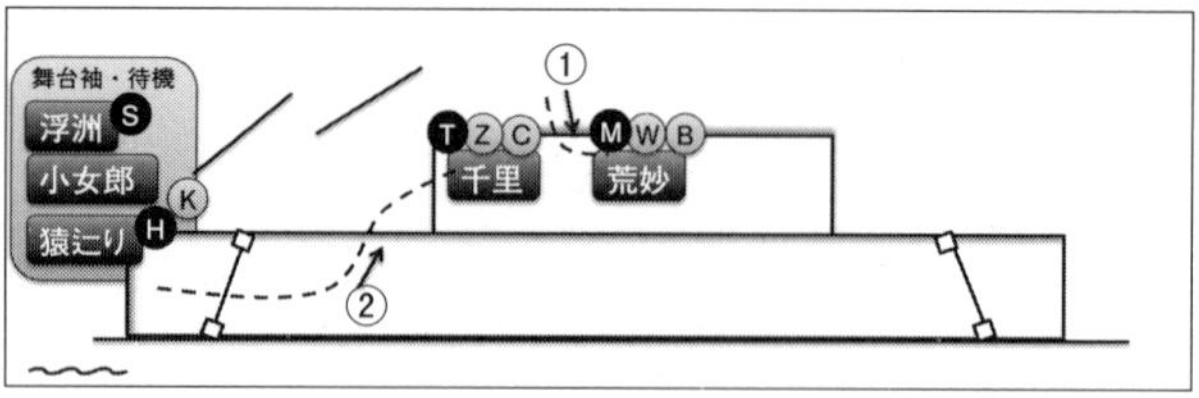

図6－7ⓐ　千里・荒妙の登場

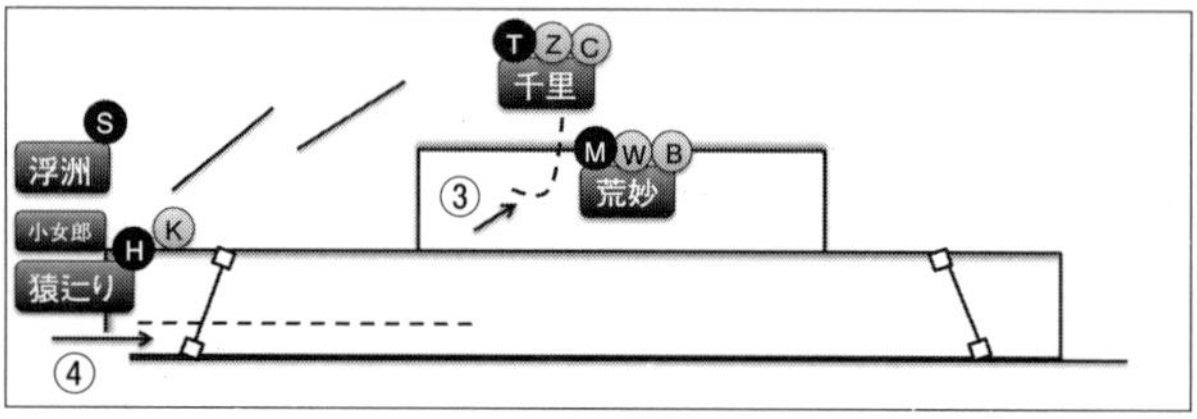

図6－7ⓑ　千里の退出・猿辷りらの登場

冒頭の場面、花を持ち帰った娘「千里」が、家の中に入って老婆「荒妙」と会話を交わし、舞台正面の襖を開けて退場する。その直後、舞台下手から、盗賊の手下たちが強奪品を持ち帰ってわらわらと登場し、盗賊一味の棟梁である「荒妙」に報告する。この一連の場面で登場してくる人形は、「千里」、「荒妙」、「猿辷り」、「浮洲」、「小女郎」である。人形たちの動きは、次の四つの単位からなる（**図6－7ⓐ**、**図6－7ⓑ**）。①「荒妙」が「屋台」中央の暖簾から登場し、家の中の囲炉裏の傍に腰をかける。②「千里」が舞台下手から登場し、家の中に入り、「荒妙」としばし会話をする。③「千里」が襖を開けて退場する。④「猿辷り」が「小女郎」を縄で引っ張りながら、舞台下手から、「浮洲」と一緒に登場する。この後、手下たちと「荒妙」が会話を交わす。

①から③の場面に登場する人形は「千里」（頭遣いT、左遣いZ、足遣いC）、「荒妙」（頭遣いM、左遣いB、足遣いW）である。「小女郎」は、助っ人の太夫が一人で遣うことになっている。

段取りは①から順番に進んでいくが、③まで進んだところで、「千里」の頭遣いである人形遣いTが、「千里」の退場時に、家の後ろにある襖を引き開けるための「介錯」が必要であることに気づく。誰が介錯に行くかを決めるために、場面を止めて確認する必要が生じた。

「いっちょ持ち」

襖は、大道具の「屋台」からつり下げられており、それを引き開けるためには必ず一人が担当しなければならない。このとき、手が空いていて、介錯に回ることのできる人形遣いは、舞台下手で待機している三人であるが、そのうちの一人、「浮洲」役の頭遣い（人形遣いS）が、Tの申し出に対して気前よく名乗りを上げた。

だが「浮洲」は、「千里」が退場した直後に登場することになっているため、Sの移動が遅れると、次の場面に差し支えることになる。そのため、Sによる介錯は避けた方が無難であると、ほかの人形遣いたちは意見した。それでもSは、「浮洲」の足を担当する予定の人形遣いが、「どのみち、Zである」と指摘する。Zは、③の時点で「千里」の左手を遣っている。つまり、仮にSが「浮洲」の登場準備を万全にしていても、Zが「千里」から解放されて舞台下手までやってくるまでの間、「浮洲」は「どのみち」動き出すことができないのである。

そこでSは、④の登場シーンにおいて、まずは「猿辷り」と「小女郎」を先行させて、遅れて「浮洲」が登場するようにすればよいと提案する。そうすれば、介錯を終えたSと、左遣いを終えたZが、舞台下手まで戻ってくる時間は十分に確保される。Sは、観客席側で見ていた専門家に、「一緒に出なくてもいいですよね」と尋ねる。だが、専門家は、浄瑠璃の語りに鑑み、「猿辷り」と「浮洲」は連れ立って登場した方が望ましいと答えた。ここでの語りが「折しも雪道踏分て。立帰つたる二人連」であるため、二人（「猿辷り」と「浮洲」）が連れ立って登場しなければならない。[19]となると、「浮洲」の登場を遅らせるわけにはいかない。

なおもそれ以外に選択肢がないことを主張するSに対して、人形遣いTは、「いっちょ持ち」を提案する。「いっちょ持ち」とは、頭遣いが人形の左手を抱きかかえて持つ方法であり、左遣いなしで人形を遣うことを可能にする。左遣いZが舞台の裏を移動する間、左遣い不在のまま「浮洲」を登場させておいて、Zがやってきてから三人遣いに復帰するというのである。たしかにこれであれば、Zがやってくるまでの時間を稼ぐことができる。

「語り」

だがここで彼らは大きな問題に出くわす。人形遣いZは「浮洲」の左遣いではなく、足遣いなのであった。「浮洲」の左遣いを担当しているのは、ほかならぬT自身であった。Tはほかの人の配置に気を配るあまり、自分が「千里」から「浮洲」へと移動しなければならないことをすっかり忘れていたのである。とすれば、「いっちょ持ち」でも立ち行かない。打つ手がなくなった彼らは、しばし台本を眺めることになった。

台本をよく読んだTは、「この間、言葉あるから、いけるかな。」とつぶやく。つまり、「猿辷り」と「浮洲」の登場を促す浄瑠璃が、それなりに長く語られることに着目したのである。

そこで助け舟を出したのが、再び専門家であった。この場面、語りが「猿辷り」から「浮洲」の順番で登場することを要求していると指摘する。つまり、「折しも雪道踏分て。立帰つたる二人連。縛り上たる里の子に。泣音を留る猿轡《さるぐつわ》。或は衣類旅荷物。銘々かたげて内に入。」という語りのうち、「立帰つたる二人連」に合わせて小幕が「シャリン」と開き、「縛り」から「猿轡」までの間に「猿辷り」と「小女郎」が登場し、「或は衣類旅荷物」に合わせて「浮洲」が登場すれば、演出上問題はないということである。

専門家は、浄瑠璃台本が展開する意味世界が、人形の動きを制約していることを逆手に取って、台本通りに動けば十分に間に合うことを明らかにしてみせた。人形遣いたちの動きを導くものが台本であり、その台本を編集した専門家が、彼らの動きを間接的に導いている構造がよく分かる。

聞きながら、「だから、行けるかなと思って」とぼやくTは、その場の流れを確認すべく動き始める。そのときZが、自分が襖を開ける介錯に回る可能性を打診する。Tは、その打診をたちまちのうちに了解し、その新たな可能性を試すことになる。つまり、「千里」の退場途中で、「千里」を「いっちょ持ち」に切り替えて、解放されたZが、屋台の裏にもぐり込んで襖を開け、「千里」の退場を助けるという算段である。「千里」が退場する際は、手を使った振りがないので、左遣いがいなくても問題ない。この解決策が、この場を大きく前進させることになる。あとは、Tと

Zが「千里」の退場を済ませ次第、速やかに舞台下手まで移動すればよいだけである。Tは退場し次第、人形を足遣いであったCに手渡し、自分は直ちに移動することを確認する。

「尺」

と、そこまで話が進んだところで、「猿辷り」の頭遣いであるHが、「猿辷り」の足が人形遣いCであることを告げる。Cといえば、「千里」の足遣いである。せっかく詰まってきた段取りが、後一歩のところで詰まらない。がっくりきたようにふらつくTと、わずかに笑うZである。「浮洲」であれば十分に間に合うところ、「猿辷り」に間に合わせるためには、当初懸念していた通りの短い時間しかない。

だがこれ以上妙案もないために、「三人一緒に来てもらわなあかん」というHの発言が結論となる。そこで、「千里」の人形は舞台の奥に置いておくことにして、三人の手が空けば直ちに舞台下手まで駆けつけることになった。「千里」を退場させた直後に、三人揃って大道具の裏を駆け抜ける姿に、座員は笑い声を上げた。

話を整理しておこう。ここで彼らの話し合いの焦点になったのは、ぎりぎりの人数で舞台を回している中で、介錯という新たな役割をどのように割り振るか、という点である。浄瑠璃という動かざるシナリオに従う人形遣いは、与えられた「尺」を破って人形を動かすわけにはいかない。人形遣いたちは、運命的に自分たちの動きを規定してくる浄瑠璃に対して、果敢にも自分たちの側から「尺」を作り出す努力をしているように見える。例えば、人形遣いを一人減らして操作することを可能にする「いっちょ持ち」には、その努力が凝縮されている。

この場面では、人形遣いZが、襖の下をくぐり抜けて裏側に回って「千里」の退場を助ける方法を閃いたことで、人数不足の問題を解消させた。舞台の襖は、観客側から見ればミニチュアの襖であるが、その正体は梁に引っ掛けられた巨大な分厚い紙である。人形遣いZは、左手を「いっちょ持ち」として頭遣いTに託した後、素早く舞台の裏手に回り込む必要が生じたが、逃げ道を模索した彼の目に、巨大な厚紙の下に広がっている空間が、通り道として現われたに違いない。おそらく、今にも退場しようして左手を抱きかかえた「千里」を見て、そこに左遣いがいないことに気づく観客はいないであろう。くぐり抜けられることを判断したのは、くぐり抜けることに投じられた彼の身体であり、その身体は、浄瑠璃の意味世界とは異なる舞台の世界を生きているといえる。

そうした判断を通して、人形遣いたちは自分たちの「尺」を生み出した。絞り出すように「尺」を生み出す努力の背景に、淡路人形座における人数の少なさを笑いとともに受け入れる座員の姿がある。がっくりとよろめいてみせる人形遣いTの身ぶりからは、少ない人数で切り盛りする自分たちの座への愛しみにも近い諦めが漂ってくるのである。人数の少なさは、彼らの舞台の経験を彩るという点において、観客の目には映らないものの、「淡路らしさ」の重要な手応えの一つである。

4　振りにおける「淡路らしさ」の追求

段取りを終えた後、復活公演に向けた準備はいよいよ総稽古へと進む。今回は、段取りの後、二週間ほどかけて総稽古が行なわれた。前半の一週間のうちは、人形遣いたちだけで、豊澤町太郎氏が残した音声を流しながら、それに合わせて前から順番に人形を遣って演技をしていく。最後の一週間は、太夫と三味線と一緒に、最初から最後まで通して本番さながらの舞台を作り上げていく。本節では、その前半部分、人形遣いたちだけで行なわれる稽古のうち、一月二四日と二五日の稽古を取り上げる。

この間に人形遣いたちがすべきことは、振りの確認である。個々の人形の振りは、総稽古までに各頭遣いが決定することになっているが、実際にやってみると人形の位置がずれたり音に合わなかったりして、しばしば芝居が滞る。そういうときは、一旦音を止めて、ああだこうだと議論しながら振りを変えていく。「摩耶ヶ嶽の段」で最も議論の的になったのは、老婆「荒妙」が主人公「深雪」を、焼けた鉄の棒で折檻する、という場面である。「淡路が得意と

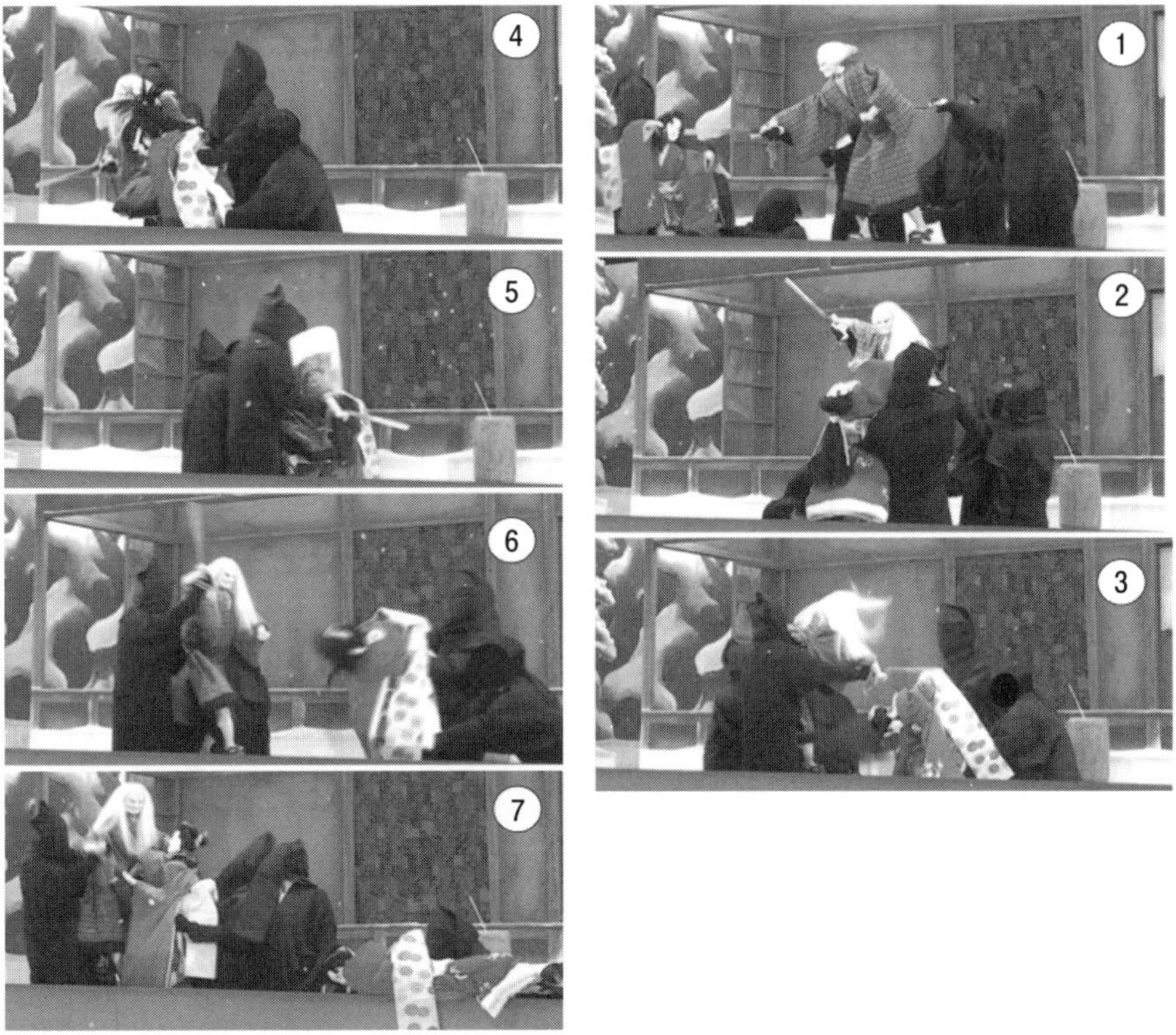

図6－8　荒妙による折檻

する派手な立ち回り」の場面であると同時に、豊澤町太郎氏の残した三味線と語りが、この場面では阿波のものとも文楽のものとも大きく異なっているからである。「淡路らしさ」に近づけるためにも、この箇所は重要である。

　この場面の一連の振りを概観しておこう（**図6－8**）。まず、舞台中央に、衰弱した「深雪」が倒れており、その「深雪」を折檻するために、「荒妙」が家の中の囲炉裏で鉄の棒を熱している。棒の先が赤々と光を放つほど熱した後、「荒妙」が表に出て「深雪」の傍まで迫りくる。次に、鉄の棒を「深雪」の顔に近づけて脅したところから、二人の立ち回りが始まる。立ち回りは、次の七つの単位からなる。初期位置は、「荒妙」が舞台上手、「深雪」が下手である。①「荒妙」が鉄の棒を突きつける。②「荒妙」が「深雪」の背後に回り込み、「深雪」が〈後ろ振り〉の姿勢を取る。③「荒妙」が鉄の棒で「深雪」を打とうとするのに合わせて、「深雪」は身体をねじってかわす。いわゆる〈山形〉である。④「荒妙」が「深雪」の髪の毛を鷲掴みにし、髪の毛を二、三回振り回す。⑤「荒妙」は髪の毛を鷲掴みにしたまま、「深雪」の身体を引きずり回して一周する。⑥手を離した後に鉄棒を振り下ろして深雪の身体に叩きつける。⑦見かねた「千里」が上手から登場し、「荒妙」に体当たりして「深雪」から引き離す。なお、**図6－8**の動きは、公演前日の、ほとんど完成された振りである。

一連のやり取りは、「摩耶ヶ嶽の段」の見せ場の一つである。稽古の際に、たえず彼らが気にしていたのは、舞台上での人形の姿勢と位置取り、および見せ場に向かう「間」の二つにおよそ集約される。この二つに絞って細かく見ていこう。

「決まる」場面における人形の姿勢

①の場面での「荒妙」の「決め」を、当初、頭遣いは文楽に似せようと試みていた。文楽では、「荒妙」が「深雪」と同じ高さで座って、真横から鉄棒を押しつける姿勢で「決め」をとっていた。この姿勢はあまり例を見ない演出であり、斬新な格好よさがある。

それをやってみた頭遣いMに対して、「深雪」の左手を遣っている頭遣いSは、「荒妙」の姿を見ながら、アドバイスをする。そのやり取りは次の通りである。

振りについての会話①「淡路らしさを」

M6–15　Vはん、座ったままやっとった。高さが…うん。なんかこれで決めてはった。顔向こう向きで。なんかこんなんや。

S6–23　ほんなんやったら、立ったらどないで
M6–16　せっかくやから。
S6–24　うんせっかくやし。片方座っとるしの。
H6–7　その方がええ。きれい。
S6–24　の。
H6–8　淡路らしさをの。
S6–25　の。動きあるさかいよ。

人形遣いが言及しているVとは、文楽の名人級の人形遣いである。それと同じやり方を真似た頭遣いMに対して、頭遣いSは、「荒妙」に対して「深雪」が座っていることに注目し、「荒妙」に立って演技をしてみせたらどうかと提案する。立ち上がって演技をやってみた「荒妙」を見て、人形遣いHは「その方がええ」と告げ、さらに「淡路らしさをの」と付け加える。

ここでのやり取りは興味深い。ここで、頭遣いSは、文楽の動きを真似ようとした頭遣いMに対して、「動きがない」ことを指摘した。文楽の振りでは、たしかにここで「荒妙」は「深雪」の横に座って、真横から鉄棒を突きつけている（**図6－9**（上））。立ち上がっていたところを敢えて座って「決め」ていることから、「深雪」を追いつめるための間近な位置からの圧力のようにも見えるし、真横から鉄棒を突きつける力のこもった場面のようにも見える。それに対して、頭遣いSらが要求したのは、「荒妙」を立ち上がらせることで、より大きな構えでもって「深雪」を見下ろし、上下の移動を最大限に活かした動きを作り上げることである（**図6－9**（下））。そこに彼らが「淡路らしさ」という言葉を使うとすれば、大きく大胆な動きをするのが「淡路」であるということになり、それとの対比で文

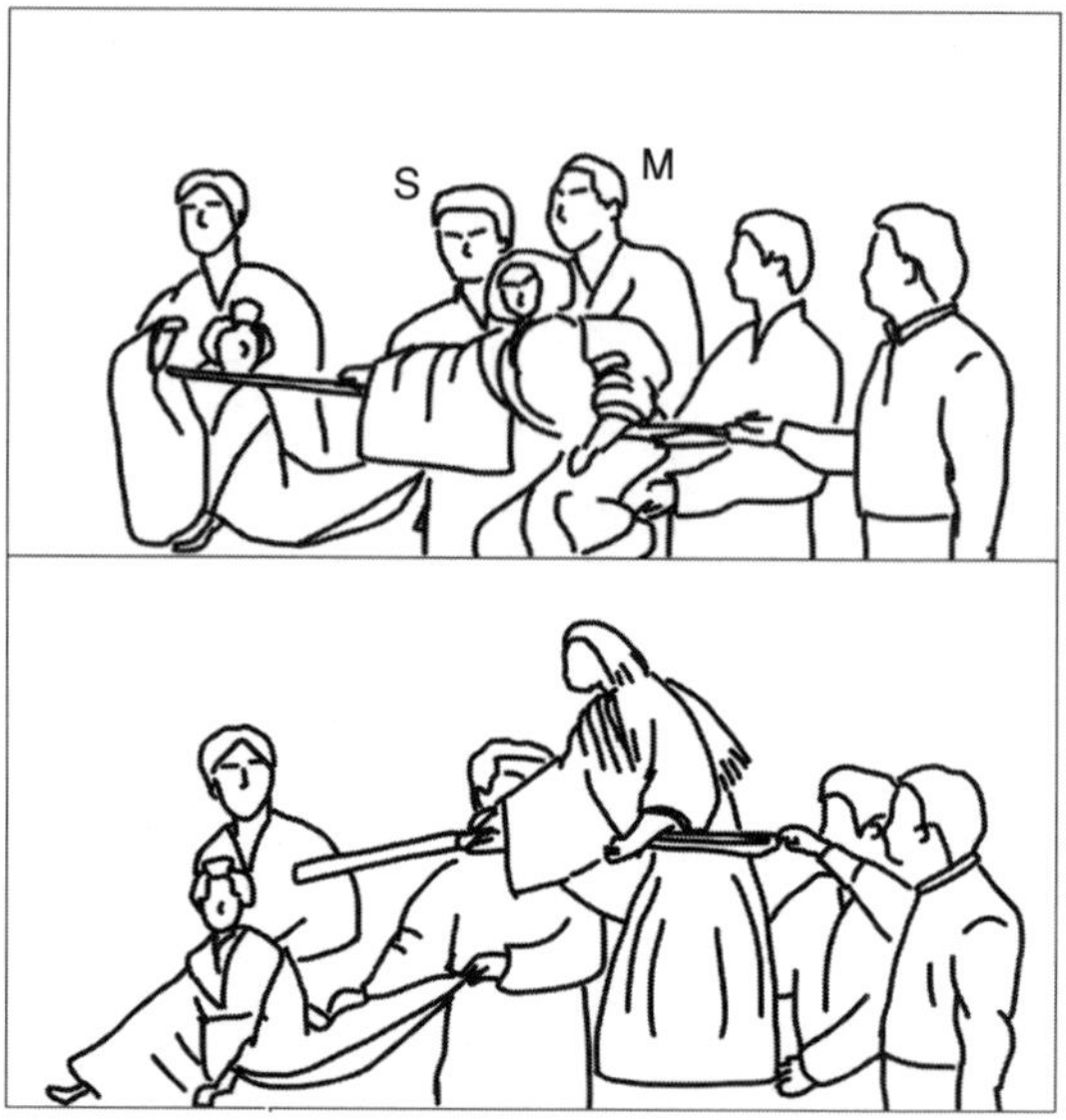

図6－9　座る決め（上）　立つ決め（下）

楽は、小さな動きのなかに豊かな表現を凝縮する演技であるかのように見えてくる。淡路の人形は文楽と比べて大きい、ということを淡路の特徴として繰り返し語る彼らにとって、その違いは芸の大きさや派手さにも通じるものとして、演出上の住み分けをはかっているかのようである。

なお、単位②における〈後ろ振り〉は、場面の演出上、重要な見せ場となる「決め」の姿勢である。その際に彼らが注意を払ったのは、人形の形というよりも、むしろ人形が舞台中央で〈後ろ振り〉を決められるかという、その位置の問題である。①の時点では、「荒妙」と「深雪」はやや距離を保って横並びであった。②では縦に並ばねばならない。

二人の配置の転換は、「荒妙」が左手で「深雪」の髪を引っ張るしぐさを入れるのを利用するのであるが、このとき、「深雪」の人形遣いは、あまり不自然でない範囲で、「荒妙」の正面まで「わざとセンターに来ようか。滑るように」と提案した。そうすれば、「深雪」は「荒妙」の正面に辿り着くことができ、舞台中央できれいな〈後ろ振り〉が決まるのである。

見せ場に向かう「間」の捻出

次に、稽古を通し終えた段階で、「浮洲」の頭遣いであるSが、④から⑥に至る当初の振りにおいて、「荒妙」からひどい仕打ちを受ける「深雪」の位置が、「荒妙」に「近すぎる」と意見したのであった。

振りについての会話②「放ってほしい」

S6–40　髪の毛を振るやんな。ここでほら、婆さんが振るやん。振って、ぐわーんて来て、このここで、た！　た！　た！　って振って、

T6–35　向こうに、放ってほしいだ？

S6–41　うん、なんか、このここで、た！　た！　てやった後に、深雪が、やられとんのに、ここにおる感……が。[20] そうやさかい、今Tが言うたみたいに、こっち一回放ったやつを、追いかけてって、ていう――

頭遣いSが言うには、「荒妙」に髪の毛を鷲掴みにされ、散々に引き回された「深雪」が、「荒妙」の手を離れたところでちょこんと座っているのは奇妙である（**図6－10**（上））。引き回された後は、放り投げられるか、逃げ出すかといった動きが欲しいというのである。その意見を聞きながら、「深雪」の頭遣いTは、頭遣いSが言い終わらないうちに、その意を汲んで同意する。すなわち、「荒妙」に引き回された「深雪」は、とどめの一撃を喰らう前に、一瞬でも離れておきたいというのである。

そこで、「荒妙」の頭遣いM、「深雪」の頭遣いT、および提案者である「浮洲」の頭遣いSが、三人で確認作業を始めた。MとTはそれぞれ「荒妙」と「深雪」の人形を持っている。まず、「深雪」の頭遣いTは、「荒妙」に放り投げてもらうことを提案する。すなわち、「深雪」の頭を振り回した「荒妙」が、その場で手を離して娘を解放するのではなく、上手に向かって放り投げることによって、二人の間に距離を生むのである。

放り投げるという動きが加わることによって、「荒妙」による重たい仕打ちが印象づけられることになる（**図6－10**

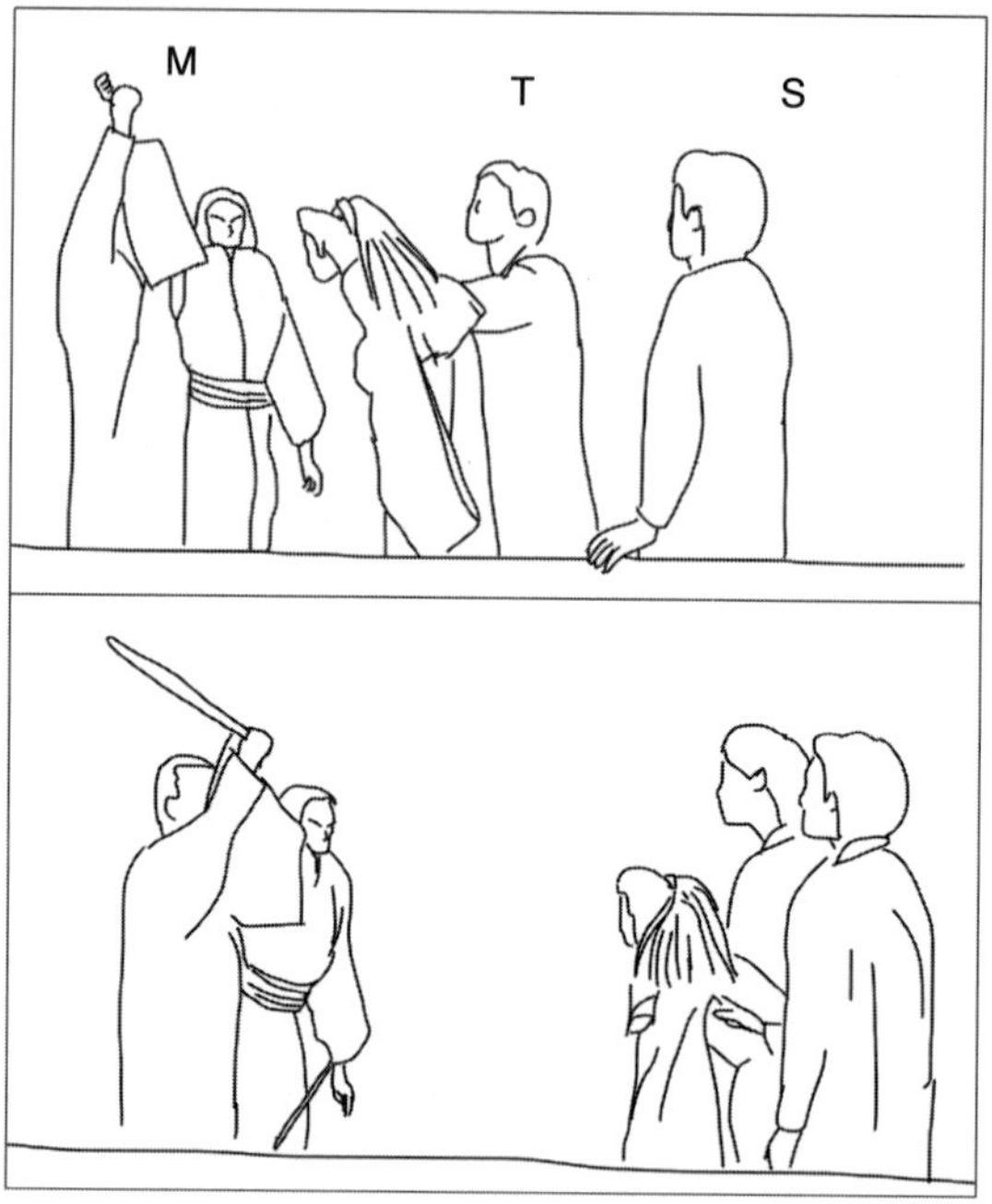

図6－10　当初（上）　投げ飛ばした位置（下）

（下））。老婆と娘との間の緊迫したやり取りは、一層の迫力をもって展開されることになる。

　ところが、それを見ていた頭遣いSは、逃げようとする「深雪」を追いかけて、「荒妙」が一歩踏み込んで一撃を食らわすまでの「間」があるかどうかを案じた。二人が離れてしまったために、その間隙を埋めるために、老婆が立ち上がって娘に迫って一撃を加えるか、娘が立ち上がって老婆に近づくのを老婆が打つか、いずれかの振りが必要となる。だがその振りを入れるためには、それなりの時間的な余裕、すなわち「尺」が必要となる。

　細かい振りを練り上げる段階に至れば、「尺」に併せて動くといっても、浄瑠璃の言葉の一言一句に逐一対応するように動作を当てはめるわけではない。むしろ重要なのは、物語の中で随所に現われる「決め」のしぐさにおいて、音の「決め」と人形の「決め」とがぴたっと合うことである。「尺」とは、舞台の演出が一つの形に凝縮されるその瞬間を目がけて、無駄なく合わせていくまでの、準備時間として与えられている。

　①から始まる一連の折檻の場面では、三味線の音も語りも、物語の中でも一、二を競うほど大きく激しい。大胆な立ち回りを見せ場にするためには、ここでの演出の派手さは重要である。

　この場面では、①に至る前に、「遊郭に売られるか、焼けた鉄の棒を食らうか、どちらがよいか」と迫る、比較的長い押し問答がある。「荒妙」が鉄の棒をもって「深雪」をじわじわと言葉で追いつめていく緊張を経て、堰を切ったように「荒妙」が「深雪」を打ち始めるのである。「荒妙」の仕打ちが激化して、今にも「深雪」の命を奪いかねないほど打ち続けている最中に、見かねた「千里」が救いに走り寄る。人形遣いM、S、Tが確認し合っていた場面⑥は、まさに「荒妙」の仕打ちが最も激しくなる場面であり、「荒妙」の折檻の勢いが最高潮に達したところである。すぐ後には「千里」が止めに入るのであるから、ここで「荒妙」と「深雪」の間の距離が開き、折檻が一瞬でも途絶えてしまえば、それこそ「間抜け」である。人形遣いたちは、高潮する語りと三味線とともに、激しい折檻を目がけて動きを増していかなければならない。「尺」とは、人形遣いたちに与えられている時間の長さであると同時に、動きの緩急をつけ、場面の濃淡を作り上げていくために与えられた幅であるともいえる。

さて、「尺」を活かすための時間を稼ぐために、打開策として人形遣いたちが考えたのは、一部の動きをカットすることである。具体的には、「髪の毛を鷲掴みにして振り回す」、「引きずり回して一回転する」、「髪を再び振り回す」、『深雪』を投げ飛ばして再び叩く」、という流れの中で、三番目の部分を省略するのである。つまり「荒妙」は、髪を鷲掴みにして振り回した後、引きずり回して、一周回ったところで、鷲掴みのまま娘を放り投げることになる。鷲掴みにして「髪を再び振り回す」しぐさは、この場面を印象づける決定的な振りとなりうるが、この直前にも同じしぐさで演技していることから、ここではカットしても問題ないと彼らは判断した。そうすれば、折檻の勢いを損なうことなく、「荒妙」が「深雪」を追いかけて棒で打つまでの時間が十分に確保できる。その判断は、演出上の効果を保ったまま、舞台を十分に展開するための調整であった。

余談になるが、この振りが決定したときに、最後の一撃を受けた「深雪」が、突如全身をくねらせながら、髪を振り回して大げさに一回転した。頭遣いの表情は真剣である。命を奪いかねない一撃を受け、娘が地面に沈んでいく場面をこれ以上ない大げさな演出で盛り立てるとでも言わんばかりに。すると見ていた人形遣いSは、「連獅子」をやったらどうかと言って、彼らを煽る。すると、「荒妙」までも、同じように髪を振り回して大げさな演出に入る。

娘と老婆、髪を振り回した演出が繰り広げられた。これは全くの遊びである。舞台の見せ場を集中的に煮詰めていく作業は、時に作業そのものを遊びに転じるしなやかさに彩られているのである。

5　臨機応変に舞う人形

舞台本番まで一週間を切った一月二七日から、太夫と三味線のリハーサルも兼ねた稽古が始まる。最初から最後まで、通しで稽古を行なうのである。前日ともなれば、すべての人形遣いは頭巾をかぶり、照明を本番用に切り替え、太夫と三味線も床に座って稽古を行なう。ここに至っては、人形の振りが大きく変更されることはないが、見せ場の演技については、よりよいものを目指して磨き上げられることになる。手順に従って動くだけではなく、観客の心を打つような演技になるか否かはこの磨き上げの段階にかかっている。

ここでの磨き上げとは、細かい動作を徹底的に見栄えの良い形に洗練させていくことである。リハーサルにおけるそうした微調整のやり取りは、ほとんど言葉を伴わない。それまでの長い議論の中で決定されてきた手順に従って、黙々と演技を続けながら、それぞれの動きをなじませていく。いわば身体的な調整の時間である。何度も同じ動作を繰り返すことで、動きを洗練させていくのである。

同時に彼らが行なっているのは、本番でのとっさの動きに備えるための余裕を残しておくことである。公演の当日における太夫と三味線のペースは、稽古のときと同じであるとは限らない。また、場面によっては人形遣い同士の関係によって、速さが変わったり、溜めの長さが変わったりと、微妙に変化する。振りを細部にわたって完璧に決めてしまった場合、本番ではかえって自分たちの動きを縛りつけるものとなるかもしれない。彼らのリハーサルでの磨き上げは、本番におけるある種の自在さを用意しておくために、舞台における臨機応変さを準備する作業にもなっている。

以下で考察するのは、そうした磨き上げの作業の結果、稽古と公演当日との間でわずかな違いが見られた事例である。「型」のある動作、および「型」のない動作の二つを具体例として、稽古から公演当日に至るまでの過程を見ることで、彼らが実現している微調整を浮き彫りにしてみよう。

「型」のある動作

物語の最後の部分、「荒妙」が「薬王樹」を奪われたことに腹を立て、「春次」に向かって詰め寄る場面がある。「荒妙」役の頭遣いMは、詰め寄る迫力を備え、かつ尺にも合う型として、〈うらねじ〉をすることにしている。〈うらねじ〉とは観客と向かい合って立っている姿勢から、右足を一歩踏み出した後、左方向に体を回し、舞台上手にいる人物に向かってぐっと詰め寄る振りである。語りは、「『サア〳〵観念せよ』と詰寄ば」とあり、怒る「荒妙」とともに、太夫にも力が入る。

「サア」と繰り返すところで、頭を左右に小さく振るわせた後、〈うらねじ〉に入る（**図6‐11**）。まず、①頭を上手に向かって固定した状態から始める。②上半身を観客側に向けつつ、右手を上げる。③右手を下ろし、上半身を乗り出して、④右足を正面に出す。その後、⑤右手を上げながら身体を回し始め、⑥上手に向かって向き直る。最後に、⑦右足を踏み出し、左肘をぐっと上に突き出す姿勢で決める。なお、以下の**図6‐11**は、公演当日における〈うらねじ〉の動作である。

型に従った動きの場合、動作の一まとまりの単位が決まっているため、「フローチャート」のままに自動的に動くのだと言う人形遣いもいる。たしかに、〈うらねじ〉という名前を告げて型を共有した途端、彼らの動きはあたかも自動化したかのように、円滑に動き始めた。

だが果たして、彼らはどのように自動化を実現しているのであろうか。自動化とはいえ、舞台の進行速度は日によって異なっている。毎日の稽古の中でもその動きは微細に異なっており、よく見れば、その場その場で小さな調整を繰り返しているのではないであろうか。

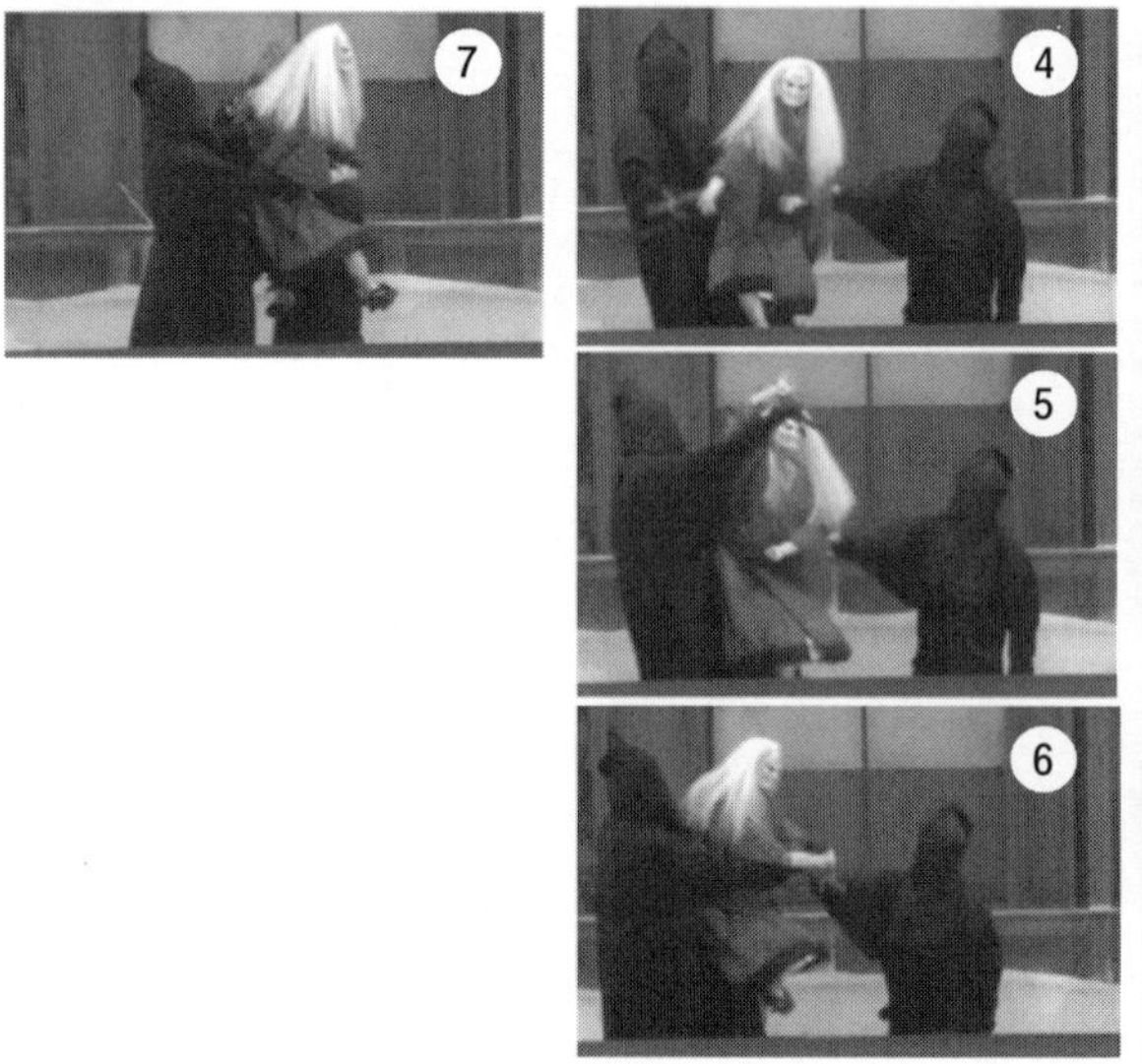

図6-11　うらねじ

彼らの微調整を見てみよう。二月一日のリハーサルと二月二日の本番の動きを映像で比べてみると、彼らの動きは形も速さもほとんど違いがない。型に従って自動的に動いていると言われても否定しえない。

だが、この二日間では、「サア〳〵観念せよ」の部分に至るまでの語りの長さが違っていた。その語りとは、「荒妙」が「高笑い」をする場面である。「高笑い」とは、太夫にとっての見せ場であり、小さな笑いから始めて豪快に笑うまで、たっぷり笑い続ける。笑うだけで一分を越えることもある。

総稽古と公演本番とでは、この「高笑い」の場面が決定的に違っていた。公演本番、力のこもった太夫の「高笑い」は、観客の拍手を浴びたのである。そのことによって、必然的に太夫の語りの速さが落ちた。

そこで一旦ゆっくりになった語りは、遅れを取り戻すかのように速度を上げていき、「サア」の開始から「観念せよ」の時間が、前日のリハーサルとほぼ等しくなっている。[21]とすれば、この二日間の〈うらねじ〉は、同じ速さであっても意味合いが違ってくる。稽古では、太夫の語りに変化はなく、一定であるため、〈うらねじ〉とそれ以前の動きに速さの違いはない。それに対して、本番では〈うらねじ〉に至るまでの動き（「高笑い」）がゆっくりで、そこから速くなる語りに合わせて、じわじわ速度を上げて〈うらねじ〉を行なった。この場面だけから早急に結論づけることはできないが、公演本番での〈うらねじ〉は、動作の形や速さだけを見れば同じであっても、型の遂行そのものは、徐々にスピードアップしていく動作として表現されていたのではないだろうか。

ほかに、微細なことであるが、公演当日は、頭遣いの動きが、ほかの二人よりもわずかに速い。また**図6－11**に見られるように、〈うらねじ〉の最中、頭遣いは刀を握りしめているのであるが、これは稽古の時点では見られなかった。稽古においては、〈うらねじ〉が始まる直前、頭遣いは「刀」をあらかじめ左遣いに渡しておいて、右手には何も持たない状態であった（**図6－12**）。この図は、公演当日の〈うらねじ〉の写真②にあたる。公演の当日は、太夫の見せ場に勢いづいて、思わず強く握りしめられた刀が、力を込められたまま右手に残っている印象である。

図6－12　刀を持たないうらねじ

おそらく「型」として定められた動作は、ほとんどその形を変えることがない。舞台の速さが変わったところで、事情は同じである。だが、型を行なう前後の動作は、いつも細かく違っているのであるとすれば、型の効果は、むしろほとんど自動化された動きが実現されることにこそ見いだせるのかもしれない。〈うらねじ〉に限っていえば、刀を持った状態で行なうか否かは、おそらくその舞台の役柄によって違うし、日によっても違う。太夫に導かれるように力が入ってしまった頭遣いの右手は、一つ一つの舞台にまさに身を投じている彼らの姿を明らかにしている。だが彼らは、刀を握っていてもいなくても、〈うらねじ〉を行なうことができる。その意味では、ほとんどいつも同じ形で動くことのできる自動化された働きもまた、身を投じている彼らの姿である。いわば、臨機応変さと自動化という二つの仕方を、混在させながら、彼らはわざを遂行しているといえる。

「型」のない動作

公演当日までに、一度も打ち合わせを必要としない振りがある。「型」というほど決まった動作の単位があるわけではなく、かといって単独の人形遣い——多くの場合は頭遣い——だけで完結できるような動作でもない。それは、立ち上がる、歩くといった基本的な振りである。ここでは、基本的な動作からは少し派生した、わなわなと倒れ込むしぐさを見ていこう。

この場面に登場するのは「千里」である。物語の最後の部分で、「浮洲」に別れを告げられた「千里」が、「浮洲」にしがみつき、振りほどかれ、へたり込む場面がある。悲しみのまま、「千里」はすぐに立ち上がり、わなわなと震えた後に倒れ込んで涙にむせぶのである。この、「立ち上がり、わなわなと震える」振りに注目しよう。

立ち上がり、わなわなと震え、倒れ込む動作に決まった「型」はない。頭遣いのその場の動きに合わせて、足遣いと左遣いは動くことが求められる。実際に、稽古中の動作と本番での動作には大きなズレが見られた。そのズレを見てみよう。ここでの語りは「娘は悲しさ『ハアはつ』と。其まゝそこに泣倒れ正体涙の折からに」である。

「娘は」の語り——「むすめー、えはあ」といった長さを持っている——と同時に、動作は開始される。この一連の動作を、前から順番に三つに分節しよう。「起き上がって泣く」、「ふらつく」、「崩れ落ちる」である。これらの動作はすべて連続しているが、要所に見られる「決め」の動作を切れ目として、三つに分けることができる。「起き上がって泣く」とは、倒れていた「千里」が、上半身を左に振り、揺り戻しながら起き上がり、しおしおと泣く動作である。「ふらつく」とは、起き上がった「千里」が、左、右、左、右、と身体をふらつかせながら、一歩前に出て両手を広げるまでの動作である。最後に、「崩れ落ちる」とは、前傾の姿勢から起き上がって元に戻り、その後、地面に倒れ、一旦上体を起こしてから寝そべるまでの動作である（図6－13）。

これに対して、稽古の翌日の本番では、「起き上がって泣く」という動作が省略され、「よろよろと起き上がる」という簡易的な動作に取って代わっていたのである（図6－14）。

人形遣いたちは、あらかじめ約束しておいた振りをするという原則をもっているが、仮にそれが破られたとしても、動きが台無しになることはない。彼らは周到に準備された振りを基準としながら、実際のところはその場その場で動きを変えることができるのである。

本番において「泣く」しぐさが入らなかった理由は明らかではない。動き出しのタイミングは、稽古でも本番でもほとんど変わらなかったことから、「泣く」だけの時間的余裕がなかったわけではない。

記録に残っている稽古を見返すと、一月二五日、二六日、二七日の同じ場面では、「泣く」しぐさは入っていなかった。ということは、本番で「泣く」しぐさが入っていなかったと見るよりも、前日の稽古におけるしぐさがむしろ即興であったと考える方が合点がいく。ではなぜ、本番前日の振りには「泣く」というしぐさが入っていたのであろうか。

実のところ、即興的な振りが遂行された決定的な理由を見つけ出すことは困難である。というのも、先にも述べた通り、この場面には決まった型がない。決まった型がないということは、動作の順序が、三人の間で共有されていないということである。とすれば、稽古に行なっていた動作が本番でカットされるかもしれないし、逆に本番で新たに動作が付け加わる可能性があるということである。

振りが日によって異なることは、復活公演のような、未だ振りが定着しきっていない舞台においては、しばしば散見される。例えば、同じ「千里」の場面であれば、一月二七日の稽古では、「崩れ落ちる」動作の「千里」の足は、向かって左方向（舞台下手方向）に流れていた。ここで左方向に流れたのは、打ち合わせによって決めたからといった、明確な意図に基づくものではおそらくなかった。強いて指摘するならば、「起き上がって泣く」振りの時点から、

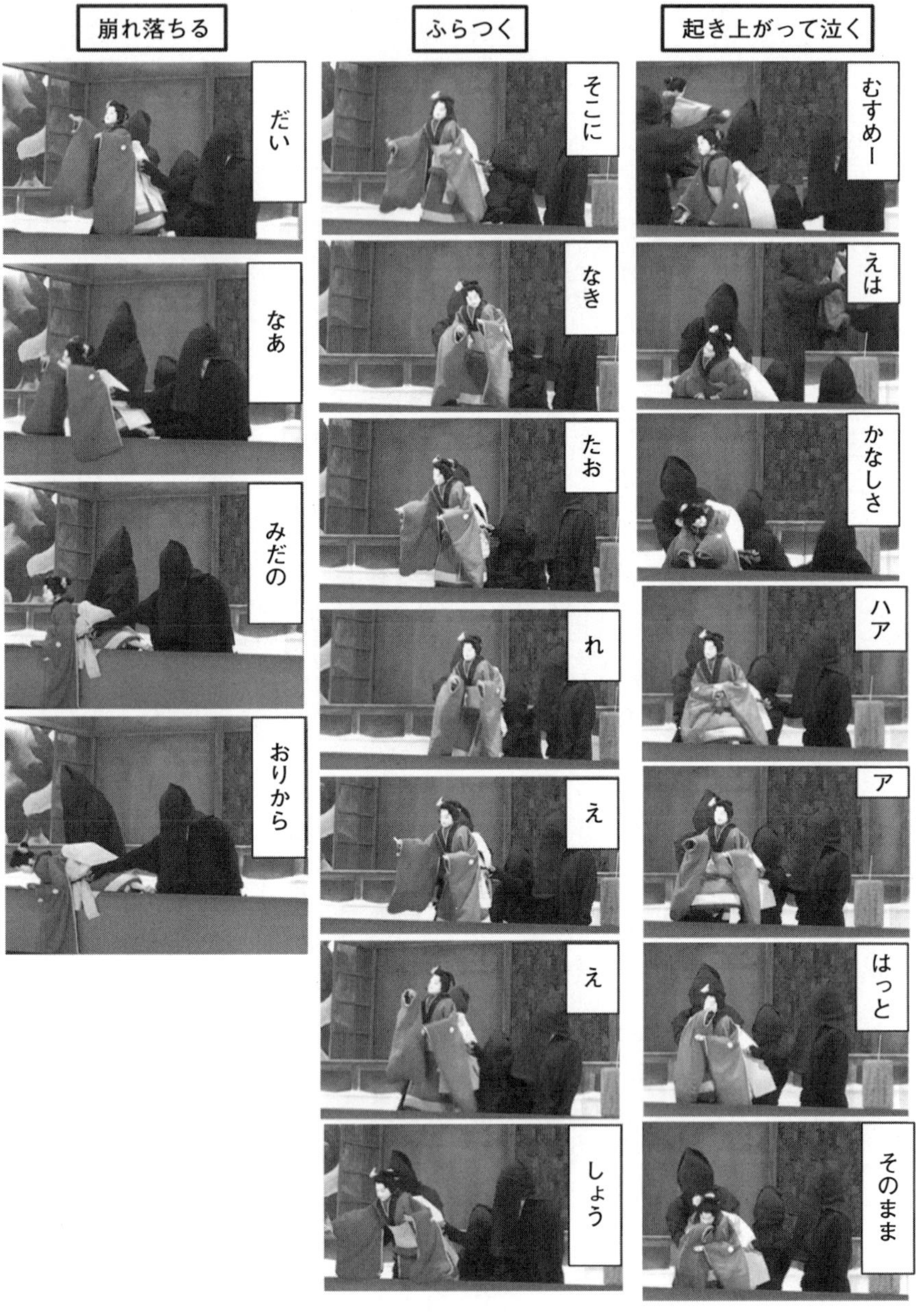

図 6-13　稽古中の千里（起き上がって泣く）

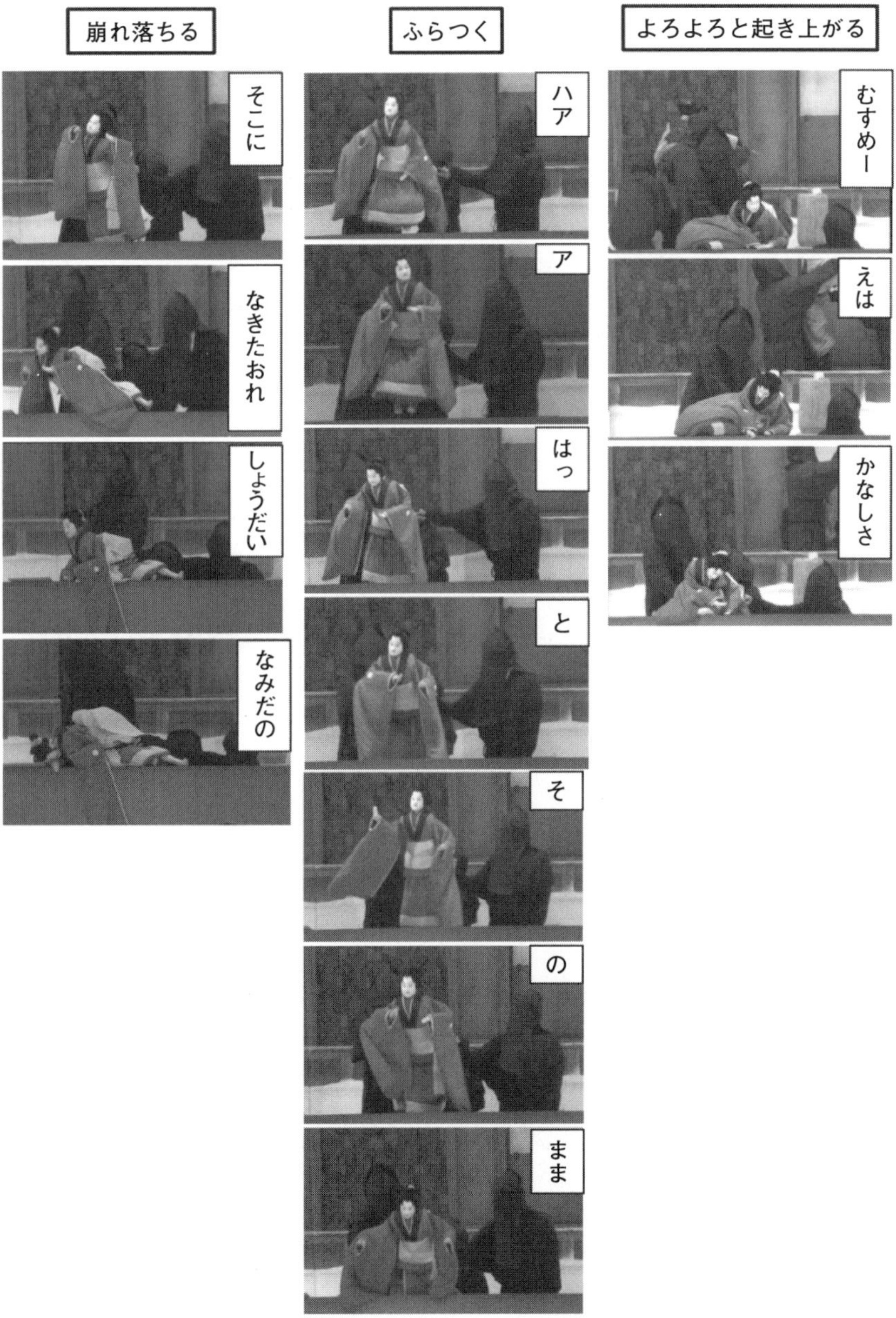

図 6-14 本番中の千里（泣くしぐさの省略）

「千里」はやや舞台上手を向いており、その向きを維持するためには、上手側に倒れ込んだ方が自然であったから、という、身体的な動作の連続性を保つためであったように見える。

型として決められていない振りの場合、その場の、まさに流れとしかいいようのない何ものかによって、日によって少しずつ異なってくるのである。太夫の語りや三味線が違うときもあれば、身体の向きがたまたま違うこともある。ここで重要なのは、日によって異なることの要因を探るよりも、その日その日で微細な変化を彼らは感知しており、たえず変化の中で動作を捉えている、という点である。左遣いと足遣いが、頭遣いの動きに注意深ければ、その場その場での動きに合わせて、適切な振りを遂行することができるということである。人形の動きが「フローチャート」であると彼らが言うのはおそらく間違いない。だが、「フローチャート」に従って動いているつもりでも、彼らの身体は「チャート」通りには動いていない。彼らの言う「チャート」は、「一連の動き」として把握されているひとまとまりの図式に違いないが、それを速くやるか遅くやるかのみならず、異なる動きが挿入されてもなお機能するほどラフな図式である。繰り返し稽古を重ねる中で、彼らがやっていることは、細部を詰めきるような「チャート」作りではなく、むしろその「チャート」に柔軟な隙間と余白を与える作業にほかならない。ここでの稽古とは、振りを身体に覚え込ませるだけではなく、振りを前提として、当日の流れに対応できるような臨機応変さを準備する作業なのである。

6　復活公演を通したわざの変容――「淡路らしさ」を求めて

見てきたように、復活公演は、「淡路らしさ」に導かれつつも、その意味をいくばくか更新するような個別具体的なわざによって実現されていく。本章のまとめとして、以下では、「淡路らしさ」を掲げたことによって、復活公演がもたらしたもの、すなわちその構築の過程において見られた人形遣いたちの変容に注目しよう。

専門家との緊張関係

復活公演を動かしているものの一つとして、「専門家」との関係は重要である。ここでは、専門家との関わりの中で、復活公演に彩りがもたらされた点を考察したい。それは、専門家の「鑑賞眼」からの感化である。専門家が大学に勤務する国文学者であることはすでに述べたが、それ以前に、彼らは優れた人形浄瑠璃愛好家でもある。座員たちは、専門家の一人が「高校生のときは毎日歌舞伎に通っていた」という逸話をよく持ち出して、いかに彼らが「眼の肥えた」鑑賞者であるかを話題にしている(22)。

例えば、前年の復活公演で行なった『賤ヶ嶽七本槍』「清光尼庵室の段」に登場する「女中」が、コミカルな演技を見せる場面がある。そこに登場する女中人形たちの衣装が、鮮やかで濃い緑色や青色であった。そのことに対して、ある人形遣いは後から指摘を受けたという。専門家が言うには、濃い色の着物は高価であるため、女中には似つかわしくないという。女中の着物は、もっと薄い、麻のような色でないといけないということである。こうした指摘は座員にとって盲点であったようである。このように、専門家の豊富な知識は、彼らに浄瑠璃の意味世界を解釈するように仕向けていくのである。

豊富な知識を持っている専門家の鑑賞眼は、座員たちの舞台に対する態度を変えつつある。つまり、彼ら自身が専門家の「鑑賞眼」を取り込んで、舞台を観るようになった。例えば、阿波の人形座の上演映像の中で、「荒妙」が、赤々と焼けた「焼鉄橋」を持って、「深雪」の傍まで歩いていく場面がある。その際に、「焼鉄橋」の先を上に向け、脇を閉めて持っていたために、その先が「荒妙」の顔に接近していた。その場面を鑑賞しながら、座員たちは、口々に「大やけどやで」などと「突っ込み」を入れる。ほかにも、「文楽」の映像の中で、「春次」と「千里」の婚姻の場面で、「三三九度」を行なうが、そこで「荒妙」が、柄杓に入れた水を、「千里を先に、春次を後に」して飲ませているのを観て、ある人形遣いが「普通、三三九度と言えば、男の人が先」ではないかと疑問を呈した。それに対して、他の人形遣いは、ここでは文楽の名人が遣っているため、「間違ったとは考えにくい」として、「死に水やから反対にしているのかもしれない」などと推測をしながら鑑賞している。要するに、彼らが専門家の「鑑賞眼」を取り込むことで、浄瑠璃の意味内容に対するこだわりが強くなったのである。[23] それは、小道具類を揃える際に、「盗賊が使うような安物の駕籠」をゼロから作り出そうとする努力や、「本当は武家の娘だが自分を田舎娘と思い込んでいる『千里』」のために、あまり高級でない衣装を選ぶという判断へと結実している。

専門家の鑑賞眼を取り込むということは、舞台の鑑賞のみならず、芸に対する向き合い方にも影響を与えている。調査の中で時々聞かれた声として、復活公演で昔の淡路を追求することは、「一部の『通』を喜ばすこと」にはなっても、「多くのお客さんに喜んでもらう」ことにつながっていないかもしれないと自問するものがあった。古典的な演目を娯楽として届けることの難しさを実感する座員は、復活公演にのめり込めば、「多くのお客さん」から遠ざかることを知っている。

例えば、平成に入ってから、淡路人形座が頻繁に上演している『傾城阿波鳴門』「順礼歌の段」では、子と別れざるを得なかった親の葛藤が如実に表現されており、「見ている人の心を打つ」ことが強調される。しかしながら、子と別れざるをえなかった親に共感して、涙するということが、現代的な娯楽として機能するのかというと、そこでは「伝統芸能」というフィルターの助けを借りざるをえない。素朴に共感しうる物語として描くならば、現代的な映画やテレビの方が十分に機能的である。こうした事情にあって、復活公演にのめり込む一方で、どうせ大掛かりな公演を行なうのであれば、現代の人に受け入れられやすい、分かりやすい演目を、「新作」の可能性も含めて構想していきたいと望む座員がいるのも事実である。

そうした意見に対して、専門家たちの主張は一貫している。専門家たちが説いているのは、「淡路人形座を受け継ぐものとして、古典の名作と独自の外題を上演」できるようになっていくことである。そうした主張を支えているのは、「『最上のものは極少数者にしか判らない』という点を信じること」という、「日本の伝統芸能に共通する価値観」としての、「『芸』という一種の神秘主義」にある。[24] 分かりやすく言い換えた専門家の言葉を引用すると、以下のものである。「現実的には、人形浄瑠璃はもともと大衆芸能であるが現在はある程度の教養が必要な芸能である、といった方が正しい。現代人にとって人形浄瑠璃をよく理解するには、多少の障害が存在する。しかしその多少の障害を乗り越えて、分かりにくさの中に現代とは異質なものを認識し、過去の人間の心に迫ることができれば、人形浄瑠璃にはほかの芸能、演劇には代え難い魅力のあることがわかる」(25)。この説得的な主張の前に、「新作」を望む座員はますます引き裂かれるのである。

だが、この緊張関係を踏まえた時に、専門家の鑑賞眼を取り込むことの重要な作用が見えてくる。それは、「神秘主義」をそれ足らしめている「分かりにくさ」を、鑑賞眼を利用することによって解きほぐし、自分たち自身の演出や解説に活かす方に転じるということである。

調査の中で、彼らは人形の振りの意味をよく私に聞かせてくれた。例えば、「摩耶ヶ嶽の段」の最後に登場してくる「駒澤三郎春次」（「浮洲」の正体）は、お家繁栄のため、また勘当を取り消してもらうため、唐で研鑽を積んできた武家の人間である。唐服に包み、大柄な男として登場する。彼の動きは、品格と威厳を備えているものであるから、鷹揚とした力強い動きでなければならない。それまで「浮洲」として登場していた彼は、最後に至っては、盗賊の手下に成り済ましていた頃とは全く異なるしぐさで動いていたのである。

そうした細々とした動きについて、彼らは実に詳細な意見を反映させている。それらの解釈を、今度は分かりやすく他の人にも説明しようとする態度は、目利きの要求に対するものと、一般の観客に対する分かりやすさという二つの矛盾する要求を前にした、彼らなりの応答であるように思われる。

ところで、「専門家」からの影響は、より身体的なやり取りのレベルで彼らに変化をもたらした。それは、専門家の口調を真似ることである。

例えば、先ほど、女中の人形の衣装が「濃い」ことを指摘された人形遣いは、そのことをほかの人形遣いに告げるときに、「そういうことも分かって、衣装の選択をしなさい」と、専門家の口調を真似るのであった。

専門家がいないところで、専門家を真似て、稽古の議論を白熱させる場面も、ごくたまに見られる。今回の公演であれば、「深雪」が「荒妙」によって最後の一撃を受け、気を失って倒れる場面がある。人形遣いTは、動作を大げさにやってみて、倒れるまでの動作を非常にゆっくり、粘っこく試みた。同時に、「スローでこけるのは本当はおかしいよの」と言いながら、見ていた二人の人形遣いに向って話かけている。「ここまでしたら、Qさん（専門家の仮称引用者注）だけは喜ぶよな。Pさん（同上）は、『えー、そこは、もうちょっと』（控えてください、の省略　同上）」と専門家の声を真似る。すると、ほかの人形遣いたちも、口々に「もう少し速く倒れて……」、「リアリティを……」など、専門家の低い声を真似して発話していた。派手さを好むQの鑑賞眼と、素朴さを好むPの鑑賞眼をいわば引用しながら、仮想的に議論を交わしていたのである。結局ここでの振りは、「打たれた瞬間は時間が止まったように静止するが、倒れる速さは普通」という演出に落ち着いた。いわば、専門家たちの「意見」を折衷させる形となった。

目利きである専門家の口調を真似るということは、専門家たちの見識を取り込み、それになじむということである。専門家たちを時々口真似してその場に「召還」させながら行なう稽古は、復活公演の構築プロセスを生き生きとしたものにしていた。

「文楽」でもなく、「阿波」でもなく

復活公演の構築プロセスで、モデルになった二つの上演映像が、「阿波」のものと「文楽」のものであったことはすでに述べた。映像資料を提供したのは「専門家」であるが、当初、「大まかな動きは『阿波』のものを参考にしながら、演出上不自然な部分は除きつつ、自分たちで構築してから、ある程度でき上がった段階で『文楽』と照らし合わせ、よいところは取り入れながら最終的にまとめる」という方針を掲げていた。[26] 人形遣いの一人は、「文楽ほどあっさりしてしまうと、面白みもないんかな、そこまで真似する必要もないんかな。かというて、徳島のを丸々やると、あまりにも、ちょっとやり過ぎやろうと。あんまりベタな感じになりすぎないように」という意見を持っている。

「文楽」と「阿波」という二つの団体は、「淡路らしさ」を作り上げていく際の重みのある典拠である。それら二つの芸風をいかなるものとして捉え、また取り込んでいったのかについて検討していこう。

文楽への憧れ

淡路人形座にとって、とりわけ人形遣いたちにとって、「文楽」は特別な響きを持っている。師匠の東太郎氏との関わりのためである。今日淡路人形座に伝わっている人形の動きの大部分は、師匠の東太郎氏から教え受けたものである。さらに、芸として高い水準にある文楽の人形を、彼らはよく勉強するのだという。東太郎氏からの教えと、今日の文楽の動きから影響を受けた結果、昔の文楽を知る人が見ると、今の淡路人形座の芸風は、「昔の文楽と今の文楽が混じっている」演技として映るらしい。復活公演の取り組みの最中にも、小さな人形を使った写実的かつ大胆な名人たちの動きを見て、彼らはそれに惹きつけられていた。

例えば、先ほど取り上げた、「深雪」が折檻されて気を失う場面のことである。頭遣いTが真似したのは、文楽の師匠格の人形遣いであり、今日の文楽きっての名人である。文楽の「摩耶ヶ嶽の段」の映像において「深雪」を遣っていた名人の振りを見て、頭遣いTは惹きつけられないわけはなかった。ところが、文楽の師匠の演技は、倒れゆく「深雪」を劇的に、こってりと大げさに表現したもので、頭遣いTの言葉を借りれば「あの人のわざやから」できるものであった。やや大げさであることを自覚しながらも、稽古の中で、頭遣いTはその演技をやってみせている。真似をする頭遣いは楽しそうである。

最初、かなり大げさにやってみせた頭遣いであったが、観客席側から見ていた人形遣いからの評価は悪くなかった。「気が遠のくという感じ」がよく出ているというのである。そこで、打たれてから「気が遠のく」までの間は「その人風」にして、崩れ落ちるところは通常の速さで行なうことにした。名人の動きを一部取り入れることで、頭遣いTのわざの手数は新たに付け加わることになったのである。

他方で、文楽の真似をするわけにもいかないという立場もある。それは、文楽とは異なって、大きな人形を遣った「派手さ」を重視するという芸風を追求するものである。「荒妙」と「深雪」が重なる位置に立って「深雪」が〈後ろ振り〉になる場面がある。ここでも頭遣いTは、「その人風」を取り入れようとして、こってりとして振りを試みた。つまり、〈後ろ振り〉になり、観客に背を向けながら反り返り、その姿勢を固めるだけではなく、さらに顔を少し左に流して「決め」るのである。実際にその振りを見ると、顔と肩をたゆたわせ、見返りながら「決め」ている。さすがにこの演技は、頭の大きな淡路の人形がやるには、しつこすぎる印象を与える。この場面については、稽古の後に「専門家」がやってみてはどうかと提案したのであるが、それに対して人形遣いは、淡路の人形の大きさでやってしまうと、かえって演技が台無しになると反対した。彼らは、文楽の演技に惹きつけられながらも、繊細で細やかでこってりとした演技をするには、自分たちの「大きな人形」はずんぐりとしていることを認めている。「人形の大きさ」という保存命令に従う限り、それは芸風の差異化を生む決定的な要因である。「大きな人形」を遣うことを積極的に引き受ける中で、「淡路らしさ」が定まっていくのである。

阿波との距離

他方、「阿波」は、どちらかといえば彼らが突き放し気味に批評する対象である。洗練されていない、型崩れを起こし始めた「地方の芸」と見なすからである。

「阿波」の映像を見ている最中の彼らのコメントは、やや否定的な色合いを帯びており、演技として奇妙なところや、演じている人形遣いが悦に入っているようなところに対する指摘を多く含む。例えば、先ほど挙げた、「荒妙」が焼鉄橋を持って「深雪」に迫るまでの場面では、「荒妙」が焼鉄橋を顔の近くに寄せて歩いている「阿波」の人形を見て、「それでは火傷するやろ」とコメントを挟む。ほかにも、あまりに大げさな振りに対して「荒妙の『決め』が、すごい。足が勝手に動いて、『お粗末くん』か『イヤミくん』みたいになっている」といったような批評を投げかけるのである。あるいは、「この人は若手でちょっと緊張気味」とか、「この年配の左遣いが先に動くから、左遣いに人形が遣われている」などのコメントも聞こえる。また、ついつい人形遣いの方に気持ちが入りすぎていることを指摘して、「人形を持って自分がしぐさしとる」と「突っ込み」を入れるものもある。

いずれにせよこれらの発言の多くは、「地方の芸」における、形式だけを継承して、それぞれの振りの意味を軽んじた演技に対する批評であるといえる。実際に、「阿波」の演技の中では意図の読めない振りが多々含まれている。それを、型崩れしたものだろうと人形遣いたちは推測している。

だがその一方で、今回の復活公演では、「阿波」で行なわれていたような演出を多く取り入れたのも事実である。特に、「荒妙」と「深雪」が見せる折檻の場面に至る前の「メリヤス」をする場面は「文楽」にはなく、「阿波」を踏まえたものである。「荒妙」が、囲炉裏から火の粉が上がったのに驚いて思わずのけぞる、というしぐさも「阿波」由来のものである。

彼らが「阿波」の芸風から離れられないのは、「阿波」で行なわれている演技が、元々「阿波」で作られたものではなく、「昔の淡路」の伝承を踏まえている可能性が高いからである。つまり、地方の人形浄瑠璃に大きな影響を与えた江戸時代の淡路座の芸が、本拠地の淡路では途絶えていても、かつての巡業先である地方においては受け継がれている可能性がある。とするならば、「阿波」で継承されている演技こそ、彼らが追求するべき「淡路らしさ」の正体であるかもしれない。だが、復活公演として上演する限り、振りの一つ一つに対して意味的な解釈をしなければならない。明らかに型崩れを起こしていると思われるような振りに関しては、身体的な形を一挙手一投足に至るまで「保存」する大義を欠くのであって、それが仮に「淡路らしさ」を残す可能性があったとしても、型崩れを起こしている「阿波」の振りを、そのまま受け継ぐことはできない。型崩れを批評する彼らは、東太郎氏を経て、やや文楽色に染まった今の淡路という立場から、型崩れを起こしつつあったかつての「淡路の型」を否定しているといえなくもない。その批評は、かつて「淡路の型」の一部を、意味が不明であるとして、一部を文楽風に接ぎ木した、東太郎氏と同じ歩みを、結果的には辿っているように思われる。

このように、「淡路らしさ」は、文楽にしても阿波にしても、取り入れながら否定し、否定しながら取り入れるという、アンビヴァレントな態度によって獲得されていく。そうした個々の場面から、彼らが「淡路らしさ」を実現しようとする過程が、単に演出を模索するだけではなく、彼らが継承していくべきわざを自ら選び取り、変容していく歩みでもあることが分かる。その、復活公演という少し特別な響きをもった舞台を構築していく過程で、彼らが感受している小さな意味こそ、生きたわざの諸相といえるのではないだろうか。

註

（1）平成二二年からは、「南あわじ市の文化遺産を活かした観光振興・地域活性化事業」として、文化庁の支援を受けた取り組みへと発展していった。

（2）なお、このときは「専門家」たちだけではなく、日本舞踊の師匠や文楽の師匠を招聘し、淡路人形座の座員に対する講習会を行なった（南あわじ市地域人材の活用による文化活動支援事業実行委員会『文化庁平成一九年度「地域人材の活用による文化活動支援事業」報告書　淡路人形浄瑠璃の学校課外活動における技芸指導に関する実践研究』南あわじ市地域人材の活用による文化活動支援事業実行委員会、二〇〇八年）。

（3）二人の専門家が交代で講師となった。「人形浄瑠璃という芸能について」（二回）、「淡路人形浄瑠璃の歴史と現在」（二回）、「人形浄瑠璃の復活上演に関する諸問題」、「義太夫節の魅力（中学生向けの講義）」、「座員へのアンケートに対する意見」、「人形浄瑠璃の魅力（中・高校生への講義）」、「『芸』について」、「六代目中村歌右衛門」、「淡路座の未来」である（南あわじ市地域人材の活用による文化活動支援事業実行委員会、同上）。

（4）豊澤町太郎（一九〇二～一九八七）氏は、南淡阿万に生まれ、六歳から三味線を習い始め、一六歳のときに二世豊澤町三郎（徳島市）に師事し、二二歳で市村六之丞座に迎え入れられた。昭和四五年の国立劇場での公演、昭和五三年のフランス・スペイン公演、昭和五九年のオランダ・ベルギー公演にも参加した、近代の淡路の三味線弾きの名手であった。昭和五二年秋の叙勲で勲五等瑞宝章を受けた。

（5）豊澤町太郎氏の三味線（外題によっては弾き語り）の録音に立ち会った早稲田大学の内山美樹子氏は、「豊竹座」風の三味線が長い年月の中で形を変えずに残されていることに感動を覚えたと記載している。「音といい、足取りといい、淡路の島の果てに、こんな美しい東風の曲が二百数十年の風雪に堪えて、ともかくも持ち伝えられてきたということはやはり、筆者にとっては、非常に感動的に思われた。」（内山美樹子『浄瑠璃史の十八世紀』、勉誠出版、一九八九年、一九八頁。）

（6）上村源之丞座・市村六之丞座・吉田傳次郎座の「床本」は、淡路人形浄瑠璃資料館に保管されている。

（7）平成二四年の復活公演では、本来登場してくるはずの人物が、人形遣いの人数不足によって登場していない。その箇所について、専門家は上演台本を一部省略していた。

（8）「清光尼庵室の段」を構築している中で、「専門家」と座員とが、演出の方向性の食い違いを発端として衝突する事態が起きた。専門家と座員との関係は、互いに明確な方針を持っているために、一定の緊張感を孕んでいる。

（9）大阪まで出向くのは、人形遣いSである。床山師とは、重要無形文化財選定保存技術「文楽人形髪・床山」保持者であり、大阪の文楽の頭をしつらえている職人である。私も何度か同行させていただいた。丸坊主であった人形の頭に、繊細な手続きによって髪の毛が打ちつけられ、結い上げられる見事な過程を見ることができた。

（10）初演の一八年後に丸本『増補　生写朝顔話』が刊行され、五段目相当部分が増補された。だが、久堀によれば、淡路の人形座が「丸本刊行以前の弘化期に阿波や紀伊で本作五段目（「道行」「駒澤屋敷」）を上演している」ことから、「丸本の方がむしろ淡路座上演詞章を襲用したものと推定」できるという（久堀裕朗「淡路人形座と『生写朝顔日記』」淡路人形座編『淡路人形座・淡路の人形芝居復活公演「生写朝顔日記」摩耶ヶ嶽の段』淡路人形協会、二〇一三年、二頁）。

（11）『蓼喰ふ虫』の中では、主人公たちが淡路の人形座（淡路源之丞座とされる）に赴いて、「生写朝がほ日記」を鑑賞するのである。主人公の目には、その舞台は「何か童話的な単純さと明るさとを持つ幻想の世界」であるように映っている（谷崎潤一郎『蓼喰ふ虫』岩波書店、一九四八年、一九七頁）。

（12）原作では登場するが、今回の上演においては人数不足の関係から、省略されることになった。

（13）『生写朝顔日記』は、五段構成で淡路座に伝わっていた。平成二五年に「道行」が「復活」したことから、四段目後半「宿屋の段」が（現在上演している「大井川の段」を含めて）仮に上演されれば、「摩耶ヶ嶽の段」と合わせて、三段目以降の大部分を通して上演できることになる。

（14）例えば、主役級の人形で、若い男であれば、「角目《かどめ》」、「丸目」、「大丸目」、「別師」、「二曲」、「三曲」、「寄人《よりと》」、「内匠《たくみ》」、「半道」、「亭主」、「伴内」、「駄羅助」、「泣男」などである。頭には仕掛けがしてあって、最大で「五曲」の仕掛けが施されている。五曲とは、眉が上下に上がること（眉）、目が左右に動くこと（横目）、まぶたが閉じられること（眠り目、かぶせ）、および口が開閉すること（口）である。役柄によって、眉とまぶたのみが動く「二曲」や、眉・目・口が動く「三曲」などがある。名前のついた頭にはそれぞれふさわしい役柄が当てはめられている。例えば、「角目」であれば、『絵本太功記』の「光秀」役、「二曲」であれば、『絵本太功記』の「十次郎」、『義経千本桜』の「忠信」などといったように。頭の仕掛けは、歴史的な変遷があったらしい。「大坂」では、口の開閉が享保一一年（一七二六）、眠り目は同一二年（一七二七）、横目は同一五年（一七三〇）から始まったというが、眠り目と横目を兼ねた頭は、明和年間（一七六四～七一）以前にはなかった。四曲になり、さらに五曲ができたのは阿波徳島の人形細工師初代天狗久（一八五八～一九四三）が現われてからである（兵庫県三原郡三原町教育委員会『伝統芸能淡路人形浄瑠璃』浜田タイプ、二〇〇二年、二三三頁）。

(15) 肩板と腰輪をつなげている布切れは、肩板の周りを隙間なく縫い付ける方が安定するのであるが、わざと隙間を空けて縫い付けるという。人形遣いSによれば、これは亡き師匠が考案した縫い付け方だそうである。淡路人形の場合、人形のシン串が長いため、頭を操作するのと同時に肩板に指を当てて動かすことが難しい。そこで師匠は、縫い付け方に余裕を持たせることで、人形の胴体内部の空間を広くして、いったん串から手を離し、肩板そのものを掴んで動かすだけの余裕を生み出すという方法を考案したのだという。なお、文楽の場合、胴串《どくし》（シン串とは呼ばない）が短いため、握りながら肩板を動かすことができるという。

(16) 「グロー球」とは、点灯管ないし、グロースターター（Glow starter）とも呼ばれ、点灯管方式の蛍光灯を点灯させる放電管である。蛍光灯に付随している小さな電球に近く、蛍光灯が切れかかったときの不規則な点滅は、グロー球への電流の不規則な流れによるものとされている。

(17) この言葉は、でき上がった囲炉裏を眺めていた支配人が、感心しながら述べた言葉である。

(18) 「介錯」の仕事は重要である。人形が登場する際の「小幕」の開け閉め、小道具の受け取り・受け渡しがなければ、人形浄瑠璃は成り立たない。介錯の人数が著しく不足する場合は、演技をしている人形遣いのうち一人を割いてでも、人員を補填することがある。

(19) ここで実際に登場する人形は三体であるが、床本では「二人連」となっている。登場する人形のうち「小女郎」は、「猿辷り」が誘拐してきた里の子であることから、人数には数えないということである。

(20) 人形遣いSは、「深雪」になりきった動きでもって、「ここにおる感……」と発言しながら、「ちょこんと座る深雪」を実演している。

(21) この記述は、二つの映像を同時に流し、時間を計測したものである。

(22) 「小学校六年のときから『先代萩』を聞いている」と聞いて、三味線弾きが戦々恐々としたという話を伺った。ほかにも、専門家が高校生の頃、歌舞伎を初日からすべて観に行ったときに、テレビカメラが映しにきたらしいということや、「勘九かなんかの生まれ変わり」と冗談めかして言う座員もいる。

「竹本義太夫かなん郎」や「歌右衛門」といった役者とも当時交流があったらしいといったような、「逸話」には尽きない。

(23)　復活公演を行なうまでの彼らの取り組みと比較することはできないが、通常公演で行なっている演目については浄瑠璃の内容にこだわるというよりも、師匠に教わった通りの演出を行なっているところから、近年とりわけ浄瑠璃の意味解釈にこだわるようになってきたのではないかと推測されるのである。

(24)　南あわじ市地域人材の活用による文化活動支援事業実行委員会報告書、前掲書、一二二頁。

(25)　同上。

(26)　ここでの発言は、六月の談話の最中に聞き取ったものである。当初、「専門家」は、「阿波」の上映映像のみ提供していたが、場面が足りないこともあり、比較的早い段階で「文楽」の方も提供していた。

第七章　「巡業」、あるいは等身大の駆け引き

本章では、「出張公演」の事例を対象とする。淡路人形座は平成一七年度（二〇〇五）より、文化庁の支援を受けて「次代を担う子どもの文化芸術体験事業」を継続している。人形座ではこれを「出張公演」と呼び、事業に参加している小中学校に出向き、人形浄瑠璃の体験・鑑賞を目的とするワークショップおよび公演を行なっている。出張公演は、各地の学校の子どもたちに人形浄瑠璃を体験・鑑賞してもらう機会であるが、それは同時に、彼らにとって、自分たちに期待されている「伝統芸能」の看板を再認識する機会でもある。観客を楽しませるための娯楽であるはずの人形浄瑠璃に、「伝統芸能」という冠が載せられ、「次代の文化の担い手」となりうる子どもたちに働きかけて、「芸術家の育成」や「芸術鑑賞能力」の向上につなげることを期待されるのである。そうした期待に対して、座員たちはいかなる応答をしていくのだろうか。

この出張公演という事例は、本書に二つの示唆を与えてくれる。一つ目に、子どもたちと人形遣いとの出会いである。出張公演には、太夫の語り方と人形の遣い方を子どもたちに教える「ワークショップ」が含まれる。人形の指導において、全くの初心者に対して指導する人形遣いは、当惑する子どもたちをよそに、人形を与え、持たせ、舞台に立たせる。子どもたちの当惑はしかし、言われるまま見たままに人形を遣っているうちにたちまち消失し、演技することの楽しさへと変容していくのである。戸惑いから没頭へと至る子どもたちの変化と、人形遣いの一貫した態度と

は極めて対照的である。人形遣いが子どもたちを演技の世界に誘う仕方を見ることで人形遣いによる指導と、それに対する子どもたちの応答を浮き彫りにさせていきたい。

二つ目に、出張公演に対する座員たちの態度である。議論を先取りすれば、座員たちにとっての出張公演とは、単なる公演以上の意味がある。座員たちに少し詳しく突っ込んで聞いてみれば、大量の舞台道具をトラックいっぱいに詰め込み、フェリーと高速道路を乗り継ぎ、まさに大移動というべき様相で地方に出向く、そのプロセスについての座員たちの語りが実に豊かであることに心を動かされる。出張公演の期間中、タイトな日程のなか体力の続く限りトラックで地方地方に出向くという道のりそのものが、座員たちに淡路人形座を象る特別の意味を与えているのである。それの意味するところを、彼らの打ち込みようを記述することによって明らかにしていきたい。

以下では、まず出張公演の全体像を把握した上で、子どもたちの練習場面（第二節）、舞台での駆け引き（第三節）へと議論を進める。その上で、出張公演を通して人形座が自らの芸能の位置づけを再確認する様を浮かび上がらせていこう。

1　出張公演――「南九州小中学校出張公演」

「出張公演」、すなわち「次代を担う子どもの文化芸術体験事業」の目的は、文化庁によれば「小学校・中学校等において一流の文化芸術団体による巡回公演を行なうことにより、次代の文化の担い手となる子どもたちの発想力やコミュニケーション能力の育成をはかり、将来の芸術家の育成や国民の芸術鑑賞能力の向上につなげること」である。(1)学校側は、「公演を国語・音楽等の教科や総合的な学習の時間、特別活動の中の学校行事等に位置付ける」(2)ことで、特色のある授業を行なうことができる。

出張公演のあった年度には、座員の中から九人のチームを組織し、一年に二度、それぞれ二週間から三週間かけて一五校前後の実施校を訪れる。これまで人形座では、近畿地方南部・西部、中国地方東部、九州地方北部などの学校を訪れた。

本章で取り上げる事例において、淡路人形座が出張公演に向かう先は、九州地方の四県の小中学校、合計一二校である。文化庁の本事業に参加を希望する芸術団体は、前年度のうちから申請を出し、採択されれば当該地方の小中学校へとアナウンスされる。その後文化庁が、手を挙げた学校の中から実施校を定める。文化庁からの連絡を受けた学校と参加団体が、直接連絡を取り合って日程調整を進めた上で、事業が実施されるという手順である。

出演団体の採択基準は、「芸術性に富んでいることはもちろん、児童・生徒が興味をもって鑑賞できるものであることや、教育的効果が高いこと」とされる(3)。受け入れる学校側の選定基準については公にされていないが、「より多くの児童・生徒に対して文化芸術の鑑賞・体験機会を提供できる」ことを目的の一つにしていることから、過去に採択されたことのないものを優先する、地域の偏りがないことといったような基準に従っているものと考えられる。事実、淡路人形座がこれまでに訪れた地域には重複がなく、これまで縁のなかった地域が選ばれるのではないかと座員は話している。

地域が任意に選択されるのに似て、時間もまた任意に選択される。つまり、時間の枠組みが、学校の授業時間のうちおよそ二時限分程度であると、あらかじめ定められているのである。二時限分というのは、すべての参加団体に対して公平に課せられた枠づけであり、各団体はその枠の中に収めて活動しなければならない。淡路人形座の座員たちは、自分たちの公演レパートリーのうち、学校側が要求する時間の中で演技を行なう必要がある。

「出張公演」の構成は、文化庁が定めた規定に従って、「ワークショップ」および「公演」の二つに分けられる。「ワークショップ」とは、「生徒を実演に参加させるとともに、実演指導又は鑑賞指導」を行なうための、いわば事前準備である。「公演の一カ月程度前までに一校当たり一回」、「概ね二時限分程度（八〇～一〇〇分）」実施することが定められている。「公演」とは、ワークショップを踏まえた「優れた舞台芸術の鑑賞」の機会である。芸術活動を単に観賞用に行なうのではなく、子どもたちに出番を与え、「共演」の機会を与えることも求められている。なお公演は、「原則として実施校の体育館」を用い、「午後一時及至二時からの概ね二時限分程度（八〇～一〇〇分）」で行なうことが定められている。

本章では、座員たちの「出張公演」の取り組みを記述し、彼らが子どもたちといかなる出会いを果たすのかを明らかにするために、「ワークショップ」および「公演」に帯同し、その一部始終を観察した。本章で考察する出張公演では、六月上旬に「ワークショップ」を行ない、九月下旬から一〇月上旬、または一月下旬に「公演」を行なった。本研究の記述の対象となるのは、南九州の某県にあるX小中学校およびY中学校である。次節では、そのワークショップにおける座員と子どもたちとのやり取りを記述していく。

2　子どもと出会う人形遣いの身体

ここでは、六月に行なわれたX小中学校でのワークショップを見ていこう。X小中学校は、同一地区に隣り合わせた学校であるが、児童数・生徒数が少ないため、合同での参加を申請した。小学生は全校で八人、中学生は七人である。集落の中で、子どもの頃から一緒に育ってきた仲間といった風で、小学生も中学生も打ち解けているように見える。畑と山に面しているが、すぐ裏手には港のある、集落の内部にひっそりとたたずんでいる小さな学校である。会場となるのは中学校の体育館である。バレーボールコートを二つ並べて確保するのが精一杯といった、中規模の大きさである。

ワークショップでは、人形浄瑠璃に関する紹介を参加生徒全員の前で行なった後、パート別の稽古を行なった。公演当日、参加生徒は「太夫」と「人形」とに分かれて人形座の座員と共演する。「太夫」役の生徒は、本番の公演において淡路人形座の太夫と一緒に声を出し、「語り」を披露するのである。演目は『生写朝顔日記』の「大井川の段」

の一部である。「人形」のパートでは、子どもが人形遣いと同じ舞台に上がって簡単な役回りを演じる。外題は『戎舞』である。『戎舞』とは、第五章で取り上げたように、神事を由来とする淡路人形座得意の「ご祝儀舞」であり、短くシンプルな、また華やかな演目である。ここでは「人形」のパートに焦点を絞って記述していく。

『戎舞』のストーリーはシンプルである。初めに、「西国一の福の神」を自称する「戎さま」が庄屋の家を訪ねてくる。庄屋および友人たちは「戎さま」に酒をつぐと、「戎さま」が酔っぱらって踊りを披露する。気分の乗った「戎さま」は、さらに何杯かお酒を求めるのであるが、一杯飲み干すたびに『某』を願って、もう一献いたそうかい」と願い事をかけてくれる。この願い事については、いわゆる「いれごと」の演出となる。この「某」の部分には、例えば「宿題が減ること」、「鈴木先生が優しくなること」といった「願い事」を自由に取り入れることができる。人形座では、この「いれごと」のせりふをあらかじめ学校側に尋ねておいて、そのリクエストを反映した演出を行なうのである。なお、次節で考察するY中学校の「いれごと」では、「〇〇先生がボディ・ビルダー体型になることを願って、もう一献いたそうかい」という語りで会場を沸かせた。「いれごと」の後、さらに気分の乗った「戎さま」は、船に乗って沖へ出て、大きな鯛を釣って更なる福をもたらして大団円を迎える。

子どもたちが担当する人形は、「庄屋の友人」である。「友人」たちに与えられた演技は、およそ次の項目の通りである。①家を訪れた「戎さま」の方を振り向く。②「戎さま」を迎え入れるためにお辞儀をする。③「庄屋」が「戎さま」に酒を注いでいる間に、後ろで踊ったり会話したりといった「自由演技」を行なう。④一人ずつ、「戎さま」に酒を注ぐ。⑤踊り出した「戎さま」に合わせてリズムを取る。⑤酔っぱらってふらついた「戎さま」に駆け寄る。⑥退出する。ワークショップの課題は、この一連の演技を習得することである。以下、冒頭の①と②の練習場面に絞って記述していこう。

X小中学校の公演において人形役を務める子どもは四人、いずれも小学生である。小学生にとって三人遣いの人形は大きく重たいので、小学生向けの体験の際には、一人一役の人形、すなわち一人遣いで演技をすることになっている。

身体を使った空間作り

練習は、冒頭、簡単にストーリーを説明するところから始まる。教え手である人形遣いSは、「いきなりですが」と言いながら、机の上に並べられた人形を、四人がそれぞれ持つように指示する（**図7-1**）。一人遣いの場合、自分の左手で人形のシン串を握り、右手の指先を人形の衣装から出すのが基本形である。「自分の左手で人形を持つ」という人形遣いの言葉によって、それぞれの子どもたちは人形の背中から手を入れる。二人の子どもが最初右手を差し出したのであるが、それに「突っ込み」を入れる人形遣いSによって、場は和やかな雰囲気となる。人形遣いの手助けもあり、四人はスムーズに人形を持ち上げることができた。右手を衣装の袖から通すことができず、うまく形が整わない子どもには、人形遣いが一人ずつ袖を持って手助けしている。

図7-1　人形を持つ子どもたち

ここで注目するのは、練習場面の冒頭である。人形遣いは、よくよく見ると練習をいきなり始めるのではなく、練習前の説明を入れている。

人形遣いSによる説明①

本番の時は、そこに大きな舞台を作ります。で、みんなは最初からこういう形で「板付」といって、舞台のなかで、最初から舞台のうえでスタートしてもらいます。いいですか。で、はじめこの前に、幕が閉まっています。幕が閉まっているところに、口上、とうざいー、てね、今からこういった芝居が始まりますよという人が出てきて、拍子木を鳴らします。ちょんちょんちょん。そしたら、拍子木と一緒に、向こうの方から、幕がこう開いてきますから。

図7－2　Sによる会場づくり

ここで重要なのは、人形遣いが行なっているのは単なる説明ではない点である。身ぶりが大きな意味を帯びている。まず「そこに大きな舞台を作ります」と言いながら、人形遣いは右腕を出す（**図7－2**）。「そこ」というのは、体育館の前方である。彼は体育館の前方に向かって右腕を伸ばし、手のひらを広げ、そこにあたかも舞台が広がるかのように、左から右へと手を動かす。触発された一人の子どもが、人形遣いの手の先にあるはずの舞台の方に目をやっている。

次に、人形遣いは、自分の身体を右方向に少し回転させながら一歩退き、手前に置かれてある机と、自分の前に空いてあるスペースに視線を向けた上で、子どもたちに対して直角の方向を向いた（**図7－3**）。ここでの空間の使い方は見事である。人形遣いは、子どもたちの正面から自分の姿を消し、子どもたちの正面には何もないスペースを確保したのである。と同時に、「みんなは最初からこういう形で」スタートすることを告げる。続いて、右腕を右から左に動かすことで、「幕が閉まっています」と告げる。ここでは人形遣いの右手は閉まっている幕とともにある。その幕は、再び人形遣いの右手

図7－3　Sによる舞台空間づくり

の動きとともに、ゆっくりと開けられていくのである。つまり、人形遣いの大股での移動と右手の動きによって空間を作り出し、本番彼らが立っているであろう「舞台」を仮想的に作り出したのである。

この一連の動作は、「稽古」を始めるための橋渡しの役割を担っている。彼は全身を効果的に使いながら、身ぶりで本番と同じような意味上の空間を作り出したが、そのことによって、事情が分からないまま人形を持っていた子どもたちは、その空間に引き入れられることになる。人形遣いの右手が動いて舞台の幕が横向きに手繰り寄せられていくのに合わせて、彼らは、気がつかないうちに観客の前に登場してきた人形遣いとなるのである。人形遣いの身ぶりが、子どもたちを仮想的な舞台の上に誘ったという点において、子どもたちの身体は、人形遣いの身体と新しい関係を取り結んでいく。

模倣関係の構築

次はいよいよ人形を動かす練習である。最初の立ち位置を確認した後、人形遣いは、「東西～」でおなじみの「口上」を告げ、太鼓のリズムを口で唱える。そのまま「戎舞」の節回しを自分で語りながら、演技を始めた（**図7－4**）。「戊亥《いぬい》の方《かた》より、戎どのの御入り～。釣り竿担いで、どぉやどやどやぁ。入りきたあぁる。」子どもたちは、人形遣いが演技を始めたことに驚き、凝視する。だが、人形遣いは構わずに演技を続けるのである。

ここで、人形遣いの右手が肩に乗っているのは、「戎さま」が釣り竿を担いで登場する場面の動きを模したものであり、人形遣いの立ち位置も、舞台に登場してくる「戎さま」と対応している。

彼が「ものも頼もうかい」と告げたところで、いよいよ子どもたちの人形の出番である。突然の来客に、「庄屋の友人たち」が振り向く手筈になっている。頭を向けるだけの簡単な動きである。最初、人形遣いは「みんなで揃ってこっちを見てください」と告げる。子どもたちはすかさず人形遣いの方を振り向いたが、肝心の人形はぴくりとも動いていない。

そこで、「振り向く」というしぐさを促すために、人形遣いは子どもの持つ人形に直接手を加える。人形の頭を掴み、くるっと振り向くしぐさの手本を示すのである。さらに二度ほど「戎さま」の登場シーンを繰り返すうちに、子どもたちの人形が、手本の人形と同じタイミングで「振り向く」ようになった。

そのことを確認した人形遣いは、さらに場面を進める。

図7－4　演技を始めるS

人形遣いSによる説明②

えべっさんは言います、西国一の福の神が参った。自分で、神さまのえべっさんが来ましたよと言います。そしたらみんなは、これはこれは、ようこそ、お越しくださいました。お辞儀してください。これはこれは、ようこそ、お越しくださいました。

人形遣いは、「ようこそ、お越しくださいました」と言いながら、自分でお辞儀をしている。これは子どもたちの持つ人形がやるべき演技の手本となっている。そのことを強調するように、人形遣いは、「お辞儀してください」と口頭で指示を出し、再び「ようこそ、お越しくださいました」と言いながらお辞儀をした。

二回目のお辞儀の際、子どもたちは四人ともお辞儀をすることができた。

ここで興味深いのは、「お辞儀してください」という指示をするのに先立って、一回目に人形遣いがお辞儀をしたときである。このとき、四人のうち二人の子どもが、人形遣いの動作につられて、お辞儀を行なったのである（図7－5）。人形遣いの動きが、人形の演技の手本になっているかどうか、人形遣いは明示的に説明していない。それにもかかわらず、二人の子どもにとって、人形遣いの動作は真似すべき対象として立ち現れていた。

図7－5　おじぎをする二人、しない二人

この稽古を通して、人形遣いの身体と子どもたちとは、模倣される—する関係を構築していくことになる。だがその際、人形遣いは、自分の動作を真似するように指示することもなければ、自分の動きが「庄屋の友人たち」であると表明することもない。人形遣いSが場面を前から進め、仮想的に物語を展開する中で、いつの間にか子どもたちは彼のしぐさを模倣すべき「庄屋の友人」としてみなすことができるようになるのである。

模倣の現象が興味深いのは、それが間違って表出する場合である。次の場面は、庄屋さんからついでもらった三合の酒を「戎さま」が飲みきるまでの間、しばらく時間が空く。その時間を利用して、子どもたちには「自由演技」の機会が与えられる。人形遣いの意図としては、ここで子どもたちに人形を使って、踊ったり会話をしたり、自由な表現をしてもらいたいということであった。本番の舞台では、太鼓がリズムよく「とん、ととん、ととん、ととん」と鳴り続けている。そのことを、人形遣いは以下のように説明する。

人形遣いSによる説明③

三杯、庄屋さんからお酒をいただきます。そしたら、三杯お酒を飲んでいる間、フリータイムです。みんな、自由演技をしてください。その間、ととん、ととん、ととん、ととん、ととん、太鼓が鳴ってます。

ここでも人形遣いは、身ぶりを使った説明をした（**図7－6**）。「ととん、ととん、」と繰り返しながら、子どもたちの正面に立ち、手を打ち続けるのである。これは、太鼓の音を演出しているだけであったのが、四人のうちの二人が、再び反応して動き始めた。一人は、人形遣いに合わせて手を打ち始め、一人はリズムに合わせて身体を上下させながら踊り始めた。手を打ち始めた子どもは、先ほどの「お辞儀」と同じ意味での模倣をしたようである。つまり彼女は、手を叩くしぐさもまた人形に演技させるべき振りであるとして、忠実に模倣するのである。もちろん、人形遣いが手を打っていたのは太鼓の音を表現するためであって、人形の振りではない。だが、彼女にしてみれば、目の前に立っている人形遣いのしぐさは、すべて模倣すべき可能性を持つ身体であって、それが背景音の太鼓であると知る由もない。人形遣いからしてみれば太鼓の動きであったかもしれないが、子どもたちには違って現われるのである。

図7－6　手を叩くS

他方、踊り始めた子どもは、「自由演技をしてください」と告げた人形遣いの言葉を積極的に受け取った。そのとき彼にとって、人形遣いの身体は、模倣すべきものとしてではなく、何やら楽しそうな遊びの時間を与えてくれる人として現われたのであろう。人形遣いはその後四人に向けて「自由演技」についての具体的な説明――踊るであるとか、会話するであるとか――を付け加えるのであるが、そうした説明に先立って踊り出す彼の身体は、模倣とは異なる関係を、手を打つ人形遣いの身ぶりとの間で取り結んでいたといえる。

このように、人形遣いは、場面を始めから進行させながら、演技が滞ったところで進行を止め、手順通りできるようになるまで繰り返し、振りができたところで再び場面を進行する、といったやり方で練習を進めている。そうした進め方を通して、子どもたちの動作が着々と完成に近づくのである。こうした教え方は、基本的な原理においては、第一章で検討したような非段階的な教示と類似している。

だがワークショップで生じている出来事が、それと同じと断言することはできない。(4) ワークショップにおいて子どもたちがどう動くべきか分からないといった当惑があるとしても、稽古において弟子が当惑することとは、おそらく異なる由来に根ざしている。

稽古の場合であれば、師匠が弟子の模倣に「否」の判断を下し、師匠の判断の要点が理解できないことは、弟子の当惑を誘う。だがそこでは、「例示する師匠」と「模倣する弟子（たち）」からなる稽古のやり取り自体は、すでに共同的に構築されている。だがワークショップの子どもたちにとっては、模倣しなければいけない動作そのものの識別がつかない。つまり子どもたちの戸惑いは、模倣がうまくいかないことに起因するのではなく、模倣すべきか否かが分からないことに起因するのである。手本の提示がそれほど明確でないときに、子どもたちは人形遣いの期待とは異なる行動に出る。その行動を受けて、人形遣いは場面の進行を止めるのである。

つまり、模倣の精度を高めるためのやり取りが稽古だとするならば、ワークショップで観察されるのは、練習を成立させるためのやり取りである。人形遣いは、模倣させるための「手本」を明示しなければいけない。それにしても人形遣いは、そうした埋め合わせの努力をしていないようにも見える。その場に立ち会っても、記録を後で見返しても、人形遣いが行なっているのは、舞台の順番に沿った直接的指示にすぎないように見える。しかし他方で、そうした練習の進め方でうまくいっているのは容易に見てとれる。

そのことを明らかにするための手がかりになるのは、人形遣いの身体である。人形遣いの身体は、あるときは人形遣いであり、別のときは「戎さま」、またあるときは「口上役」、あるいは「太鼓」として、めまぐるしく変わる。それらの使い分けに関する言及は一切ないにもかかわらず、人形遣いは子どもたちに役の使い分けを明示している。「段階」を説明することや、人形遣いの身体が帯びている「役割」を説明しなくても、彼らの意味のやり取りの架け橋となる場が共有されているのである。人形遣いが、自分が「戎さま」であることを表明することや、子どもたちが人形遣いと「戎さま」を見分けることができるのは、先に見たように、人形遣いが展開する演技の世界に、子どもたちを参入させるからである。彼らはわずかな身体の動きによって、お互いの世界を架橋して、意味のやり取りが始まるような「共通の地盤」を形成するのである。

そうした豊かなやり取りの中で、人形遣いが予測していなかった方向へと場が動くのである。そうした豊かなやり取りは、「コミュニケーション能力」を背後から支えているようなものではないであろうか。

3　等身大の駆け引き――出張公演における生徒＝観客との対峙

ワークショップから三ヵ月経った九月下旬、本番の「公演」を迎える。「公演」に際して人形座の座員たちは、本格的な舞台を設営するために大掛かりな道具を一式揃え、照明・音響の技術者にも帯同を依頼し、トラック二台とワゴン車一台、総勢一一名、フェリーと高速道路を利用し、一日がかりで九州入りを果たす。「本公演」は準備の時間を合わせると一日一校しか実施できず、また二～三週間という日程で三県の一二校を回るのであるから、行程は繁忙を極める。調査では、六月のワークショップに出向いた学校と同じところに帯同した。

なお、考察の舞台となるのは、Y中学校である。Y中学校は、X小中学校と比べて町の中に位置し、全校生徒は約四〇〇名である。部活動に力を入れている学校のようで、玄関にはたくさんの部活動の賞状が並んでいた。

「本公演」のスケジュールは以下の通りである。朝八時頃に宿泊先を出発し、八時半頃学校入り、その後約二時間かけて舞台の設営を行なう。体育館の広さや参加者の規模に応じて、備えつけのステージの上に舞台を設営するか、体育館の床の上に舞台を設営するか否かが決まる。舞台が完成すると、学校の授業の枠に合わせて、昼前の一時限を利用して「リハーサル」を行なう。昼休みを挟んで、いよいよ公演が始まる。公演では、人形浄瑠璃に関する一般的な解説を挟みながら、六月のワークショップにおいて稽古しておいた「太夫」と「人形」の子どもたちに参加してもらい、それぞれの演目において人形座の座員と共演を果たす。最後に、人形座の通常公演のうち、時間の短いものを披露し、人形浄瑠璃の鑑賞の機会を提供する。上演外題は、子どもたちと一緒に語る『生写朝顔日記』「大井川の段」、子どもたちと一緒に人形を遣う「戎舞」、および芸術鑑賞として、人形座だけで行なう『本朝廿四孝』「奥庭狐火の段」である。

舞台の設営

舞台の設営の手際のよさは見事である。黙々とトラックから荷物を搬出すると同時に、手の空いた人から順に舞台を組み立てていく。なお、Y中学校では、体育館備えつけの舞台の上で作業を始めた。

体育館の大きさは学校ごとに均一であるようにも思えるが、実は全く異なっている。構造も、フロアの広さ、舞台の有無、舞台の広さと高さ、二階のギャラリーの有無、窓の大きさと光の入り具合など、そこで舞台を作り上げる座員からしてみれば、学校ごとに千差万別である。どのような体育館であっても、舞台を設置し、人形浄瑠璃の舞台空間を作り上げなければならない。とくに彼らにとって重要なのは、舞台の構造である。人形浄瑠璃の舞台は、横幅が約一〇メートル、人形遣いの足を隠し、人形たちの地面となる「手すり」が舞台から約八〇センチメートルの高さで揃っていなければならない。家屋などのセットである「屋台」は、高さが約三メートル、人形たちが登場する出入り口となる「小幕」の高さが約二・八メートルである。舞台の上方からは黒幕を吊るして、舞台の空間は整う。体育館のフロアに直接舞台を設置する場合、持参した大道具を使用すれば難なくいつものセットの舞台を作り上げることができるが、体育館備えつけの舞台に設置する場合は、舞台の広さや造りによって、手もちのセットを使いえない場合がある。そうした場合、彼らは持参した道具を臨機応変に切り貼りしながら道具をしつらえ、かりそめの道具を利用して舞台を整えるのである。

ここで取り上げるのは、舞台上に設置する「幕」の問題である。人形浄瑠璃の舞台では、海や山、湖などが描かれた幕を吊るし、それを背景として演技を行なう。体育館であっても、備えつけの装置を使って幕を吊るすようにしている。Y中学校の場合、舞台の天井近くにワイヤーで吊るされた金属製の長い棒が走っており、それを上げ下ろしすることによって幕を結びつけ、舞台の上から吊るすことができるようになっている。そのうちの一本に市旗、国旗、および校旗がぶら下げてあったため、それらを取り外し、舞台用の幕を吊り下げることとした。二本の棒を使って舞台用の背景を取りつけ、一本の棒は、舞台上方を覆い隠す黒幕を取りつけた。

しかしここで問題が生じた。備えつけの棒の横幅が足りないせいで、舞台上方を覆い隠すだけの幅が取れないのである。試みに設置した黒幕を見て、人形遣いは「意味ない！」と喝破した（**図7-7**）。

黒幕の幅が足りないということは、舞台上方に無用な隙間が生まれることを意味する。上下も左右も黒幕で仕切り、黒で四方を囲まれた空間を作らなければいけないというのは、舞台装置を作り上げるための一つの方針となっている。少々の隙間すら許さなかった彼らの態度からは、四方を黒で囲まれた空間を作り出さなければならないということが、舞台設定の前提であることがよく分かる。

図7-7　舞台の設営

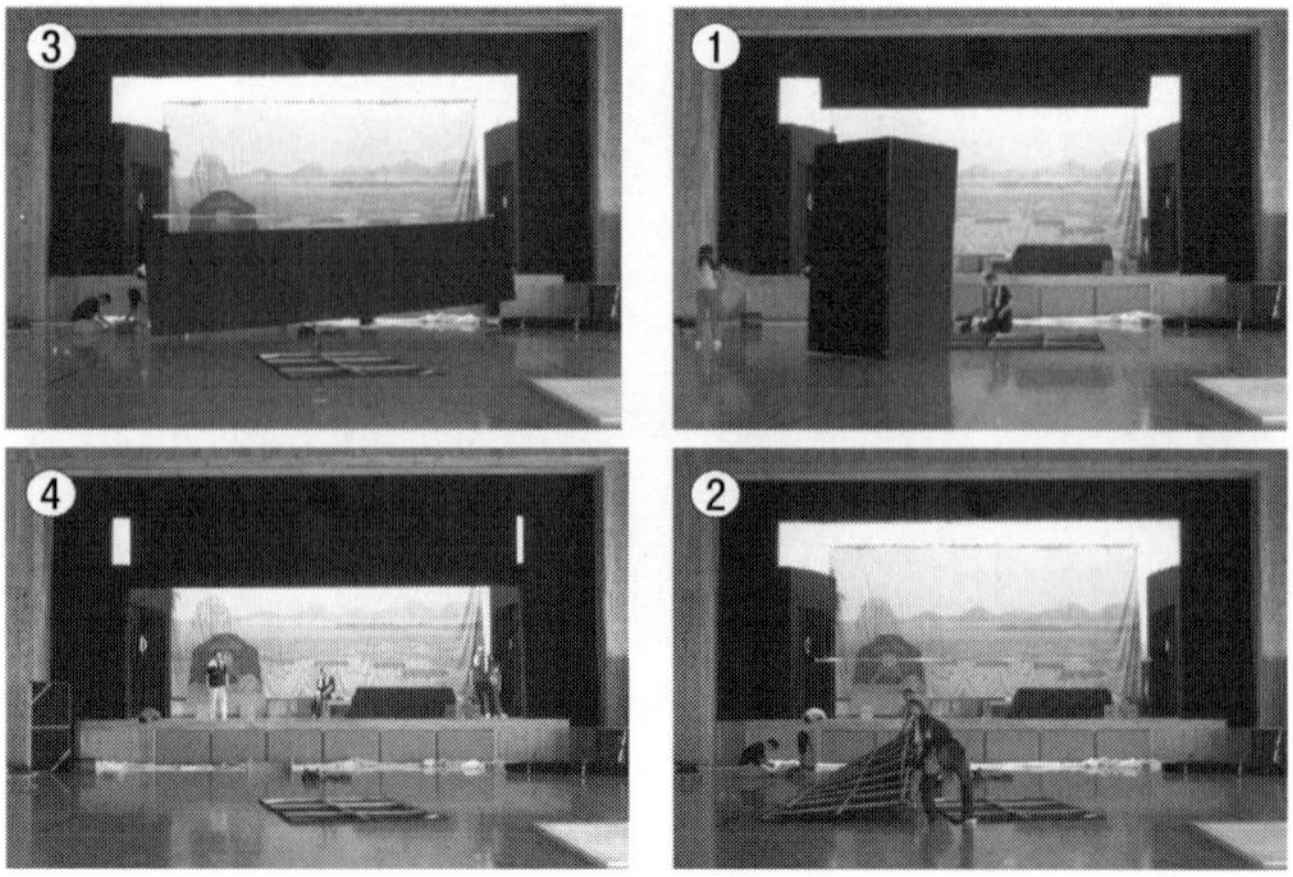

図7－8　暗幕づくり

備えつけの棒に黒幕をつけてもうまくいかないのであれば、備えつけの棒以外の装置に頼るしか無い。通常、体育館のフロアに直接舞台を設置する場合、二階のギャラリーの手すりにワイヤーを通し、舞台の両側からワイヤーを引っ張ることでいわばカーテンレールを作り、そこに黒幕を吊るすことで設置している。今回もワイヤーが通るような場所が無いか探索したものの、舞台の上方、両端にワイヤーを通せそうな頑丈な引っかけ具は見当たらなかった。

しばらく思案した彼らは、通常は黒幕として使用しないような大道具を転用することを思いつく。それは、人形の後ろに立てかけておく、高さ約三メートルの「背景用の板」をバラして使用するということであった。今回の舞台であれば、体育館備えつけの棒のおかげで、舞台の奥に「背景用の板」を立てておく必要がない。そのため、その日は大道具としては使用されないまま、トラックの荷台に眠っているのである。「背景用の板」の構造はシンプルである。木でできた骨組みを黒い布で多い、同じものを蝶番で二枚つなぎ止める、というものである。通常は、二枚組のものを広げ、同じものを連結して、合計四枚の板を使って黒地の背景を作り出す。今回は、それらの蝶番をすべて取り外し、四枚にバラした後、それを横向きにつなげて舞台の上から吊るすという作戦に出た。作業工程は、次の四つである（図7－8）。①連結してある蝶番を外し、四枚の板にバラす。②バラした板を横向きに連結し直す。③三人で持ち上げ、移動する。④棒につないで舞台上方に設置する。

この作業のおかげで、舞台上方の隙間をほとんど埋めることができた。本来は立てかけるだけの板を吊るすという発想は人形遣いたちにとっても驚くべきものであった。その判断ができたのは、板の軽さを身をもって知っていたからである。背景用の板は、サイズの割に軽くできている。骨組みと貼りつけられた布の重さが軽量であるためである。手もちの道具を念頭に浮かべ、もっとも大きく、黒く、しかも吊り下げ可能な物体を探したときに、一人の人形遣いの脳裏に布ではなく板が浮かんだのである。大きな板を唐突に持ってきて、床に置き、解体し始めたところ、事情を聞いた人形遣いが思わず笑い出すほどの突飛な発想であった。この人は、「復活公演」で「小道具師」を自称した人形遣いである。物に対する道具的な使用を柔軟に考えているからこそ、いざというときに機転を利かすことができたのであろう（彼は新人の人形遣いに、出張公演だからといってベルト式になった工具入れと工具一式をプレゼントしていた。カッターナイフやドライバー、金槌などの入った簡易な工具である。淡路人形座において、人形遣いになることと、「道具師」になることは、一つの道であると言わんばかりである）。

なお、舞台の設営に関しても発展途上にあると彼らは述べる。例えば、最初の頃は上演用の舞台照明や音響を持参して設置していたが、作業工程が煩雑であるのと質が高くないことを反省し、数年前から専門の業者に依頼して、道中一緒に回るようにしたのである。照明と音響の機材だけでも小さなトラック一台分になるほど大掛かりな作業となるが、その分照明も音響も充実したと述べている。

こうして舞台の設営が整う。最後に、二階のギャラリーからワイヤーを通し、舞台を隠すように「引き幕」を設置する。「引き幕」は、開演まで舞台の中を見せないという機能以外に、「拍子木」を使った「口上」とともに舞台の開始時に開くという演出上の役割もある。「集会」や「入学式」などの学校行事に使用される舞台が、ものの二時間の間に、人形浄瑠璃の舞台へと早変わりしていくのである。「出張公演」は、こうした舞台の設営から始まっているのである。

公演本番

昼休みを挟むと、いよいよ公演が始まる。外題を上演する前に、人形浄瑠璃の解説を行なう。太夫、三味線、人形遣いが、それぞれのパートを実演つきで解説するのである。人形遣いの解説では、人形遣いが前に出て人形の仕組みを解説するが、途中から生徒に実際に人形を動かしてもらう機会を与える。人形遣いの体験の機会を提供するとともに人形のしぐさの仕組みを紹介するのであるが、生徒が自分たちで人形を持って遣うという体験が、当事者のみならず、観客たる生徒や教員を巻き込みながらの実演となる。ここでは人形解説に焦点を当てよう。人形の解説は、二段構成をしている。前半では、人形遣いが生徒たちの前に立って解説し、後半では、生徒に前に出てきてもらい、人形遣いを体験してもらいながら解説を行なう。いずれの部分でも子どもたちを魅了するための「仕掛け」が込められている。

まず前半部分である。太夫、三味線の解説が終わった後、人形遣いが人形の頭を持って舞台に登場してくる。関西弁で、「みんなちょっと疲れてへんか？　ちょっとリラックスしましょ」と第一声を上げる。突然現われた大柄の関西人を前に、子どもたちの空気が緩むのが分かる。小さな学校であれば、さらに生徒に話しかけるように解説を開始するが、Ｙ中学校は全校生徒が四〇〇人ほどいるため、前を向いて全員に向かって話し始める。解説は順番に、人形の頭の仕組み、三人遣いの仕組みへと進む。頭の仕組みとしては、頭から伸びている糸を順番に引き、「うなずく」、「目を右（左）に動かす」、「口を開く」、「眉を上げる」という表情の変化を紹介する。それらを組み合わせて、「怒った顔」や「泣き顔」を表現するのである。Ｙ中学校は比較的反応のよい学校であったらしく、顔の仕掛けを紹介する時点で小さく声が上がり始めた。

次は三人遣いの仕組みである。人形の頭を手放し、後ろから女性の人形を持った人形遣いが登場する。さらに一人が加わって、三人体制を敷く。ここで人形遣いは、頭遣い、左遣い、足遣いと、順番に人形を持ち、それぞれがどの部分を動かすのかを丁寧に解説する。三人が組み合わさった後は、動き始める。ここから人形遣いたちの勝負が始まる。人形が瞬く間に人間のように動き出すのを見て、子どもたちが惹きつけられるからである。右手を動かし、左手を動かし、歩いたり座ったりする。動きを紹介する中ではもちろん笑いの要素を忘れない。例えば、女性の笑い方を示す場面では、「昔の女性」の笑い方――袖を口元に添えておほほと笑う――を見せた後、「現代の女性」の笑い方をやってみせる。「現代の女性は、腹を抱え、横にいる人をばしばし叩きながら笑う」。

真骨頂は後半部分、体験型の解説である。生徒に人形を持たせ、彼らに動きを教えるという形式で行なうのであるが、三人の生徒が初めて人形を持ったときの姿は、およそ人間の姿を模しているとはいえない。立ってじっとするだけでも、頭が上を向いていたり、左手がずり落ちていたり、足がつぶれていたりする。そのバラバラな動きに、人形遣いが「突っ込み」を入れるのである。「キョロキョロしすぎ！」「左手ぶらぶらや！」と。姿勢が整ったら、次は色々なしぐさを要求する。「友だちを見つけて招く」「歩く」など。このしぐさも突然出来るものではない。顔の角度がズレたり手の出し方が小さかったりするのである。「突っ込みどころ」が尽きない人形のしぐさに、人形遣いは間髪入れずに「突っ込み」続ける。「うん、君こんなところに友だちいないやろ。」「左手ぶらぶらや」「ハエか！」「これ、けっこういいんちゃいますか？」（図7－9）

図7－9　Sによる実演

一つ一つのやり取りに会場は笑いで包まれる。このやり取りはかなり周到に仕組まれている。人形を遣っている子どもは真剣に取り組んでいても、人形の操作が難しいのに対し、見ている者にとっては人形の奇天烈な動きだけが際立って映る。それを人形遣いが真似ると、よりその動作のおかしさが目立つ。それぞれの動きに対する

「突っ込み」を続けざまに入れていくのである。

実は、人形遣いはこの人形解説にかなりの力を入れている。それは、出張公演の中でも見どころの一つである。用意してあるおよその内容はどこの学校でも変わらないが、とくに人形を遣った実演の時間は学校ごとに違ったものとして現われる。その一回一回の公演に対して敏感であることで、その場その場の生き生きとしたやり取りが生まれるのである。

そのやり取りは周到な仕掛けに支えられている。例えば、人形を持ってもらう際に確実に笑いの取れる応酬がある。それは、「中にある木の棒を掴んでください」とって、子どもにシン串を握らせる場面である。子どもは、人形の衣装のなかに恐る恐る手を入れるのであるが、多くの場合、すぐにシン串を握れない。すると、子どもはシン串の位置が分からず、最初に触れた親指を握る。すぐさま人形遣いは、「それおっちゃんの指」と「突っ込み」を入れる。このやり取りはほぼ毎回会場を沸かせることになる。仮に親指を掴まなかった場合でも、子どもは人形遣いの腕に触れるかもしれない。その場合は、「それおっちゃんの手」と「突っ込む」。細かなバリエーションを準備して、子どもがいかなる反応を見せても、すぐさま会場を沸かせられるように機転をきかせるのである。つまり人形遣いは、あらかじめいくつかのフレームで「突っ込み」のポイントを絞っている。子どもが人形を遣い、その人形が奇妙な形で動くというあり方は、必ずといっていいほど当たる。細かな作為的準備を根本的に支えているのが、予測のつかない動きを見せるであろう三人遣いという装置なのである(5)。

そうした作為的な努力は、前日に伺った話からも感じ取れた。前日の公演で訪れたのは、あのX小中学校である。そこでの解説においても会場は沸いたのであるが、人形遣いの実感としては危機感と隣り合わせであった。

目の前にいた生徒としっかり目が合ってしまい、しっかりと聞いていると思い込んでしまった人形遣いは、前置きなしに始めてしまったという。前置きというのは、「リラックスしましょ」という、あの第一声である。この日はしかし、その前置きをしなかった。そのため、空気が固いまましばらく進んでしまったという。そのことを感じていた人形遣いは、「さっささっさと」進めたという。その代わりに、解説の途中、人形の仕組みを説明するのに実物の材質を手渡す場面で、しっかり目に対話を重ね、そこからじわじわ話のペースを落としていったのだという。

人形遣いが「うっかりしていた」原因は、それが月曜日であったからである。週の半ばであればしなかったようなミスであったが、土日の休みを挟んだために出してしまったという。

以上のように、仕掛けを駆使して場を盛り上げておいて、最後に彼らは人形浄瑠璃の上演を行なう。外題は『本朝廿四孝』という、淡路人形座でも上演しているものである。狐が登場するために親しみやすいが、物語は大人向けである。暗い体育館の中で明るく照らし出された舞台に、姫と狐が織りなすおとぎの世界が現れる。解説の時間で、すでに子どもたちは人形浄瑠璃についての優れた鑑賞者となっており、舞台を食い入るように見つめている。非常にゆっくりとしたペースで進む三味線と語り、また人形の動きは、子どもたちにとってなじみのあるものではない。だがここでは、座員たちは分かりやすくしようとはしない。いつもの公演の通り、極めて細かく人形を動かし、舞台を作り上げていく。そこから先はプロの芸能者としての演技である。

4　現代の「巡業」公演として

人形遣いたちが出張公演の中で行なっていることは、教育的活動というカテゴリーには収めきれない周到さとこだわりである。一つには、「伝統芸能は堅苦しいものという先入観を打ち破りたい(6)」という方向がある。あえて場を沸かせるような演出を行なうのも、ワークショップにおいて子どもたちと関わるのも、そうした方向に裏打ちされている。それは部分的には「教育的意図」と重なるものである。すなわち、「伝統芸能に親しむことで、鑑賞に対する姿勢を養う」とでもいうべきものであり、「文化芸術体験事業」の目的にも適っている。

実際にそのことは成功しているように見える。最後に一級の舞台を見せることと、解説の時間でしっかり場を暖めるという両側面を併せもつ公演は、「退屈」であるはずの伝統芸能に近づくための動機づけとなる。(7) ただし、座員たちにとって、出張公演は、「教育」の活動に収まりきらない広がりを持っているように見える。

その広がりについては、周到に舞台を設営し、一カ月近くかけて各地の学校をめぐるという活動の全体が物語っている。出張公演についての彼らの語りは豊かである。台風の中で命からがら峠を越えたとか、フェリーを乗り継いで離島を転々と回ったとか、その年ならではのお土産話を聞かせてくれる。彼らにとっては、各地を行脚すること自体に特別な意味がある。

その一つの回答は、ある学校の教諭と談話していた座員の言葉に集約されているように思われる。それは、「昔は荷車を引いて峠を越えたのが、今ではハンドル握ってやっとるんですわ」という言葉である。

学校での公演は、単に子どもたちに鑑賞の機会を与えるものではない。まして、後継者を育てるといった意味を込めているのでもない。全国津々浦々、体力の続く限りトラックで出向くというその道のりの中に、彼らはかつての人形座における「巡業」を透かし見ていたのである。その影がいわば通奏低音として流れていることを理解して初めて、彼らの「出張公演」に対する打ち込みようが真に迫ったものとして現われてくるのである。

もちろん、かつての公演と今日の公演とでは、大きな違いがある。人形浄瑠璃を愛好している農村部の人たちと、人形浄瑠璃になじみのない現代の子どもたちとでは、その質は決定的に違う。だが、舞台に立った彼らが対峙するのは、体育館を埋め尽くす子どもたちであり、彼らと対面したとき、相手の心打つかどうかをかけて舞台に立つことは、現代の子どもたちを相手にする方が難しいとさえいえる。そうした若い観客たちに向けて人形浄瑠璃をぶつけることは芸能者としても大きな挑戦である。

出張公演に立ち会って惹きつけられるのは、授業の開始時にはいかにも反抗的な態度で拒絶のしぐさに満ちていた生徒たちの顔が見る見るうちに明るくなり、あるいは腹を抱えて笑い出す場面である。生徒たちのそれを引き出す座員たちの腕は、教育的な意図や目的を持ったものというよりは、むしろ日頃の舞台での観客とのやり取りによって培われた一流の芸能者としての腕である。その場に居合わせた者の多くが、子どもたちの笑い声に触発され、教育的な意図や働きかけを忘れ、見せ物としての芸能に見入るのである。その一部始終を見るならば、学校が人形浄瑠璃という生きた芸能者を利用するというよりは、むしろ座員たちの方が、子どもたちという観客を獲得し、魅了することのスリルを試し、彼らの芸を磨く場として、逆利用しているようにも思えてくる。そこは、子どもたちが学ぶ場であるよりも、座員たちが表現を鍛える場として機能しているのであり、子どもたちは、いわば座員たちの芸の向上に立ち会っているといえるのである。

ここでの「教育的活動」をめぐる「真面目な問い」に対する回答は、真面目に積み上げられた議論から出てくるというよりは、むしろその場を自分たちの舞台として真面目に向き合った者の、身体的な駆け引きの中から生まれてくるのである。本格的な舞台が構えられ、機能の高い照明やスピーカーが張り巡らされ、普段とは異なる様相を見せている体育館は、子どもたちにとってはもちろんのこと、人形座の座員たちにとっても非日常的な空間である。そうした空間を自らの演技空間へと転調させて、子どもたちに対峙し、彼らの興味をあの手この手を使って惹きつける座員たちは、観客たちに駆け引きを仕掛ける芸人として振る舞っている。彼らにとってそこは、「巡業」という真剣な舞台の一つである。

舞台を終えた彼らは、子どもたちが体育館から出ていった後、苦労して組み上げた舞台を手際よく片づけ、釘を抜き、ばらばらの木の棒や板へと解体していく。それらの部品は次々に出口へと運ばれ、人形座の二トントラックに運び込まれる(8)。トラックの荷台では、それぞれの部品の搬入される順番と位置が決まっていて、パズルのようにぴったり収まるようになっている。子どもたちとの更なる交流を重ねることもなく、さっぱりとその場を後にして、次の学校に向けてハンドルを切っていく。

註

(1) 文化庁文化部芸術文化課文化活動振興室「平成二六年度次代を担う子供の文化芸術体験事業——巡回公演実施団体募集について」文化庁、二〇一三年、一頁。
(2) 同上。
(3) なお、付加的な条件として、「児童・生徒に対する教育活動の一環として体育館等を利用して行われるもの」であることが記載されている（同上）。
(4) 子どもたちに関わる人形遣いが、芸談で語られる「師匠」に比べて親切である点は大いに異なる。子どもたちの演技を手助けしようという人形遣いの関わりによって、この場は受容的な雰囲気に満ちている。
(5) 人形遣いによる仕掛けは、実に多様である。かつては、猪の人形を用意して、「食べ物を見つけて突進する」という振りをやらせてみたり、馬の人形を使って、「今まさに売られていく馬と、それを引っ張る人」という設定を用意したりもする。猪の場合は、自分に向かって突進させるようにじりじり近づいてみたり、馬の場合は、馬役に学校の先生を担当させたりして、場を盛り上げていたという。
(6) 本章で登場した人形遣いが、繰り返し語ったことである。
(7) 「退屈」という観点から古典芸能の新しい魅力を論じたものに、藤田隆則「古典芸能／民俗芸能における退屈」（川田順造編『響き合う異次元——音・図像・身体』平凡社、二〇一〇年）がある。
(8) 二トントラックを保有しているが、本来ならばもっと大きなものを購入したかったのだという。学校の部活動で使用する場合に鑑み、学校の教諭が運転する可能性を残したのであった。

小括　時間・空間を背負った〈わざ〉

わざの実践の彩り

第Ⅱ部で試みたのは、わざを使いこなしていく身体を興行場面から読み解くことで、彼らが身につけるべきわざに対して、ミクロな破壊と生成を促すような、様々な状況を明らかにすることである。

第五章では、淡路人形座における「伝統の継承」に関わる事例を考察することによって、それが、価値を共有する人たちによる一直線的なバトンリレーなのではなく、しばしば対立する価値の狭間で、立ち戻ることのできない決定的な分岐点をいくつも曲がっていくような営みであることを明らかにした。第六章では、「復活公演」に注目することで、彼らが「淡路らしさ」を目指した舞台を構築していく姿を描き出した。そこでは、「昔の淡路」、「師匠の型」、「専門家の意見」、「文楽」、「阿波」など、多方向の価値に導かれて出来た青写真が、「人形の大きさ」や「人数の少なさ」、「舞台運び」といった、身体において生きられている制限をくぐり抜け、新しい舞台として結実していた。第七章では、学校に出向いて行なう「出張公演」を考察した。子どもたちに対する彼らの関わりは、過去の淡路の巡業に自らを重ね合わせながら、定められた時間の枠組みの中での「授業」を求める学校において、目の前にいる子どもたちに対峙し、興を引きにかかる真剣な舞台にほかならない。

こうした活動を通して、人形遣いたちのわざは少しずつ更新されるのであり、その小さな活動の総体を踏まえることで、彼らのわざの実践は彩りを持って立ち現れる。

わざに刻印を残すもの

第Ⅱ部を通して明らかになったのは、わざを実演することに含まれる、わざそのものの微細な変容である。その変容は、一つの舞台の中において小さく瞬間的に訪れるものもあれば、世代を跨いで長期的に成し遂げられていくものもある。その変容の過程は、観念的なやり取りとして達成されるわけではなく、まさに身体と身体とが影響し合って生じてくるのであるから、簡単に変更したり後戻りしたりできるわけではない。わざは、長い時間をかけて少しずつ定着していくものであり、一旦定着すればそこから逃れることが困難となる。

身を投じてわざを学ぶということは、自らの身体を変容させてわざを身体化するということであり、同時に、自らを長期的なわざの変容の過程に組み込むことでもある。

自らの身体を変容させる過程には、東太郎氏との関わりで見られたように、師匠からの正統的で直接的な教えの元で進められる場合もあれば、三番叟の稽古で見たように、古参の者から一時的に教わる場合もある。また、復活公演において見られたように、外部からやってきた専門家の鑑賞眼を借りながら進められる場合もあれば、他の人形座との緊張関係の中で方向づけられる場合もある。

また、わざが長期的に変容していく過程は、東太郎氏の「バイセクシュアル」の取り組みに見られたように、世代をつなぐ個人の活動において成し遂げられる場合もあれば、復活公演や巡業のように、決定的な断絶を経て、座の総力を挙げた再構築・再解釈の取り組みによって進められる場合もある。

これらの諸相は、人形遣いたちにとって個別具体的な意味を伴うものであり、すべての固有の意味が、彼らのわざに刻印を残す。そうしたわざの刻印は、淡路人形座が背負ってきた時間、幼い頃の「じいさんばあさんがたむろしていた人形会館の、壁に人形が並んである恐ろしさ」や、「初めて師匠の演技を見たときの驚き」、「通常公演ばかりの退屈さ」といった時間から逃れられるものではない。また、「徳島に帰省するために必ず立ち寄る港」、「中学校を卒業して働いていた造船所」、「昔人形座があった場所」、「みんなが淡路弁をしゃべる環境」といった、その土地にしかない固有性から逃れられるものでもない。そうしたものを背負い、自分のものとして引き受け、その中で微細な変容を生きることこそ、身を投じた学びの具体的な意味にほかならない。

終　章　〈わざ〉の臨床教育学に向けて

終章では、これまでの探求の土台となった臨床教育学に帰着し、本書の記述を整理していこう。まず注意すべきところが、「臨床」という概念に込められた意味についてである。それは、「理論」と「実践」とが乖離した教育学の現状に対する問題意識から生まれた概念であり、哲学的思索のみにおいては言い当てることのできない実践の機微に対するセンスを出発点としている。ただしそのことは、必ずしも現場に入ることや、経験的に蓄積されているような知と一致するわけでもない。例えば皇は以下のように論じる。

「臨床」に関わる諸学においては、行為関係に基づいた体験的な「実践的感覚」がしばしば強調されるが、こうした実践的な知は、教育や治療の現場の経験に比例して形成されてくるいわゆる経験則的な体験的知とは区別されるものである。(1)

この発想は、哲学的思索において析出された概念によって安易に実践を読み解くことを戒めるとともに、現場において体験することによる知の固着化・私秘化をも差し止める。この二重の困難さは、裏を返せば、思索と体験のいずれにも立脚しつつ、それでいていずれにも偏らない仕方で、臨床の生き生きとした何ものかを描き出すことにこだわる限り、その区別を無効にする道であるともいえる。この道は、教育や治療という現場だけでなく、人が他の人や環境や物と関わり合う中で変容していくような多くの現場へとつながっており、その先に、それぞれの現場に生じる一回的で固有の出来事へと私たちを誘ってくれる。

本書が一貫して記述を試みてきた「生きた身体」もまた、淡路人形座の人形遣いたちのわざの実践を駆動する、一回的で固有の出来事を支えている。まず第Ⅰ部において、それは稽古の場面に見いだすことができた。稽古の場面において、他の人とのコミュニケーションや人形の振りへと意識が志向する中で、身体はしばしば忘却される。忘却された身体の働きを注意深く見るならば、相方向的なやり取り（第一章）、稽古のままならなさ（第二章）、身体の背景化（第三章）、身ぶりと言葉（第四章）などの諸相が明らかになってくる。

次に第Ⅱ部では、生きた身体が備えている厚みを、興行という実践の中に見いだすことができた。第五章では、淡路という土地に根づいていた芸能が、座の再編を経る中で変容する過程を見たが、その変容は、それぞれの時代の座員たちの努力、それも確執や憧憬を伴う努力の中で成り立っていた。第六章では、手持ちのわざを駆使し、新しいわざに挑戦する中で「淡路らしさ」を求める過程を考察し、専門家や他の座との関係の中で、また舞台運びのための複数の制約の中で、一つの舞台が立ち上がってくる姿を明らかにした。第七章では、見知らぬ子どもたちとの出会いの中で、彼らの身体がそれぞれの現場に応答していく様を見た。

第Ⅱ部の最後まで記述を見てきた今、彼らの実践において、身を投じて学ぶという臨床のダイナミズムを読み解く試みとして、再びメルロ＝ポンティの現象学的記述に立ち返って考察しよう。それは大きく二つの観点から整理することができる。一つ目に、彼らの稽古の場面が、淡路人形座において伝えられてきた芸を、個々の身体に定着させ、暗黙のうちに様式化することを仕向ける方向である。二つ目に、身体を動かしながらわざを繰り返す中で、既知の様式には回収されない新たな意味を生み出す、いわば脱様式化に向かう方向である。まずは一つ目のものから考察していこう。

1　生きた身体と「スタイル」

第Ⅰ部において明らかになったことは、身体が教育以前の実存として働いていることである。すなわち、私たちの身体は、教育の対象となる以前に、すでに世界の中にあり、様々な意味の生まれ出る媒体になっている。わざが身につくということは、それまで身体が生きていた世界から、別の新しい世界に生き直すことでもある。新しい世界に生き直すということは、習慣的な動作が時間をかけて染みついてくるという事態もあれば、稽古のような努力を重ねて跳躍に至るという劇的な事態もある。いずれにせよ、身体はそれぞれの仕方でこの世界に住まっているということ、これが第Ⅰ部の結論にあたる。そのことは、第Ⅱ部において検討したような出来事と接続されることによって、より理解を前に進めることができる。そのことを、第Ⅰ部に登場した二つの事例を用いて検討しよう。

一つ目に、〈ズ〉以前の〈ズ〉ににについてである。例えば第二章の考察で、私たちは、人形遣いたちの演技を支えるわざが、人形の演技に関わる「振り」や〈ズ〉のみならず、演技以外の会話にも及んでいることを確認した。具体的には、左遣いを担当していた人形遣いKが、頭遣いTが「沢市」人形から手を抜くや否や、申し合わせたかのように自ら人形を受け取って、規定の場所に戻した場面がそうである。そうした連携的な動きには、明示的に説明される振りや明らかな〈ズ〉以前の、暗黙的な〈ズ〉ともいうべき、人形遣いならではの敏感さが見て取れる。それは、互いの身体がなじんでいくことによる、ある共通の地盤の成立に支えられている。第二章では、新人の足遣いW一人が、そうした暗黙的なやり取りに遅れをとるという事態に着目した。彼は、本来であれば自分から進んで人形を受け取るべきであるが、そうした役割を自覚していない上に、頭遣いが人形から手を抜き始めたときに、そこで人形の役目が終わったという事態の意味を感受していなかったのである。だが師匠は、そのことを彼に対して明示的に指導することはない。人形を戻すという仕事は必ずしも制度化されてはおらず、師匠は弟子の不十分な動きについてあまり気にしていない様子である。彼が指摘するのはあくまで「振り」に関わる動きである。師匠においては気にしないという仕方で、弟子においては気がつかないという仕方で、〈ズ〉以前の〈ズ〉は成立しなかった。

二つ目に、感性を磨く場に関する事例である。第四章において明らかにしたように、稽古は、動作としての振りを身につける場であると同時に、振りと振りとの接続をたえず調整し、焦点化することなく「流れ」や「間」に対する感性を磨くものとして機能している。「流れ」や「間」という語彙を使用しながら動作を繰り返すことによって、参与者はそれらの語彙の使い方を学ぶ。それは「流れ」や「間」を命題として知ることではなく、それらを扱うことができるという意味での学びである。それらは多くの場合、暗黙のうちに進んでいくのであって、自覚的に進められることはほとんどない。

これら二つの事例は、いずれも、当人たちの自覚のないところで、身体と身体との濃密な連携の形成について着目したものである。こうした濃密な連携の形成は、第Ⅱ部の考察と接続されたとき、豊かな意味合いを帯びてくる。つまり、〈ズ〉以前の〈ズ〉や、感性といったものは、まさに実際の興行を重ねる中で体得されるようなものであり、日々の生業をともにする中で耕されていくということである。そこで耕されるものは、淡路の人形遣いとして生きていくことを引き受けた身体であり、彼らの円滑な連携を支える共通の地盤の成立に関与し、わざを生み出すことに寄与している。

人形遣いたちの生きた身体が感受しているものは、彼らにとって暗黙のままであり、言葉によって噛み砕かれることを必要としない。例えば、「間」とはこういうものであると説明することは、「間」の知的理解にはなるものの、それを実践的に理解したことにはならない。それは、共有しながら実践するという仕方で、生きることによって把握されている。

ここでは、彼らが身につけてきたものを、その出自が彼らの生まれよりもはるか昔に遡るような、淡路人形座に伝わるある種の様式（スタイル）であると見なして考察しよう。それは、身体と身体との直接的対峙の中から生まれ、また直接的対峙の中で微妙に変容しながら伝えられ、後に続くものによって身体化されることによって、伝えられていく。その中でも確信の強い何人かの座員は、それを「淡路らしさ」という言葉によって形容し、自らを外の視点に立って定義づけようともしている。そうしたスタイルは、稽古の中だけを見ていては見えないものであるが、わざの実践の全体の中に息づいているものである。

淡路人形座におけるスタイルがいかなるものであるのかを問うのは、外部の観察者の問いである。それをいかに定義づけようと、当事者に問いかけようと、少なくとも座員自身は、そうした問いかけとは異なる次元において、それに従って演技し続けるという仕方で、それを生きている。だからこそ、それは私たちにとって暗黙のままであり続けるのである。したがって、それを理解しようとするのであれば、再びミクロな身体の働きに立ち戻り、それがいかに生きているかを記述するという道筋を選ばなければならない。

ここでは、そのことを、メルロ＝ポンティのスタイル論を手がかりに考えてみたい。メルロ＝ポンティは、言語論「間接的言語と沈黙の声」、および表現論「セザンヌの疑惑」の中で、「スタイル」についての記述を残している。スタイルとは、知覚を通して世界をその身体へとなじませていく、身体の生きた働きである。

メルロ＝ポンティは、例えばフェルメールの作品を取り上げる。その作品に、あるスタイルを読み込むことができるとすれば、それは「その絵の構成要素のひとつひとつが、百の指針盤のうえの百本の針のように、この（等価物の　引用者註）体系に従って、同一の偏倚（déviation）を指し示して」いて、その絵がいわば「フェルメール語（la langue Vermeer）とも言うべきものを語っている」[S: 76/92-93] からである。

メルロ＝ポンティによれば、スタイルは、「知覚から発する或る要請」[S: 67/81] を受けた、知覚と世界との出会いを描き出す画家の努力の結晶にほかならない。

スタイル（style）とは、彼が、このような表出作業のために作りあげる等価物の体系であり、彼が、まだ彼の知覚の中に散在している意味をそれによって集中化し、はっきりと実在させるあの「首尾一貫した変形」の全体的な指標なのである。［S : 68/82］

ここで述べられているスタイルとは、画家がある仕方で世界を描く、そのやり方のことである。画家が「通りすぎるひとりの女性」を知覚する場合、「色のついた人体模型」として映るわけではない。それは「個人的で、感情的で、性的な、或る表現」であって、その「歩みのなかに、いやそれどころかかかとが地面にぶつかる衝撃のなかにさえ、全体として示されるような、肉体の或るあり方」として現れる［S : 67–68/82］。その知覚を描き出すとき、その絵には、彼において「首尾一貫」して現れた「全体的な指標」が刻印される。その際に、知覚と絵のスタイルとは決して分離しておらず、むしろ「知覚がすでに様式化する働きを持つ（la perception déjà stylise）」［S : 67/81］。すなわち、絵において「首尾一貫した変形」をもたらすのは、ほかならぬ画家の知覚の働きにある。

そのことは、例えば画家が「輪郭（le contour）」を引くことを想起すれば納得されよう。対象の輪郭は、対象をくまどる線というふうに考えられているが、これは、「可視的世界」に属するものではない［SNS : 26/18］。そもそも眼に見えるような輪郭という線は存在しないのであって、輪郭線を引くということは、それを見る、画家の知覚の発現にほかならない(2)。林檎の輪郭を、続けて一気に描けば、この輪郭が一つの物になるが、この場合、輪郭とは、「観念上の限界であって、林檎の各面は、この限界をめざして、画面の奥の方へ遠ざかる」ものとなる［SNS : 27/18］。いかなる輪郭も示さなければ、対象から、その「自同性（identité）」［ibid.］を奪い去ることになるし、逆に、ただひとつの輪郭だけを示せば、奥行きを犠牲にすることになる。セザンヌは、「色で抑揚をつけるに際して、対象のふくらみにしたがい、青い線で、いくつかの輪郭線を引く」ことによって絵を描いたが、それは、「それらすべてのあいだに生まれでるひとつの輪郭をとらえる」セザンヌの知覚の働きにほかならない［ibid.］。

画家が絵の中に込める「質・光・色彩・奥行き」といったものは、知覚の働きをもとにして獲得される。そうしたものは、知覚に先立って世界に存在している事物ではなく、「見る」という能動的な働きを通して初めて獲得される現象であるとメルロ＝ポンティは考えた。

ここでメルロ＝ポンティが論じている画家の経験は、淡路の人形遣いたちにも妥当する。すなわち彼らは、日々のわざを実践する中で、彼らの「知覚の様式化」に従って、それぞれの世界と関わりを持っている。人形を手に持って演技を試みようとするとき、その舞台の空間は、彼の一つ一つの動作によって意味を帯びていくのであり、人形遣い同士の「間」も、ここが見どころであるという「決め」も、身を投じることによって身体を「様式化」していく中で、「首尾一貫」して現れてくる。

肝心なのは、その様式が、人形遣い個人の努力によって身につけられる一方で、個人を超えた出自を持つという点である。それは、目に見える「型」や目に見えない「間」のようなものまで、人形座が継承してきたものに由来する。従って、人形遣いの身体は、振りを構想するときであれ、その既知の様式に従って舞台を見ることができ、ほかの人形遣いと円滑な連携を保つことができるようになる。彼らの生きた身体は、既知の様式を引き受けることによって、様式が用意してくれていた世界へとなじんでいく。

2　身体による意味の発生

こうして生きられる身体の働きは、必ずしも彼らの円滑な連携を定着させたり、一座の安定に寄与するところのみに向かうわけではない。それが、二つ目に取り上げる出来事である。それは、遊ぶという行為や、意味の発生に関わる行為であり、どちらかといえば、一座の秩序を揺るがしていく力をすら持つ。

身体が表現するところの「首尾一貫した変形」は、身体が出会うすべてのものを既知のものへと枠づけるように向かうわけではない。すなわち、淡路座のスタイルとして確立しているようなものだけに、彼らの身体は向かうわけではない。スタイルは、既知のものを壊して新たな意味を生み出すような回路でもある。

そのことを、メルロ＝ポンティの言語論をてがかりに検討しよう。メルロ＝ポンティは、言葉の意味が新たに生まれるときのことを次のように論じる。それは、「やっと話すことを覚えた子供とか、はじめて何事かを語り、考える作家とか、また最後に、或る一つの沈黙を言葉に変えようとするすべての人々」[PP : 214/302] の経験に立ち現れる。そうした人々は、「表現や意思伝達のなかにある偶然的なもの」を経験するというのである [ibid.]。この「偶然的なもの」とは、言葉が制度化している世界をすり抜けて、既知の意味で満たされることのない、言葉の裂け目に出会うことである。そのような言葉に出会うとき、「手持ちのものとなっている意味が、突然あたらしい未知の法則によって組み合わされて、ここに決定的に一つのあらたな文化的存在が存在しはじめ」[PP : 213/301] るのである。その際、「言葉を発動させた彼の意味的志向は、はっきりと顕在化した思惟ではなくて、充足されることを求めている或る一つの欠如態」[PP : 214/301] である。つまり、未だいかなる意味も持っていないような発話が、意味に満たされることを求めて表現されるとき、それを言い放つその人の意味的志向も、そのとき初めて顕在化するということである。つまり、「この志向を支える私（＝聞き手　引用者注）の作用の方も、私の思惟の操作ではなくて、私自身の実存の同時的転調であり、存在の変革なのだ」[PP : 214/301-302]。

メルロ＝ポンティによれば、そうした新たな意味の発生は、身体が一つの新たな所作を生み出すのと同じような出来事である。言葉を発するということは、「言語的所作」とでも呼べるような一つの振る舞いであって、言葉を交わす人は、「ちょっとしたためらい、ちょっとした声の変調、或る構文の選択」において意味を求めていくのである[3] [S : 111/140]。言葉を発することは、「何かを意味しようという志向のまわりを手さぐりする（tâtonner）」ことに支えられており、その「手さぐり」は、「何かあるテキストによって導かれるのではなく、まさしくそのテキストを書きつける」[S : 58/69]。それはまさに、でき上がった言い回しでも慣習に従った辞書的な意味でもなく、語る人、聞く人の実存の「転調」を引き起こすような出来事である[4]。

なお、言葉が新たな意味を開くという事象に注目しながらも、メルロ＝ポンティは、「私の意味的な志向を表現にまで導くのに必要な語や言い廻し」が、「それらの語が所属している或る話し方の様式、それらの語をわざわざ私が表象しなくともひとりでにそれらの語を組織化して行ってくれる或る話し方の様式（スタイル）」に依存することも認める［S : 110-111/139］。ここに一つの錯綜した事態が見て取れる。ここでいう様式（スタイル）とは、「すでに意味しつつある用具、すでに語りつつある意味（形態論的・統辞論的・語彙論的用具、文学ジャンル、語りの類型、出来事の提示の様式）」［S : 113/142］を踏まえた言語活動のことである。つまり、意味を志向する「手さぐり」は、言語を規定している諸々の「制度化」［ibid］の働きに支えられないことには、形を得ることができない(5)。その志向そのものもまた、ある特定の様式によって方向づけられているとするならば、既知のスタイルには、「意味の発生」とともに未知のスタイルを生み出すような契機が備わっているのである(6)。

さて、言語の意味が、既存のスタイルを踏襲するからこそ、新たに生み出されうるという事態こそ、ここで注目したい出来事である。

人形遣いたちは、しばしば人形を遣って、新しいしぐさや言葉を生み出している。例えば、第六章で、人形遣いMとSとTとが、即興の遊びを始めた場面を覚えているだろうか。何をきっかけにしたというわけでもないが、彼らは「連獅子」の真似をすることで、息詰まる稽古を展開させた。あるいは、第二章において、ようやく〈まねき六法〉ができ始めた足遣いWであったが、やはり動きについて行けず、遅れてしまう姿を見て、「沢市」がまるで忍び足をしているようだと発見した場面があった。そのとき、あたかも〈忍び足〉という型があるかのような自然なしぐさを、一つの表現として生み出していた。また、同じく第七章で、専門家たちの口真似をして、稽古の場に召喚していたことや、第四章で、「しゅっ」という言葉とともに新たな型を獲得しえた人形遣いTの探求などもそうである。総じて、彼らの実践には新しい意味の破片が無数に散りばめられているのであり、それが彼らの稽古を刺激に満ちたものにしている。

これらの時間は、必ずしも淡路人形座というスタイルの継承に寄与するようなものではない。むしろそれは、既知のスタイルをはみ出すような、淡路人形座の活動の中の余剰である。だが、その余剰においてこそ、彼らのやり取りの場は動く。そこで生まれた小さな意味の断片は、後に定着していくかもしれない新しいスタイルの萌芽である。

そうした余剰の部分は、身体による運動を、既知のスタイルへと当てはめるものではない。そうではなく、日常的な既知の世界の中から、日常を脱する未知の世界へと足を踏み入れる時間である。それは、とりわけ、ある一つの振りを完成させようとする強い志向の働くやり取りの場において、多くの場合稽古という時間の中で生まれる出来事である。その出来事こそ、身を投じた学びの重要な局面にほかならない。

3　身を投じた学びの生起

本書が目指すところは、わざの実践を詳細に記述することによって、彼らの生きられた経験を、私たちの経験を喚起するようなものとして提示することである。それは、例えば一つの学習理論を批判して、新たな学習理論を打ち立てるようなことを目指すものではない。また、わざの実践において見られた様々な工夫を、一つの知として提示することを目指すものでもない。前者の態度は、実践の現場における様々な機微を一つの見方に閉じ込めてしまうことであり、後者の態度は、実践の活動を神聖視することであるから。これらの態度は、いずれも、メルロ＝ポンティが「上空飛翔的思考」［OE : 12/255］と呼んで、終生をかけて批判した思考法である。現場に生じている出来事を文字に起こすという作業は、それ自体が新たな出来事を創出するという運動なのであって、そのことに対する自覚を忘れては、単なる透明度が高いだけの理論に転じてしまうだろう。身を投じた学びは、根源的に一回的なものである。学習の「効果」によって教育の「価値」を論じるような、因果関係を原理とした説明形式によって論じられることが多い今日、あえてそうした言説から逃れ出て、個別具体的な場においてのみ生起してくるような一回的な出来事のダイナミズムを拾い集める作業もまた、必要ではないだろうか。

こうした思索において手がかりになるのは、現象学者マーネンにおける「逸話（anecdote）」に関する議論である。(7)語源はギリシア語の「anékdotos」であり、「未刊行のもの」「明らかになっていないもの」を意味する。マーネン流の現象学的記述は、まさに生きられた経験であると言いうる「瞬間（moment）」をいかに鮮度を保って描き出すかを出発点としている。その際、「瞬間」を単なる事例で終わらせず、さらなる普遍的考察へと導く道が「逸話」である。「逸話」とは、事実であれフィクションであれ、読者の共感を呼び起こし、読者に新たな問いかけを喚起する力を持つ。「逸話」を読んだ読者は、単に何らかの教訓めいたものを受け取るのではなく、むしろ逸話に触発されることによって、自らの経験に対する反省の眼差しが惹起されるのである。その逸話が仮に論文のような形式をとっていたとしても、学術的議論の枠を破って飛びだす力を持つ。

とすれば、本書が行なってきた作業は、一方では現象学的記述を試みたわざの実践に関する思索であると同時に、淡路に伝わっている人形浄瑠璃の一座に関する「逸話」であったということができるかもしれない。

第Ⅰ部における稽古場面の記述で明らかになったのは、わざを身につけるということが、当人にとってままならない身体との格闘の中で、ときには驚くべき円滑なやり取りによって、ときにはもどかしいほどのすれ違いのなかで達成されていくということであった。第二章で記述したように、身体に習慣づけられているはずのわざが、新人との共同的な稽古の場面において混乱をきたし、自分自身でなぞりながらその場で生成されているというあり方は、わざが伝わるということの不確かさを示している。また他方で、第四章で探求したように、身体の動きは暗黙的に進められるのではなく、ときには言語的な分節作用を借りて進められるという論点は、身体の働きは、それが知性による理解の仕方とは違うものの、必ずしもブラックボックス化されるわけではないという示唆を教えてくれる。

第Ⅱ部での考察で取り上げたことは、淡路人形座に関する、いくつもの状況が折り重なっている、その重層性である。淡路人形座が今日まで活動を継続することができているのは、「淡路座」に含まれていたものの中から、比較的長い時間をかけて「門付三番叟」や「戎舞」という土着的な行事をなくしていき、「淡路人形浄瑠璃」という芸術性の高いものに焦点化（あるいは記号化）したおかげである。昔からいた「役者」たちをそのまま雇い続けられるような座元がいなくなった後、固有のエコノミーを打ち立てて活動を継続することは極めて困難であろう。行政との連携を密にし、「文化財」として保護するというわば公共事業化することによって、淡路人形座は生き延びた。

そうして継続したものこそ等身大の「淡路」である。第五章で見たように、大阪から加入した師匠は、古い淡路の型から現在の淡路の型への橋渡しをしたことによって、新たに観客を魅了するわざを確立させた。それは、その橋渡しに立ち会っていた「昔の淡路を知る人」にとっては苦々しいものであったかもしれない。だが、苦々しさも含んだ格闘の果てに暫定的に辿り着いているわざこそ、等身大の淡路なのである。身体の実践に対して恣意的に働きかけるということは、恣意が取りこぼした何ものかを後ろに残し、いずれ忘却する可能性を含む。今日における身を投じた学びを省察する上で、私たちが引き受けていくべき問いである。

本書で試みてきたことは、わざを習得し、発揮するという試みの固有性を描き出すための探求であり、そのためのミクロな視点こそ、学びを貧しくするような力を内側から食い破る、最初の裂け目であると考えている。例えば表象モデルといったものは、もちろん学びのあり方を、著しく管理的に、またつまらないやり取りを強いるものと変えるかもしれない。したがって、それに手放しで迎合することは許されない。だが、ある教育の現場が表象モデル的な枠組みのなかに取り込まれたとしても、そこで教え手と学び手との身を投じた駆け引きが生起しうるのなら、その駆け引きをつぶさに記述し、その豊かさを眼差すことによって、表象モデルが抱え込んだ問題を瓦解させる方途が開けてくるのである。

ここで眼差しを向けるべき身を投じた学びとは、教え手と学び手との行為の編み目のなかで、自らを越え出て、自らを越え出たものを取り込みながら変容していく営みである。その学びは、たえざるやり取りのなかにあるために、常に現在的で流動的である。とすれば、教育的な意図や、管理的な力といったものでさえ、そうした現場を活性化させる項の一つとして位置づけることができる。例えば、表象的な記号操作を重視するかのような「受験」のための学習の場は、「偏差値」や「資格」などの力によって方向づけられているが――たとえそれが、かつての村落共同体や職業集団が培ってきたような教育のあり方とはかけ離れたものであったとしても――、それでも学び手は、教え手とのミクロで相互的な交流の中にあって学習の場を生きているのである。

そうした相互交流的な学びの作用は、漫然と居合わせるだけでは経験されないし、経験することによって再び変容してしまうだろう。哲学的な記述と、個別具体的な行為との、どちらに傾くともなく追求し続ける態度を徹底させることによって、そうした場を生起させる仕掛けを生み出すことが求められている。

註

（1）和田修二・皇紀夫編『臨床教育学』アカデミア出版会、一九九六年、四二頁。

（2）メルロ＝ポンティがセザンヌを介して「見る」という経験を論じるとき、それは「対象の奥行や、ビロードのような感触や、やわらかさ、固さ」のみならず、「対象の匂い」にまで及ぶ［SNS : 27/19］。画家の表現は、私たちの知覚的経験がもともとそうであった、知覚の「分かちえぬ全体」［ibid.］に誘ってくれるというのである。

（3）「私が自分の身体にたいしてはっきりした反省をしなくても、……私が自分の身体についてもつ意識が、直接的に対象のもつ筋っぽい、あるいはざらざらした或る風体を意味するのである。私が発言している言葉、あるいは私が聞いている言葉が、言語的所作の織り目そのもののなかに読みとられる一つの意味を含蓄しているのも、おなじようにしてであって、その結果、ちょっとしたためらい、ちょっとした声の変調、或る構文の選択だけでも、その意味を変様させるには十分なほどである。」［S : 111/140］

（4）言葉の意味を新たに獲得した場面を、メルロ＝ポンティは以下のように記述する。「私が或る日〈あられ〉という語を〈つかまえた〉のは、あたかも或る所作を模倣するような具合にだった。……語の意味というものは、……その対象が或る人間的経験のなかでとる局面、たとえば、〈あられ〉という語の意味なら、空からすっかりできあがって降ってきたこの固く、もろく、水に溶けやすい粒々のまえでの私のおどろきのことなのだ。」［PP : 461–462/Ⅱ 296］

（5）「用具」として使用できる言葉もまた、以前に「制度化」という過程を経たことに負っているとメルロ＝ポンティは論じる。「すでに自由にし得るものとなっている諸意味は、……私の訴え得る、私のもっている意味として、制度化されたときである。」[S : 113/142]

（6）付言すれば、メルロ＝ポンティは、ヴァレリー、バルザック、スタンダールなどの作家、あるいはクレー、セザンヌなどの画家の仕事を、いずれも既成の文体や画法を打ち破り、哲学者と同列かそれ以上に世界の意味の発生にこだわった人たちであると評価している。これらの人はいずれも、沈黙を破ることで新たな意味を生み出し、新たな意味を生み出すことでまた新たな沈黙を生み出すような芸術を深化させた人でもあった。

（7）van Manen, Max. *Phenomenology of Practice : Meaning-Giving Methods in Phenomenological Research and Writing*, Left Coast Press, 2014, p. 250.

文献一覧

欧文文献（アルファベット順）

Andrieu, Bernard. *Philosophie du corps : expériences, interactions et écologie corporelle*, Paris : Vrin, 2010.

Andrieu, Bernard and Boëtsch, Gilles.（eds.）*Le dictionnaire du corps*, Paris : CNRS Éditions, 2006.

Becker, Howard S. "A School Is a Lousy Place To Learn Anything in." *American Behavioral Scientist*, no. 16, 1972, pp. 85-105.

Berthoz, Alain and Andrieu, Bernard.（eds.）*Le corps en acte : centenaire Maurice Merleau Ponty*, Nancy : Presses universitaires de Nancy, 2010.

Blumenfeld-Jones, Donald. "Bodily-Kinesthetic Intelligence and Dance Education : Critique, Revision, and Potentials for the Democratic Ideal." *Journal of Aesthetic Education*, vol. 43, no. 1, 2009, pp. 59-76.

Bourdieu, Pierre. *La distinction : critique sociale du jugement*, Paris : Éditions de Minuit, 1979.（石井洋二郎訳『ディスタンクシオン——社会的判断力批判』一～二、東京：新評論、一九八九年。）

———. *Raisons pratiques : sur la théorie de l'action*, Paris : Éditions du Seuil, 1994.（加藤晴久ほか訳『実践理性——行動の理論について』東京：藤原書店、二〇〇七年。）

Bourdieu, Pierre, Passeron, Jean-Claude and de Saint Martin, Monique. *Rapport pédagogique et communication*, Paris : Mouton, 1968.（安田尚訳『教師と学生のコミュニケーション』東京：藤原書店、一九九九年。）

Crossley, Nick. "Merleau-Ponty, the Elusive Body and Carnal Sociology." *Body & Society*, no. 1, 1995, pp. 43-63.

———. "Body Techniques, Agency and Intercorporeality : on Goffmans Relations in Public." *Sociology-the Journal of the British Sociological Association*, vol. 29, no. 1, 1995, pp. 133-149.

———. "Body-Subject/Body-Power : Agency, Inscription and Control in Foucault and Merleau-Ponty." *Body & Society*, no. 2, 1996, pp. 99-116.

———. "Embodiment and Social Structure : A Response to Howson and Inglis." *Sociological Review*, vol. 49, no. 3, 2001, pp. 318-326.

———. *The Social Body : Habit, Identity and Desire*, London : Sage Publications, 2001.（堀田裕子・西原和久訳『社会的身体——ハビトゥス・アイデンティティ・欲望』東京：新泉社、二〇一二年。）

Dant, Tim. "The Driver-Car." *Theory, Culture & Society*, vol. 21, no. 4-5, 2004, pp. 61-79.

Dreyfus, Hubert L., Dreyfus, Stuart E. and Athanasiou, Tom. *Mind over Machine : the Power of Human Intuition and Expertise in the Era of the Computer*, Oxford, UK : B. Blackwell, 1986.（椋田直子訳『純粋人工知能批判——コンピュータは思考を獲得できるか』東京：アスキー、一九八七年。）

Gardner, Howard. *Frames of Mind*. New York : Basic Books, 1983.

Goffman, Erving. *Behavior in Public Places : Notes on the Social Organization of Gatherings*, New York : The Free Press, 1963.（本名信行・丸木恵祐訳『集まりの構造——新しい日常行動論を求めて』東京：誠信書房、一九八〇年。）

———. *Interaction Ritual : Essays on Face-to-face Behavior*, Garden City, NY : Doubleday, 1967.（浅野敏夫訳『儀礼としての相互行為——対面行動の社会学』新装版、東京：法政大学出版局、二〇一二年。）

Hirschauer, Stefan. "The Manufacture of Bodies in Surgery." *Social Studies of Science*, vol. 21, no. 2, 1991, pp. 279-319.

Husserl, Edmund. *Die Krisis der europäischen Wissenschaften und die transzendentale Phänomenologie. Eine Einleitung in die phänomenologische Philosophie.*（Husserliana VI, hrsg. Walter Biemel.）Den Hague : Martinus Nijhoff, 1962.（細谷恒夫・木田元訳『ヨーロッパ諸学の危機と超越論的現象学』東京：中央公論社、一九七四年。）

———. *Ideen zu einer reinen Phänomenologie und phänomenologischen Philosophie. Erstes Buch : Allgemeine Einführung in die reine Phänomenologie,*（Husserliana III/1, neu hrsg. von Karl Schuhmann.）Den Hague : Martinus Nijhoff, 1976.（渡辺二郎訳『イデーンI－I』東京：みすず書房、一九七九年。）

Johnson, Mark. *The Body in the Mind : The Bodily Basis of Meaning, Imagination, and Reason*, Chicago : University of Chicago Press, 1987.（菅野盾樹・中村雅之訳『心のなかの身体——想像力へのパラダイム転換』東京：紀伊國屋書店、一九九一年。）

———. "Embodied Knowledge." *Curriculum Inquiry*, vol. 19, no. 4, 1989, pp. 361-377.

———. *The Meaning of the Body*, Chicago : University of Chicago Press, 2007.

Kozel, Susan. *Closer : Performance, Technologies, Phenomenology*, Cambridge, MA : MIT Press, 2007.

Lakoff, George and Johnson, Mark. *Metaphors We Live by*, Chicago ; London : University of Chicago Press, 1980.（楠瀬淳三・渡部昇一・下谷和幸訳『レトリックと人生』東京：大修館書店、一九八六年。）

———. *Philosophy in the Flesh : The Embodied Mind and its Challenge to Western Thought*, New York : Basic Books, 1999.（計見一雄訳『肉中の哲学――肉体を具有したマインドが西洋の思考に挑戦する』東京：哲学書房、二〇〇四年。）

Lave, Jean and Wenger, Etienne. *Situated Learning : Legitimate Peripheral Participation*, Cambridge, UK : New York : Cambridge University Press, 1991.（佐伯胖訳『状況に埋め込まれた学習――正統的周辺参加』東京：産業図書、一九九五年。）

Law, Jane Marie. *Puppets of Nostalgia : The Life, Death, and Rebirth of the Japanese Awaji Ningyō Tradition*, Princeton, NJ : Princeton University Press, 1997.（齋藤智之訳『神舞い人形――淡路人形伝統の生と死、そして再生』洲本：齋藤智之、二〇一二年。）

Leder, Drew. *The Absent Body*, Chicago : University of Chicago Press, 1990.

Mcneill, David. *Gesture and Thought*, Chicago : University of Chicago Press, 2005.

Mauss, Marcel. *Sociologie et anthropologie*, Paris : Presses universitaires de France, 1968.（有地亨・伊藤昌司・山口俊夫共訳『社会学と人類学』Ⅰ－Ⅱ、東京：弘文堂、一九七三～一九七六年。）

Merleau-Ponty, Maurice. *La structure du comportement*, Paris : Presses universitaires de France, 1949（＝1942）.（木田元・滝浦静雄訳『行動の構造』東京：みすず書房、一九六四年。）

———. *Phénoménologie de la perception*, Paris : Gallimard, 1945.（小木貞孝・竹内芳郎訳『知覚の現象学１』東京：みすず書房、一九六七年。竹内芳郎ほか訳『知覚の現象学２』東京：みすず書房、一九七四年。）

———. *Humanisme et terreur : essai sur le problème communiste*, Paris : Gallimard, 1947.（合田正人訳『ヒューマニズムとテロル』メルロ＝ポンティ・コレクション、東京：みすず書房、二〇〇二年。）

———. *Sens et non-sens*, Paris : Éditions Nagel, 1948.（滝浦静雄ほか訳『意味と無意味』東京：みすず書房、一九八三年。）

———. *Les relations avec autrui chez l'enfant*, Paris : In-house reproduction, 1951.（滝浦静雄・木田元訳「幼児の対人関係」『眼と精神』みすず書房、一九六六年。）

———. *Les aventures de la dialectique*, Paris : Gallimard, 1955.（滝浦静雄ほか訳『弁証法の冒険』東京：みすず書房、一九七二年。）

———. *Signes*, Paris : Gallimard, 1960.（竹内芳郎ほか訳『シーニュ』１－２、東京：みすず書房、一九六九～一九七〇年。）

———. *L'œil et l'esprit*, Paris : Gallimard, 1964.（木田元・滝浦静雄訳『眼と精神』東京：みすず書房、一九六六年。）

———. *Le visible et l'invisible*, Paris : Gallimard, 1964.（木田元・滝浦静雄訳『見えるものと見えないもの』東京：みすず書房、一九八九年。）

———. *Résumés de cours : Collège de France 1952-1960*, Paris : Gallimard, 1968.（木田元・滝浦静雄訳『言語と自然――コレージュ・ドゥ・フランス講義要録１９５２-６０』東京：みすず書房、一九七九年。）

———. *L'union de l'âme et du corps chez Malebranche, Biran et Bergson*, Paris : Vrin, 1968.（中村文郎・滝浦静雄・砂原陽一訳『心身の合一――マールブランシュとビランとベルクソンにおける』東京：筑摩書房、二〇〇七年。）

———. *La prose du monde*, Paris : Gallimard, 1969.（木田元・滝浦静雄訳『世界の散文』東京：みすず書房、一九七九年。）

———. *Merleau-Ponty à la Sorbonne : résumé de cours 1949-1952*. Grenoble : Cynara, 1988.（木田元・鯨岡峻訳『意識と言語の獲得――ソルボンヌ講義』東京：みすず書房、一九九三年。）

———. *Le primat de la perception et ses conséquences philosophiques*, Lagrasse : Verdier, 1996.（加賀野井秀一訳『知覚の本性――初期論文集』東京：法政大学出版局、一九八八年。）

———. *Notes de cours sur l'origine de la géométrie de Husserl*, Paris : Presses universitaires de France, 1998.（伊藤泰雄・加賀野井秀一・本郷均訳『フッサール「幾何学の起源」講義』東京：法政大学出版局、二〇〇五年。）

———. *Psychologie et pédagogie de l'enfant : cours de Sorbonne, 1949-1952*, Lagrasse : Verdier, 2001.

———. *Causeries : 1948*, Paris:Seuil, 2002.（菅野盾樹訳『知覚の哲学――ラジオ講演１９４８年』東京：筑摩書房、二〇一一年。）

———. *Œuvres*, Paris : Gallimard, 2010.

Okui, Haruka. "Who Is Manipulating the Puppet? : A Phenomenological Analysis of Puppet Performances on Awaji Island, Japan." Benavides, Daniel, D. and Duhart, Frédéric.（eds.）*Bodies & Folklore（s）: Legacies, Constructions & Performances*, Lima : R&F Publicaciones y Servicios, 2012, pp. 75-83.

O'Loughlin, Marjorie. *Embodiment and Education : Exploring Creatural Existence*, Dordrecht : Springer, 2006.

Polanyi, Michael. *The Tacit Dimension*, Garden City, NY : Doubleday, 1966.（佐藤敬三訳『暗黙知の次元――言語から非言語へ』紀伊國屋書店、一九八〇年。）

Ryle, Girbert. *The Concept of Mind*. London : Hutchinson's University Library, 1949.（坂本百大・宮下治子・服部裕幸訳『心の概念』東京：みすず書房、一九八七年。）

Shusterman, Richard. *Practicing Philosophy : Pragmatism and the Philosophical Life*. New York : Routledge, 1997.（樋口聡・青木孝夫・丸山恭司訳『プラグマティズムと哲学の実践』横浜：世織書房、二〇一二年。）

van den Berg, Jan Hendrik. The Human Body and the Significance of Human Movement, Kockelmans, Joseph John.（ed.）*Phenomenological Psychology : The Dutch School*, Dordrecht ; Boston : Nijhoff, 1987. pp. 55-77.

van Manen, Max. By the Light of Anecdote, *Phenomenology + Pedagogy*, vol. 7, 1989, pp. 232-252.

――――. *Researching Lived Experience : Human Science for an Action Sensitive Pedagogy*, Albany, NY : State University of New York Press, 1990.（村井尚子訳『生きられた経験の探究――人間科学がひらく感受性豊かな「教育」の世界』東京：ゆみる出版、二〇一一年。）

――――. *The Tone of Teaching : The Language of Pedagogy*, London, Ont. : Althouse Press, 2002.（大池美也子・岡崎美智子・中野和光訳『教育のトーン』東京：ゆみる出版、二〇〇三年。）

――――.（ed.）*Writing in the Dark : Phenomenological Studies in Interpretive Inquiry*. London, Ont. : Althouse Press, 2002.

――――. *Phenomenology of Practice : Meaning-Giving Methods in Phenomenological Research and Writing*, Walnut Creek, California : Left Coast Press, 2014.

van Manen, Max and Levering, Bas. *Childhood's Secrets : Intimacy, Privacy, and the Self Reconsidered*, New York : Teachers College Press, 1996.

Varela, Francisco, Thompson, Evan, and Rosch, Eleanor. *The Embodied Mind* Cambridge, MA : MIT Press, 1991.（田中靖夫訳『身体化された心――仏教思想からのエナクティブ・アプローチ』東京：工作舎、二〇〇一年。）

Zarrilli, Phillip. B. "Toward a Phenomenological Model of the Actor's Embodied Modes of Experience." *Theatre Journal*, vol. 56, no. 4, 2004, pp. 653-666.

邦文文献（仮名順）

朝日新聞社『朝日新聞東京版』昭和三三年五月九日夕刊。

淡路人形協会監修『淡路人形芝居』南淡：淡路人形芝居写真集編集委員会、二〇〇〇年。

生田久美子『「わざ」から知る』東京：東京大学出版会、一九八七年。

———ほか『からだと教育』東京：岩波書店、一九八七年。

———「『知っていても出来ない』とは何か」『教育哲学研究』六五号、一九九二年、三〇～三五頁。

———「『伝え合う力』とは何か――学校『言語』を超えて」『日本ファジィ学会誌』一二巻、四号、二〇〇〇年、四三～四八頁。

生田久美子・北村勝朗編『わざ言語――感覚の共有を通しての「学び」へ』東京：慶應義塾大学出版会、二〇一一年。

池田全之「対象からの眼差しと原初への思考――ベンヤミンの言語哲学的思考とメルロ＝ポンティの肉の存在論」『秋田大学教育文化学部研究紀要』五七号、二〇〇二年、一三～二二頁。

———「〈主体〉化の系譜学から新たな自己関係へ――身体をめぐるフーコーの言説に準拠して」『教育哲学研究』九九号、二〇〇九年、一〇二～一二四頁。

市川浩『精神としての身体』東京：講談社、一九九二年。

乾敏郎「誤った知覚から世界に関する修正不能な信念が生じる脳内メカニズム」『日本精神神経学会誌』一一四巻、二号、二〇一二年、一七一～一七九頁。

今井康雄「〈知識／行為〉問題の教育思想史的文脈」『教育哲学研究』六五号、一九九二年、二五～三〇頁。

———「教育において『伝達』とは何か」『教育哲学研究』九七号、二〇〇八年、一二四～一四八頁。

入江泰吉『入江泰吉写真集　第六巻　文楽回想』東京：集英社、一九八一年。

内山美樹子『浄瑠璃史の十八世紀』東京：勉誠出版、一九八九年。

奥井遼「『開かれた身体』を求めて――嘉納治五郎と植芝盛平の身体観を手がかりに」『人体科学』一九号、二〇一〇年、四五～五三頁。

———「メルロ＝ポンティにおける『間身体性』の教育学的意義――『身体の教育』再考」『教育学研究科紀要』、五七号、二〇一一年、一一一～一二四頁。

———「身ぶりと言葉による『学び』――人形遣いのわざ習得場面における行為空間の記述」『ホリスティック教育研究』一六

号、二〇一二年、六九～八二頁。

――「身体化された行為者（embodied agent）としての学び手――メルロ＝ポンティにおける『身体』概念を手がかりとした学び」『教育哲学研究』一〇七号、二〇一三年、六〇～七八頁。

オニール、ジョン『メルロ＝ポンティと人間科学』（奥田和彦・久保秀幹・宮武昭訳）東京：新曜社、一九八六年。

角田一郎『人形劇の成立に関する研究』大阪：旭屋書店、一九六三年。

加國尚志『自然の現象学――メルロ＝ポンティと自然の哲学』京都：晃洋書房、二〇〇二年。

――「沈黙の詩法――メルロ＝ポンティにおける『沈黙』のモチーフ」『思想』一〇一五号、二〇〇八年、二八～四六頁。

加賀野井秀一『メルロ＝ポンティ――触発する思想』東京：白水社、二〇〇九年。

門屋光昭『淡路人形と岩手の芸能集団』盛岡：シグナル社、一九九〇年。

金光靖樹「M・ジョンソンの想像力論とその教育的意義――身体を基礎とした知識論の可能性」『教育哲学研究』六八号、一九九三年、一五～二七頁。

加納克己『日本操り人形史――形態変遷・操法技術史』東京：八木書店、二〇〇七年。

鎌田東二『神界のフィールドワーク――霊学と民俗学の生成』東京：青弓社、一九八七年。

――『翁童論――子どもと老人の精神誌』東京：新曜社、一九八八年。

――『身体の宇宙誌』東京：講談社、一九九四年。

川田順造編『響き合う異次元――音・図像・身体』東京：平凡社、二〇一〇年。

河竹登志夫ほか『日本の古典芸能――名人に聞く究極の芸』鎌倉：かまくら春秋社、二〇〇七年。

河本英夫『システム現象学――オートポイエーシスの第四領域』東京：新曜社、二〇〇六年。

キーン、ドナルド『能・文楽・歌舞伎』（吉田健一・松宮史朗訳）東京：講談社、二〇〇一年。

木田元『メルロ＝ポンティの思想』東京：岩波書店、一九八四年。

喜多壮太郎『ジェスチャー――考えるからだ』東京：金子書房、二〇〇二年。

木村大治・中村美知夫・高梨克也編『インタラクションの境界と接続――サル・人・会話研究から』京都：昭和堂、二〇一〇年。

桐竹勘十郎『文楽へのいざない』京都：淡交社、二〇一四年。

串田秀也・定延利之・伝康晴編『活動としての文と発話』東京：ひつじ書房、二〇〇五年。

久堀裕朗「淡路人形座と大坂」塚田孝編『身分的周縁の比較史――法と社会の視点から』大阪：清文堂、二〇一〇年、三九三～四一三頁。

――「淡路人形座と『生写朝顔日記』」淡路人形座編『淡路人形座・淡路の人形芝居復活公演「生写朝顔日記」摩耶ヶ嶽の段』南あわじ：淡路人形協会、二〇一三年。

熊野純彦『メルロ＝ポンティ――哲学者は詩人でありうるか？』東京：日本放送出版協会、二〇〇五年。

クライスト、ハインリヒ・フォン『クライスト全集1――小説・逸話・評論その他』（佐藤恵三訳）東京：沖積舎、一九九四年。

倉島哲「はじまりの認識論のために――モース『身体技法論』に見る認識の発生論」『京都社会学年報』七号、一九九九年、一七九～一九二頁。

――「身体技法への視角――モース『身体技法論』の再読と武術教室の事例研究を通して」『文化人類学』七〇巻、二号、二〇〇五年、二〇六～二二五頁。

――『身体技法と社会学的認識』京都：世界思想社、二〇〇七年。

栗本慎一郎『意味と生命――暗黙知理論から生命の量子論へ』東京：青土社、一九八八年。

郡司正勝「浄るり・かぶきの芸術論」（西山松之助・渡辺一郎・郡司正勝校注）『近世藝道論』東京：岩波書店、一九七二年、六七四～六九六頁。

神津武男『浄瑠璃本史研究――近松・義太夫から昭和の文楽まで』東京：八木書店、二〇〇九年。

河野哲也『メルロ＝ポンティの意味論』東京：創文社、二〇〇〇年。

後藤静夫「文楽・人形浄瑠璃の現在――その多重媒介性を考える」『人文學報』八六号、二〇〇二年、二八一～二九三頁。

小林剛・皇紀夫・田中孝彦編『臨床教育学序説』東京：柏書房、二〇〇二年。

小森陽一ほか編『岩波講座　文学五　演劇とパフォーマンス』東京：岩波書店、二〇〇四年。

榊原哲也『フッサール現象学の生成――方法の成立と展開』東京大学出版会、二〇〇九年。

阪口弘之「元禄期淡路操芝居の地方興行――『芝居根元記』をめぐって」『文学史研究』二九号、一九八八年、五八～七一頁。

櫻哲郎・成田友紀・沢井和也・森田寿郎・植田一博「文楽人形遣いの協調操作を実現する非言語情報通信」『電子情報通信学会論文誌D情報・システム』九六巻、一号、二〇一三年、一九五～二〇八頁。

桜井佳樹「体育と人間形成――教育哲学・教育思想史研究における人間形成論議が示唆するもの」『香川大学教育実践総合研究』、

一四号、二〇〇七年、四一～五〇頁。

佐々木正人『からだ――認識の原点』東京：東京大学出版会、一九八七年。

――『時速250kmのシャトルが見える――トップアスリート16人の身体論』東京：光文社、二〇〇八年。

――編『アート／表現する身体――アフォーダンスの現場』東京：東京大学出版会、二〇〇六年。

佐々木正人ほか編『アフォーダンスと行為』東京：金子書房、二〇〇一年。

佐々木正人・國吉康夫編『身体とシステム』東京：金子書房、二〇〇一年。

佐藤公治「発達の根源への問い」『子ども発達臨床研究』一号、二〇〇七年、一七～三七頁。

佐藤学・今井康雄編『子どもたちの想像力を育む――アート教育の思想と実践』東京：東京大学出版会、二〇〇三年。

佐藤由紀子「子どもの独自性に関する一考察――メルロ＝ポンティの現象学を手掛りとして」『名古屋大學教育學部紀要　教育学科』二七号、一九八〇年、二二三～二三二頁。

――「〈子ども‐大人〉の現象学――『ソルボンヌのメルロ＝ポンティ』を中心として」『教育哲学研究』四八号、一九八三年、六〇～七三頁。

澤田哲生『メルロ＝ポンティと病理の現象学』京都：人文書院、二〇一二年。

渋谷友紀・森田ゆい・福田玄明・植田一博・佐々木正人「文楽人形遣いにおける呼吸と動作の非同期的関係――日本の古典芸能における『息づかい』の特殊性」『認知科学』一九巻、三号、二〇一二年、三三七～三六四頁。

志田義秀「西の宮淡路京都の操の関係」『国語と国文学』大正十五年五月号、一九二六年、八四～一一五頁。

清水淳志「メルロ＝ポンティの行為理論――行為の構造分析に向けて」『哲学』一二八号、二〇一二年、五一～八六頁。

菅原和孝・野村雅一編『コミュニケーションとしての身体』東京：大修館書店、一九九六年。

菅原和孝『感情の猿＝人』東京：弘文堂、二〇〇二年。

――編『フィールドワークへの挑戦――「実践」人類学入門』京都：世界思想社、二〇〇六年。

――責任編集『身体資源の共有』東京：弘文堂、二〇〇七年。

――『ことばと身体――「言語の手前」の人類学』東京：講談社、二〇一〇年。

――編『身体化の人類学――認知・記憶・言語・他者』京都：世界思想社、二〇一三年。

菅原和孝・藤田隆則・細馬宏通「民俗芸能の継承における身体資源の再配分――西浦田楽からの試論」『文化人類学』七〇巻、二号、二〇〇五年、一八二～二〇五頁。

鈴木晶子『これは教育学ではない――教育詩学探究』京都：冬弓舎、二〇〇六年。

末次弘『表現としての身体――メルロ＝ポンティ哲学研究』東京：春秋社、一九九九年。

皇紀夫・矢野智司編『日本の教育人間学』町田：玉川大学出版部、一九九九年。

世阿弥『風姿花伝』東京：岩波書店、一九五八年。

世阿弥『世阿彌・禪竹』（表章・加藤周一校注）東京：岩波書店、一九七四年。

高木光太郎『ヴィゴツキーの方法――崩れと振動の心理学』東京：金子書房、二〇〇一年。

多賀厳太郎『脳と身体の動的デザイン――運動・知覚の非線形力学と発達』東京：金子書房、二〇〇二年。

滝沢文雄「『身体の論理』序説――前川峰雄の身体論を手掛かりに」『体育學研究』三一巻、二号、一九八六年、一〇一～一一一頁。

――「身体の構造化――身体運動への現象学的アプローチ」『体育學研究』三三巻、四号、一九八八年、二一一～二一九頁。

――「身体的思考についての研究」『教育哲学研究』六〇号、一九八九年、七二～七六頁。

――「現象学的観点からの『心身一体観』再考――「身体観」教育の必要性」『体育學研究』四九巻、二号、二〇〇四年、一四七～一五八頁。

竹内勝太郎『芸術民俗学研究』東京：福村書店、一九五九年。

武智鉄二『伝統と断絶』東京：風濤社、一九六九年。

――『定本武智歌舞伎第三巻　文楽舞踊』東京：三一書房、一九七九年。

武智鉄二・富岡多恵子『伝統芸術とは何なのか――批評と創造のための対話』東京：學藝書林、一九八八年。

田中昌弥「M・ポランニー哲学の教育学的意義」『東京大学教育学部紀要』三三号、一九九四年、一～九頁。

田辺繁治・松田素二編『日常的実践のエスノグラフィ――語り・コミュニティ・アイデンティティ』京都：世界思想社、二〇〇二年、三〇九～三三六頁。

谷崎潤一郎『蓼喰ふ虫』東京：岩波書店、一九四八年。

近松門左衛門『近松浄瑠璃集』（守随憲治・大久保忠国校注）東京：岩波書店、一九五八年。

辻本雅史『「学び」の復権――模倣と習熟』東京：角川書店、一九九九年。

戸井田道三『観阿弥と世阿弥』東京：岩波書店、一九六九年。

戸伏太兵『文楽と淡路人形座』東京：寧楽書房、一九五六年。

富岡多恵子『近松浄瑠璃私考』東京：筑摩書房、一九八八年。

中井正一『美学入門』東京：河出書房、一九五一年。

長坂由美「淡路人形浄瑠璃の伝承システムにみる教育の役割――地域の学校や子ども会活動における郷土芸能の伝承と発展」『パイデイア――教育実践研究指導センター紀要』五巻、二号、一九九七年、二九～三二頁。

永田衡吉『日本の人形芝居』東京：錦正社、一九六九年。

仲野安雄『淡路常磐草』洲本：廣瀬永太郎、一八八七年。

西岡けいこ『教室の生成のために――メルロ＝ポンティとワロンに導かれて』東京：勁草書房、二〇〇五年。

――「脱自あるいは教育のオプティミスム――ソルボンヌ講義を起点とする肉の存在論の教育思想的意義」『現代思想』三六巻、一六号、二〇〇八年、三四七～三五七頁。

西平直『エリクソンの人間学』東京：東京大学出版会、一九九三年。

――『魂のライフサイクル――ユング・ウィルバー・シュタイナー』東京：東京大学出版会、一九九七年。

――『教育人間学のために』東京：東京大学出版会、二〇〇五年。

――『世阿弥の稽古哲学』東京：東京大学出版会、二〇〇九年。

――『無心のダイナミズム――「しなやかさ」の系譜』東京：岩波書店、二〇一四年。

西村ユミ『語りかける身体――看護ケアの現象学』東京：ゆみる出版、二〇〇一年。

――『看護師たちの現象学――協働実践の現場から』東京：青土社、二〇一四年。

日本国語大辞典第二版編集委員会・小学館国語辞典編集部編『日本国語大辞典』第二版、東京：小学館、二〇〇〇～二〇〇二年。

野村雅一『しぐさの世界――身体表現の民族学』東京：日本放送出版協会、一九八三年。

――『身ぶりとしぐさの人類学――身体がしめす社会の記憶』東京：中央公論社、一九九六年。

――『しぐさの人間学』東京：河出書房新社、二〇〇四年。

野村雅一・市川雅編『技術としての身体』東京：大修館書店、一九九九年。

服部元史「文楽における動きの情緒表現」『バイオメカニズム学会誌』二六巻、三号、二〇〇二年、一三七～一四一頁。

服部幸雄『歌舞伎の構造――伝統演劇の創造精神』東京：中央公論社、一九七〇年。

浜田寿美男『発達心理学再考のための序説』京都：ミネルヴァ書房、一九九三年。

朴銓烈『「門付け」の構造――韓日比較民俗学の視点から』東京：弘文堂、一九八九年。

樋口聡「現代学習論における身体の地平――問題の素描」『広島大学教育学部紀要　第一部　教育学』四六号、一九九七年、二七七～二八五頁。

――『身体教育の思想』東京：勁草書房、二〇〇五年。

兵庫県三原郡三原町教育委員会『淡路人形浄瑠璃』南淡：浜田タイプ、二〇〇二年。

廣川清『淡路の人形芝居』東京：南郊書院、一九三七年。

弘田陽介「母と子の間で身体が生まれる――ドイツ啓蒙教育学における『身体＝メディア』論序説」『教育哲学研究』一〇一号、二〇一〇年、七八～九九頁。

廣松渉・港道隆『メルロ＝ポンティ』東京：岩波書店、一九八三年。

廣松渉ほか編『岩波哲学・思想事典』東京：岩波書店、一九九八年。

文化庁文化部芸術文化課文化活動振興室『平成二六年度次代を担う子供の文化芸術体験事業――巡回公演実施団体募集について』文化庁、二〇一三年。

福島真人『暗黙知の解剖――認知と社会のインターフェイス』東京：金子書房、二〇〇一年。

――『学習の生態学――リスク・実験・高信頼性』東京：東京大学出版会、二〇一〇年。

――編『身体の構築学――社会的学習過程としての身体技法』東京：ひつじ書房、一九九五年。

福田学『フランス語初期学習者の経験解明――メルロ＝ポンティの言語論に基づく事例研究』東京：風間書房、二〇一〇年。

不動佐一『淡路人形の由来』三原：淡路人形芸術協会、一九五二年。

藤田雄飛「人間形成とメルロ＝ポンティの思想――『メルロ＝ポンティ・ソルボンヌ講義録』における『多形性』概念と社会化観の持つ射程」『教育哲学研究』八八号、二〇〇三年、八四～一〇〇頁。

藤本浩之輔編『子どものコスモロジー――教育人類学と子ども文化』京都：人文書院、一九九六年。

古川康一ほか「身体知研究の潮流――身体知の解明に向けて」『人工知能学会論文誌』二〇号、二〇〇五年、一一七～一二八頁。

文楽協会監修『文楽の人形』東京：婦人画報社、一九七六年。

坊農真弓・高梨克也編『多人数インタラクションの分析手法』東京：オーム社、二〇〇九年。

細馬宏通「非言語コミュニケーション研究のための分析単位――ジェスチャー単位」『人工知能学会誌』二三巻、三号、二〇〇八年、三九〇～三九六頁。

――――「オノマトペの音韻構造とジェスチャーのタイミング分析」『信学技報』一一二号、二〇一二年、七九～八二頁。

細馬宏通・中村好孝・城綾実・吉村雅樹「介護者どうしの会話に現れる身体化された知識――カンファレンスにおけるジェスチャーの相互作用」『電子情報通信学会技術研究報告』一一〇巻、一八五号、二〇一〇年、一三～一八頁。

細馬宏通・坊農真弓・石黒浩・平田オリザ「人はアンドロイドとどのような相互行為を行いうるか――アンドロイド演劇『三人姉妹』のマルチモーダル分析」『人工知能学会論文誌』二九巻、一号、二〇一四年、六〇～六八頁。

松下良平「表象の学習・生としての学び」『近代教育フォーラム』一四号、二〇〇五年、四九～六二頁。

南あわじ市地域人材の活用による文化活動支援事業実行委員会『文化庁平成一九年度「地域人材の活用による文化活動支援事業」報告書　淡路人形浄瑠璃の学校課外活動における技芸指導に関する実践研究』南あわじ市地域人材の活用による文化活動支援事業実行委員会、二〇〇八年。

三宅周太郎『続　文楽の研究』東京：岩波書店、二〇〇五年。

宗虎亮『宗虎亮写真集　淡路野掛浄瑠璃芝居』大阪：創芸出版、一九八六年。

村上靖彦『自閉症の現象学』東京：勁草書房、二〇〇八年。

――――『傷と再生の現象学――ケアと精神医学の現場へ』東京：青土社、二〇一一年。

――――『摘便とお花見――看護の語りの現象学』東京：医学書院、二〇一三年。

盛田嘉徳『中世賤民と雑芸能の研究』東京：雄山閣出版、一九七四年。

森脇善明『メルロ＝ポンティ哲学研究――知覚の現象学から肉の存在論へ』京都：晃洋書房、二〇〇〇年。

森勝『淡路人形アメリカ公演』三原：淡路人形協会、一九七四年。

茂呂雄二編『実践のエスノグラフィ』東京：金子書房、二〇〇一年。

矢野智司『子どもという思想』町田：玉川大学出版部、一九九五年。

――――『自己変容という物語――生成・贈与・教育』東京：金子書房、二〇〇〇年。

――――『意味が躍動する生とは何か――遊ぶ子どもの人間学』横浜：世織書房、二〇〇六年。

――――『贈与と交換の教育学――漱石、賢治と純粋贈与のレッスン』東京：東京大学出版会、二〇〇八年。

矢野智司・桑原知子編『臨床の知——臨床心理学と教育人間学からの問い』大阪：創元社、二〇一〇年。

矢野智司・鳶野克己編『物語の臨界——「物語ること」の教育学』横浜：世織書房、二〇〇三年。

矢野博史「教育的行為概念の身体論的再構成——教育学における身体論的アプローチの可能性」『教育哲学研究』七〇号、一九九四年、二六〜四一頁。

山﨑高哉教授退官記念論文集編集委員会編『応答する教育哲学——山﨑高哉教授退官記念論文集』京都：ナカニシヤ出版、二〇〇三年。

山崎正和『演技する精神』東京：中央公論社、一九八三年。

山田和人「『道薫坊伝記』——淡路人形の始祖伝承」『同志社国文学』一三号、一九七八年、九三〜一〇一頁。

湯浅泰雄『身体——東洋的身心論の試み』東京：創文社、一九七七年。

横山太郎「能勢朝次の世阿弥解釈における『型』と『無心』——西田幾多郎の影響をめぐって」『國文學　解釈と教材の研究』五〇巻、七号、二〇〇五年、一二九〜一三八頁。

吉井太郎「淡路と西宮の人形座」『阿波郷土誌』四号、一九三二年、三二〜五三頁。

吉井良尚『摂播史蹟研究』大阪：全国書房、一九四三年。

吉田簑助『頭巾かぶって五十年』京都：淡交社、一九九一年。

読売新聞社『読売新聞』一九七四年七月一〇日夕刊。

ランゲフェルド、マルティヌス・J『よるべなき両親——教育と人間の尊厳を求めて』（和田修二監訳）町田：玉川大学出版部、一九八〇年。

——『教育の人間学的考察』（和田修二訳）東京：未来社、一九六六年。

若月保治『人形浄瑠璃史研究——人形浄瑠璃三百年史』東京：桜井書店、一九四三年。

鷲田清一・野村雅一編『表象としての身体』東京：大修館書店、二〇〇五年。

渡部信一編・佐伯胖監修『「学び」の認知科学事典』東京：大修館書店、二〇一〇年。

和田修二『子どもの人間学』、東京：第一法規出版、一九八二年。

——編『オランダ・イタリア・スペイン』東京：日本らいぶらり、一九八三年。

——編『教育的日常の再構築』町田：玉川大学出版部、一九九六年。

和田修二・山崎高哉編『人間の生涯と教育の課題——新自由主義の教育学試論』京都：昭和堂、一九八八年。

和田修二・皇紀夫編著『臨床教育学』京都：アカデミア出版会、一九九六年。

和田修二・皇紀夫・矢野智司編『ランゲフェルト教育学との対話——「子どもの人間学」への応答』町田：玉川大学出版部、二〇一一年。

和辻哲郎『歌舞伎と操浄瑠璃』東京：岩波書店、一九五五年。

おわりに

メルロ＝ポンティと出会ったのは、遅ればせながら大学の学部四回生の夏である。「既存の学問の枠を超え、幅広い視野のもとで人間に関わる問題を掘り下げる、『新たな学』の構築をめざす」と銘打った「総合人間学」に憧れ、脳神経科学を目指したり、社会学の門を叩いたり、宗教学の研究室に身を置いたりしながら、どこかで自分の専門のなさに焦りを抱えていた頃である。偶然再会したある友人から薦められたのがきっかけとなり、図書館で『知覚の現象学』を手にとってみたが、書いてあることが難解で、中身よりも、本の分厚い重みだけが手に残った。夏休み明けの後期、幸運なことにメルロ＝ポンティに関する佐藤義之先生の講義があったため、受講した。出席する中で、「身体は反省に先立って世界の意味を受け取っている」というテーゼが腑に落ちて、講義が終わって日が落ちて暗くなった中、銀杏の香るキャンパスを、何度も反芻しながら帰った記憶が忘れられない。その冬、分厚い『知覚の現象学』を購入し、かじりつくように読み始めた。遅々とした理解ではあったが、世界と身体との関わり合いがすでに生を形作っているというその記述は、私の生きることと溶け合って深く納得された。

私は学部時代、バレーボールに明け暮れた。大学では学業に打ち込むと決めていたにもかかわらず、体育会のチームの圧倒的な魅力に惹きつけられて入部を決めた。中高時代にはとても叶わなかった選抜選手のいる私立大学と互角に戦えたことや、毎年行なわれる大学同士の定期戦など、印象的な出来事もたくさんあった。だが、その活動において私を根底的に支えていたのは、ボールを手にとって、両手でパスを出すときの、手に触れるあのボールの感触である。ボールを額の前で捉え、全身をしなやかにまとまったバネにして、軸を形成する一つの流れの中でボールを受け入れるとき、合成ゴムでできたボールの表面は、単なる合成ゴムであることをやめて、軸にしっかり入った心地よさを伝えたり、軸からずれたよそよそしさを訴えたり、毎回違った表情を見せてくれる。手を離れたボールが綺麗な放物線を描いて飛んで行くとき、全身にはボールの弾力的な反発が残る。動きの中でのレシーブにしろ、力いっぱい叩きつけるスパイクにしろ、腕や手のひらに残る感触は、一回一回の手とボールとの出会いが、その都度新しく取り結ばれるようで、しかしその中でも手のひらが納得する感触が得られることは少なく、ボールを触るたびに、より完璧な一打を求めて洗練させたくなるのである。

メルロ＝ポンティを読むことは、体育館において追求していた自分の手触りの生き生きとした感じを取り戻すような、それでいて、自分の手触りそのものを磨き上げていくような作業であるように思われた。しばらく後、偶然、父の故郷の集落で三番叟と出会ったとき、それについて博士課程で研究するということが、同じ探求の歩みの延長線上に並ぶであろうという予感に、根拠のない確信を覚えていた。

本書は、二〇一四年三月、京都大学教育学研究科に提出した博士論文「わざの臨床教育学――淡路人形座における人形遣いの稽古および興行に関する現象学的記述」をもとに、大幅に修正を書き加えたものである。

稽古や修行といった、身体を拠り所とした教育実践についての研究をしたいと漠然と考えていた頃、「手触り」を大事にしていらっしゃる先生とのご縁を賜った。お一人は鎌田東二先生である。ご自身が「行者」として身体的な秩序の中に生きていらっしゃる先生の学識は、迷いの多い私を「先達」として導き、また庇護者となってくださった。そして西平直先生である。テキストを読む中で、問いを立ち上げ、磨き上げ、叩いて壊し、そこから立ち上がったものの問いかけに再び耳を澄ますという強靭な思考の歩みを示してくださったとともに、生きるという等身大の身体を思考の原点に据え置き、そこから自らの声で語る道筋を示してくださった。鎌田先生が「動」であるとすれば西平先生は「静」、鎌田先生が「有」であるとすれば西平先生は「無」。「東」と「西」。いずれも私の座標軸における二つの頂点であり、お二人の存在なしで、私の研究は日の目を見ることがなかった。

臨床教育学講座は、根無し草の私に根を生やしてくださった。矢野智司先生には、要所要所のターニングポイントで、いつも暖かく「破壊」の一打をいただいた。斎藤直子先生には、海外での研究という大きなフィールドに後押ししてくださった。お導きくださった先生方、また先輩方、後輩たちにお礼を申し上げる。

総合人間学部、人間・環境学研究科のときから不肖の弟子であった私を許し、送り出してくださったカール・ベッカー先生、厳しく暖かく「悩み苦しむ」ことを教えてくださった高橋義人先生、理論的考察をゼロから立ち上げることの底知れぬ面白さを示してくださった高橋由典先生、フィールドに出る足と根源的に驚き続ける眼を示してくださった菅原和孝先生、人形浄瑠璃というテーマの可能性を後押ししてくださった野村雅一先生に感謝申し上げる。淡路人形協会の正井良徳先生、淡路人形浄瑠璃資料館の中西英夫先生、大阪市立大学の久堀裕朗先生、早稲田大学の神津武男先生、写真家の野水正朔先生、萩野忠司先生には、人形浄瑠璃に向ける熱い眼差しを教えていただいた。

博士課程進学とともにほとんど卒業してしまった友人、また、新たにできた友人たち、バレーボール部の仲間との議論の時間なしでは本書はでき上がらなかった。

長期休みのたびに淡路島に帰省していたにもかかわらず、人形座のことはほとんど知らないままの私に、再度引き合わせてくれた家族にも感謝する。テーマが形をなさなかった頃から公私ともに支えてくれた妻にもお礼を言いたい。そしてもっと淡路人形に早く目が開いていればたくさんのことを教えてくれたに違いない、今は亡き祖父母にも。

ミネルヴァ書房の堀川健太郎さんには、出版についての無理なお願いを聞き届けていただいた。筆の遅い私を懐深く待ってくださり、また細々した相談にも暖かく乗ってくださり、本書の出版を後押ししていただいた。心より感謝申し上げる。

最後に、何よりも、淡路人形座の皆さまに感謝申し上げる。その芸の世界の果てしなさを示してくださり、その場に立ち会うことを暖かく受け容れてくださった。舞台袖での笑い転げる会話に混ぜていただくことは、調査の何よりの楽しみであった。今後益々のご発展・ご多幸のあらんことを。

なお、出版にあたっては、京都大学総長裁量経費出版助成を受けた。また、本書の研究は京都大学こころの未来研究センター上廣こころ学研究部門を通して、上廣倫理財団からの支援を賜ったものの成果の一部である。研究遂行にあたっては、科学研究費補助金・研究活動スタート支援「人形遣いのわざ伝承場面における身体的相互行為を手がかりとした『学び』モデルの構築」（研究課題番号：24830047，研究年：2012-2013）、同・若手研究（B）「人形遣いの稽古場面における身体的相互行為を起点とした『学び』の構築」（研究課題番号：26780444，研究年：2014-2017）を受けている。

平成二七年二月

奥井　遼

索　引

（＊は人名）

さ　行

た　行

な　行

は　行

ま　行

や・ら・わ　行

《著者紹介》

奥井　遼（おくい・はるか）

1983年　生まれ。
2012年　京都大学大学院教育学研究科博士課程研究指導認定退学。
2014年　博士（教育学）。
現　在　日本学術振興会海外特別研究員（ルーアン大学）。
主　著　「身体化された行為者（embodied agent）としての学び手――メルロ＝ポンティにおける『身体』概念を手がかりとした学び」『教育哲学研究』第107号，2013年。
「身ぶりと言葉による『学び』――人形遣いのわざ習得場面における行為空間の記述」『ホリスティック教育研究』第16号，2013年，ほか。

〈わざ〉を生きる身体
――人形遣いと稽古の臨床教育学――

2015年4月30日　初版第1刷発行　〈検印省略〉

定価はカバーに
表示しています

著　者　奥井　遼
発行者　杉田啓三
印刷者　藤森英夫

発行所　株式会社　ミネルヴァ書房
607-8494　京都市山科区日ノ岡堤谷町1
電話代表　(075)581-5191
振替口座　01020-0-8076

亜細亜印刷・兼文堂

ISBN978-4-623-07361-0
Printed in Japan